高等院校旅游管理专业规划教材

旅游市场营销学

主　编　宋国琴

副主编　颜　澄　郑胜华

Tourism

ZHEJIANG UNIVERSITY PRESS
浙江大学出版社

图书在版编目（CIP）数据

旅游市场营销学 / 宋国琴主编. —杭州：浙江大学出版社，2016.1（2023.1 重印）
ISBN 978-7-308-15345-4

Ⅰ.①旅… Ⅱ.①宋… Ⅲ.①旅游市场—市场营销学
Ⅳ.①F590.8

中国版本图书馆 CIP 数据核字（2015）第 279256 号

旅游市场营销学

主编　宋国琴

责任编辑	傅百荣	
责任校对	杨利军　王荣鑫	
封面设计	春天书装	
出版发行	浙江大学出版社	
	（杭州市天目山路 148 号　邮政编码 310007）	
	（网址：http://www.zjupress.com）	
排　　版	浙江时代出版服务有限公司	
印　　刷	浙江临安曙光印务有限公司	
开　　本	787mm×1092mm　1/16	
印　　张	16.25	
字　　数	406 千	
版 印 次	2016 年 1 月第 1 版　2023 年 1 月第 5 次印刷	
书　　号	ISBN 978-7-308-15345-4	
定　　价	35.00 元	

前　言

　　本书内容符合国家教育部关于《高等教育要面向 21 世纪教学内容和课程体系改革计划》的基本要求,是编者总结多年的教学实践经验,为应用型全日制旅游管理本科专业编写的旅游市场营销学课程教材。本书包括绪论、旅游市场营销环境、旅游者购买行为分析、旅游市场营销调研、旅游市场细分与目标市场选择、旅游市场营销战略与组合决策、旅游产品策略、旅游产品定价策略、旅游产品营销渠道策略、旅游促销策略、旅游市场营销管理等十一章内容。系统阐述了旅游市场营销学的基本理论和方法。

　　本书在编写过程中力求突出以下特点:

　　(1) 在每一章开篇有典型引例,导出该章的主要内容,以引导思考,激发兴趣。

　　(2) 书中加入了大量的补充阅读材料,增强理论知识的生动性和直观性,帮助学生更好地理解相关理论。

　　(3)将旅游市场营销学的基本理论与当前旅游市场营销实际运作相结合,将实际应用有机地渗透到相关的理论中,注意了各部分知识的活化联系,突出了实用性和新颖性。

　　(4)每一章结束安排思考题和案例分析题,以培养学生独立思考、理论知识运用于实践的能力。

　　(5)选择的语言力求通俗易懂,精练准确,术语的引入节奏合理,不让读者产生晦涩难懂的感觉。章节中第一次涉及的重要概念,后面括号附英文表达。

　　本教材面向应用型全日制旅游管理本科专业,建议授课时数为 48～64 学时。

　　本教材由浙江工业大学之江学院宋国琴副教授任主编,颜澄讲师编写了第 6、7、10 章,浙江工业大学经贸管理学院郑胜华教授编写了第 4、11 章,浙江工业大学之江学院王黎彦编写了第 8、9 章,宋国琴编写了第 1、2、3、5 章并对全书进行了审阅、修改和统稿。

　　本教材在编写过程中参阅了有关学者大量的相关论文和著作,在此一并表示衷心的感谢!

　　由于编者水平所限,书中难免存在疏漏和不足之处,敬请使用本书的师生与读者批评指正,以便修订时改进。如读者在使用本书的过程中有其他意见或建议,恳请向编者(hzsong-gq@zjut.edu.com)提出宝贵意见。

编　者

2014 年 6 月于美国布卢明顿

目　录

第一章

绪 论

学习目标

◆ 掌握市场、市场营销和旅游市场营销的概念和特征
◆ 熟悉市场营销学和旅游市场营销学的发展过程
◆ 了解旅游市场营销学的内容体系构成

引例

迪斯尼乐园成功学

有一位游客曾经这样写道："这世界上只有一只老鼠能做到过街时不被人人喊打,正好相反,它所到之处全都是鲜花与掌声的海洋。创造这个奇迹的就是米老鼠——美国迪斯尼的招牌明星"。现在世界上一共拥有五座迪斯尼乐园,而第六座是在上海,目前正在建造之中。位于美国洛杉矶的加州迪斯尼是全球第一个,开主题公园之先河,是当时世界上构思最精心巧妙、设备最完备先进的游乐场。在 20 世纪 50 年代早期,"迪斯尼乐园"的奠基人沃尔特·迪斯尼看到了新兴的家庭户外娱乐需求。那时,曾经作为美国家庭传统户外游憩去处的游乐园,正日渐衰落,毫无生机。迪斯尼就想到了一种整洁干净、有益于健康的环境以及全家都喜欢的景点和骑乘项目。他梦想创建一个围绕电影主题的公园,这个公园里居住着卡通人物。迪斯尼想象的产品就是迪斯尼乐园——美国第一个大型的主题公园。迪斯尼对人们需求的感知是对的。自 1955 年 7 月开业以来,迪斯尼取得了极大的成功。50 多年来,它所带来的滚滚财源早已数不清地将成本翻了 N 倍,每年都能吸引数百万游客到此尽情玩乐,有童趣盎然的孩子,也有童心未泯的成年人。它的成功之处,不仅在于其由高科技所提供的娱乐硬件,更重要的在于其市场营销理念和经营管理模式。

销售欢乐

50 多年前,华特·迪斯尼先生就明确定义了公司的经营理念:通过主题公园的娱乐形式,给游客以欢乐。迪斯尼乐园含魔术王国、迪斯尼影城和伊波科中心等若干主题公园,整个乐园拥有大量娱乐设施,32000 余名员工,1400 多种工作(角色)。如此众多的员工和工种,一年 365 天,每天要接待成千上万的游客,夏季高峰时,气温常达摄氏 36 度以上,确保服务质量的确不是件易事。因此,必须形成全员共识,即营销理念和服务承诺。

— 1 —

通过主题公园的形式,迪斯尼致力提供高品质、高标准和高质量的娱乐服务。同时,公司还提供餐饮、销售旅游纪念品,经营度假宾馆、交通运输和其他服务支持行业。迪斯尼品牌、米老鼠、唐老鸭、古非等动画人物,均享有极大的影响力和商誉,包含着巨大的经济利益。然而,整个迪斯尼经营业务的核心仍是迪斯尼乐园本身。而该乐园的生命力,在于能否使游客欢乐。由此,给游客以欢乐,成为迪斯尼乐园始终如一的营销经营理念和服务承诺。

许多游客慕名远道而来,在乐园中花费时间和金钱。迪斯尼懂得,不能让游客失望,哪怕只有一次。如果游客感到欢乐,他们会再次光顾。能否吸引游客重复游玩,恰是娱乐业经营兴旺的奥秘和魅力所在。其实,游客对欢乐的体验,客观上是对员工们服务质量的一种评价。所以,员工们提供的每一种服务,都是迪斯尼服务圈整体的各个"关键时刻"。游客们在一系列"关键时刻"中体验着服务质量,并会记住其中最好和最差的。因此,公司"给游客以欢乐"的营销理念,必须转化落实到每一员工的具体工作中,成为员工们的工作理念和服务承诺。为了实现服务承诺,迪斯尼公司花大力气,对员工工作表现进行评估和奖励。凡员工工作表现欠佳者,将重新培训,或将受到纪律处罚。

此外,迪斯尼公司在经营中力求完善,不断改进和提高。任何时候,整个乐园中都有10%至20%的设施正在更新或调整,以期给予游客新的刺激和欢乐。尽管追求完善永无止境,但通过追求完美的努力,可将工作推进到更高境界和标准。

重视市场调研,把握游客需求

作为迪斯尼公司现任董事长,埃尔斯先生时常念叨的话题是:"迪斯尼的特色何在,如何创新和保持活力。"为了准确把握游客需求,迪斯尼致力研究"游客学"(Guestology)。

谁是游客,他们的起初需求是什么。在这一理念指导下,迪斯尼站在游客的角度,审视自身每一项经营决策。在迪斯尼公司的组织构架内,准确把握游客需求动态的工作,由公司内调查统计部、信访部、营销部、工程部、财务部和信息中心等部门,分工合作完成。

调查统计部每年要开展200余项市场调查和咨询项目,把研究成果提供给财务部。财务部根据调查中发现的问题和可供选择的方案,找出结论性意见,以确定新的预算和投资。营销部重点研究游客们对未来娱乐项目的期望、游玩热点和兴趣转移。

信息中心存了大量关于游客需求和偏好的信息。具体有人口统计、当前市场策略评估、乐园引力分析、游客支付偏好、价格敏感分析和宏观经济走势等。其中,最重要的信息是游客离园时进行的"价格/价值"随机调查。正如华特·迪斯尼先生所强调的,游园时光决不能虚度,游园必须物有所值。因为,游客只愿为高质量的服务而付钱。

信访部每年要收到数以万计的游客来信。信访部的工作是尽快把有关信件送到责任人手中。此外,把游客意见每周汇总,及时报告管理上层,保证顾客投诉得到及时处理。

工程部的责任是设计和开发新的游玩项目,并确保园区的技术服务质量。例如,游客等待游乐节目的排队长度、设施质量状况、维修记录、设备使用率和新型娱乐项目的安装,其核心问题是游客的安全性和效率。

现场走访是了解游客需求最重要的工作。管理上层经常到各娱乐项目点上,直接同游客和员工交谈,以期获取第一手资料,体验游客的真实需求。同时,一旦发现系统运作有误,及时加以纠正。

加强培训和沟通,提高员工素质

迪斯尼乐园成功的秘诀在于,每一员工对待顾客的正确行为和处事。基于迪斯尼"使游客欢乐"的营销理念,公司要求32000名员工,学会正确与游客沟通和处事。为此,公司提供统一服务处事原则,其要素构成和重要顺序依次为:安全、礼貌、演技、效率。游客安全是第一位的。仅与安全相比,礼貌则处于次一等的地位。同样,公司以此服务处事原则,考察员工们的工作表现。

(资料来源:根据"夏文斌.迪斯尼乐园成功学.文化月刊,2012(08)"改编)

第一节　市场营销与旅游市场营销

一、市场营销

(一)市场

市场是社会生产和社会分工的产物,属商品经济的范畴。人们对市场的认识随着生产力的发展和社会分工的扩大而不断深化、充实和完善。市场最初是指商品、货物买卖的场所。经济学使用的市场概念,不仅是指具体的交易场所,而且更多的是指销售者和购买者实现商品交换关系以及供需状况的总和。在商品交换的过程中,站在不同的角度所理解的市场的含义有所不同。

市场营销学是从商品销售者的角度来认识和理解市场含义的。商品销售者研究的是如何采取有效的措施满足消费者需求。因此,站在市场营销学的角度,"市场"就等同于"需求"。所谓市场,是指具有特定需要和欲望,而且愿意并能够通过交换来满足这种需要或欲望的全部潜在顾客。市场包含了三个要素,即人口、购买力和购买欲望,三个要素相互制约,缺一不可。只有三者结合起来,才能构成现实的市场,才能决定市场的规模和容量。如,一个国家或地区人口众多,但收入很低、购买力有限,则不能构成容量很大的市场;又如,购买力虽然很大,但人口很少,也不能成为很大的市场,如加拿大等。只有人口既多,购买力又高,才能成为一个有潜力的大市场。但如果产品不适合需要,不能引起人们的购买欲望,对销售者来说,仍然不能成为现实的市场。所以,市场是上述三个因素的统一。

(二)市场营销

所谓市场营销(marketing),是指对潜在顾客、企业的政策和活动进行分析、计划、组织和监督,是指满足所选择的顾客的需要,并在此基础上实现盈利。此概念有三个要点:①潜在顾客,即未来顾客。顾客需求的发展趋于个性化、求新多变、对服务的要求越加苛刻、挑剔。②我们所面向的不是泛泛概念的顾客,而是所选择的顾客,即市场定位。市场是个庞大的、复杂的异质市场,任何一家企业没有能力满足整个市场的需要,只能满足部分市场的需要;企业应该根据目标市场的特点,开发、优化产品,使自己的产品成为这部分市场的最佳选择;企业面向所选择的顾客,有利于提高市场占有率,提高经济效益。从市场营销的观念看,市场的覆盖策略不是在大市场中占有小份额,而是在小市场中去占有大份额。③满足需要的基础上实现收入。最大限度地满足顾客的需要和企业实现最大效益是一致的。美国著名管理学家彼得·德鲁克说过:"市场营销的目的就是使销售成为不必要。"市场营销意味着企业应该先开市场,后开工厂。

（三）市场营销的发展

在漫长的原始社会、奴隶社会和封建社会中，市场供求双方的交换极为简单和朴实。随着经济的发展和社会商品的丰富，市场上居主动地位的角色发生了变换，由最初的卖方市场发展到买方市场，市场导向也由生产导向转变为消费导向（即需求导向）。由此，市场营销经历了以下发展阶段：

1.生产观念——皇帝的女儿不愁嫁

这种观念产生于20世纪20年代前。当时，资本主义社会生产力相对落后，处于求大于供的卖方市场。顾客主要追求的是产品价格低廉和可以随处购买。企业经营哲学不是从消费者需求出发，而是从企业生产出发，其主要表现是"我生产什么就卖什么"。企业主要任务是提高生产效率和分销效率，扩大生产，降低成本，以扩展市场。

2.产品观念——好酒不怕巷子深

这种观念产生于20世纪30年代以前，这一阶段市场供求矛盾趋于缓和，生产处于饱和状态，生产者的注意力由产品的数量渐渐转移到产品的质量上来。产品质量越高，性能越好，越具有特色，就越容易被消费者所接受，不断提高产品的质量就成为企业经营行为的指导思想。最常见结果表现为"营销近视症"，即企业只关心自己产品的质量而看不到消费者需求的变化。

3.推销观念——有饵便有游鱼来

此观念产生于20世纪30年代后，西方一些国家市场出现供大于求的现象，竞争激烈，市场趋势由卖方向买方过渡，大量产品销售不出去，因而迫使企业重视采用广告和各种推销手段去推销产品。推销观念表现为"我卖什么，顾客就买什么"。其进步之处是：通过广告和各种推销手段向外沟通，开始重视销售工作，设置销售部门；开始关心消费者，但只停留在吸引其购买上。其缺点是：一锤子买卖，无法摆脱"生产—积压—推销—生产—积压"的恶性循环。

4.市场营销观念——顾客是上帝

这种观念始于20世纪50年代初，结束于60年代末。二战后，西方国家物质、文化产品极为丰富，整个资本主义由卖方市场转为买方市场。这种观念认为，消费者有选择产品的权利，生产者必须了解消费者的需求，按消费者的意愿和需求进行生产。市场营销观念与推销观念相比，具有根本性的差别：推销观念以企业为出发点、以产品为中心，销售成功靠的是推销技巧和手段；而市场营销观念则是以市场为出发点、以顾客需求为中心。市场营销观念认为，首先要满足消费者需求，企业才能获得利润，销售成功靠的是消费者满意。

5.社会营销观念——救救地球

这种观念形成于20世纪70年代，市场营销观念偏重于分析消费者的需求，只关注消费者短期需求的满足和企业的利益，与此同时却往往忽略了消费者和社会的长期利益。日益严重的环境污染、资源匮乏、高度通货膨胀等社会问题，有人认为市场营销观念导致了产品过早淘汰，资源大量浪费，环境严重污染等问题。为解决这类问题，出现了社会营销观念。社会营销观念认为，企业在进行营销决策时，不仅要考虑到消费者的利益，而且要兼顾企业自身的利益和社会的利益。

二、旅游市场营销

(一)旅游市场

作为市场的一个组成部分,旅游市场与一般意义上的市场并无本质区别。从经济学的角度来说,狭义的旅游市场(tourism market)是指旅游产品交换的场所,广义的旅游市场是指在旅游产品交换过程中各种经济活动现象与经济关系的总和。在旅游市场中存在着相互对立又相互依存的双方,即旅游产品的需求者与旅游产品的供给者,它们之间的矛盾运动推动着旅游经济活动的发展。此外,旅游经营者之间、旅游者之间、旅游经营者与供应者、中间商之间的各种关系,也最终通过旅游市场再现出来。所以,旅游市场也就是旅游产品供给与旅游需求过程中所表现出来的各种经济关系的总和。

从市场学角度来说,旅游市场是指在特定的时间、地点与条件下,具有购买欲望与支付能力的群体,即某种旅游产品的现实购买者与潜在购买者。这种意义上的旅游市场即旅游需求市场,也即我们通常所说的旅游客源市场。

与其他行业相比,旅游市场具有以下特征:

1. 旅游市场的全球性

首先,旅游市场的全球性表现为旅游者构成的广泛性,现代旅游已由少数富裕阶层扩展到工薪阶层和全民大众,包括学生。其次,交通运输业的发展使旅游者的活动范围遍布全球各地,旅游需求市场十分广阔。再次,世界各国和许多地区都在大力发展旅游业,纷纷将旅游业视为促进本国或本地经济发展的支柱产业来抓,旅游的供给市场也逐步在全球范围内建立与完善。

2. 旅游市场的多样性

首先,旅游者的年龄、性别、受教育程度、职业、偏好等因素的差异性导致了旅游需求市场的多样性,同时为旅游经营者创造了多样化的市场空间。其次,从旅游供给的角度看,旅游经营者依托不同的自然景观与人文景观,进行不同的产品组合。旅游经营者还可以依据旅游者购买形式的不同,采取包价旅游、散客旅游等多样灵活的经营方式。再次,随着现代旅游业的发展,一些并非专为旅游服务的其他社会文化资源也转化为旅游资源,人们还创造了大量人造景观。随着人类旅游需求在量和质上的不断提高,旅游活动的内涵还会不断拓展,变得更加丰富多彩。

3. 旅游市场的季节性

首先,旅游目的地与气候有关的旅游资源在不同的季节其旅游价值有所不同,如杭州西湖每年四、五月最美,四川九寨沟最美的季节则是在秋天,其旅游资源在特定的气候条件上,旅游价值较高于平日,会形成旺季的差异。其次,旅游目的地气候本身也会影响旅游者观光游览活动。旅游者出游一般选择旅游目的地康乐性气温的时机,或春暖花开或秋高气爽。再次,旅游者闲暇时间分布不均衡也是造成旅游市场淡旺季的原因。旅游者一般利用节假日外出旅游,而世界各地人们假日的长短和时间不一样,因而不同时期客流量也有明显差异。旅游经营者应根据旅游市场季节性的特点,探索针对性的旅游淡旺季经营策略,避免旺季接待能力不足,淡季设施闲置的现象。

4.旅游市场的波动性

第一,旅游消费的季节性是引起旅游市场波动的原因之一。如果旅游目的地政府和经营者不采取有力措施缩小旅游淡旺季的差距,有可能使淡旺季市场产生较大波动。第二,旅游业内部与相关部门之间比例关系的协调与否,也会引起旅游市场的波动。旅游餐饮、旅游宾馆、旅游交通、旅游景区(点)、旅游商品、娱乐业之间必须保持合理协调的发展速度。如果这些行业之间发展比例失调或经营不利,会影响旅游产品的整体效能,引起旅游市场的波动。第三,汇率变化、经济危机、政府政策、战争、国际关系变化、贸易壁垒、地震、疾病、环境污染、生态恶化等都会引起旅游市场的变化和波动。因此,旅游经营者必须采取灵活的市场策略,防范风险。

(二)旅游市场营销

旅游业是一个特殊的行业,旅游商品是一种特殊的商品,它既不可贮存,也不可以转移。因此,旅游市场营销与一般市场营销相比,有着自己的特殊规律。从某种意义上来说,与其他行业相比,市场营销对于旅游业更为重要。如果不把饭店的一个房间或航空公司航班上的一个座位销售出去,那么,在一定时间内这种商品便失去了它的价值。可以这样理解旅游市场营销(tourism marketing):它是旅游经济个体(个人和组织)对旅游产品的构思、定价、促销和分销的计划和执行过程,以满足旅游者需求和实现旅游经济个体目标为目的。

与传统的有形产品市场营销不同,旅游市场营销具有如下特点:

1.人的个性差异对旅游市场营销有极大影响

旅游是一种面对面的服务消费,顾客与旅游服务人员有着互动关系,相互影响很大。人的思想、文化、道德、修养、性格、心理、习惯、素质等差异很大,同时人的行为和情感也容易受个体所处环境的影响和感染。在市场开发和旅游服务中,旅游者的需求和服务人员的业务素质千差万别,因此,既要对旅游者仔细甄别,认真归类,精心安排和组织,同时对服务人员也要采用有效管理手段进行激励,发挥他们的主观能动性,做好接待和服务工作。旅游企业必须贯彻"以人为本"的思想开展市场营销活动。

补充阅读材料

阿总统出访讲究多

【阿根廷《民族报》2011年12月3日报道】委内瑞拉《宇宙报》记者博卡兰达披露了阿根廷总统克里斯蒂娜前往委内瑞拉参加拉美及加勒比国家共同体首次峰会时的种种高要求。

博卡兰达在其专栏中透露,陪同克里斯蒂娜出行的团队经过严格筛选,这位女总统的要求非常高。博卡兰达写道:"她带来了自己的按摩师、熨衣工和美容师,还有10名随从人员和服务人员。此外,她还带来了阿根廷巴塔哥尼亚的矿泉水和苏打水,指定咖啡店'托尔托尼'的奶糖和红果茶。她的行李里还有12双鞋子、包包和4副定制太阳镜。"

克里斯蒂娜对于下榻酒店的要求更高,"按照自己的喜好,她要求酒店准备烤饼,而不要油炸的。她的卧室必须摆放红玫瑰,而会客区则需准备白玫瑰,这些花都必须每日一换。"

相比之下,巴西女总统罗塞夫的风格迥异,"她希望自己就是个普通客人,无需大惊小怪"。

(资料来源:http://news.china.com/international 20111207/16910471.html)

2.企业内部管理在旅游市场营销中处于核心地位

搞好旅游市场营销的关键是企业能够提供优质的服务,使旅游者满意。旅游服务不像普通商品那样通过测量可以检验其质量是否符合标准,而是通过顾客感受达到的满意程度来衡量其质量的。旅游企业除了规范的服务之外,更多地要靠服务人员"用心"去服务才能达到质量的最高标准。做到这一点靠的是企业加强内部管理,让企业内部员工和各个部门相互配合、相互促进、相互支持,形成企业上下整体营销的态势。所谓"三分经营七分管理"就是这个道理。

3.信息传递极为重要

旅游信息传递包括旅游需求信息向旅游企业传递和旅游企业信息向旅游消费者传递两个相反方向。这两种信息传递都需要旅游企业来操作,一个叫信息的收集,另一个叫信息的传播。一方面,由于旅游需求是差异化的、分散的,旅游企业需深入各地调查,收集信息并找出一个地区旅游消费的共同需求作为市场开发目标;另一方面,由于旅游产品不是生活必需品,再加上旅游者需要劳神费力才能得到精神享受,开展旅游市场营销仅采用一般的广告宣传收不到理想的效果,需要展开详细的、全面的、连续的、诱导式的宣传,让消费者受到强烈的刺激与诱惑才能收到良好的效果。此外,旅游企业的内外部环境复杂多变,加之其产品缺乏专利保障,因而,旅游企业之间的竞争日益侧重于旅游产品的质量、服务及旅游企业形象,无形中加大了旅游企业的经营风险,所有这些决定了信息在旅游市场营销中的重要地位。

第二节　旅游市场营销的产生与发展

伴随着旅游业的不断壮大,旅游市场营销活动也经历着变革,逐步走向成熟。

一、20世纪旅游市场营销的发展

第二次世界大战结束后,世界旅游业得到迅速发展。20世纪60年代,旅游业的发展进入了第一个高峰时期,旅游企业的竞争也日趋激烈,于是,旅游业像其他服务业一样引入了市场营销学的理论,开始研究旅游市场营销中的问题,60年代末,旅游业的经营管理人员开始重视市场营销活动,重视研究市场营销理论,并借鉴其他行业的研究成果,对旅游企业的组织结构进行调整。一些饭店成立了销售部,旅行社也设置了营业部,但是这些部门的活动仍然以销售、推销为主,采用的销售手段主要是广告、宣传和推进性营销,虽然许多经营者开始认识到,以推销观点作为旅游企业整体活动的指导思想,已远远不能适应不断变化的旅游市场需要,但营销学在他们眼中仍是一门神秘的学科。整个70年代,推销观点在西方旅游企业的经营思想中占据统治地位。

随着生产力的发展,旅游业迅速发展,竞争也越来越激烈,不少国家和地区大力发展旅游业,旅游者的选择余地不断增大。企业开始认识到,即使餐厅能提供最佳的菜肴,饭店能提供最清洁的客房,也不一定能压倒竞争对手,因为有大量的旅游产品可供选择。同时,投资费用不断上升,也迫使经营者们在建造之前就开始分析研究旅游者的需求,以需求为导向设计、开发产品,从而使企业更具竞争力。由此,企业经营在思路上从首先考虑"旅游企业"

转变为首先考虑"旅游者",这就是旅游市场营销立足点的转变。进入 80 年代后,旅游企业更加清晰地认识到,能否满足旅游者的需求和偏好,是决定旅游企业经营成败的关键。西方旅游业逐渐进入了"细分市场"时代,旅游企业经营者开始根据人口分布的特点、旅游者的兴趣、生活方式等对旅游者进行分类,从而提供相应的旅游产品和服务。在销售过程中,"市场定位"理论逐渐得到推广。

20 世纪 90 年代早期,旅游业以 5 亿的年接待人次,3000 亿美元的年消费额,1.2 亿的就业规模,正式宣告超过石油工业和汽车工业,成为世界上最大的产业并一直独占鳌头。旅游者对旅游产品和服务的选择余地更大了,使得旅游企业的竞争进一步加剧。旅游企业经营者必须注重研究市场竞争、旅游者需求及企业在行业内的竞争地位,采取"重新定位"或"渗透已确立的细分市场"的策略,以便在竞争中获胜。

我国的旅游市场营销始于 20 世纪 90 年代。在此之前,我国旅游业经历了两个阶段。1978 年以前,我国旅游业属于外事接待的事业性质,只有上级下派的任务,而无任何营销活动可言。改革开放以后,旅游以企业身份进入市场,旅游市场开始形成,旅游企业以市场机制展开经营活动,这时市场营销理论也被引进我国经济界,旅游企业随之展开了旅游市场营销活动。进入 90 年代后,全国各地掀起了发展旅游的热潮,旅游竞争开始激烈,那种"坐等顾客上门"的形势已一去不复返了。旅游企业的市场行为也从简单的销售转向了调查、研究、预测市场的需求,设计自己的产品和调整自己的产品结构,确定现实目标市场和促销策略,预测未来潜在市场并进行先期的市场培育,注重旅游者对旅游产品质量的反应和处理,搞好售后服务,旅游市场营销学的研究也更加深入。90 年代中后期,许多旅游企业开始认识到,仅仅局限于满足旅游者需求和使企业获利是远远不够的,还必须兼顾整个社会的当前和长远利益,以求得旅游企业利益、旅游者需求和社会利益三者的平衡。于是出现了社会市场营销理念,它使旅游营销观念进入了一个更加完善的阶段。

二、21 世纪旅游市场营销新趋势

进入 21 世纪,出现了许多新的变化,旅游市场营销也呈现了一些新的特点与发展趋势。如随着计算机的普及和互联网的发展,产生"旅游网络营销"的概念;随着人们对环境破坏关注程度的提高和对绿色产品偏好的增加,出现"旅游绿色营销"的概念;此外还产生了"旅游服务营销"、"旅游文化营销"和"旅游关系营销"等新的概念。其中,旅游网络营销与旅游绿色营销是旅游市场营销两大新的焦点。

(一)旅游网络营销

旅游网络营销(tourism cyber marketing)是以计算机互联网技术为基础,通过与潜在旅游者在网上直接接触的方式,向旅游者提供更好的旅游产品和服务,达到满足旅游者需求和商家诉求的新型营销模式。旅游网络营销与旅游电子商务是两个不同的概念,电子商务不是完整的旅游营销活动,而是旅游企业经过营销努力后,买卖双方通过计算机网络来实现交易的方法。近十年来,全球旅游网络营销飞速发展,约有超过 17 万家旅游企业提供网上综合、专业的旅游服务,8500 多万人次享受过旅游网站的服务,可以说,旅游网络营销正逐渐成为旅游营销的重要方式。《中国在线旅游市场发展趋势白皮书》(2012—2015)提供的结论显示:在线旅游方兴未艾,旅游网络运营模式正在走向成熟,全球在线旅游市场增长率达 10% 以上,我国则高达 30% 以上;全球在线旅游市场收入占全部旅游市场收入份额的 31%,

而我国在线旅游收入仅占全部旅游收入的 7% 左右,这充分表明我国在线旅游市场具有巨大的发展潜力。我国旅游网络营销正在迅速发展,许多旅游企业都展开了相应的网络营销策略。从我国旅游网站发展现状来看,大致分为两种类型,一类是第三方服务提供商,其中最大的是携程网和 e 龙旅行网,它们占据了我国绝大部分的旅游线上预订市场,其次是中国通用旅游网、游易和去哪儿网等服务商。另一类是旅游企业自行组建的旅游网站,但大多数只是提供旅游信息查询和咨询服务,并不提供旅游产品在线预订服务,其中一些旅游企业网站产品信息更新慢,信息技术落后,没有达到网络营销的目的。

旅游网络营销与传统的营销模式相比,具有以下优势:

1. 成本优势

通过互联网向世界推销企业的旅游形象和旅游产品,既可大大节省成本,又能深入到每一个互联网组织和个人。利用网络营销方式,可提供全天候的广告及服务而无须增加开支。另外,网络可进一步加强政府与旅游企业之间的合作,让企业更多地参与到旅游目的地营销系统的运营,整合整个目的地供给,使目的地以较低的建设和运营成本更有效地出现在全球市场上。并以低成本为旅游管理部门和旅游企业提供信息和决策支持,同时为区内大量没有实力独立上网的企业提供面向世界旅游市场的平台。

2. 市场优势

1) 创造更多市场机会。网络营销首先可以突破传统市场中的地理位置分割,打破展销会参展群体的限制性等弊端,只要有网络的地方,营销活动就可以开展;其次,没有时间的限制,营销活动可以每周 7 天,每天 24 小时进行;再次,由于网上订购比较方便快捷,而且不受时间和地理位置的限制,可以大大增加潜在销售机会。

2) 更加方便快捷地进行市场调研。通过网络,在全球范围内分销产品,在线了解和追踪旅游者的行为,能帮助旅游企业收集相关信息,这种调研如果利用传统方式进行要更加费时费力费钱。

3) 最大限度地细分市场,满足旅游者需求。旅游企业面对越来越激烈的行业竞争,其能否成功也将日益依赖于对旅游者需求的快速识别,并综合利用各种个性化和先进的沟通媒介与旅游者互动并为其专门设计产品。利用网络营销,企业可以最大限度细分市场,按照游客的个性特点和需求进行个性化的定制营销,满足每一个顾客的需求。

4) 为散客提供便捷的个性化服务。随着经济的进步和旅游业的发展,旅游者越来越追求主动性和个性化,散客旅游日益成为潮流。由于散客的居住地分散,旅游时间随意,对旅游产品的需求也多样,所以,对散客的营销有特殊的难度,而网络营销可以解决这方面的难题。随着散客潮的不断增大,互联网络对散客市场的营销作用将越来越明显。

3. 客户服务优势

1) 增加旅游者满意度。游客的满意度在很大程度上取决于有关信息的准确性和综合性。传统的以纸质材料为主的宣传,信息量较少,因此旅游者往往得不到全面及时的旅游信息。网络具有全天候面对全球市场以及多媒体特性,可以实现实时传送声音、图像和文字等全面的信息,这些能够缩短旅游者期望得到的服务和实际得到的服务之间的差距,减少因信息不适时、不全面、不对称而带来的误解,从而提高旅游者满意度。

2) 增强与旅游者之间的沟通与联系。网络营销是一对一和交互式的营销方式,旅游者完全可以参与到企业的营销活动中来。因此,旅游企业借助互联网更能加强企业与旅游者的沟通和联系,更能了解旅游者的需求,也更易引起旅游者的认同。

(二)旅游绿色营销

1987年联合国环境与发展委员会发表了《我们共同的未来》的宣言,成为绿色市场营销观念的萌芽。尤其是近年来消费者环保意识的增强和绿色浪潮的到来,使企业营销必须重新定位,以适应消费型社会向可持续发展社会的转变。绿色营销是社会责任导向的市场经营观的一种反映,它要求企业在市场营销中要重视保护地球生态环境,防止污染以保护生态,充分利用并回收再生资源以造福后代。其实质是努力将经济效益与环境效益结合起来,尽量保持人与环境的和谐。

旅游绿色营销(tourism green marketing)是指旅游企业在整个营销过程中充分体现环保意识和社会意识,向旅游者提供科学、无污染、有利于节约资源和保持生态平衡的旅游产品和服务,引导并满足旅游者有利于环境保护及身心健康的旅游消费需求。

旅游绿色营销主要体现在以下两个方面:

1.旅游景区的开发与建设

在进行旅游景区建设时,注重对周围生态环境的保护,制定能够适合植物生长、动物栖息以及旅游者与附近民众居住的合理规划方案。与此同时,对于气候、周围的山水、绿地等进行充分的利用,创造出优美的景区内部绿色环境,增强生态功能。景区内尽量禁止破坏环境资源的相关产业的建设,采用环保型交通工具,如使用以太阳能为能源的机动车、自行车或畜力交通工具,构建供自行车和行人慢旅游的绿色通道,以减少噪音和有害气体排放,保持清新空气和幽静的环境。

2.旅游饭店的开发与经营

20世纪90年代中期以来,我国饭店行业紧随国际饭店业的绿色趋势,在绿色饭店的创建方面取得了长足的进步。许多饭店把生态环境保护纳入自身的决策要素之中,注重采用新技术、新工艺,减少有害废弃物的排放;节约资源,开发中采用"消耗最小"准则,一是节约自然资源,二是适度消费,提倡使用诸如太阳能、风能等可再生资源,改变以往一次性客用品的使用习惯,床单、被套、毛巾、牙刷、拖鞋等客用品改一日一换为一客一换,尽量做到重复使用;对废旧物品进行回收处理和再利用;积极参与社区内的环境整洁,推动对员工和公众的环保宣传,组织员工参加植树活动;餐厅推广绿色有机食品,服务员以顾客为本,向点菜客人推荐菜肴时,做到经济实惠、营养配置合理、资源不浪费;在客房里放置小册子宣传保护环境资源的日常方法,引导客人绿色消费,树立绿色饭店的良好形象。

旅游绿色营销追求经济效益、社会效益和环境效益的统一,既能满足当代人的需要,又利于子孙后代的发展,是现代旅游企业营销活动的理想选择。

第三节　旅游市场营销学及其内容体系

一、旅游市场营销学

旅游市场的形成和发育,不仅规范了旅游企业的市场行为,而且促进了旅游市场营销学的产生和发展。

旅游市场营销学是以满足现实和潜在旅游者的消费需求为中心,动态地研究旅游经济个体的市场行为以及与此相配备的管理职能和运行手段的一门学科。旅游市场营销学以经济学、行为学和现代管理理论为基础,是一门综合性、边缘性、实践性的应用科学。

二、旅游市场营销学的内容体系

旅游市场营销学研究的基本内容包括以下几个方面:

(一)旅游产品策略

现代旅游市场营销学强调一切经济活动都应从旅游者的需求出发。根据旅游市场的需求设计、开发旅游产品。旅游产品策略主要指旅游企业如何根据自身的优势和特点,在激烈的市场竞争中适时地生产出自己的旅游产品和服务。同时,根据旅游产品生命周期特征,积极及时研制开发新的旅游产品和服务,真正做到"人无我有,人有我特,人特我新",从而在市场竞争中处于主动地位。旅游产品策略主要包括旅游产品生命周期与营销策略、旅游新产品的开发和旅游产品组合策略。

(二)旅游产品定价策略

建立合理的价格体系,是旅游企业市场营销的重要一环。旅游产品的价格必须以价值为基础。我国旅游业的发展是一种先国际旅游后国内旅游,以国际旅游带动国内旅游发展的非常规发展过程。因此,研究和制定旅游产品的定价策略必须与国际旅游市场的价格策略相结合,尤其要认真研究发达国家旅游业的旅游产品定价策略。发达国家中的旅游经济个体,如饭店、旅行社等都可自行决定产品的价格,旅游产品价格的制定成为实现市场营销的一种基本手段。此外,市场经济体制中的旅游产品价格,受市场供求关系的影响极大,各旅游经济个体可根据各自不同的条件采取多种多样的定价方法和策略。处于经济体制转型时期的我国旅游业,必须研究国际旅游市场、发达国家旅游业的产品定价策略,研究我国国际旅游市场以及我国国内旅游市场的产品定价策略。旅游产品定价策略主要包括旅游产品定价的影响因素及步骤、旅游产品定价方法及旅游产品定价策略。

(三)旅游产品营销渠道策略

现代旅游企业为追求"规模经济"而不断地扩大旅游产品的生产规模,而如何将各种类型的旅游产品通过某种途径传递到旅游者手中,自然成为旅游市场营销的一个重要方面。旅游产品营销渠道策略对于更好地满足旅游者的需求,使旅游企业最快捷地进入目标市场,缩短旅游产品传递过程,节省产品的销售成本起到重要作用。现代旅游产品的营销渠道一般都要经过批发商、代理商、零售商等多重环节,才能传递到旅游者。尤其是国际旅游,更需要通过其他国家旅游中间商等多个环节,从而加大了旅游产品的营销成本。因此,旅游产品营销渠道策略选择的正确与否,某种程度上决定着旅游产品市场营销的成败。旅游产品营销渠道策略主要包括旅游产品营销渠道的选择、旅游产品营销中介的建立及旅游产品营销渠道计划的制定等三个方面。

(四)旅游产品促销策略

旅游产品促销是将有关旅游产品的信息,通过各种宣传、吸引和说服的方式,传递给旅游产品的潜在购买者,促使其了解、信赖并购买自己的旅游产品,以达到扩大销售的目的。

其实质就是要实现旅游营销者与旅游产品潜在购买者之间的信息沟通。

在旅游业发达国家,旅游企业在产品促销过程中积累了丰富的经验,由此总结出成套的促销艺术,包括人员推销、广告、营业推广和公共关系等。另外,旅游企业的售后服务也成为促销策略的附加内容。

旅游产品、旅游产品定价、旅游产品渠道和旅游产品促销,构成了旅游市场营销学的基本内容,一般被称为旅游市场营销学的"四大支柱"。此外,旅游市场营销学还包括:旅游市场营销环境、旅游者购买行为分析、旅游市场营销调研、旅游市场细分与目标市场选择、旅游市场营销战略与组合决策、旅游市场营销的控制与管理等。

关键术语

市场营销　旅游市场　旅游市场营销　旅游网络营销　旅游绿色营销

复习思考题

1.请解释下列概念:市场营销、旅游市场、旅游市场营销、旅游网络营销、旅游绿色营销、旅游市场营销学。

2.市场营销观念经历了哪几个阶段? 每个阶段的特点是什么?

3.旅游市场营销的特征有哪些?

4.旅游市场营销近几年产生了哪些新的理念?

5.旅游市场营销学的基本内容包括哪几个方面?

6.为了弥补旅游产品的不可储存性,旅游产业可使用什么样的营销战略? 你认为这些战略有效吗? 请解释。

7.为什么无形性使旅游产品的营销与推销更具挑战性? 旅游企业如何劝说事先不能接触或检验该产品的顾客购买这些产品?

案例分析

叫你大出血

罗成是某集团公司的总经理,那天刚做成了一笔上算的生意,又恰逢自己生日,真是"人逢喜事精神爽"。兴致勃勃的他早早约好一班朋友晚上到某高级餐厅,准备好好庆祝一番。

晚上7点,朋友们都陆续到齐了,罗成马上让服务员许静找来部长要求点菜。很快,新来的餐厅部长何建进来了。一番热情推荐后,罗成首先给每人点了一盅鸡翅汤,接着又点了一只澳洲龙虾刺身、姜葱炒花蟹、清蒸黄鱼、潮州猪肝煲等。开始何建还挺高兴的,心想趁着客人多,他们又高兴,真要好好"宰"他们一下才行。可客人越点越普通,心里就不那么乐意了。于是何建马上高声向罗成提议道:"罗老板,今天大家这么高兴,不如吃些精品吧。我们这做鲍鱼可是出了名的。还有,清蒸石斑鱼的味道也是很不错的,要不,把黄鱼改成石斑鱼你看如何?"客人们都看着罗成,点吧,饭钱恐怕会超支,不点吧,当着朋友们的面有点下不了台。不等客人同意,何建马上将这两个昂贵的菜写上去了。罗成还在犹豫不决,何建又开口了:"既然有好菜,就一定要有好酒相伴呀。干脆来瓶人头马怎样?"

"别,我们喝不惯洋酒的。"罗成一听马上抢先一步回答,样子显得有些尴尬。

"那,来瓶高度五粮液好吗?"

"多少钱一瓶?"其中一位客人问道。

　　"不贵，才1000多元。"几位客人听了咋舌，罗成也有点不高兴了，说："小姐，我们都不太会喝酒的，还是喝味道较淡的青岛啤酒好了。"

　　"那好吧。我再给你们重复一次菜单吧：十盅鸡翅汤、一只澳洲龙虾刺身、清蒸石斑鱼、浇汁鲍鱼、姜葱炒花蟹、潮州猪肚煲。你们看再要些什么小炒和青菜？"这下罗成真的不高兴了："当我是'水鱼'呀，尽给点贵得要死的东西。这里的服务怎么这么差劲呀，下次再不能来了。"罗成铁着脸回应道："小姐不知道吃大多肉食胆固醇会高吗？再说胃也消化不了啊。"其他客人也纷纷点头称是，有人还表示吃海鲜过敏，建议取消。得到朋友们的支持和体谅，罗成才高兴了一些，于是去掉了何建提议的石斑鱼和鲍鱼，增加了几个家常菜式，还要了6瓶青岛啤酒。

　　酒足饭饱，该结账了。只见何建捧着账单笑盈盈地走了上来。罗成心里七上八下的生怕钱不够。一见何建立刻招手让她过来。

　　"多谢惠顾6480元。"何建这次在罗成身边小声说。

　　罗成定了定神，赶紧把身上的7000元现金掏了出来。他一边看着何建推门出去一边不高兴地想："真是不懂事。我既然花了大价钱请朋友吃饭，你就该大点声报数啊，蚊子叫似的，谁听得见？气死人了。以后公司宴请的客人都不许来这里吃饭！"

　　半个月以后，餐厅胡经理老不见罗成和他公司的人来吃饭，特意打电话给罗成，才知道了这件事。胡经理一再表示会严肃处理当事人，并诚恳地请求原谅。没过多久，胡经理亲自领着何建上公司给罗成赔礼道歉，才使罗成真的消了气。

　　（资料来源：王穗萍.餐馆员工心理行为分析[M].广州：广州出版社，2004：48.有改编）

思考题

请用本章所学理论解释上述现象。

第二章

旅游市场营销环境

学习目标

◆ 掌握旅游市场营销环境的含义
◆ 熟悉旅游市场营销宏观环境的构成要素
◆ 熟悉旅游市场营销微观环境的构成要素

引例

1998 年金融危机及 2003 年 SARS 对全球旅游业的影响

1998 年金融危机

肇始于 1997 年的东南亚金融危机及其触发的 1998 年亚洲金融危机,使亚洲乃至世界的旅游业受到影响。1997 年世界入境游客增长率从 1996 年的 6.4% 下滑至 4.1%,1998 年进一步下滑至 3.0%。1997—1998 年亚洲入境游客出现了连续的负增长,打破了自 20 世纪 50 年代以来持续高速增长的神话。1999 年,金融危机结束。亚洲旅游业迅速反弹,1999—2000 年入境游客增长率均超过 10%,进而推动了世界旅游业的回暖,使 2000 年世界入境游客增长率达 7.4%。

亚洲金融危机对旅游业的影响与危机基本同步,影响周期大约两年。由于危机主要发生在亚洲,因此对旅游业的影响范围也集中在亚洲地区。

2003 年 SARS 影响

发生于 2003 年初,止于 2003 年 7 月的 SARS 疫情,使世界旅游业受到重创。当年世界入境游客增长率出现了自 1983 年以来的首次负增长。SARS 病例的主要爆发地——亚洲地区的入境游客增长率下滑至多年来的谷底(—9.3%),另一爆发地——美洲也受到较大影响(—3.1%),使已深受"9·11"打击的美洲旅游业进一步恶化。

从年内变化来看,入境游客规模变化呈"U"字型曲线。1 月开始下降,到 5 月——SARS 病例数最高时,到达谷底,而后开始反弹,8 月份之后基本恢复正常发展速度。

(资料来源:http://www.ctaweb.org/html/2008-11/2008-11-21-41281.html)

第一节 旅游市场营销环境概述

旅游企业在市场营销活动中,总会受到各种环境因素的影响。旅游企业必须注重对环境因素的持久分析和研究,才能把握环境因素的变化,寻找市场机会,避开威胁,审时度势,趋利避害,从而赢得市场,在竞争中立于不败之地。

一、旅游市场营销环境的概念

旅游市场营销环境(tourism marketing environment),是指影响或推动旅游企业营销活动的各种内、外部因素所构成的多主体、多层次和发展变化的结构系统,即影响旅游企业市场营销活动及其目标实现的各种因素和动向。因此,可将旅游市场营销环境理解为企业内、外部力量所构成的一个生态系统。

随着经济的发展、社会的进步,旅游市场营销环境日趋复杂,这些复杂的环境因素随时都会影响旅游企业的市场营销活动。"水可以载舟,也可以覆舟",环境力量的变化既可带来营销的机会,也可能形成某种环境的威胁。市场机会和市场威胁是相对而言的,对一部分旅游企业可能是威胁的因素,对另一部分旅游企业可能是机会。市场机会能否转变成旅游企业机会,还要考虑该市场机会是否与旅游企业目标一致,是否符合旅游企业的资源条件,如资金、市场营销技能等。

旅游市场营销环境包括宏观环境和微观环境两大类。旅游市场营销宏观环境(tourism marketing macro environment)是指旅游企业或旅游业运行的外部大环境,它对于旅游企业来说既不可控制,又不可影响,而对企业营销的成功与否起着重要作用。主要包括政治法律因素、社会文化因素、经济因素、科学技术因素、人口因素、自然环境因素等。旅游市场营销微观环境(tourism marketing micro environment)是指存在于旅游企业周围并直接影响企业营销活动的各种因素和条件。主要包括供应者、购买者、旅游中间商、竞争者、公众以及旅游企业自身等。宏观环境通过微观环境对旅游企业营销活动产生作用。不同因素对旅游企业营销活动各个方面的影响和制约不尽相同,同样的环境因素对不同的组织产生的影响和制约也会大小不一。旅游企业市场营销环境可用图 2-1 表示。

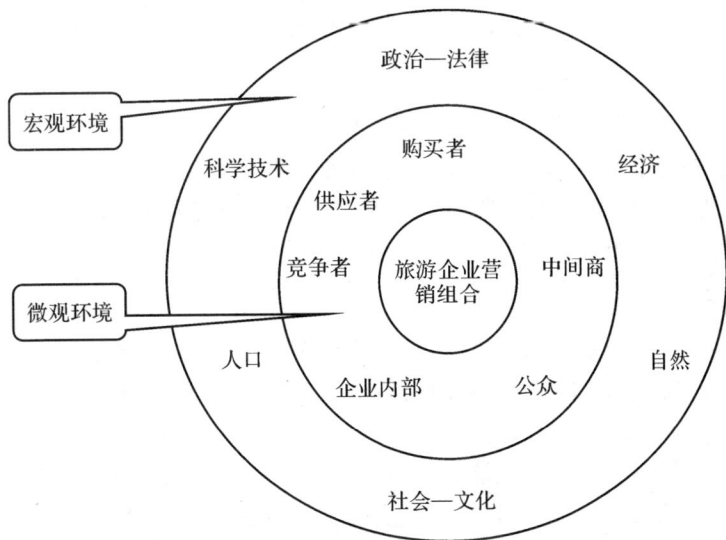

图 2-1　旅游市场营销环境

二、旅游市场营销环境的特点

旅游市场营销环境主要有以下特征：

(一)动态性

一切事物都是在不断地运动和变化着的，影响旅游企业的环境因素同样不是一成不变的，也处于多变的不稳定状态之中。旅游业是一个综合性的产业，其受环境的影响尤其明显。经济发展趋势的变化、突然出现的自然灾害、人为灾难如 SARS 等，这些可预测或不可预测的环境因素，都会直接影响旅游企业的生存和发展。正是旅游市场营销环境的动态性特征，给旅游企业的营销活动带来了很大的风险和不确定性，旅游企业必须时时分析研究各种环境因素，把握机会，避开威胁，为自身营造一个良性的外部发展空间。

(二)差异性

对所有旅游企业而言，尽管宏观环境总体是一致的，但由于所处的地理位置不尽相同，各个旅游企业面对的直接环境也具有明显的差异性。旅游市场营销活动面对的是客源地的旅游者，旅游目的地与客源地之间、不同的客源地之间在文化背景、价值观念、生活方式等方面均存在着差异，这样就会导致不同地方的人们可能对于同一事物出现不同的理解甚至相反的理解。如在中等阶层的英裔美国人亚文化群体中，由于耶稣伦理学仍占上风，其成员认为工作和个人磨难是升往上层社会必经之路，往往对非生产性的休闲感到内疚。然而，美籍墨西哥人就很少会因为自己享受休闲的乐趣而不安，他们对休闲的看法源于古罗马和古希腊，强调休闲是欢乐的时刻。工作虽然暂时挤掉了生活中起主要作用的休闲，但这只是不得已而为之。对美籍墨西哥人来说，旅游显然很少受完成任务或达到某种目标的需要所限制。因此，如果不了解不同地方人们不同的价值观与生活背景，旅游企业就不可能开展有效的市场营销活动，甚至会在无意中伤害到别人的感情。旅游市场营销活动的差异性还表现在不同的旅游企业受不同环境因素的影响，同一环境因素的变化对不同旅游企业的影响也不同。正因如此，旅游企业要因地制宜地利用好不同的营销环境，为其自身的发展创造契机。

(三)复杂性

旅游市场营销环境包含诸多因素，这些因素又由许多变化中的子因素构成，而且各个因素变化的成因也是复杂和难以预测的。如中国加入世界贸易组织(WTO)，一方面打开国门，为旅游企业的发展与走向世界带来契机；另一方面国外强势外资旅游企业涌入，给国内旅游企业的发展带来了挑战与威胁。

(四)不可控性

对于旅游市场营销环境的宏观因素，单个旅游企业根本无法控制，只能在很小的程度上对某些方面进行影响。如，旅游企业通过有效的营销活动促使政府通过有利于企业发展的政策等。对于微观环境中的外部因素，旅游企业也是不能控制的，只能积极进行引导，或一定程度上对其进行影响。旅游企业能够控制的只有微观环境中的内部因素，营销人员应充分利用旅游企业内部因素，制定既符合企业实际又与外部环境相适应的营销战略。旅游市场营销环境虽不可控，但它对企业营销的成功与否起着重要作用。旅游企业应时时关注环境因素的变化，善于把握机会。当遇到环境威胁时，旅游企业若能准确衡量利弊、运筹得当，则可减轻甚至避免环境威胁，有时甚至能化害为利。

补充阅读材料

化危为机

　　希尔顿是美国希尔顿饭店集团的创始人。在20世纪20年代,他以5000美元开始创业,最终发展成庞大的饭店连锁集团。希尔顿饭店集团的发展,正是希尔顿先生很好地把握了经济危机周期的不同阶段的结果。希尔顿在经济危机和萧条时,低价收购有增值潜力的饭店,用自己的模式加以经营管理,再在景气和高涨阶段以高价出售。

（资料来源:吴金林,李丹.旅游市场营销[M].北京:高等教育出版社,2010.）

三、旅游市场营销环境分析的意义

(一)是旅游企业开展市场营销活动的前提和基础

　　旅游企业的营销活动主要围绕两个中心展开,一是通过分析机会选定目标市场,二是科学制定和实施营销组合策略,这一切离不开环境的分析,所谓"环境决定战略,战略决定战术"。

(二)是旅游企业生存和发展的重要保证

　　旅游企业是社会的企业,所处环境不断变化。旅游企业的生存和发展依赖于它与环境的适应程度,环境具有动态变化的特征,它不断给旅游企业带来机会和威胁,旅游企业只有通过建立市场的预警系统,及时检测环境带来的可能机会和威胁,并据此不断调整自己的营销目标和营销策略,才能生存和持续发展。

(三)有利于调动旅游企业的主观能动性

　　旅游企业虽然不能从根本上控制、改变客观存在的外部环境条件,但可以积极地发挥主观能动性,通过调整内部因素来改善和适应外部某些环境因素,促使其向着有利于企业营销活动的方向转变。

第二节　旅游市场营销宏观环境分析

　　旅游市场营销宏观环境是指旅游企业或旅游业运行的外部大环境,它对旅游企业营销的成功与否起着重要作用。市场营销人员必须根据外部环境中的各种因素及其变化趋势制定自己的营销策略,以达到市场营销目的。旅游市场营销宏观环境主要包括人口、经济、社会文化、自然、政治法律及科学技术环境等因素。

一、人口环境

　　旅游市场是由具有购买欲望和购买能力的人构成的。旅游企业市场营销活动的最终对象是旅游者。影响旅游企业市场营销的人口环境因素是多方面的,主要包括人口数量、人口结构、家庭结构、人口的地理分布等。

(一)人口数量

　　在收入接近的条件下,人口的多少决定着市场的容量。一般来说,人口数量与市场容量、消费需求成正比，人口数量的增加为旅游企业扩大市场空间和创造市场机会提供了可能性。根据美国人口普查局统计，截至 2010 年 7 月，世界人口已经超过 68 亿，虽然最近几年人口增长速度有所缓和，但全球人口仍在持续上升之中，预测到 2050 年，世界人口将超过 92 亿。人口数量的增长孕育着庞大的潜在旅游市场，但是部分地区人口数量的过度增加也会制约该地区经济的发展，使消费者的购买力下降，进而制约旅游企业的市场拓展。

(二)人口结构

人口结构包括自然构成和社会构成，前者指性别、年龄等，后者则包括职业、教育程度、阅历、生活方式等。不同的旅游者因收入、教育程度等方面存在差异，必然产生不同的旅游消费需求。人口构成是不断变化的，如人口老龄化、种族多样化、不结婚和不生育的人越来越多等等，这些趋势都会影响到旅游业。

旅游者的性别差异往往导致他们不同的消费需求和购买行为差异。近年来随着女性社会地位及经济能力的提高，女性旅游者迅速增加，女性市场已成为旅游业的新宠，逐渐成为旅游目标市场中最具潜力和最有拉动力的消费群体。在一些经济发达国家，女性旅游者的增长速度更是惊人，如据统计 2005 年美国的女性商务旅游者已占到商务旅游者总数的 43%。2008 年我国城镇居民旅游者中女性比例已占到了旅游者总数的 56.3%。女性旅游人数的增加，使旅游企业比以往更关注这一群体的消费需求，推出了一些刺激女性出游的活动，如购物健美之旅、国际服装艺术节之旅等等。

不同年龄段的人们也有不同的旅游需求和偏好。中年旅游者年富力强，收入往往不菲，较讲究住宿和享乐条件，以观光、度假、会议、商务旅游者居多。青年旅游者精力、体力处于最佳状态，无论时间上或金钱上的障碍几乎都不能遏制其旅游激情，喜欢探险，求知欲强，偏爱刺激性强而又比较经济的旅游产品，如背包旅游等。少儿旅游者则喜欢知识性、新奇性、玩耍性比较强的旅游项目。老年旅游者有经济积累、闲暇时间充裕，旅游兴趣较浓，多喜欢观光休养、探亲访友等类型的旅游项目。目前人口的老龄化已经在很多国家出现，预计到2025 年，全世界 60 岁以上的人将增加 4 倍，退休人口将占世界总人口的 40%。而随着可支配收入的增加、子女的离家独立，使得老年人有足够的闲时和闲钱外出旅游，国际老年人旅游市场潜力巨大。据统计，在美国度假旅行支出 80% 是出在 55 岁以上的人手中。因此，旅游市场营销者应审时度势，制定老年人市场开发战略，推出适应老年人需求的各种旅游服务项目，如健身游、康乐游等。另外，针对我国近几年出现婚育高峰期，蜜月旅行成为时尚的新情况，旅游企业应努力开发多姿多彩的浪漫蜜月旅游产品，以实际需求为导向，开展有针对性的营销活动。

旅游者的生活方式对他们的旅游偏好和旅游决策影响较大。清静安宁的旅游者重视家庭，关心孩子，酷爱清洁，对健身有异乎寻常的兴趣，幽静的度假地是他们理想的好去处。因此，在激发这一部分人的旅游动机、引导他们的旅游行为时，就应该着重强调该旅游目的地能够提供全家在一起度假的机会，有助于培养孩子们户外活动的兴趣，告诉他们这里的空气有多么清新，环境是多么清洁等。交际型的旅游者活跃、外向、自信、易接受新鲜事物，不满足于一个小家庭的圈子。他们认为旅游度假的意义不能局限于休息和轻松，而是结交新朋友、联络老朋友、扩大交往范围的良好时机。他们还喜欢到遥远的有异国情调的旅游目的地去旅游。对历史感兴趣的旅游者的一个主要动机是出于对旅游目的地历史的浓厚兴趣，他的每一种兴趣都与"过去"相联系，把旅游当作了解他人、了解他乡习俗和文化的良机，当作丰富自己对历史人物、事件了解的良机,当作受教育、长见识的良机。

旅游者的职业特征,直接影响着他们的生活习惯、价值取向和旅游偏好,由此形成不同的旅游细分市场。农民偏好到城市观光、购物,而学生、教师则喜欢到野外体验、感受自然。企业主、商人业务繁忙,出差机会多;科技人员、医生、教育工作者外出学术交流机会多。旅游企业的营销活动应针对不同的职业群体采用不同的措施。

(三)家庭结构

家庭影响着每个家庭成员的大部分决策。家庭的规模、成员的构成、是否有子女、子女的年龄、单亲家庭等等,都会对家庭成员的旅游需求产生影响。家庭旅游的出游次数、出游方式、决策模式等,都是旅游企业营销人员应当综合考虑的因素。在我国,三口之家数量庞大,单亲家庭、丁克家庭以及单身贵族等特殊家庭越来越多,家庭规模较小,家庭收入中用于旅游、教育等方面的开支越来越大,家庭对孩子的重视程度空前提高,高质量、高档次的儿童、青少年旅游产品需求也日益增加,这些都为相关旅游产品的开发创造了机会。

(四)人口的地理分布

旅游者的消费需求与人口地理分布密切相关。居住在不同地区的人群,由于地理环境、自然资源、风俗习惯的不同,导致了旅游需求与购买行为的差异。人口分布所处地理位置的地貌不同,会产生不同地理景观的相互吸引力,从而激发人们的旅游动机。如气候、岛礁风光、沙漠、森林等都会对旅游者产生吸引力。旅游者由于兴趣不同,各自的旅游动机也不尽相同,有的是为了去呼吸新鲜空气,有的是为了欣赏自然风光,有的是为了去宗教圣地满足好奇心理等等。旅游企业营销人员应对不同环境的旅游者心理和消费需求进行深入研究和分析,以便开展有效的营销活动。

世界旅游客流的移动特点、规律与地理环境有着密切的关系。在相同目标下,舍远求近是一切旅游者选择的共同原则。由于地理距离增大会使旅游费用和时间增多,因此客源便会衰减,旅游客流强度逐渐减弱,导致国内旅游客流大于国际旅游客流,中短程国际旅游客流大于远程旅游客流。目前世界许多国家都把近距离的市场作为自己的争夺目标。如墨西哥一直瞄准美国作为主要目标市场,亚洲国家一直以来将目标市场定位在日本、韩国等富裕国家以及中国这样的经济和人口大国。

世界城市人口在迅速增加,据联合国人口部门统计,1970年全世界2万人以上的城市人口总和为12.5亿,占世界总人口的41%;当前,世界城市人口已占50%以上。一般来说,城市居民旅游需求的人数不仅比农村多,而且比例也高。改革开放以来,我国大大加快了城市化进程,给旅游业带来了更多的市场机会。城市人口的增多会导致旅游人数的增多,如何适应人口城市化的特点去开发旅游市场,是旅游营销者面临的一个新课题。

补充阅读材料

祖孙旅游(Grandtravel)

20世纪80年代末期,美国东部的一位旅游代理商想到一种新型旅游产品,这种产品被命名为祖孙旅游(Grandtravel)。祖孙游的想法是建立在对当时社会需求有深刻了解的基础上。一方面,许多双职工家庭的父母没有时间带他们的孩子长期度假,另一方面,许多(外)祖父母却有时间、有能力、有金钱并有旅游的愿望。祖孙游抓住了这些需求,设计了(外)祖父母和(外)孙子一起旅游的项目,最终获得了极大的成功。

（资料来源:詹姆斯·伯克,巴里·雷斯尼克.旅游产品的营销与推销[M].叶敏,等译.北京:电子工业出版社,2004.）

二、经济环境

经济环境是指一定时期一个国家或地区的国民经济发展状况,表现为影响旅游者购买力和支出结构的各种因素。无论从供给还是需求的角度,经济环境都是影响旅游业的重要因素,它是旅游企业开展市场营销活动的基础。一般来说,影响旅游市场营销活动的经济环境主要包括经济发展阶段、国民生产总值、个人收入与消费、汇率变动等。

(一)经济发展阶段

不同的国家经济发展阶段不同,人们对旅游的认识程度和接受程度也不同。经济发达的国家和地区,交通便利、设施完善,人们更注重精神方面的享受,出门旅游的人数就多。而发达的经济本身就可为国家或地区增加吸引力,吸引别国或地区的旅游者以学习、考察为目的进行旅游。经济欠发达的国家或地区,相关设施也较落后,人们更关心物质方面的需求,出门旅游的人数少。美国学者罗斯托在其1960年所著的《经济发展阶段论》中,将世界各国的经济发展分为六个阶段:传统阶段、起飞准备阶段、起飞阶段、趋向成熟阶段、高消费阶段、追求生活质量阶段。处于前三个阶段的国家是发展中国家,后三个阶段的国家是发达国家。旅游营销人员的工作应针对后四个阶段国家或地区的旅游者开展。这个时期的人们不再为基本的生活条件忙碌不停,有充足的时间、精力和资金投入到旅游当中,从而成为旅游营销活动的目标市场。

当前,中国经济正处于起飞阶段到走向成熟阶段的过渡期。我国居民对旅游产品的购买能力越来越强,市场潜力较大,很多亚洲甚至欧洲国家都将中国旅游者定位为主要目标市场。此外,除不同国家存在着不同经济发展阶段,同一国家的不同地区也存在着不同经济发展阶段。我国东、中、西部三大地区就存在着较大的经济差异,导致地区间对旅游产品的需求差异也较大,旅游企业营销人员应制定差异性营销方案和措施。

(二)国民生产总值

国民生产总值(gross national product,简称GNP)是最重要的宏观经济指标,它是指一个国家或地区在一定时期(一般1年)内以货币表现的全部最终产品(含货物和服务)价值的总和,国民生产总值是反映国民经济发展的综合指标。人均国民生产总值是指一国或地区的国民生产总值在该国或地区居民每人名下的平均数,它更能反映出一个国家人民的富裕程度。有研究指出,一般说来,人均GNP到300美元就会兴起国内旅游,而人均GNP达1000美元,就会有出境旅游的需求。特别是人均GNP为1500美元以上,旅游增长速度更为迅速,美国就因其较高的人均GNP而成为世界上最大的旅游客源国之一,2008年美国出国旅游人次达到6355万。日本人均GNP在30000美元以上,成为亚洲最大的旅游客源国之一,近几年每年出境旅游人次均超过1500万。

2011年中国国民生产总值达到52.16万亿元,随着中国国民生产总值及个人收入不断上涨,中国正高速发展成为全球最主要的旅游市场之一。中国旅游研究院发布的《中国出境旅游发展年度报告2013》显示,2012年,中国出境旅游人数为8318.27万人次,同比增长

18.41％。从绝对数量而言,中国出境市场已超过德国与美国,成为世界第一大出境旅游市场。

(三)个人收入与消费

个人收入(personal income)指一个国家一年内个人年得到的全部收入。个人从各种途径所获得的收入的总和,包括工资、租金收入、股利股息及社会福利等所收取得来的收入。

个人收入反映了该国个人的实际购买力水平。据统计,在经济发达国家中,每个国民的旅游消费支出约占个人收入的4％—6％。因此,个人收入是衡量当地市场容量,反映购买力高低的重要尺度。一般来说,高收入的旅游者往往比低收入的旅游者在旅游过程中平均逗留时间长、花费高。不同收入的旅游者在旅游过程中选择参加的活动类型、购买的旅游产品档次有较大的差别。

个人可自由支配的收入,更是决定消费者购买力和支出的决定性因素。一个人的可任意支配收入越多,用于旅游或其他娱乐活动的开支也越多。

个人可支配收入＝个人收入－税款－非税性负担(党费等)

个人可任意支配收入＝可支配收入－生活必须开支－固定支出(房租、保险、分期付款等)

旅游企业营销人员要了解消费者如何分配他们的可任意支配收入及其消费模式。只有家庭有能力购买生活必需以外的娱乐及奢侈品时,人们才会选择旅游产品。德国统计学家恩格尔(E. Engel)提出的恩格尔系数是衡量一个家庭或国家富裕程度的重要标准之一:

恩格尔系数＝用于食物的支出/家庭收入×100％。

如果城乡居民在食品方面的支出较大,恩格尔系数就高,表明人们的生活水平低;恩格尔系数越小越富裕,说明用于食品支出的比例减少,用于其他方面的支出加大。一般来说,恩格尔系数大于60％就是极贫困地区,而小于30％则可认为较为富裕,只有恩格尔系数足够小,人们才会进行旅游消费。

消费者支出模式除主要受消费者收入影响外,还受到人们生活习惯、价值观念、追求目标以及国家的价格政策、补贴等诸多方面的影响。对消费支出的分析,有利于旅游企业了解目标市场的需求特点,把握市场进入机会,确定旅游企业营销战略。

(四)汇率变动

汇率又称汇价,是两国货币之间的比价,对国际旅游需求的变化起重要作用。汇率变动对旅游企业的影响表现为两个方面:一是当外国货币升值时,对外国旅游者有利,会引起目的地入境旅游人数的增加;另一方面,当目的地国的货币贬值时,汇率下降,用目的地国的货币报价,入境旅游者带来的外汇是上升的,对目的地国有利。对旅游目的地国来说,货币升值会减少旅游,货币贬值则会促进旅游。对旅游客源国来说,货币升值会促进本国居民到国外旅游,货币贬值则阻止国民到境外旅游。如,1997年亚洲金融危机时泰币贬值,泰国政府采取各种措施吸引入境旅游者以增加收入。

另外,影响旅游市场营销活动的经济环境因素还包括通货膨胀、消费储蓄和信贷等。通货膨胀就是在流通领域中的货币供应量超过了货币需要量,造成物价上涨,货币贬值,单位货币购买力下降,会使旅游企业的成本上升,旅游产品价格上涨,造成旅游产品购买人数减少。当消费者收入一定时,储蓄量越大,现实支出越小,潜在的购买力就越强。旅游者还可以用信贷购买商品,近几年,旅游业已推出消费信贷。

补充阅读材料

对旅游消费者行为起决定因素的汇率变化

汇率变化影响游客数量波动的典型例子就是 90 年代英镑和法郎之间的汇率变化。

从 20 世纪 80 年代末至 1992 年,到法国旅游的英国游客量一直保持着稳步增长。

1992 年 9 月英镑开始脱离欧洲货币体系,但法郎却保留在该体系中。随后的一年中英镑兑换法郎的汇率下降了 20%。在短短一段时间内,到法国旅游的费用从原先的 1000 英镑增加到 1250 英镑。因此许多游客都会:要么选择另外的地方旅游;要么降低费用标准,从酒店降到度假村,或从别墅降到野营屋拖车或野营地。几家承办价格较高的法国旅游项目的旅游运营商被迫停业。"法国乡村度假地"也转手给了布列塔尼·菲丽斯。

到了 1997 年和 1998 年,随着英镑兑换法郎汇率的回升,法国重新又成为英国游客喜欢前往的国家。

(资料来源:约翰·斯沃布鲁克,苏珊·霍纳. 旅游消费者行为学[M].俞慧君,张鸥等,译.北京:电子工业出版社,2004:330)

三、社会文化环境

社会文化环境是由一个国家和地区的民族特征、文化传统、价值观念、宗教信仰、风俗习惯、审美观等因素所组成的。文化具有无形性、习得性、稳定性、动态性、共有性、独特性等特征,它不像其他环境因素那样显而易见、易于理解,但它是影响、制约人们旅游欲望和行为的重要因素之一,时刻影响着旅游企业的市场营销活动。要成功地吸引某国家或地区的旅游者,了解当地的文化并采取适当差别的营销方式十分重要。营销活动能否适应当地文化,决定着市场经营的成败。

旅游者来自世界各地不同的文化环境,旅游企业营销人员在旅游产品设计、旅游广告创意、营销方案制定时都必须适应当地的文化。旅游工作者要将本国或本地区的文化,用客源地国家或地区的旅游者能够接收和认同的方式来表达和传递,才能够使自己的旅游产品对目标市场产生吸引力。随着经济、文化的迅速发展,人们的生活方式、消费观念、社会价值观念也会随着变化,因此,旅游企业营销人员应将市场的文化因素视作是动态的。

教育水平的高低反映着人们的文化素养,影响着人们的消费结构、购买行为与审美观念,进而影响着旅游企业的营销活动。通常来讲,文化程度高的旅游者,思想比较开放,不满足于单调枯燥的生活节奏,他们追求生活质量,从而有较强的旅游需求。他们对报纸、广播、杂志、网络等宣传工具的接触多,旅游企业可以借助这些媒介进行广告促销。

风俗习惯遍及社会生活的各个方面,包括饮食习惯、节日习俗、婚丧习俗等等。世界上不同的国家或地区之间存在着各自不同的风俗。同一样事物,在不同的社会文化风俗下,可能有完全不同的意义。例如,蝙蝠(bat)在汉语中因"蝠"与"福"同音,便成了吉祥、幸福的象征,而在西方 bat 的形象却是一种瞎眼、丑陋、凶恶的动物。许多人迷信 bat 与巫婆有关,人们相信 bat 闯入私宅是死亡的凶兆。旅游企业营销人员只有了解不同国家和地区游客之间的风俗习惯及差异,才能做到在营销活动中有的放矢。

宗教信仰指信奉某种特定宗教的人群对其所信仰的神圣对象(包括特定的教理教义等)

由崇拜认同而产生的坚定不移的信念及全身心的皈依。它直接影响着人们的生活态度、价值观念和生活习惯,从而影响人们的消费行为。据不完全统计,世界上信仰宗教的人数约占总人数的 60%,不同宗教信仰间具有明显的差异,各自的习俗和禁忌不同,若不注意很容易给旅游企业的营销活动带来阻碍。旅游企业营销人员要开展针对性营销活动,做到"入境而问禁、入国而问俗、入门而问讳"。宗教能够为旅游企业的营销活动带来契机,如浙江普陀山凭借博大精深的观音文化,每年都有大量香客前来旅游观光,2012 年接待游客 556 万人次。每年的观音文化节期间,都吸引了大量香客前来旅游、礼佛。许多国家和地区都非常重视宗教文化旅游资源的开发,以打造特色旅游产品,吸引更多旅游者。

在旅游营销过程中,对于宏观文化因素应考虑以下几点:(1)确定文化中相关的动机。如,与美国人的度假旅游动机相比,德国人对地位更感兴趣。(2)从广泛的文化价值观中确定哪种与旅游相关,人们是否将旅游、娱乐视为积极有益的活动。如,在英国,人们把每年的休假看得十分重要,往往一整年都在为这次度假做准备。(3)确定不同文化中决策的特殊形式。谁做出旅游决定? 如,在日本、德国度假决策往往是由男性做出的。何时决定? 有一项调查显示,日本人平均提前 11 周计划旅行,英国人提前 25 周,而德国人在 31 周前就开始制定旅游计划了。(4)评估适合某种文化的营销方式。什么样的营销技巧、措辞和图片对这种文化中的人是可以接受的或不能接受的? 例如,在英国,幽默的广告双关语往往能吸引他们,而在美国,做广告时就需要使用较为直截了当的语言。(5)确定旅游产品在旅游消费者心目中合适的销售机构。人们是趋向于直接向供给者购买还是利用零售旅行社购买? 还有其他什么可让旅游者接受的产品分销方法? 如,德国人比欧洲其他国家的人更倾向于使用零售旅行社。

四、自然环境

自然环境主要指自然物质环境。旅游业与自然环境存在着非常密切的关系,如自然资源、气候条件的变化均对旅游业产生较大的影响,旅游业的开展必须以自然环境为依托,旅游者,特别是休闲度假旅游者在进行目的地选择时,自然环境是其考虑的关键因素之一。目前自然环境方面的主要动向如下:

(一)某些自然资源短缺或即将短缺

目前世界上许多国家和地区面临某些自然资源短缺或即将短缺,如缺水;有些资源有限又不能更新,如石油、煤等,对旅游企业发展是一种巨大的威胁。能源短缺,相应地就会增加旅游企业成本,导致利润的下降。因此,旅游企业一方面要从长远的发展考虑,尽量多利用可再生能源,如太阳能、风能等;另一方面,要尽可能采取节约能源的措施,在旅游资源的开发和利用中,注意自然资源的保护和可持续性利用。

(二)环境污染日益严重

在人类活动及现代工业发展的影响下,目前许多国家或地区的水源、空气、土壤等都受到了不同程度的污染,这在一定程度上影响了旅游景观的品质。许多地区的景点、植被、文化古迹遭到严重破坏。全球的气候变化导致了气温的升高、海平面的上升,一旦这些情况加重,将会对旅游业产生深远的影响。政府为了社会利益和长远利益而对自然资源加强干预,往往与旅游企业的经营战略和经营效益相矛盾,这对于旅游企业是一种压力,但同时也蕴含着一定的市场机会。例如,为了控制污染,政府往往要求旅游企业购置昂贵的控制污染设备,这样就可能影响企业的经营效益,旅游企业要善于化危为机,在旅游项目的开发上,着力推出具有环保作用的生态游、低碳游、慢旅游等,开发和销售绿色产品,在开展旅游活动时还应当加强对旅游者的环保教育,倡导循环利用资源,减少一次性物品的使用等,增强旅游者的环境保护意识,使经济效益和环境效益结合起来,保持人与自然环境的和谐,不断改善人类的生存环境。

五、政治与法律环境

菲利普·科特勒在大营销组合的概念中,提出新增权力(power)和公共关系(public relations)这两个因素,说明政治在营销中的重要作用,尤其是在跨国营销中更是如此。政治环境是指那些对旅游企业的营销活动有一定影响的各种政治因素的总和,法律环境指国家或地方政府颁布的各项法规、法令和条例等。在任何社会制度下,旅游企业的营销活动都必定受到政治与法律环境的强制与约束,主要体现在政局的稳定性、法律规定、国家的方针政策等方面。

(一)政局的稳定性

政局稳定是旅游企业顺利开展市场营销活动的重要因素。如果政治动荡不安,必然会给旅游市场营销活动带来较大的风险。例如,香港最后一任总督彭定康在香港回归的问题上,采取敌对态度,导致香港来中国内地旅游的人数大量减少,到港旅游者也大幅度下降,据香港旅游协会公布的数据,1997 年 6 月到香港旅游者数量只有 78.9 万,较上年同期下降了14.1%,饭店入住率只有 70%,比上年同期下降了近两成。针对这一新的变化,香港旅游协会及时推出了新的促销口号:"I am Hong Kong"(我就是香港),以表明香港政治秩序的延续性和稳定性,取得了很好的成效。2010 年 3 月,泰国国内爆发了红衫军示威集会,仅 3 月12 日到 26 日短短 10 余天,就使泰国旅游损失约 6000 万美元的收入。2012 年 10—11 月,受日本挑起的"国有化钓鱼岛"闹剧的影响,中国赴日本的游客减至 2011 年同期的不到 6成。政治对旅游业的影响是双边的,即旅游营销不仅受到本国政治的影响,还受到客源国政治的影响。如震惊全球的美国"9·11"事件,给美国的旅游业带来了极其严重的影响,同时,也给以美国为客源国的国家和地区的旅游业带来了不利的影响,如美国客源占 85%的墨西哥 2001 年 10 月份的旅游业急剧下挫。政局的稳定性对旅游业的影响由此可见一斑。另外,恶性突发事件会使旅游者取消预订或影响未来旅游者对目的地的信任度,从而影响区域旅游业。如 1993 年的千岛湖事件,就使得次年到千岛湖的台湾地区游客锐减。日本"3·11"大地震后,赴日团队游客大幅减少。在短期内,大多数的潜在旅游者会选择他们认为安全的地方。

因此,旅游企业在进入一国或一个地区之前,不仅要对该国的政局稳定情况进行预测,还应了解旅游企业的所属国与目标市场国之间关系的好坏,以充分利用市场机遇做好营销工作。

(二)法律规定、国家的方针政策

国家通过各种法律、法规对旅游企业行为进行规范,并保障企业的合法权益,维护自由竞争和公平竞争;同时,还保护着旅游者的权益。政府的法令条例,特别是有关旅游业的立

法,对旅游市场需求的形成和实现具有不可忽视的调节作用,而这些法律规定是旅游企业无法控制的。国家每一次颁布新的法律、法规或者原法律法规的修改都会影响旅游企业的营销活动。如2013年10月1日起实施的《旅游法》,对零负团费、强迫购物;景区门票随意涨价、导游无薪酬收回扣;旅游途中的不文明行为;旅游者"投诉无门";不可抗力责任分担等进行了明确的规定,有利于旅游行业整体规范,有序健康发展,同时也给旅游企业带来了机会或威胁。如《旅游法》第35条规定,旅行社不得以不合理的低价组织旅游,既加强了旅游行业管理,又有效抵制"零负团费"等恶性价格竞争,但同时也给部分旅游企业带来了威胁,迫使旅行社等企业相应调整营销战略和经营模式。随着旅游行业的不断规范,多数旅行社选择上调产品价格,部分旅游者会转而选择自由行、自助游,这给经济型酒店等旅游企业带来了契机。《旅游法》的实施,购物项目被明令取消,旅游购物企业营销人员只有构建新的发展战略和模式,才能生存和发展。

国家的方针政策对旅游企业的营销活动影响更直接、更明显。例如发达国家实行的带薪假日政策,使得远距离旅游成为了现实的需求。作为接待国,就可针对这一政策调整自己的营销策略以适应市场的变化。如1994年西安市举办的"长安书法年会",就定于8月22日开幕,这样既考虑了作为此年会的主要客源国的日本往往在8月中下旬有带薪假日,又考虑了西安与名古屋航班的时刻表。再如,自从我国开始实行每周五天工作制以来,当地居民大量参与到地区旅游当中,到市郊外的风景游览点一日游或两日游。许多省份把旅游业作为支柱产业发展等,这些对旅游企业来说将会形成有利的市场营销环境,同时也使旅游市场竞争更加激烈。

有些方针政策会对旅游需求产生重大影响。例如政府下令禁止公费出游的政策颁布后,高端的旅游团数量迅速下降。酒驾、醉驾的严格管理就会对餐饮业产生较大的冲击。另外,政府还会根据经济状况采取鼓励或限止出入境的手段进行宏观调控,也同样影响旅游企业的营销活动。旅游企业要针对不同的政策调整自己的营销策略。

补充阅读材料

高端餐饮下滑明显,大众消费表现抢眼

2013年春节是中央"八项规定"、"六项禁令"出台后的第一个春节,为及时掌握餐饮市场变化,中国烹饪协会在节日期间开展了广泛的市场调研,并于2月16日,春节假期结束后的首个工作日发布了2013年春节餐饮市场分析。调研显示,2013年的春节餐饮市场主要特征之一为:高端餐饮下滑明显,大众消费表现抢眼。

春节期间,北京、上海、苏州、成都等大中城市的高端餐饮、会所等生意冷清,营业收入普遍比上年同期下降20%左右,一些企业下降幅度超过30%,个别四星、五星级酒店餐饮甚至首次出现春节歇业现象。调整及时的高端企业逐渐止跌回升,南昌东方豪景花园酒店(五星级)1月份营业额同期下降27%,企业适时调整战略,转向婚宴和家庭聚会,春节7天收入同比增长15%。与高端餐饮的下滑态势相反,大众餐饮则出现大幅增长。除夕夜,华天集团老字号同和居、峨眉酒家营业额创出历史新高,延吉餐厅增长64%,望德楼增长46%,烤肉季增长超过30%。只有八张餐台的篑街老北京涮肉馆春节期间营业收入增长20%左右,湖北风味的"红菜苔"坚持走大众消费之路,2012年收入同比增长25%,春节期间增幅达到34%,麻辣诱惑、便宜坊、砂锅居等特色餐饮更是一桌难求,推出文艺汇演、百姓厨房、民俗庙会展等多项活动的全聚德也增长明显。成都市红杏酒家、红高粱酒楼、大蓉和、龙抄手、锦江宾馆餐饮等 15 家餐饮企业节日前 4 天累计营业额 1075 万元,同比增长 16.9%。天津 150 家重点企业节日前 5 天实现营业收入 2.7 亿元,同比增长 18.5%,青年餐厅、石头门槛、天津烤鸭店等大众餐饮节日期间日均营业额比平日增长 1 倍左右。

(资料来源:http://www.ccas.com.cn/Article/HTML/18706.html)

六、科学技术环境

科学技术是第一生产力,它是现代生产力中最活跃和最具决定性的因素,对于经济发展、社会进步、生活方式的转变都起着极大的推动作用。科学技术对旅游业的发展同样产生着一定程度的影响。作为旅游企业的营销人员,主要需考虑以下两方面的因素:

(一)运用新技术可以提高竞争优势

经验证明,注重革新的企业通常要比不注重革新的企业在旅游市场上成功的概率高。假日公司是旅馆业的技术领先者,并且多年盘踞旅馆业榜首地位。假日公司最先拥有一个巨大的卫星电视闭路系统,1957 年这个公司成为第一家在每间客房配备黑白电视机的连锁集团。新技术促进了行业的发展,计算机的应用使航空公司、旅行社、饭店等旅游企业利用计算机为消费者提供了更好的服务和许多其他便利,目前,国际上许多饭店在客房设置电脑终端,使客人可以清楚地查询自己的消费情况。高技术又使企业得以拥有自己庞大的国际营销网络,这种网络不仅是产品的销售,而且还包括将企业的新观念转达给世界各地的用户。科学技术将时空的距离缩短,使洲际旅游市场呈现更大的拓展空间。高技术创造了更多的娱乐设施,使旅游企业推出的娱乐项目不断更新和丰富。太空旅游、极地旅游、探险旅游、主题乐园体验等等,已越来越受到旅游者的喜爱。

(二)科学技术对旅游者的影响

先进的室内娱乐系统、网络、租赁影碟等成为一部分人外出娱乐和旅游的替代品。但同时,科学技术的发展给旅游者带来了更多的旅游体验和便利。高技术创造了更多的旅游娱乐设施,使旅游者对活动项目有了更多的选择,如杭州宋城景区的大型歌舞"宋城千古情"就是光、声、电等多种先进技术的产物,它是目前世界上年演出场次和观众最多的剧场,受到了国内外旅游者的一致好评。发达的交通和通讯,使远距离旅游成为平常易事。网络预定与信用卡的使用,给旅游者的购买行为带来了极大的便利,网上挑选旅游线路、购买机票、预订饭店等,让旅游者既省时又省钱。家庭电气设备的发展缩短了家务劳动的必要时间,从而为人们提供了更多的余暇外出旅游。

补充阅读材料

2005 年影响全球旅游业的八大事件

当旅游成为人们的一种生活方式,影响旅游业的事件也变得与每个人相关,正所谓"世界同此炎凉"。最新一期的美国《时代》周刊评选出 2005 年度最佳照片,24 幅照片中一半与灾难有关,印尼海啸天堂变地狱,巴厘岛遭袭、巴黎骚乱、禽流感肆虐以及地震、飓风都给当地的旅游业带来了毁灭性的打击。但是,我们始终相信,没有什么能够阻挡旅游者的脚步。

1. 印度洋海啸周年祭,为了逝去的纪念

2004年12月26日,印度洋发生里氏9.0级强烈地震并引发海啸,灾难波及印尼、斯里兰卡、泰国、印度、马尔代夫等国,遇难总人数逼近30万。此次灾难虽然发生在2004年年底,但由此产生的对旅游业的影响以及全球各个国家、各个团体、各方面对人类所遭遇的此次灾难的反应,却都在2005年尽显。2005年1月,世界旅游组织发布报告称,受到海啸严重影响的重要旅游国家包括印度、印度尼西亚、马尔代夫、泰国和斯里兰卡,其他重要旅游景点并未受到冲击,因此,海啸对世界旅游业冲击有限。尽管如此,受灾地区旅游业被挫伤的事实仍然无法回避,地震、海啸对旅游业的影响或许没有表现在绝对数字上。2005年3月,威世国际为世界旅游机构进行的一项调查显示,亚太地区因为南亚海啸所蒙受的旅游损失高达30亿美元。威世国际副主席保罗·道宁指出,尽管亚太地区不少度假景点并未受到海啸破坏,但调查发现,将有9%的国际游客因此而感到害怕,转而到其他地区度假。

2. 禽流感肆虐,全球旅游业遭受重创

2005年1月至2月,人感染"禽流感"病例出现在越南和柬埔寨;7月21日,印尼卫生部确认出现禽流感患者;10月,土耳其、泰国分别出现禽流感疑似、确诊或死亡病例。在已经出现禽流感疫情的国家和地区中,欧洲、亚洲、美洲,无一幸免。又有专家预测,禽流感很快将在非洲蔓延。有数字表明,从2003年12月底至2005年11月,全球已有126人感染禽流感,其中64人死亡,病死率高过50%。据世界旅游组织提供的数字,2003年SARS疫情曾导致去往东北亚和东南亚的国际游客人数分别减少9%和14%。鉴于此,10月19日,世界旅游组织秘书长弗朗切斯科·弗兰贾利在一份声明中说,政府旅游咨询机构和媒体报道应该"负责任地应对,以避免2003年SARS恐慌的重演"。

马斯洛的"需求理论"将生存与安全排在了人类需求的基本层次,可见,生存才是第一要义。当旅游遭遇SARS、禽流感之类疾病甚至死亡威胁的时候,旅游退避三舍,也就不足为奇了。从世界旅游组织的统计数字可以看出,SARS事件造成的恐慌对旅游业的打击足以致命。不过,"救市"还需"周瑜打黄盖"。正所谓"一个巴掌拍不响",旅游业在面临禽流感袭击时,整个旅游市场的正常运作还需靠旅游业者和游客两方能够达成"周瑜打黄盖,一个愿打一个愿挨"的理想境界。此时,手握旅游产品的旅游业者不妨直接告诉他们的"上帝",虽然禽流感来袭,但日子还要照常过,只要注意科学预防,该观看的景色还是不要放弃的好,大可不必因噎废食。

3. 国际油价一涨再涨,航空业不能承受之重

2005年是国际油价自2003年开始上涨以来持续震荡的一年,不断上升波动的数字刺激着人们本已对油价特别敏感的神经,触碰着全球的价格心理底线。年初,由于受美国东部地区气温持续回升的影响,国际市场原油期货价格大幅下挫,曾降到每桶42.12美元,之后,油价便如脱缰野马,一路飙升,不断突破人们的心理预期,到8月29日,纽约市场原油期货价格在亚洲交易时段突破每桶70美元关口,达到创纪录的每桶70.80美元。为了平抑油价,国际能源机构与美国政府分别采取了动用能源储备的措施,纽约市场原油期货价格才有所回落,12月2日,纽约市场原油期货价格又随着美国原油库存下降和美部分地区天气转冷上升到每桶59.32美元。专家预测,油价还将长期处于一个较稳定的高价位。国际油价大幅上涨,引起全球所有经济领域的骚动。世界银行行长沃尔芬森指出,国际市场原油价格每上涨10美元/桶并持续一年,世界经济增长率就会减少0.5个百分点,发展中国家减少0.75个百分点。自2003年油价开始上涨以来,消费者2004年和2005年购买石油产品的支出总计比2003年高出1.2万亿美元。

油价上涨又将全球经济体纳入了一个链网,石油问题已经上升到政治高度。全球运输业、航空业、旅游业等下游产业均遭受了油价上涨所带来的巨大冲击,我国的原油供应链条自然也没能幸免,油价连续上调。在诸多受油价影响的行业中,最脆弱的当属航空业和旅游业。自2001年以来,世界航空业一直未能摆脱衰退,2005年以来,包括美国德尔塔和西北两家在内的航空业巨头均申请了破产,其他航空公司也都采取了降低工资、削减航线、大幅裁员、申请破产保护等多种措施,高企的油价将本来就惨淡经营的航空业推向了绝路。油价"井喷",连美国总统布什也于9月26日呼吁国民尽量减少非必需的旅行,以节省能源。人们的生活因此受到很大影响,出行生活成本增加,消费结构被迫发生很大变化,旅游无可避免地被卷入能源短缺的困扰之中。

4. 伦敦、巴厘岛、沙姆沙伊赫旅游天堂成恐怖袭击"乐土"

2005年7月7日,英国当地时间上午9时左右,伦敦雨雾蒙蒙,3列地铁和4辆公共汽车遭到自杀式恐怖爆炸袭击,一时间,恐怖阴影笼罩了整个伦敦古城。此次爆炸事件共造成56人死亡,700多人受伤,是二战以来伦敦遭到的最大攻击。悲剧在仅隔两周后又一次上演,21日中午,伦敦3个地铁站和伦敦东部哈克尼地区一辆双层巴士再度遭到系列恐怖爆炸袭击或未遂爆炸,造成1人受伤,伦敦市5条地铁线路随即被关闭。爆炸发生后,对英国经济至关重要的旅游业损失3亿英镑收入,宾馆、饭店和其他行业的收入也遭受了重大损失。英国旅游业应急小组曾于爆炸发生后预测,海外游客2005年全年在英国的消费将会比预计下降2%。伦敦爆炸声令世人惊魂未定,埃及红海度假胜地沙姆沙伊赫海滩数家酒店7月23日凌晨又遭连环恐怖爆炸袭击,一名警方人士说,当天至少发生了7起爆炸,其中至少4起爆炸是由汽车炸弹引起。爆炸共造成包括英国、俄罗斯、荷兰、科威特、法国、卡塔尔、意大利等国国民共在内的90人死亡,约200人受伤,是埃及近10年来最血腥的恐怖袭击。10月1日,印尼旅游胜地巴厘岛位于库塔海滨的"拉贾"酒吧餐厅和金巴兰海岸,几乎同时发生三起爆炸,这是继2002年遭受恐怖爆炸袭击以来,巴厘岛第二次遭遇重大袭击。袭击共造成26人死亡,100多人受伤,巴厘岛酒店入住率受其影响平均下降了10%。

要是伦敦没有发生那两起连环爆炸案,相信对于伦敦乃至整个英国人民来说,2005年的7月都将是一个美好难忘的月份,因为就在爆炸案发生的前一天,伦敦成功从其他几个竞选城市中胜出,获得2012年夏季奥运会的主办权。但是,历史似乎总是喜欢和人类开个小小的玩笑,完美也似乎总是人们心中永存的童话。伦敦如此,巴厘岛、埃及亦如此。正在从2年前的灾难中走出来的巴厘岛又一次被拉进痛苦的深渊……旅游胜地成恐怖袭击新猎物,恐怖分子正在变得越来越"聪明",他们知道哪里人最多,知道在旅游胜地发生的事件将会给这个地区乃至整个世界带来何种影响。今年8月,法国《费加罗报》曾载文:"'9·11'事件之后,旅游业成了恐怖主义的附带牺牲品。游客成为恐怖分子最理想的袭击目标,他们所代表的傲慢、富有和享乐主义正是极端势力对西方深恶痛绝的地方。"恐怖主义已经成为世界旅游业和人类发展的最大敌人,反恐继而成为必修课题。还好,民众已有所行动。正如此次伦敦爆炸,案发之时适逢英国成为中国公民旅游目的地国家之后中国首个赴英旅游团出发前夕,无一人退团并准时出发、接受英国方面的"红地毯"待遇,也在特殊时期有了特殊意义。用镇定与谴责来瓦解恐怖主义的美梦,正义与和平才是人类的终极追求。

5. 自然之神频频发威,飓风成为旅游大敌

2005年,对于全球旅游业来说,"飓风"成为一个关键词。从美国东南部、中美洲到亚洲,"飓风"或"台风"一个个接踵而至。论破坏力,美国"卡特里娜"飓风自然位居榜首,但其他也不甘示弱。8月25日,飓风"卡特里娜"在美国东南部佛罗里达州登陆,在当地造成至少7人死亡、5人失踪。被雅虎旅游和国家地理旅游杂志联合评为美国家庭旅游首选的新奥尔良遭受重创。在此后的很长一段时间,新奥尔良乃至美国受灾地区的旅游业难以恢复到以前的水平。此前的 7 月,飓风"埃米莉"曾直逼墨西哥坎昆市,当地约 4 万名游客被迫缩短行程。10 月 5 日,台风"斯坦"使中美洲地区暴雨成灾。当日,危地马拉世界知名旅游胜地阿提特兰湖附近发生泥石流事故。10 月 21 日,墨西哥又遭到"威尔玛"飓风的袭击,3 万旅游者被陷于惊恐和黑暗之中,著名旅游胜地坎昆岛处于水淹之中。其中,坎昆岛一地滞留 1 万至 1.2 万游客,坎昆以南地区滞留大约 2 万名游客。"威尔玛"同样没有放过古巴,飓风期间,滞留在古巴的 35000 名外国游客中共有 1749 人被转移到同等档次的安全饭店。今年 9 月 15 日,美国全国大气研究中心和佐治亚理工学院科学家发表的一项研究结果显示,全球强烈飓风特别是四五级飓风的数量在最近几十年中一直呈增长态势。

尽管旅游业是公认的"朝阳产业",但当台风、暖冬等一系列自然之神颐指气使的时候,旅游业总是苍白无力的,"损失"、"重创"成为旅游业面对自然灾害时的唯一"表情"。因此,如何解决"靠天吃饭"的先天不足,成为旅游业应当考虑的一个重要问题。尽管,自古以来,诸多古老神话传说和远古人的图腾崇拜就告诉人们,自然之神的威力不可阻挡,但人类从来不乏"人定胜天"的豪言壮语与伟大壮举。然而,直到目前为止,当旅游业与自然灾害狭路相逢时,旅游业所能做的却依然只有"束手就擒"。悉数自然灾害对旅游业的"献礼":印尼海啸、巴基斯坦和印度的地震、美国的飓风等等。自然之神使出的"功夫",招招都是对旅游业的致命打击,除了预防,旅游业者们却似乎别无他法。2004 年,有人提出了"台风旅游"的概念,但遭到了很多人的指责,我们不去评述"台风旅游"本身是否合理,有无可行性,但是,至少我们看到了旅游业对摆脱"受制于天"窘境的希望。

6. 文明之都遭遇骚乱噩梦,浪漫巴黎吓退 2—3 成游人

巴黎北部郊区的克利希苏布瓦市(Clichy-sous-Bois),当地时间 10 月 27 日下午,三名男孩为逃避警察追捕,慌不择路,躲进一所变电站,不幸遭到电击。两名非洲裔穆斯林少年,15 岁的巴努和 17 岁的齐亚德当场丧命,另一土耳其裔孩子被严重烧伤。此时,没有人能够预想到这将引发一起波及多个市区和城镇,并且影响到其他国家的,持续近三周的大规模骚乱。这起意外事件激怒了当地居民,第二天,就有 400 名当地青年走上街头,焚烧汽车和垃圾桶,打砸店铺和一所消防站,与数百名警察发生正面冲突,加上一系列复杂的政治、种族、宗教信仰等因素影响,这一骚乱持续到 11 月 16 日。期间,有 4700 多人因参与巴黎骚乱而被逮捕,有 650 人被送进监狱,约有一万辆汽车被烧毁,法国政府实施了包括宵禁、宣布进入紧急状态在内的多项紧急应对措施,不过法国政府在这起紧急事件上的态度和应对措施还是以事态的严重恶化及蔓延而告终,虽然最终骚乱得以平息。这起人为的危机事件引起了法国国内乃至整个欧洲对城市郊区贫困等多种社会问题的讨论,产生了巨大影响。巴黎郊区和外省被焚毁的汽车,仅此一项的直接经济损失超过 2500 万欧元。占国内生产总值 6.5% 的支柱产业旅游业也受到巨大影响。骚乱期间,巴黎的埃菲尔铁塔、塞纳河边迷人的咖啡馆以及浪漫的法式大餐,这一切变得不再诱人,美国、俄罗斯、英国、加拿大、荷兰等国均纷纷发出警告,提醒本国公民注意在法期间的人身安全。法国一位旅游业界人士说,大约 20% 到 30% 原计划到巴黎旅游的人取消了行程安排,所幸商务旅行受到的影响不是很大。

持续近三周的巴黎骚乱无疑成为年末世界旅游业的大事,浪漫之都成为全球 2005 最后的噩梦,圣诞、新年这些年末的重头旅游产品笼罩在骚乱的阴影中,旅游业对环境的敏感性、脆弱性在这次巴黎骚乱中又一次尽显无遗。11 月 23 日,世界最大的网上旅游服务公司 Expedia 公布了该公司的有关调查数据,结果显示,旅游业是此次法国骚乱的重要受害者,大规模的骚乱严重影响了法国旅游业和其全球最受欢迎观光地的形象。这次人为导致的社会危机,也是一次典型的旅游危机事件。法国政府面临危机时,危机公关和危机管理的不到位,使得一次小小的事件演变成一场持续三周的大规模骚乱,从而让国家蒙受了巨大经济损失;身处骚乱影响下的旅游城市与旅游行业的危机管理不当也使旅游业蒙受了重大损失,这也给别的国家和城市敲响了警钟,现代社会环境下的危机公关以及危机管理成为一门必要的管理艺术。

7. 第三位太空游客成功返航太空游,让人欢喜让人忧

2005 年 10 月 1 日,60 岁的奥尔森乘俄罗斯"联盟 TMA—6"号飞船升空,成功抵达了国际空间站。10 月 11 日,奥尔森与两名宇航员一起返回地面。由此,奥尔森成为全球成功进行"太空旅游"的第三人。此前,60 岁的美国人蒂托和 29 岁的南非商人沙特尔沃思,分别在 2001 年 4 月和 2002 年 4 月各自完成 8 天的太空经历,从而成为世界首位和第二位太空游客。登上太空的三位富翁都在上太空前接受了为期不长的训练,并缴纳了 2000 万美元费用。有调查表明,总资产在 1000 万美元以上的美国富翁中,每 5 人中就有 1 人愿出 10 万美元到宇宙中逗留 15 分钟。"太空游"是 1999 年 8 月美国太空冒险公司和俄罗斯有关方面合作开发的一个旅游项目,之后美国航空航天局由于技术障碍而不敢轻易尝试,俄罗斯便成为提供"太空游"的唯一国家。其后,日本等国家也准备开展此项目。此前有报道称,今年 34 岁的日本富商本大辅极可能成为国际空间站的第四位游客,他是日本网络媒体"活力门"公司前任董事、投资家。

"太空旅游"是在 2002 年开始进入人们视线的。随着第三位太空游客的成功返回,"太空旅游"在全球的关注度也远远高于以前,更多的人正巴望着有一天,自己也能到太空中体验失重的感觉。有媒体评论,"太空旅游"如同历史上大航海时代的航海技术和刚刚出现时的飞机,安全系数是人们最为关注的问题之一。且不论媒体的对比是否恰当,单单"太空旅游"的价格就使普通游客咋舌。尽管花 2000 万美元到太空转一圈,可以说是物有所值,可就算是城市里的"白领"甚至"金领"等高薪人士,要想挣得 2000 万美元家产,恐怕没有几十年勒紧裤带的日子也是达不到目的的。况且,"太空旅游"对人本身还有身体健康等方面的要求。如此看来,价格、身体等因素使大多数人"望空兴叹"。然而,"太空旅游"的备受关注却如同多棱镜,折射出一个现象:游客早已不满足于观光、探险等常规旅游项目了,或者说,地球的魅力已经不能吸引游客的眼球了。如果旅游业者可以开发出价格合适而又新奇的旅游产品,那么就可以在旅游市场中成为卖点。

8. 沿线城市共造新丝绸之旅,亚欧携手建旅游精品长廊

2005 年 12 月,新亚欧大陆桥区域经济国际合作会议在中国江苏徐州召开,会上,沿新亚欧大陆桥的 20 位市长联合签署了《新丝绸之路城市旅游合作备忘录》,此举将促进大陆桥沿线旅游业的快速发展。备忘录指出,新丝绸之路沿线旅游资源丰富,互补性很强,有关城市在今后的规划中要体现"新丝绸之路——东西文明的联系融合之路"的整体形象。因此,为更好地打造"丝绸之路",各方在未来的工作中将加强合作。公元前 2 世纪,中国汉代张骞从古长安出发,出使西域,开创了丝绸之路。此路东西全长 7000 多公里,地跨世界上的四大文明古国,从而促进了沿线国家在几个世纪中政治、经济、文化等各个方面的交流与合作。如今,"丝路"本身也成为世界闻名的旅游品牌。关于丝路路线,说法很多,大体上有"沙漠丝绸之路"、"海上丝绸之路"和"草原丝绸之路"三个概念。目前比较公认的说法是,"丝绸之路"途经如今的中国、阿富汗、乌兹别克斯坦、印度、巴基斯坦、土耳其、罗马尼亚、荷兰等 40 多个国家、100 多个城市。长期以来,世界各国游客都希望完整的古丝路可以再现。其实,丝路沿线各国也一直有意复兴丝绸之路,但是,丝绸之路沿线某些地区存在的恐怖主义、分裂主义、极端主义"三股势力"以及繁复的国际旅

游通关程序等问题都对丝路的复兴造成了阻碍。

旅游发展趋于区域合作。千年前,谁能想到,张骞的"奉旨出使"将成就一个今日世界闻名的旅游品牌,成就一次横跨亚欧大陆的多个国家城市的经典合作。"丝绸之路"历经千年的岁月洗礼,沿途中,虽早已没有了昔日雄踞一方的大汉朝,也没有了文人笔下的"古道西风瘦马",但依然令世界各国的游客趋之若鹜,尽管他们只能看到今天的"丝绸之路"。"丝绸之路"之所以闻名,之所以被后人所津津乐道,原因不外乎有二:其一,路线之长,经历国家之多;其二,在各国交流中所起到的作用。时至今日,从因特网诞生,地球就已经被"村庄化"了。从某种意义上讲,国际经济、文化交流中,再也不需要从古老的"丝绸之路"上运输茶叶、丝绸或是番茄了。然而,人们对它浓厚的兴趣使它不能够"寿终正寝"、不只是永远作为一个历史永留教科书,它已然成为标本存在于人们的旅游计划之中。有需求就有市场,亚欧大陆桥沿线的多个国家城市的此次合作,也昭示着旅游业的大市场将会促进各个国家合作领域的不断扩大。

(资料来源:http://travel.people.com.cn/GB/41636/41828/3972010.html.)

第三节　旅游市场营销微观环境分析

旅游市场营销微观环境是指存在于旅游企业周围并直接影响企业营销活动的各种因素和条件。主要包括供应者、购买者、旅游中间商、竞争者、公众以及旅游企业自身等。旅游企业营销人员及高层决策人员应每年或定期对面临的微观环境及其因素进行分析,以便认清形势,适应环境的变化,从而根据环境及其因素的变化,灵活地调整企业的营销策略,使企业的市场营销活动得以顺利地开展。

一、旅游供应者

旅游市场营销工作很重要的一个方面是与供应者保持密切联系,以保证货源。旅游供应者是指向旅游企业及其竞争者提供旅游产品生产上所需资源的企业和个人,包括提供能源、设备、劳动力、原材料、资金、信息等。旅游饭店的供应者有水电部门、菜市场、定点旅游用品企业等;旅行社的供应者有航空公司、旅游风景区、交通部门、宾馆饭店、娱乐单位等。

供应者对旅游企业的生产和营销活动有着直接的影响。旅游企业必须和供应者保持良好的关系,保持供货的稳定性与及时性、质量的一致性,并注意其变化,掌握供货价格的变动和产品技术的革新。由于旅游供应者的供货质量、供货价格、供货的及时性与稳定性都会对旅游企业的营销活动产生影响,因而旅游企业要慎重选择供应者,应选择供货品质好、交货及时、信誉良好、价格合理的供应者。此外,在与一些长期、主要的供应者保持良好合作关系的同时,旅游企业应当采用"供货货源多样化"措施,以减少由于过分依赖一家或少数几家供货企业而处于被动的风险。

二、旅游中间商

随着旅游市场竞争日趋激烈,旅游企业只依赖一个中央预订系统和自己的销售队伍是远远不够的,企业必须建立和发展周密的营销中介。旅游中间商是指在旅游生产者和旅游者之间,参与商品流通业务,促使买卖行为发生和实现的集体和个人。包括:经销商、代理商、批发商、零售商、营销服务机构和金融中间商等。

旅游中间商一般位于旅游者密集的大、中城市里,他们都有各自的目标群体,对旅游市场行情较为了解。旅游中间商由一批旅游专门人才构成,他们一般都受过旅游专业训练,懂业务,有经验,最了解市场,也掌握旅游者心理。中间商的作用主要有:承担营销职能,促进产品销售;提供多种产品组合,满足市场需求;联系供求双方,促进信息交流。这些旅游中间商一方面要把有关旅游产品的信息及时传递给现实和潜在的旅游者,另一方面要使旅游者得以方便地克服空间障碍及时到达备有旅游产品的地方去。他们能够给旅游者提供最有价值的信息,帮助旅游者选择最适合的旅游产品,从某种意义上来说,中间商可以帮助旅游产品供应者提高产品质量。

中间商是旅游企业市场营销不可缺少的中间环节,大多数旅游企业的营销活动都需要有中间商的协助才能顺利地进行。如旅游饭店需要通过广告公司等协助销售,旅游企业扩大再生产、进行基本建设等往往需要银行等金融机构的支持。所以,商品经济越发达,社会分工越细,企业规模越大,中间商的作用就愈大。因此,如何选择中间商对旅游企业的营销活动影响重大,旅游企业营销人员一定要审慎选择好中间商。首先,必须从了解自我开始,明确建立销售网的目标是什么;自己旅游产品的特色在哪里,种类、数量有多少,质量怎样;市场需求如何,竞争情况怎样;产品发展趋势如何,市场变化趋势如何,产品的目标市场在哪里;等等。其次,在了解自己的基础上,营销人员应全面、深入调查分析旅游中间的情况,主要包括:中间商的人员素质;劳务费用;履行职责效果;对中间商的可控程度等。依据本企业的总体目标和营销目标,有针对性选择中间商,并加强对中间商的评估和管理,实现合作的双赢。

三、旅游购买者

旅游购买者是影响旅游企业营销活动的最基本、最直接的环境因素。可以分为两类来区别对待:

(一)个体购买者

个体购买者(旅游消费者)是最终旅游产品的购买者,包括购买旅游产品的个人或家庭,如观光旅游者、度假旅游者、商务旅游者等。他们购买旅游产品是为了满足个人或家庭物质和精神需要,并无牟利动机。此类购买者有如下特点:人多面广;需求差异大;多属小型购买;购买频率较高;不属专家购买,对旅游产品缺乏专门知识;购买流动性较大,对地区、企业及替代品的选择和流动性较大。

旅游企业营销人员应该根据企业本身的特点来分析企业所提供的产品和服务最适合于哪一种旅游者类型、购买行为以及消费方式,做好旅游产品的宣传促销工作,有效地引导旅游产品个体购买者的购买行为。

补充阅读材料

服务于个体购买者

美国的华纳夫妇在夏季有2个星期的度假时间。但是不知道去哪里好。他们理想的度假地是欧洲,但他们的预算不允许这样做。他们对乡村旅游和历史建筑感兴趣,于是华纳夫妇找到位于附近购物中心的旅行社,同代理人玛丽亚女士谈及他们的想法。了解了华纳夫妇的需求后,玛丽亚女士建议他们到加拿大的魁北克省度假,因为那里蕴含了欧洲情调和法国文化,并且费用不高。因为她的建议很好地满足了华纳夫妇的需求,所以玛丽亚成功地销售出了旅游产品。

(资料来源:詹姆斯·伯克,巴里·雷斯尼克. 旅游产品的营销与推销[M]. 叶敏 等,译. 北京:电子工业出版社,2004:92)

(二)组织购买者

组织购买者(公司购买者),是指各种企业或组织为开展业务或奖励员工而购买旅游产品的购买者。如到宾馆举行会议或展销会的企业和协会就属于此类购买者。其特点主要有:组织购买者数量较少,但购买规模较大;组织购买属于派生需求,购买者是为开展业务、扩大"生产"而购买;组织购买需求弹性较小,因为组织是为开展业务而购买,费用由单位支出,对旅游商品和服务的需求受价格变动的影响较小;多属专业人员购买。如,高校组织中层干部会议,在选择会议场所时,一般由学校办公室懂行情的专业人员负责联系宾馆或度假村等旅游企业。

掌握上述特点对旅游企业开展营销活动具有重要意义。如组织购买需求弹性小,专业人员购买,他们重视产品和服务的质量,一般的广告宣传对他们影响不大,可采用高价优质的旅游产品策略。组织购买者应是旅游市场营销的重要目标市场。

补充阅读材料

服务于组织购买者

马克斯·泰博拥有一家中等规模的旅行社。最近,他同康保数据有限公司谈成了一笔生意。除了负责安排康保数据有限公司所有员工的商务旅游之外,马克斯的旅行社还同意为其免费办理签证,免费投保旅行险,免费送票。康保数据有限公司还希望马克斯的旅行社监理他们的旅程、拿到尽可能低的机票价格、定期提交报告并汇总旅游费用。马克斯的旅行社还要跟踪关注每个员工作为老飞行客户计划的累计分数。

马克斯知道争取与康保数据有限公司的合作有一个良好的开端非常重要。给康保数据有限公司留下美好的第一印象将有助于减轻康保数据有限公司主管对双方将来的合作可能产生的顾虑。为了做好这个新客户,马克斯决定采取以下特殊措施:

△安排旅行社和康保数据有限公司的决策人物会面,建立良好的业务关系。

△建立康保数据有限公司每位员工的计算机档案管理,记录他们的旅游偏好及需要。

△发给康保数据有限公司每位员工一本手册,该手册说明了如何快捷地安排旅程,详细解释了信用卡的使用方法及注意事项,并列出了旅行社所提供的全部产品及服务。此外,还包括旅行社的办公时间、免费服务电话和员工姓名。

△培训旅行社工作人员,使其熟悉康保数据有限公司的业务流程,从而能更好地理解公司的旅游需求。

马克斯及其员工认识到要用3—6个月的时间来建立同康保数据有限公司良好的业务关系。初战告捷后,马克斯丝毫不敢怠慢。为了保持高水平的服务,他制定了专门的计划。例如,他计划与康保数据有限公司审查报告和账目的员工定期会面,让对方感觉到正在接受着令人满意的服务。他坚持要求自己的员工对预订记录及账单核对两遍,以确保没有任何错误。马克斯知道如果他的旅行社没有达到销售时所承诺的服务品质,就相当于把这个客户拱手让给了服务可能更好的竞争对手。

(资料来源:詹姆斯·伯克,巴里·雷斯尼克. 旅游产品的营销与推销[M]. 叶敏等,译. 北京:电子工业出版社,2004:227－228)

四、竞争者

在旅游企业营销活动中,机会和竞争总是并肩存在的,通过竞争分析把握营销机会是每一个成功的旅游企业在赢得旅游者方面非常重要的一环。营销人员不仅要针对目标市场的需求状况适时调整策略,还要针对竞争者的战备做出相应调整。一般说来,旅游企业可能面临的竞争者有以下几种:

(一)愿望竞争者

愿望竞争者(desired competitors)指提供不同产品以满足不同需求的竞争者。如消费者有带薪假期,他想或游山玩水,或在家休息,他目前的愿望对旅游企业来说,就叫"愿望竞争者"。如何使消费者选择出游而不是在家休息,就是一种竞争关系。

(二)一般竞争者

一般竞争者(generic competitors)是指能满足旅游消费者同一需求但提供不同产品的竞争者。如为满足到中国观光需求可有北京五日游、杭州七日游、西安三日游等。这三种旅游产品的经营者之间必定存在着一种竞争关系,它们也就相互成为竞争者。

(三)产品级别竞争者

产品级别竞争者(product form competitors)是指生产不同规格档次产品,以满足同一需求的竞争者。如到韩国旅游有普通型旅游、豪华型旅游等,虽都是到同一旅游目的地,但产品等级不同。又如满足旅游者住宿需要的三星、四星、五星级酒店间的竞争。

(四)品牌竞争者

品牌竞争者(brand competitors)指产品规格,档次相同,但品牌不同的竞争者。如不同品牌的四星级酒店之间的竞争。

识别并选择正确的竞争者非常关键,因为它与任何一家旅游企业的营销战略和运营策略都有很大关系。旅游企业在开展市场营销活动时,应当充分了解在目标市场上的竞争者情况,了解竞争者的策略、竞争者的力量以及竞争者地位和反应类型等,在此基础上发挥自身优势,选择和修正企业的市场营销战略,以便在营销活动中取得有利的地位。

补充阅读材料

识别竞争者

某温泉度假村的老板认为,他没有竞争者。理由是当地没有第二家温泉度假村。但是,几个月后,他的度假村资不抵债退出了经营。原来,旅游者把钱花在了另一个地区的温泉度假村,因为那里的设施设备更有档次,服务更加完善;或者去了海边的度假村,那里虽然没有温泉,但是海浪听涛,沙滩烧烤,别有一番风趣。这些正是这位老板没有识别的竞争者。产品是可以替代的,而所有能够提供替代产品和服务的其他企业,都应该被视为企业的竞争者,企业实际和潜在的竞争者非常广泛。

（资料来源：张学梅，廖涛．旅游市场营销［M］．北京：北京大学出版社，2011：40）

五、社会公众

社会公众是指所有对旅游企业实现其经营目标产生一定影响或有一定利害关系的社会团体或个人。良好的公众关系和社会环境是旅游企业生存和发展的必要条件。对于旅游企业而言，主要的社会公众包括金融公众、媒体公众、政府公众、民间团体公众、社区公众、一般公众和旅游企业内部公众。

（一）金融公众

金融公众即那些关心和了解并影响旅游企业取得资金能力的任何集团，包括银行、投资公司、证券交易所、股东等。

（二）媒体公众（新闻公众）

媒体公众主要是报纸、杂志、广播和电视等有广泛影响的大众媒体。它们对旅游企业的声誉和形象有着广泛的影响。如，一篇优质服务的报道，能够提高企业的声誉，扩大销售。反之，一篇坑害顾客的报道会给旅游企业带来极大的负面影响。

（三）政府公众

政府公众即负责管理旅游企业业务和经营活动的有关政府机构，如旅游行政管理部门、工商行政管理部门等，它们对旅游企业的活动行使着监督权。

（四）民间团体公众

民间团体公众主要指与旅游企业有关的、因共同利益产生共同行动的民间社会组织，如消费者权益保护协会、环境保护协会、少数民族团体等。它们对立法、政策及舆论有着较大的影响，旅游企业不可以忽视民间团体公众的舆论影响力。

（五）社区公众

社区公众主要指旅游企业所在地附近的居民和社区团体。社区是旅游企业的邻里，保持与社区的良好关系，为社区的发展做出贡献，会受到社区居民的好评，能为旅游企业树立良好的口碑。

（六）一般公众

一般公众是指不一定成为旅游企业的现实消费者，但其态度和舆论对旅游企业市场营销有着潜在影响的一般消费者。在一般公众中形成良好的"口碑"和企业形象能够极大地提高旅游企业市场营销活动的效果。

（七）旅游企业内部公众

旅游企业内部公众是指旅游企业内部的管理人员及一般员工，包括企业董事会、经理、职工。旅游企业的营销活动离不开内部管理人员和一般员工的支持、配合和努力。

旅游企业必须采取适当的措施与周围各种公众搞好关系，因为这些不同公众都能促进或阻碍旅游企业实现其目标的功能。为处理好与周围公众的关系，树立良好信誉和形象，大多数的旅游企业都设立了公共关系部。其主要职能是处理好内外部公众的关系，增进理解，加强合作。旅游企业的公共关系并非只是公关部门的事,还必须有全体员工的积极参与。

六、旅游企业内部环境

旅游企业内部环境制约着企业营销活动的成效。旅游企业内部各个部门、各管理者分工是否明确、科学,协作是否和谐;旅游企业的经营机制是否灵活,是否能适应竞争现状要求;企业的文化氛围是否浓厚等,都会影响旅游企业营销管理的决策和营销方案的实施。旅游企业的内部环境因素可以分为四个部分:

(一)旅游企业的最高管理层

旅游企业的最高管理层决定着企业的发展方向、任务、目标、策略和方针政策等,并对各个部门进行管理。营销部所开展的任何营销活动都要得到最高管理层的支持和批准,才能达到预期的效果。

(二)旅游企业的各级职能部门

营销部在制定和实施计划时,必须充分考虑到其他职能部门的意见和情况,协调好与他们的关系。例如,营销部希望加大宣传力度、增加宣传费用,必须得到财务部的理解与支持,否则旅游企业的营销目标就不能顺利实现。

(三)旅游企业的资源

旅游企业的资源包括人力、物力、财力。其中,人员是旅游企业营销策略的确定者和实施者,人力资源是第一位的资源。旅游企业管理水平的高低、用人制度是否健全,决定着旅游企业的营销工作效率。旅游企业的资金和设备设施是营销活动的基础,它决定着旅游企业营销活动的规模。

(四)旅游企业文化

旅游企业文化就是旅游企业在自身经营过程中,在全体员工中形成的一种共同的价值观念,基本信念和行为准则。它在调动员工积极性、发挥员工主动性、提高企业凝聚力、优化企业形象、约束员工行为等方面起着重要的作用。良好的旅游企业文化不仅可以提高企业内部的凝聚力,增强员工的归属感,形成良好的员工规范,激发员工的创造力,而且可以树立旅游企业在社会上的良好形象,为旅游企业开展市场营销活动创造有利的外部环境。

关键术语

旅游市场营销环境　旅游市场营销宏观环境　旅游市场营销微观环境　愿望竞争者一般竞争者　产品级别竞争者　品牌竞争者

复习思考题

1.请解释下列概念:旅游市场营销环境、旅游市场营销宏观环境、旅游市场营销微观环境。

2.如何理解旅游市场营销环境的特征?

3.旅游市场营销的宏观环境和微观环境各包含哪些因素?

4.旅游市场营销活动应该如何适应人口环境?

5.试阐述经济环境对旅游者的消费选择会产生何种作用?

6.试分析美国"9·11"事件对全球旅游业带来的影响?

7.以本地区某一旅游企业为例,对其旅游市场营销微观环境进行分析。

案例分析

布朗皇宫百年记忆

　　丹佛的布朗皇宫酒店在100周年店庆之际,持续开展了一年的公关活动,命名为"百年的记忆"。关于这项精心策划的活动的消息在99周年店庆的新闻发布会上正式对外发布。在接下来的12个月里,布朗皇宫酒店推出了很多围绕百年庆典的公关活动。这些活动包括每周两次的"酒店历史之旅"的参观活动,还有古玩珍品展览。展品从瓷器、菜单、客人登记册到很多引发人们回忆的纪念品。有些展品取自酒店自己的收藏,有些则是从前的老顾客提供的。饭店的餐厅还特别烹制了一些传统菜肴,甚至还可向客人赠送菜肴的配方。酒店百年的光环无疑吸引来了更多的新客人。

　　在庆典之年,酒店推出了多种多样的客房打折促销方案。酒店还将自己的历史整理编辑成一本纪念册,出版发行,名为《布朗皇宫的故事》。为公众举办的酒店"生日"宴会的入场券是每人要为当地的一家孤儿院捐赠一件玩具。酒店还为新老员工举行了另一场生日会。布朗皇宫酒店的"百年记忆"取得了巨大的成功。它使更多人通过媒体或参观了解这家酒店,大大提高了酒店当年的营业额。

思考题

运用本章所学理论评价布朗皇宫酒店的"百年记忆"活动。

第三章

旅游者购买行为分析

学习目标

◆ 掌握旅游者购买行为的概念及类型
◆ 熟悉影响旅游者购买行为的因素
◆ 掌握旅游者购买行为的决策过程

引例

到访希腊克里特岛的七类旅游者行为

A 类：住在环境安静的度假村酒店内，在酒店用餐，白天大部分时间在酒店的游泳池边享受日光浴，夜晚在酒店的酒吧内喝酒。

B 类：住在海岸边简易公寓大楼内，晚睡晚起，白天日光浴，夜间到阿基亚斯尼古拉斯（Aghios Nikolaos）的夜总会参加派对。

C 类：靠传统的退休金生活和休闲，在当地餐馆长时间慢餐，并尝试与当地人沟通交流。

D 类：入住现代度假酒店作为活动基地，但整天忙于参观文化遗址，包括位于克诺索斯（Knossos）的寺院、位于伊拉克里翁（Heraklion）的考古博物馆等。

E 类：住宿在所能找到的最便宜酒店内，因为他们想把所有的时间和金钱都花在感兴趣的水上运动项目，如潜水和风帆冲浪。

F 类：租车自驾游览克里特岛，在他们所喜欢的每个地方停留几晚；事先没有计划的旅游线路。

G 类：乘坐邮轮游览地中海，包括在伊拉克里翁（Heraklion）的一天游览以及随意选择的萨马利亚峡谷（Samarian Gorge）远足。

（资料来源：John Swarbrooke，Susan Horner. *Consumer Behavior in Tourism*，2007）

第一节　旅游者购买行为概述

旅游者为什么要外出旅游，其旅游的时间、路线的选择是怎样决定的，影响旅游者购买行为的因素是哪些,这是每个旅游营销者都必须回答的问题。旅游企业要想在激烈的市场竞争中占领先机,就必须从旅游者的心智——商战的最终领域下功夫,只有准确把握了旅游者的心理活动及行为规律,才能制定行之有效的营销策略,最大限度地满足旅游者的需求,并最终实现企业的目标。

一、旅游者购买行为的概念

旅游者个体在进行旅游决策和购买、消费、评估、处理旅游产品时的种种行为表现,称为旅游者购买行为(tourist purchase behavior)。行为科学家科特·莱文(Kurt Levin)认为,旅游者购买行为是旅游者个人特点、社会影响因素及环境因素的函数。其中,旅游者个人特点包括个人特性和心理特性。个人特性包括年龄、职业、经济状况、生活方式、自我观念和个性等,心理特性包括动机、感觉、学习过程、信念和态度等。社会及环境影响因素包括参考群体、家庭、社会阶层及文化因素等。

二、旅游者购买行为的类型

旅游者的购买行为由于受旅游者的个人特性、社会因素以及环境因素的影响,呈现出不同的购买行为。旅游者购买行为按照不同的标准可以分为不同的类型。常见的分类有如下几种:

(一)根据旅游者购买目标的确定程度与决策行为分类

1.全确定型(例行反应行为类型,routine response behavior)

这类旅游者在购买行为发生之前,就已有明确的购买目标和具体要求,他们根据已经确定的目标和要求挑选旅游产品并毫不迟疑地购买,一般不太在意旅游营销人员的介绍和提示。

2.半确定型(有限度解决问题行为类型,limited problem solving)

这类旅游者对旅游产品有大致的购买意向,但具体目标和要求不明确,他们需要经过对同类旅游产品的比较选择后才能做出购买决策,一般需要收集各方面的信息,来降低觉察风险。

3.不确定型(广泛问题行为类型,extensive problem solving)

指旅游者没有明确和确定的购买目标,购买与不购买都是随意的,不确定性的购买行为。

(二)根据旅游者购买目的的相似性分类

1.观光型

这类旅游者外出旅行时,以观光游览为主要目的。

2.娱乐消遣型(休闲)

这类旅游者外出旅行时,以通过娱乐、消遣来获得精神上的放松为主要目的。

3.文化知识型

这类旅游者外出旅行时,以追求精神文化、获取知识为主要目的。

4.公务型

这类旅游者外出旅行时,以完成公务为主要目的,顺便参加当地的休闲旅游活动。

5.医疗保健型

这类旅游者外出旅行时,以治疗疾病或增进身体健康为主要目的。

补充阅读材料

商务旅游者与休闲旅游者的行为差异

商务旅游者	休闲旅游者
旅游服务的消费者不一定是旅游服务的购买者。	做出购买决策的消费者往往也是享用旅游服务的消费者。
通常不能够随意选择他们的旅游目的地。	可以随意选择他们的旅游目的地。
出行频率相对频繁。	出行频率相对不频繁。
旅行逗留时间总体来说较短。	旅行逗留时间总体来说比商务旅游者长。
旅行计划的时间可以非常短(几个小时),也可以非常长(对于会议代表来说可以是几年)。	旅行计划的时间通常是中长度的(几个星期到一年)。
对旅行的费用不敏感。	当费用自理时,对旅行的费用比较敏感。
通常是比较有经验的、挑剔的消费者。	通常是缺少经验的、不很挑剔的消费者。

(三)根据旅游者的性格特点分类

根据旅游者性格特点的不同,可将旅游者行为分为以下七种类型:

1.习惯型

即例行反应行为类型,这类旅游者往往根据过去的习惯购买某种旅游产品。他们体验惯了某种旅游产品,对这些产品非常熟悉信任,有着较好的印象,一旦需要时,就会购买此产品。

2.理智型

这类旅游者冷静、经验丰富,在实际购买前,对所要购买的旅游产品经过研究和比较,主观性强,不易受外界因素的影响,很少感情用事。

3.经济型

这类旅游者特别重视旅游产品的价格,对价格变动特别敏感,善于发现别人不易察觉的价格差异,只有旅游产品价格较低时才会产生购买行为。

4.冲动型

这类旅游者易受现场情景激发而购买旅游产品,未经事先考虑,临时做出购买决定。他们喜欢追求新产品,从个人兴趣出发,不大讲究旅游产品的效用和性能,易受旅游产品的外观、广告宣传等的影响。他们也不太注重价格,只要是自己喜欢的,价格昂贵也购买。

5.感情型

又称想象型,这类旅游者由于受感情因素的影响而购买旅游产品。他们的消费行为属于情感反应,以丰富的想象力来衡量旅游产品的意义。如有些旅游者由于感情受挫,情绪低落,从而选择外出旅游来缓解情绪。

6.疑虑型

这类旅游者一般性格内向,言行谨慎、多疑,他们在购买旅游产品前三思而后行,在购买后还疑心上当受骗,对旅游营销人员抱有不信任感。

7.随意型

又称不定型,这类旅游者还没有形成自己的购买习惯,无固定偏好,往往是顺便购买或尝试购买旅游产品。他们或者缺乏消费经验,或者缺乏主见,既不苛求也不挑剔,购买行为较为随意。

三、旅游者购买行为模式

研究旅游者的购买行为是旅游企业营销的基本任务。从理论上讲,旅游者行为是由旅游者的心理过程和心理特征所决定的,因而分析和把握旅游者的心理过程和心理特征即可预测和掌握他们的行为。然而在实践中,由于人们的心理过程是一个"黑箱",无法进行客观的分析和研究,因此必须建立合理的行为模式来分析和推测旅游者的行为。自20世纪60年代以来,许多研究人员提出了各种各样的旅游者行为模式,其中最基本的模式是刺激—反应模式(stimulus—response—model),该模式根据罗森伯格(Rosenberg)和霍夫兰德(Hovland)的社会态度行为模式改变而来。在分析和预测旅游者购买行为时,可以用此模式来观察其全过程,如图3-1所示。

可测量的独立变量	"黑箱"中介变量		可测量的依从变量
外部刺激因素	**旅游者心理与决策过程**		**反应因素**
市场营销:商品、价格、渠道、促销等 环境因素:政治法律、经济、社会文化等 参照群体:导游、团队成员、亲朋好友等	心理特征 动机 知觉 学习 态度 自我概念	购买决策过程 识别需求 收集信息 评估方案 购买决策个性 及购后评价	旅游商品选择 旅游者对价格、品牌、质量的反应 购买时机、购买数量

图 3-1 旅游购买行为刺激—反应模式

(一)外部刺激因素

旅游者的购买行为是在一系列外部刺激因素的作用下引起的。这些刺激因素包括市场营销因素和环境因素两方面,营销因素主要包括产品、价格、渠道和促销等。外部环境因素主要包括政治法律、经济、社会文化、科学技术等。外部环境因素可能会涉及旅游产品的供给方面,进而影响旅游者的购买行为。例如,旅游目的地的突发事件、汇率的变动等都会直接或间接地影响旅游者的购买行为。

(二)购买者黑箱(旅游者心理特征与决策过程)

外界刺激因素必须进入到购买者"黑箱"以后,购买者才能做出各种购买反应。购买者购买决策过程受到其心理特征的强烈影响,但他们如何理解、消化各种外部刺激因素是不能够观测到的。旅游者心理特征主要包括动机、知觉、学习、态度及自我观念等方面。购买决策过程主要包括:识别需求、收集信息、评估方案、购买决策及购后评价等方面。

(三)购买者反应

购买决策的结果是指旅游者对购买何种产品做出反应,包括产品类型、品牌、价格、购买时间、购买地点及购买数量等的选择。旅游者在消费体验该产品后,会形成对产品的最终评价,并对下一次的购买行为产生直接的影响。

第二节　影响旅游者购买行为的因素

一、文化因素

文化因素对旅游者的行为具有最广泛和最深远的影响,它潜移默化地在旅游者的购买行为中起着方向性的指导作用。文化因素对旅游者行为的影响包括文化和亚文化两个方面。

(一)文化

文化是指人类在社会发展过程中所创造的物质财富和精神财富的总和。这里的文化主要指精神文化,包括思想、道德、哲学、艺术、宗教、价值观、审美观、信仰、风俗习惯等方面的内容。

文化是影响旅游者行为的主要因素之一,它往往决定着一个社会的旅游消费习俗、伦理道德、价值观念与思维方式等。首先,文化的产生和存在可以指导旅游消费的学习和行为,从而为旅游消费者提供目标、方向和选择标准。例如,当文化变得对环境保护和身心健康日益重视后,生态旅游、健康旅游、慢旅游等呈现了较大的发展空间。其次,文化的渗透性可以在新的区域中创造出新的需求来。例如,随着圣诞节在我国的流行,许多旅游企业在圣诞期间推出各种活动以吸引消费者,从而提升营业额。再次,文化自身所具有的广泛性和社会普及性使旅游者行为具有模仿性,如春节期间中国人赶传统的庙会等。因此,营销人员必须关注了解文化及其变迁从而把握旅游者的潜在需求。

(二)亚文化

亚文化是指根据共同生活经验及情境而产生共同价值体系的一群人所遵循的文化标准,它存在于不同国籍团体、宗教群体、种族群体和地理区域中。在旅游市场中,亚文化群体的旅游者不仅具有与主流文化共同的价值取向,而且具有与自身实际特点相适应的独特喜好和服务要求。对于旅游企业来说,很多亚文化群体都是细分市场的重要组成部分,营销人员应认真分析不同亚文化群体的偏好和行为特征,根据其不同"口味"设计出相应的旅游产品和营销方案,以便做到"对症下药"。亚文化有不同的分类方法,目前国内外旅游营销者普遍接受的是按民族、宗教、种族和地理进行划分的方法。

1. 民族亚文化

不同的民族,都有其独特的风俗习惯和文化传统。尤其是我国共有五十多个民族,各民族都保持着自己传统的宗教信仰、消费习俗、审美意识和生活方式。如在回族的聚居区都建有清真寺,清真寺的建筑风格一般都是阿拉伯风格,回族对饮食的要求比较严格,他们不吃猪肉。蒙古族多居住在易拆搭、便于搬运的蒙古包内,被称为"马背上的民族"。体验不同的民族亚文化也是吸引旅游者前往目的地游览的主要因素之一,民族亚文化对旅游者行为的影响是巨大的,也是旅游营销者不容忽视的。

2.宗教亚文化

不同的宗教群体,具有不同的文化倾向、习俗和禁忌。世界各地有不同的宗教信仰,如佛教、道教、伊斯兰教、天主教、基督教等。宗教不仅能影响人的价值观念,也能影响人的旅游行为。如,回族、维吾尔族等信仰伊斯兰教,他们的开斋节、古尔邦节十分隆重;藏传佛教的传大召、传小召、瞻佛节,在藏族、蒙古族和部分纳西族、门巴族群众中影响很大。宗教因素对于旅游企业营销有着重要意义,宗教往往意味着与一定宗教节日相联系的旅游高消费阶段,对旅游企业来说,宗教节日是销售旅游产品和服务的良好时机。

3.种族亚文化

不同种族的人各有其独特的文化传统、风俗习惯和生活方式,即使他们生活在同一城市,也会有自己特殊的旅游需求和消费习惯。

4.地理亚文化

不同地域,自然状况和社会经济发展情况也不同,往往导致人们消费习俗和消费特点的不同。如湖南人外出旅游时往往倾向于选择供应酸辣食物的餐馆,北方人喜好面食。中国著名的鲁、川、粤、闽、苏、浙、湘、徽等八大菜系,风格各异,自成一派,就是因地域不同而形成的。

二、社会因素

从哲学的角度讲,人的本质是其一切社会关系的总和。任何一名旅游者在决定自己的旅游行为时,都会受到各种社会因素的影响,这些因素主要包括社会阶层、相关群体、家庭、角色与地位等。

(一)社会阶层

社会阶层,是指一个社会中,按照一定等级标准而划分的,具有相对同质性和持久性的社会集团。个人所属的社会阶层主要取决于职业、收入和受教育程度三个变量,人们通常根据所处的社会阶层判断自己的社会地位。每一阶层成员具有类似的价值观、兴趣爱好和行为方式,成员间相互具有认同心理、"别掉价"心理和攀比心理,为了使自己的角色、地位与所属阶层相符,他们往往都会有意无意地遵循一种共同的规范行事。处于不同阶层的人,生活方式和消费习惯有较大的差异,这种差异也体现在旅游产品消费方面。如高端商务客人往往入住高星级饭店、选择飞机头等舱作为旅游交通工具;而青年学生则选择经济型酒店入住、选择汽车、火车作为旅游交通工具。年轻城市白领多从杂志、报纸、网络中获取旅游咨询;老年人会更多地直接从旅行社、旅游中介机构获得信息。旅游企业营销人员应根据目标市场所处的社会阶层选择相应的媒介进行广告投放和宣传。

一般而言,社会中、上层的人收入较高,受教育程度高,有比较多的个人时间,也比较开放和自信,愿意接受外界的新鲜事物,都比较喜欢旅游,这部分人是旅游企业最重要的目标市场。而处在社会中下层的人,由于收入较低,终日奔波,就易形成一种比较节约和不愿冒险的性格,他们宁愿将有限的积蓄花费在购买家用电器、住房等耐用消费品上,也不太愿意外出旅游。但旅游营销人员也不能忽视这部分市场,应该根据他们的特点,有针对性地开发一些费用低、时间短的旅游项目,提高其兴趣,调动其积极性,让其适当增加旅游支出。这样就可以兼顾社会各个阶层,以取得良好的社会效益和经济效益。

补充阅读材料

美国社会的阶层结构

社会阶层	成员资格	占人口比例(%)
上上层	连续三四代富有的名门贵族、商人、金融家和高级专业人员	1.5
上下层	向上升而未被上上层社会接纳的暴发户、高级行政官员、大型企业创始人、医生和律师	1.5
中上层	有中等成就的专业人员、中型企业主、中等行政人员	10.0
中下层	普通人社会的上层、非管理人身份的职员、小型企业主、蓝领家庭	33.0
下上层	普通劳动阶级、半熟练工人、收入偏高者	38.0
下下层	非熟练工人、失业者、少数民族及未归化的外来民族	16.0

(资料来源:C.G.沃尔特斯和G.W.保罗:《消费者行为》,1970)

当代中国十大社会阶层

国家与社会管理者阶层:指在党政、事业和社会团体机关单位中行使实际的行政管理职权的领导干部。目前,这一阶层在整个社会阶层结构中所占的比例约为2.1%。

经理人员阶层:指大中型企业中非业主身份的高中层管理人员。这一阶层在社会阶层结构中所占的比例约为1.5%,目前还在发展之中。

私营企业主阶层:指拥有一定数量的私人资本或固定资产并进行投资以获取利润的人。就全国而言,私营企业主阶层在社会阶层结构中所占比例约为0.6%。

专业技术人员阶层:指在各种经济成分的机构中专门从事各种专业性工作和科学技术工作的人员。目前,专业技术人员在社会阶层结构中所占比例约为5.1%。

办事人员阶层:指协助部门负责人处理日常行政事务的专职办公人员。在目前的中国社会阶层结构中所占比例大约为4.8%。这一阶层是社会中间层的重要组成部分,是社会阶层流动链中的重要一环,未来十几年其人员比例将会有明显提高。

个体工商户阶层:指拥有较少量私人资本(包括不动产)并投入生产、流通、服务业等经营活动或金融债券市场而且以此为生的人。根据国家工商部门的登记数计算,目前,个体工商户阶层在整个社会阶层结构中所占比例为4.2%,但该阶层的实际人数比登记人数多得多。

商业服务业员工阶层:指在商业和服务行业中从事非专业性的、非体力的和体力的工作人员。目前,商业服务业员工阶层在社会阶层结构中所占比例约为12%。这一阶层与城市化的关系最为密切。

产业工人阶层:指在第二产业中从事体力、半体力劳动的生产工人、建筑业工人及相关人员。目前,整个产业工人阶层在社会阶层结构中所占的比例则为22.6%左右,其中农民工占产业工人的30%左右。经济改革以来,产业工人阶层的社会经济地位明显下降,使得这一阶层的人员构成发生了根本性的变化。

农业劳动者阶层:这是目前中国规模最大的一个阶层,是指承包集体所有的耕地,以农(林、牧、渔)业为唯一或主要的职业,并以农(林、牧、渔)业为唯一收入来源或主要收入来源的农民。所占比例约为44%。由于这个阶层几乎不拥有组织资源,所拥有的文化资源和经济资源往往也低于上述所有阶层,所以在整个社会阶层结构中的地位比较低。

城乡无业、失业、半失业者阶层:这是特殊历史过渡阶段的产物,是指无固定职业的劳动年龄人群(排除在校学生)。这一阶层目前在整个社会阶层结构中所占比例约为3.1%,其中的许多成员处于贫困状态。目前,这一阶层的数量还在继续增加。

(资料来源:http://www.china.com.cn/chinese/MATERIAL/105530.htm)

(二)相关群体

相关群体是指能够直接或间接影响消费者购买行为的个人或集体。

相关群体主要可分为三类:一是主要群体,也称紧密型成员团体,即与消费者关系密切、接触频繁、影响最大的团体,如家庭、朋友、同学、同事等;二是次要群体,也称松散性团体,即与消费者关系一般、接触不太密切的群体,如旅游行业协会、社会团体等;三是崇拜性群体,也称渴望团体,仰慕此类团体成员中的名望、地位,狂热效仿其消费模式与行为。崇拜性群体成员一般为社会名流,如影星、体育明星、政界要人、学术名流等。

相关群体对旅游者行为的影响是潜移默化的,他们为群体成员提供某一特定的消费模式,并运用团体力量影响旅游者的消费态度和行为。其影响主要有三个方面:一是对旅游者行为规范的影响,多指对旅游者买或不买某种旅游产品的影响,如某旅游者外出旅游时,心里打定主意不在旅游景区购物,但旅游的过程中受团队成员影响,在景区还是买了不少旅游纪念品。二是对旅游者信息判断的影响。主要指当旅游者已经产生对某种旅游产品的消费动机时,相关群体对其在品牌选择、消费时间等方面产生的影响。一般来说,提供信息的相关群体成员权威性越高,则旅游者对此信息的依赖性就越强。三是对旅游者价值观念的影响。主要指相关群体对旅游者在某一事物所持的态度、信念和看法的影响。如某人原先对邮轮旅游持否定态度,但当她非常信任的群体成员向其推荐邮轮旅游的无穷乐趣时,她接受了这些信息,改变了原先的否定态度,并且做出进行邮轮旅游的决策,这是对其价值观产生了影响。上述三种影响经常是相互交织、相互联系的。旅游营销人员除了要关注不同的相关群体对其成员旅游行为不同方面的影响之外,还要善于发挥这些相关群体里"意见领袖"的作用。每一个群体里都有意见上的领袖,他们因自己某方面的才能,如消息灵通、足智多谋、胆略超人、有较强的社会交往能力等,而在群体里颇有影响。他们较早收集信息或购买产品和服务,再为其他成员输送信息,以此来引导潮流。纽约的一个专业组织对50年来美国的"意见领袖"做了调查研究,他们估计美国将近10%—12%的人是意见领袖,这些人的收入超过了平均水平,大部分人都上过大学,对美国的生活方式有着重大的影响。

（三）家庭

在所有的相关群体中,家庭是影响旅游者购买行为的最重要因素。所谓家庭,是指以有婚姻、血缘和继承关系的成员为基础组成的一种社会生活组织形式和单位。父母、夫妻、子女是家庭的基本成员。在家庭的影响和熏陶下,形成了不同旅游者的价值观、审美情趣、消费习惯和个人爱好,此外,大部分旅游活动都是以家庭为单位进行的,家庭对其成员的旅游行为往往起决定性作用。以家庭权威中心为标准划分的家庭决策类型有丈夫决策型、妻子决策型、协调决策型和自主决策型四类。在我国,对于已婚白领人士来说,一般属于夫妻共同协商决策;而未婚的成年人士往往自主决策购买何种旅游产品。在沿海经济发达、思想活跃的城市,也出现了已婚人士自主决策旅游的现象。另外,孩子虽然不是家庭旅游的主要决策者,但他们的旅游偏好、是否能从旅游中受益等,往往对家庭的旅游购买行为起决定性作用。因此,旅游营销人员应该协调好家庭各方面成员的需求与偏好,制订针对性的营销方案。

在家庭生命周期的不同阶段,旅游者的购买行为具有较大的差异。所谓家庭生命周期是指一个家庭从建立到最后消亡的全过程,大致可分为 7 个阶段:单身、新婚、满巢阶段 1（6岁以下子女）、满巢阶段 2（6 岁以上未成年子女）、满巢阶段 3（年长夫妇与尚未独立的成年子女同住）、空巢阶段（年长夫妇,子女离家自立）和孤独阶段（单身老人独居,收入锐减）。在不同阶段,家庭消费能力、家庭人员对旅游产品的兴趣与偏好会有较大差别,因此,他们的旅游行为也会有较大的差异。如在新婚阶段,一般购买浪漫旅游类产品,满巢阶段 1 期,子女年龄小,较少有空余时间,有旅游愿望但常受子女拖累,如果外出旅游的话,希望旅游企业提供专为婴儿设计的设施。旅游营销人员在销售家庭旅游类产品时不得不考虑家庭生命周期这一影响因素,以提高工作效果和效率。

补充阅读材料

家庭生命周期与旅游行为

家庭的生命周期	旅游者可能的偏好和需求
孩子	刺激、与其他孩子一起玩耍、父母的监视和支持
青少年	新的体验、刺激、地位、相对独立于父母、寻找参与活动的机会、与其他青少年进行社会交往
年轻的成年人	新的体验、行动自由、寻找参与活动的机会、与其他年轻的成年人进行社会交往
年轻夫妇	新的体验、浪漫
年轻夫妇带着小孩	为婴儿设计的设施、经济、提供折叠式婴儿车和停车场
成长家庭	经济（如家庭套票）、全家都可参与
"空巢期"家庭	寻找学习新鲜东西的机会、时间的选择是被动的而不是主动的
老年人	观赏而不是参与、经济、与其他老年人结伴同行、通路顺畅避免行动不便带来的问题

(四)角色与地位

角色是指周围的人期望一个人应履行的各种行为。地位是从社会角度规定了的权利和义务的社会位置。旅游者的消费行为往往要符合自己的地位与角色。不少旅游产品具有很强的地位上的象征意义,如高星级酒店、飞机头等舱、豪华邮轮旅游、太空旅游等,往往都代表着较高的社会地位。对于具有象征意义的旅游产品,营销人员应充分重视旅游者的角色与地位,使自己产品的象征意义发挥最大效应。旅游企业也可以通过设计相关的旅游产品,来召唤消费者扮演某个社会认可或尊敬的角色,如旅行社推出的"爸妈之旅",就是召唤购买者扮演孝顺儿女的角色,为爸妈购买该旅游产品。当然,由于旅游是离开现实生活的一种休闲活动,旅游者的消费行为也可能脱离自身的社会地位和相应的角色,如许多旅游者在外出旅游期间消费水平往往高于其社会地位所具有的实际消费水准。

三、个人因素

个人因素会使旅游者的购买行为具有一定的趋向性,并在一定的情景下对其购买决策产生一定的现实局限性和直接限制性。个人因素主要包括:年龄、性别、职业、经济状况、生活方式及性格与自我观念等。

(一)年龄、性别与职业

年龄对旅游者的购买行为有较大的影响。少儿对知识性、新奇性、娱乐性比较强的旅游活动项目有浓厚的兴趣;青年人精力、体力处于最佳状态,喜欢探险,求知欲强,喜欢购买探险旅游、背包旅游、修学文化旅游类产品;中年人年富力强,一般都有一定的经济实力,较讲究食宿和享乐条件,以观光度假、会议、商务旅游者居多,携家休闲度假旅游者数量越来越大;老年人闲暇时间特别充裕,大多有经济积累,旅游兴趣浓,一般喜欢购买度假休养、探亲访友、康复保健类旅游产品。

性别也是影响旅游者购买行为的主要因素。男性旅游者独立性较强,偏好购买知识性、运动性、刺激性较强的旅游产品,通常还对与事业有关的诸如商贸、经济、政治等问题感兴趣;而女性游客较喜欢结伴出游,注重人身与财产安全,喜好购物,她们在购买旅游产品时往往对价格较敏感。

职业也是影响旅游者购买行为的因素之一,不同职业的旅游者往往具有不同的旅游偏好和需求。如工作复杂程度高、人际交往频繁、任务重的高级经理,一般倾向于购买慢旅游类产品。医生外出旅游时,对餐饮、住宿等设施的卫生状况要求较高。

旅游企业营销人员应注意根据旅游者年龄、性别与职业的差异性,提供针对性的旅游产品与服务,以满足不同的购买需求。

(二)经济状况

经济状况对人们的旅游购买行为具有重要的影响。不同收入的旅游者在旅游目的地选择,交通、住宿条件的选择等方面都会有较大的差异。一般来说,消费者的收入越高,其用于旅游消费的支出也越高,高收入旅游者倾向于追求高端、豪华的旅游产品和优越舒适的旅游设施条件。而收入较低的旅游者往往购买距离近、价格低廉的旅游产品。

(三)生活方式

旅游者的生活方式也是影响其购买行为的要素之一。如清静安宁生活方式的旅游者往往选择幽静、空气清新的地方作为旅游目的地,在度假地享受全家在一起的天伦之乐。喜欢交际的旅游者,则喜欢与朋友、同事、同学等结伴出游或参加旅游团,他们认为旅游度假的含义不能局限于休息和轻松,而应该把它看成是扩大交往范围的良好时机。旅游营销人员应学会识别旅游者不同的生活方式并提供相应的产品和服务。

(四)个性与自我观念

个性也是影响旅游者行为的因素之一。追新猎奇型的旅游者喜欢在新的目的地捷足先登,喜欢跟不同文化背景的人会晤、交谈,要求旅游活动具有较大的自主性和灵活性。而安乐型的人则喜欢熟悉的旅游目的地和气氛,喜欢老一套的旅游活动。胆汁质气质类型的旅游者粗心,脾气较急躁,旅游营销人员提供服务时速度要快,而抑郁质的旅游者多疑,不宜轻易跟他们开玩笑。

自我观念是对自己个人身心活动的觉察,个人对自己身心的评价所形成的"自我形象"会对个体行为产生巨大影响和推动作用。而旅游产品是最富有象征意义的产品,它不仅能够反映一个人事业是否得意,而且也能反映一个人为人是否高雅、社会上是否有地位等,不少旅游者用外出旅游来提高和改善自己的形象。旅游营销人员在接待这一类旅游者时,要特别强调旅游产品在提高其社会地位和声望方面的作用。

四、心理因素

旅游者的行为决策是一个复杂的心理过程,其旅游消费决策通常要受到各种心理因素的影响,包括需要、动机、知觉、学习、信念与态度。

(一)需要与动机

需要是个体对内外环境的客观需求在人脑中的反映。它常以一种"缺乏感"体验着,以意向、愿望的形式表现出来,最终导致动机的产生。马斯洛把人的需要分为从低到高五个层次,即生理需要、安全需要、社交需要、尊重需要与自我实现需要。生理和安全属于低级需要,尊重和自我实现属于高级需要,社交需要则属于过渡性的中间范畴。马斯洛需要层次的两个最高层次是最能激发旅游活动的。如有人周游世界以实现自我价值,有人外出旅游主要是由于旅游经历可以提高其社会声望。旅游需要属于人类需要的高级层次。旅游需要实质是人的一种文化精神需求,是人们变换生活环境以调节身心节律的一种短期生活方式的需要。另一方面,旅游需要又在不同程度上包含了人类各层次需要的内容,包括饮食、安全、求知、审美和社会交往等多种需要的内容。

动机是发动和维持人的活动,并使活动指向一定目标的心理倾向。旅游动机是指直接引发、维持个体的旅游行为并将行为导向旅游目标的心理动力。不同的需要产生不同的动机,即使相同的需要也可能因人们的性别、年龄、职业、文化程度等因素的影响而产生不同的动机,促使人们外出旅游的动机多种多样。学者们从不同的角度对旅游动机进行了分类。美国旅游学教授罗伯特·W.麦金托什根据旅游需求,将旅游动机分为四类:一是身体方面的动机。包括休息、运动、游戏、治疗等,其目的是通过与身心健康有关的旅游活动来达到消除紧张、松弛身心的目的。二是文化方面的动机。包括艺术、风俗、语言、宗教等,其目的是了解异国他乡、增长见识。三是交际方面的动机。包括结识新朋友、走访亲友、避开日常工作及家庭或邻居等。四是地位与声望方面的动机。通过出席会议、考察研究、求学进修等,达到受人承认、引人注意、受人赏识等目的。日本学者田中喜一将旅游动机分为心理动机、精神动机、身体动机及经济动机等四类。美国学者约翰·A.托马斯则将旅游动机分为文化教育、休息和娱乐、种族传统与其他等四类。旅游动机具有不可观察性、多重性、冲突性等特点,营销人员要善于识别和引导旅游者动机,以有效激发动机转变为旅游行为。

补充阅读材料

黑色旅游(Dark Tourism)

国内的圆明园遗址、南京大屠杀纪念馆、楼兰遗址,国外的庞贝古城、"9·11"旧址、波兰奥斯维辛集中营等,都是备受游客青睐的旅游景点。自20世纪90年代以来,黑色旅游在欧美发达国家越来越引起重视。1996年,格拉斯哥苏格兰大学的马尔科姆·福利(Malcolm Foley)和约翰·伦农(John Lennon)首次提出"黑色旅游"现象,并出版《黑色旅游:死亡与灾难的吸引力》一书,此后黑色旅游现象引起了广泛的注意。马尔科姆·福利和约翰·伦农认为,黑色旅游就是造访悲剧遗址,或者参观与历史有关的战场和刑场遗址的行为。黑色旅游与公众悲剧和暴行有关,旅游动机是多重的和隐晦的,可能是敬意、好奇及接近死亡的恐惧的综合,其目的往往在于纪念、教育和娱乐。

(资料来源:安贺新.旅游市场营销学[M].北京:清华大学出版社,2011)

(二)知觉

按照心理学的理论,当客观事物作用于人的感觉器官时,人们产生的对事物各种属性的各个部分及其相互关系的综合反应被称为知觉。它是人们为了了解世界而收集、整理和解释信息的过程。旅游知觉即旅游者选择、组织及解释外来旅游方面的信息而产生内心世界反应的过程。当消费者产生旅游需要时,相关的旅游产品只有首先被知觉到,才能激发他们的旅游动机并进而产生旅游行为。具体地说,人们通常会经历三种旅游知觉过程:

1.选择性注意

选择性注意是指旅游知觉在一定的时间内并不感受所有的刺激,而仅仅指向能够引起注意的少数刺激。在旅游活动中,人们总是按照某种需要、目的,主动地、有意识地选择部分旅游地或旅游景点作为注意和知觉对象,或无意识地被某一旅游景点所吸引。古人云:"仁者乐山,智者乐水。"山水并存,乐山或乐水,取决于人的选择性注意。因此,如何吸引旅游者对产品的注意应当是旅游营销者的主要工作。附有精美照片、制作精良的旅游产品宣传册,设计新颖的大幅广告,巧妙的旅游形象口号如杭州宋城景区的"给我一天、还你千年"等,其目的都是为了吸引潜在旅游者的注意。

2.选择性理解

每个人总是按自己的思维模式来接受信息,并趋向于将所获信息与自己的意愿结合起来,按照自己的想法来解释信息。因而知识经验不同,知觉也会表现出很大的差异。在知觉一个事物的时候,与这个事物有关的知识经验越丰富,对该事物的理解就越富有内容,对它的认识也就越深刻。

3.选择性记忆

人们往往会忘记接触过的大部分信息,而只记住那些符合自己的态度和信念的信息。

这在旅游者的消费偏好中表现得十分明显,因为旅游者对某种旅游产品的钟情,而引起消费行为的再次发生,就是选择性记忆作用的结果。

(三)学习

人们在社会实践中受后天经验的影响而引起的行为变化过程就是学习。除饥渴、疲倦、恐惧等本能反应所产生的行为外,人们的绝大多数行为都是后天从经验中学习而来。在旅游活动中,旅游者既是消费者,又是问题的解决者,其学习的过程就是旅游者适应自身和环境变化的过程。

学习理论专家认为,人类的学习由驱策力、刺激物、提示物、反应和强化等五种要素构成,旅游者的消费行为是这五种要素相互作用的结果。其中驱策力是促使旅游者产生消费行为的内在力量,它源自于旅游者未得到满足的需要;刺激物是使旅游者需求得到一定满足的旅游产品;提示物是指能够诱发旅游者产生消费行为的因素,如旅游企业的促销信息;反应是指旅游者为满足旅游需要而采取的消费行为;强化是指旅游者的消费评价,主要指对刺激物的反应与评价。如果对所消费的旅游产品满意度高,就会产生重复消费,这种反应被称为正强化,与此相对的是负强化。学习的基本模式见图 3-2。

驱策力 ——→ 刺激物 ——→ 提示物 ——→ 反应

强化

图 3-2 学习的基本模式

因此,在营销活动中,首先要设计具有差异化的旅游产品,以吸引旅游者,刺激其旅游欲望。其次,要善于及时有效地向旅游者提供启发需求的提示物,强化促销,诱发旅游者的消费行为。再次,旅游企业应通过不断创新旅游产品,提供热情、周到、细致的服务等途径,努力提高旅游者的满意度,提升正强化效应,引导旅游者重复消费。

(四)信念与态度

消费者通过实践和学习来建立自己的信念和态度,这些信念和态度反过来又会影响其购买行为。

信念是指人们对事物所持的描述性思想。旅游者根据自己的信念行事,信念构成了旅游产品和品牌在旅游者心目中的形象,旅游企业应通过营销活动来树立消费者对自己产品和品牌的信念,如果一些信念是负面的,并妨碍了旅游行为,旅游企业应开展相应的促销活动去纠正这些错误信念。

态度是指个人对某一对象所持有的比较一贯的评价与行为倾向。态度将人们置于一个对事物有好恶感和趋避心的思维框架当中。态度导致人们喜欢或不喜欢某种事物,进而直接影响消费者的购买决策。由于态度具有不易改变的特性,旅游企业营销人员在工作中要想方设法了解现实旅游者和潜在旅游者对旅游产品的态度,通过有效沟通,来增强旅游者对旅游产品的良好印象。另外,如果旅游者原来持有对旅游产品的不良态度,旅游企业可以通过创新产品或提高服务质量等途径来改变原有的态度。一些酒店宣传的"三星的价格,五星的服务"口号,正是利用旅游者对不同星级酒店的信念和态度,来宣传自身产品的质优价廉。

第三节 旅游者购买决策过程分析

旅游企业开展市场营销活动,不仅需要了解旅游者的购买行为类型、影响因素,更重要的是要对旅游者的购买决策过程进行深入的分析,从而针对每个阶段旅游者的消费心理与行为特点采取适当的措施,有效影响与引导旅游者的消费决策,为企业赢利。

一、旅游者的购买角色

旅游产品所涉及的决策往往由许多人参与。在旅游决策中,其成员往往扮演着不同的角色,主要包括倡议者、影响者、决策者、购买者和使用者。

倡议者是首先提出或有意购买某一旅游产品的人。如家庭旅游的倡议者一般性情比较活泼,信息灵敏,易于接受新事物,在传递信息上有着不可低估的作用。孩子尚小的时候,一般父母是倡议者,而孩子一旦长大,他们就成了积极的倡议者了。旅游企业可以通过这类倡议者将旅游信息输入到其他成员处,以促使旅游行为的发生。

影响者是其看法和建议对最终决策具有一定影响的人。在一个标准的五口之家,这类人多半是老人,他们对帮助家庭决策者做出正确决策有一定的作用。一般来说,如果影响者对倡议者的建议持支持赞成的态度,那么就容易促成决策者做出决定。

决策者是指对旅游产品购买决策握有决定权、能拍板的人。这种人一般都掌握家庭的经济大权,是家庭中的"财政部长",在家庭旅游决策中具有举足轻重的作用,是旅游企业争取的重点对象。

购买者是指具体操作预订或购买的人。这对旅游营销人员更有直接的意义。因为决策者往往是决定是否购买、购买什么或者购买何种品牌,何时购买、何地购买等具体的事务往往取决于购买者。

使用者是指实际消费旅游产品和服务的人。他们体验旅游产品后的满意度及对产品的评价影响家庭以后的旅游决策。

识别各种购买角色在旅游企业的营销过程中将起到重要的作用,可以帮助旅游企业设计和开发产品,并开展有效的促销活动。

二、旅游者购买决策过程

旅游者产生外出旅游动机后,需要经过一定的购买过程才能完成整个旅游产品的购买活动。分析旅游者购买过程的目的,是为了了解旅游者在购买过程各阶段的思想和行为,使旅游企业可以采取适当措施有效影响和引导旅游者的购买决策,从而实现有效的产品销售。

一般而言,旅游者的购买过程可分为五个阶段:认识需求、收集信息、评估选择、购买决策、购后评价,如图 3-3 所示。

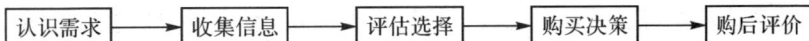

认识需求 → 收集信息 → 评估选择 → 购买决策 → 购后评价

图 3-3 旅游者购买决策过程

(一)认识需求

一般来说,购买决策过程是从旅游者对某一需要的认识开始的。这种需要可能源于旅游者的某种内在生理活动,如日常工作过于紧张、身心疲惫需要休息调整;也可能源于外界的某种刺激,如某个节事活动的宣传;或是内外两方面共同作用的结果。旅游需要是整个购买行为的原始驱动力,当人们意识到自己对旅游产品的需要时,如果出现能满足需要的旅游产品,便会产生具有特定指向性的购买动机。

对于旅游营销人员,他们必须了解自己的旅游产品可以满足旅游者哪些内在需求,以及通过哪些外在刺激来引发人们对旅游产品的需求。在这一阶段,营销人员要努力唤起和强化旅游者的需求,并帮助他们确认需求。

📖 补充阅读材料

利用好奇心理

在南斯拉夫塞尔维亚的一座小镇附近有七个湖泊,几年前,当地的渔业合作社往这些湖里投放了大量的鱼苗。两年之后,6个湖中的鱼都渐渐长大了,另一个湖中竟然一条鱼也没有,引起人们的各种猜测,渔夫们断定,"鱼被湖怪吃光了"后来,专家在此进行调查,发现湖里有一条重约120—200公斤的大鲇鱼,这条鱼专吃小鱼和贝类,怪不得鱼苗在此绝迹。当地的渔业合作社决定捕获这条鲇鱼,并特意从多瑙河请来5位网鱼能手。

这一奇妙的消息不胫而走。当地的旅游部门正为本年度游客减少而发愁,得知这一消息后,眼前不由一亮,这是个千载难逢的机会!何不抓住这一有利时机大肆渲染一番呢?于是他们在报纸上报道了有关湖中出现的"湖怪"现象,并登载了流行在渔民中的有关"湖怪"传说,人们从各种新闻媒介中了解了"湖怪"——大鲇鱼的存在,知道将有优秀的渔民捕捉,并饶有兴趣地关注着事态的发展。

捕鱼的日子终于到来了;这天,乡镇的路上车水马龙,成千上万的游客蜂拥而至,他们被那条神奇的鲇鱼所吸引,站在岸边目睹这场渔夫与鲇鱼的决斗。场面是非常激动人心的,尽管渔夫们费了九牛二虎之力,但无法擒住这个庞然大物。当决斗进入白热化时,游客们简直着了迷,他们对渔夫们的每一次失利都报以哄叫,当被撕成碎片的渔网露出水时,岸上立即响起暴风雨般的掌声。不过,着了迷的游客们并没有忘掉口渴和饥饿,在一天时间内,他们喝光了30000瓶饮料,吃掉了20000张烤肉饼,旅行社负责人毫不掩饰内心的喜悦,"一天完成了一年的计划。"

鲇鱼获得了第一场决斗的胜利,但渔民们并不甘心于失败,正准备着新进攻。游客的兴趣丝毫未减,为了吸引更多的游客,旅游部门在湖边搭起帆布餐厅和咖啡店,继续在报纸上大肆宣传,越来越多的游客纷至沓来,准备观看引人入胜的下一场决斗。

（资料来源：http://www.fuanrc.com/article/article.php？newsid＝372）

(二)收集信息

旅游者的某些需要可以通过常规购买行为得到满足,因为所需信息已被旅游者通过过去的搜集而掌握。但是还有一些需要根据以往的经验无法做出对满足需要对象的选择判断,他们需要收集相关的各种信息,以此作为购买决策的依据。一般来说,旅游者的信息来源有四种途径:

1.个人经验

旅游者通过以往旅游经验、判断获得的旅游产品信息。

2.人际来源

人际来源是指旅游者在社会交流过程中,从家庭成员、亲戚朋友、邻居及同事那里获得的旅游产品信息。

3.公共来源

公共来源是指旅游者通过报纸、杂志、电视、广播、网络等大众传播媒介以及政府机构和各种非企业的评审组织获得的旅游产品信息。

4.商业来源

商业来源是指旅游者从推销员、广告、经销商、产品包装、展销会、宣传手册等方面获得的营销企业提供的旅游产品信息。

一般来说,旅游者所获得的信息大多出自商业来源,但对旅游者影响力大的信息往往出自于人际来源。正常情况下,商业来源的信息主要起旅游产品通知作用,而人际来源与个人经验信息往往起旅游产品评价作用。旅游营销人员必须不定期进行市场调查,识别旅游者的信息来源并权衡每种来源的重要性,从而制定有针对性的营销沟通方案,以增强旅游者对本企业旅游产品的了解和信任。

补充阅读材料

海外旅游者来华信息了解途径

分类	了解途径					
	广告	亲友	报刊	旅游书籍	旅游商人	其他
旅游者总平均	9.3	28.4	15.1	18.5	19.7	9.0
华侨	8.0	52.1	11.1	10.3	8.8	9.7
港澳同胞	17.7	26.6	17.6	15.9	12.2	10.0
日本	5.6	15.6	31.3	26.2	8.3	13.0
美国	7.1	32.0	9.0	25.8	18.2	7.9

(三)评估选择

消费者在收集到所需的相关旅游信息后,一般都会理性地将这些信息进行整理和系统化,对各类信息进行对比分析和评估。在评估和选择的过程中,营销者应重视以下方面:

1.产品属性

旅游者在购买旅游产品时,不仅要考虑质量和价格,更要比较同类产品的不同属性。人们对某一旅游产品的态度强度与产品的突出属性有关。一般来说,某一旅游产品的属性越明显,形成的态度强度就越高,就越能产生对某一产品的偏好倾向,进而产生旅游行为。如,一位外国旅游者在中国只有两天时间旅游,如果在北京和桂林之间选择的话,他可能选择北京,那里是中国文化氛围最浓、历史文化景点最多的地方。但是如果他是一个厌倦都市生活的人,他很可能去山水俱秀的桂林,而其他属性将被排除。

2.属性权重

产品每个属性的相对重要性因人而异,旅游者并非对产品的所有属性感兴趣,而只是对其中的几种属性感兴趣,他们对属性分析后,就会建立自己心目中的属性等级。如在一个度假旅游地,对某个旅游者来说,气候、舒适和高尔夫球场可能很重要,但另一个旅游者可能认为网球场和海滩是最突出的属性。属性的突出点在旅游决策过程中起着关键性的作用。

3.品牌信念与形象

旅游者常把旅游品牌名称作为旅游产品质量的指标。他们经常会将各种旅游企业或其产品品牌的声誉与形象进行分析比较,一般会对名牌产品、著名企业给予更高的评价和更多的青睐。

4.价格

旅游产品的价格是旅游者在产品选择中最基本的评估标准之一。对于收入较低的旅游者,价格往往是决定其是否出游的主要标准。旅游者在评估选择不同产品时,如能得到旅游企业的价格优惠待遇,往往会得到一种心理的满足,进而促成其购买行为的产生。

旅游企业营销人员的任务是:明确自身旅游产品的突出属性,分析了解这些属性在旅游者心目中的权重以及旅游企业的品牌形象。

补充阅读材料

在购买旅游产品时,消费者经常以价格作为质量高低的指示器。例如,公司的高级管理人员,由于日常的工作压力较大,在完成阶段性的工作之后,可能会去度假。在短短的三天假期中,她需要有豪华的居所、上乘的食品和服务。她预期每晚付175美元。她打电话给一家饭店,这家饭店提供85美元的特价。这是该饭店为吸引她而特意做出的折让。然而,现在这家饭店的价格降得太低了,对她来说已经不具有任何吸引力了。由于她以前没有入住过这家饭店,这样低的价格只能让她怀疑这家饭店的服务达不到她所期望的水平。同样地,一个想品尝新鲜海产品的人看到菜单上烤甲鱼的价格仅为7.99美元时,他会认为这条鱼是质量较差的冻鱼,因为新鲜甲鱼的成本至少应该是这个价格的两倍。

(资料来源:(美)菲利普·科特勒等著,旅游市场营销.谢彦君主译.大连:东北财经大学出版社,2006)

(四)购买决策

这是旅游者购买行为过程中的关键性阶段,因为只有做出购买决策以后,才会产生实际的旅游行为。旅游者经过分析比较和评估选择以后,便产生了购买意图。然而旅游者购买决策的最后确定,还受到其他三个因素的影响,即他人态度、预期环境因素及非预期环境因素。见图3-4。

购买意图即旅游者决定购买何种旅游产品、预计的消费金额、消费时间、消费地点等。他人态度主要是指旅游者家人或其他紧密型相关群体的态度,这是影响购买决策的主要因素,如妻子有购买邮轮旅游产品的意图,受到丈夫反对,她就可能改变或放弃购买意图。预期环境因素主要指旅游者预期今后的收入情况、预期的旅游费用以及可从旅游产品中获得的利益等,这些影响是旅游者可以预测到的。非预期环境因素指失业、产品涨价、新出现的有关该产品令人失望的信息、自然灾害等不可控或超出预期的因素,可能导致购买意图的改变。旅游者修改、推迟或取消某个购买决定,往往是因为觉察到某种风险,"觉察风险"的大小取决于旅游产品涉及金额的多少、产品性能的确定程度及购买者自信心的强弱。旅游企业营销人员有必要研究减少旅游者"觉察风险"的有效对策。

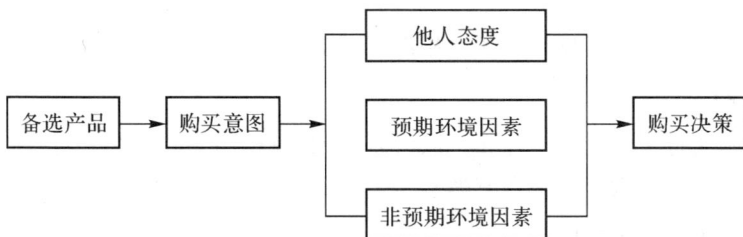

图 3-4　购买意图与购买决策之间的影响因素

补充阅读材料

2009 年 7 月 1 日,中国在线旅行服务公司携程旅行网宣布,已启动全国性的应急援助网络,携程会员在国内旅行过程中如果遇到突发严重疾病、意外事故等紧急突发状况,导致正常的行程无法继续,可通过携程电话热线寻求帮助,携程在各地的服务人员将为会员提供各种应急援助服务。

据了解,为了给会员提供更多价值,充分保障会员的利益,携程旅行网已经先后推出了"重大自然灾害旅游体验保障基金"、"诚信服务先行赔付基金"等保障措施,深受会员好评。

(资料来源:http://pages.ctrip.com/marketing/Newsindex.htm)

(五)购后评价

按照现代市场营销理论,旅游者购买行为的完成,并不是旅游市场营销的终点,只有旅游者获得良好的购后感受和评价才算达到了营销的目的。旅游者购买旅游产品后是否感到满意,直接关系到日后是否重购和旅游产品的口碑。一般来说,满意的旅游者倾向于向周围的人传播该产品的优点,相关研究显示,至少会向 5 个人表达他的满意或兴奋。相反,如果旅游者感到非常不满意,至少会向 10 人诉说他的不满,对旅游企业的品牌形象会造成非常不利的影响。

旅游者的满意程度取决于旅游者所感受的实际质量(P)和其所预期质量(E)之比。如果 $P>E$,旅游者会非常满意;如果 $P<E$,旅游者会产生不满意感;如果 $P=E$,旅游者会基本满意。两者之间的差距越大,旅游者的满意或不满意程度就越强烈。根据这一理论,旅游市场开发的关键在于产品质量与信誉。旅游营销人员要保证自己所提供信息与实际水平的一致性,切不可搞虚假宣传或夸大其词;营销人员还应与旅游者建立购后联系,做好各项售后服务工作,包括针对旅游者的购后疑虑做好相应的引导工作。

补充阅读材料

百慕大饭店在淡季以低价吸引旅游者到百慕大岛度假。他们称这个季节为"聚会的时光",并在广告中宣称,岛上所有的景点都可以进入。可当旅游者到来之后才发现,许多设施和景点都关闭了,许多饭店的餐饮设施也都停业了,这使旅游者非常失望。广告宣传最初确实带来了游客,但好景不长,在此后的六年当中,该饭店的客房出租率几乎下降了50%。

(资料来源:(美)菲利普·科特勒等著,旅游市场营销.谢彦君主译.大连:东北财经大学出版社,2006)

关键术语

旅游者购买行为　刺激反应模式　旅游者购买动机

复习思考题

1.旅游者购买行为的含义是什么?旅游者的购买行为有哪几种类型?

2.影响旅游者购买行为的因素有哪些?

3.简述马斯洛的需要层次理论?

4.旅游者购买决策过程包括哪几个阶段?各阶段旅游营销人员应注意做好哪些方面的工作?

5.请简要分析网络时代到来对旅游者购买决策过程的影响,并结合"购买者黑箱"分析比较中青旅行社与携程旅游网在抢占国内旅游市场中的优势和劣势。

6. 如果你是杭州市中国旅行社的营销人员,根据本章学习,请以杭州各大高校的应届本科生为目标群体,设计一套以"毕业旅行"为主题的营销方案。

案例分析

苏珊·琼是一家电子公司很有前途的经理,长时间繁重的工作和出差使她倍感疲惫。一天晚上,她在看电视的时候,注意到了Med俱乐部的广告,它描述了乡村的休闲生活。这个广告使她产生了休闲这一行为动机,以满足她减轻疲惫的需要(生理上的),但她还没准备给旅行社打电话。在随后的几周内,她收到了这个俱乐部的一些直邮材料(信息提示),让她决定是否到该俱乐部度假,并说明了时间、地点等。在一次商业会议上,她跟另外两位经理谈到度假这一话题,结果发现这两个人曾去过那个乡村俱乐部,并且很喜欢那里。而后苏珊又碰到以前大学联谊会的一位姐妹,由于户外运动,她的皮肤微黑,而且还穿着Med俱乐部的T恤衫。信息提示有了累积的功效,所以苏珊拜访了旅行社,并预订了去墨西哥Med乡村俱乐部一周的旅程(她对信息提示的反应)。

苏珊用了很长时间去度假,得到了很好的休整。在她下一次于激烈的工作竞争中再度感到疲惫时,就又飞到了位于加勒比海的Med乡村俱乐部。这一次,她又度过了一段美好的时光,并强化了她第一次去墨西哥游乐的正面感受,这样就又完成了一次领会的过程。

(资料来源:http://www.docin.com/p—492252477.html)

思考题

请用本章所学理论对苏珊的旅游行为进行分析。

第四章

旅游市场营销调研

学习目标

◆ 了解旅游市场营销调研的定义及类型
◆ 掌握旅游市场营销调研的内容及程序
◆ 熟悉旅游市场营销调研的方法和技术
◆ 了解旅游市场营销信息系统的概念及特点
◆ 掌握旅游市场营销信息系统的构成

引例

北京 798 艺术区

在北京的东北角,有一个以 20 世纪 50 年代建成的工厂命名的艺术区,这就是 798 艺术区。它位于北京朝阳区酒仙桥街道大山子地区,从 2001 年开始,来自北京周边和北京以外的艺术家开始集聚 798 厂,他们以艺术家独有的眼光发现了在此处从事艺术工作的独特优势。他们充分利用原有厂房的德国包豪斯建筑风格,稍作装修和修饰,一变而成为富有特色的艺术展示和创作空间。

目前,已经有近 200 家涉及文化艺术的机构进入此区域,至少有 300 位艺术家直接居住在 798 艺术区或者以 798 艺术区为自己的主要艺术创作空间,其中还有一些国外的艺术家,他们分别来自法国、美国、比利时、荷兰、澳大利亚、新加坡、韩国等。进驻 798 艺术区的既有大名鼎鼎的艺术家如刘索拉、李宗盛、李象群等,也有名不见经传的无名之辈。

近两三年来,到 798 艺术区来参观、访问、观摩、学习、交流、购买艺术品的人是越来越多。据抽样调查,2004 年,大约有 45 万人。2005 年,大约有超过 50 万人以上的人访问该区。境外来访者和国内来访者的比例大约是 4∶6。

作为中国的文化中心,作为有着悠久历史文化的中国首都,除了在世界上产生巨大影响和吸引力的故宫等文化遗产外,有没有可能把 798 艺术区作为一个新的、有中国特色的旅游吸引物? 到 798 艺术区访问的都是些什么人? 是不是可能将 798 艺术区打造成为北京有特色的高端旅游区和高端旅游项目? 为了回答这些问题,有必要对 798 艺术区进行市场调研和预测。

(资料来源:王维佳.“798 艺术区”调研报告.北京旅游信息网,http://www.bjta.gov.cnlyzldybg/—05slyjdybg/164521_4.html)

第一节　旅游市场营销调研概述

一、旅游市场营销调研的概念

旅游市场营销调研(tourist marketing investigation),就是指旅游企业为了达到特定的经营目标,运用科学的方法,有目的、有计划地收集、记录、整理、分析和报告有关旅游市场的各种情况、信息和资料,从而掌握旅游市场的现状及发展趋势,解决旅游企业面临的各种营销问题,为旅游企业经营决策提供科学依据的活动。

不进行市场营销调研工作,旅游企业的一切营销活动都是盲目和被动的。因此,要开拓市场,确保顾客盈门,首先就必须进行市场营销调研,把营销工作建立在扎实的营销调研基础上,运用科学的方法和手段进行营销调研,并据此对旅游市场进行科学的分析和预测。旅游市场营销调研是旅游企业进行营销活动的首要任务。

二、旅游市场营销调研的意义

旅游业发达的国家和地区,以及成功的旅游企业,都非常重视市场调研工作。科学有效的市场营销调研工作是旅游企业可持续发展的基础。

(一)有利于旅游企业捕捉市场机会,开拓新市场

市场是动态变化的,旅游市场季节性、波动性等特征导致其动态变化的程度更高。通过有效的市场调研,旅游企业可以及时了解和分析旅游者的购买心理和行为发展趋势,了解旅游市场环境状况,从而把握新的市场机会。

(二)有利于旅游企业开发新产品

科学技术的日新月异,顾客需求的千变万化,致使旅游市场竞争日趋激烈,新产品层出不穷,旅游产品更新换代的速度越来越快。通过市场调研,可以根据所掌握的信息,有针对性地开发新产品或进行产品的更新换代,以延长旅游产品的生命周期,满足市场新的需求。

(三)能为旅游企业制定市场营销组合策略提供依据

市场的情况错综复杂,瞬息万变,一个企业要想长久地立足于市场,在激烈的竞争中顺利发展,需要随时了解并掌握市场动向。只有通过大量、系统、准确的市场调研活动,才能取得相关的重要信息资料,如产品的市场占有率、产品的供求状况以及旅游企业所面临的竞争状况等,从而为旅游企业制定营销组合策略提供依据,克服和避免盲目的营销行为。

三、旅游市场营销调研的类型

旅游市场营销调研类型多种多样,每种调研形式都有其优势和劣势,只有按照旅游市场调研的目的、被调研对象的特点等,选择相应的调研类型,才能准确、及时、全面地获取所需的各种信息资料。根据调研目标和要求的不同,旅游市场营销调研可以分为探测性调研、描述性调研、因果关系调研和预测性调研四种类型。

(一)探测性调研

探测性调研又称初步调研,是旅游企业对市场情况不甚明了或者对问题不知从何着手时所采用的方法。探测性调研的主要目的是发现问题和提出问题,以便确定进一步调查的重点。探测性市场调研收集信息的手段主要有三类:一是现成资料,这是主要来源;二是向旅游专家、旅游产品设计人员、旅游者等做调查;三是参考以往类似案例,从中找出相关因素以得到启发。

在进行探测性市场调研时,要注意信息的时效性、经济价值、与调查课题的相关性及可靠性,以便于决策者做出正确决策。探测性市场调研得到的结果一般限于揭露问题、发现问题的症结,通常规模较小、方法较为简单,若要发掘深层次原因,还需运用其他方法作进一步的调研。

(二)描述性调研

描述性调研是指对所面临的不同因素、不同方面现状的调查研究,其资料数据的采集和记录,着重于客观事实的静态描述。大多数的旅游市场营销调研都属于描述性调研,如旅游市场潜力和市场占有率、旅游客源结构、旅游者对企业的评价、竞争企业的状况描述等。与探测性调研相比,描述性调研的目的更加明确,研究的问题也更加具体。描述性调研需要获得大量的资料,一般有较为详尽的调研提纲、调研计划和周密的实施步骤,以保证调研结果的准确性。

描述性调研解决的是总体的描述性特征,它寻求对"谁"、"什么"、"何时"、"何地"、"怎样"这一类问题的回答,尽管调研人员对问题已经有了一定理解,但对决定行动方案必需的事实性问题做出回答的结论性证据,仍需要进一步收集。

(三)因果关系调研

因果关系调研是指为了查明项目不同要素之间的关系,以及导致某种结果的原因所进行的调研。也就是说,因果关系调研是研究不同现象之间的规律性变动。描述性调研可以说明某些现象或变量之间相互关联,但要说明某个变量是否引起或决定着其他变量的变化,就必须用到因果关系调研。这类调研的特点是只谈问题和原因,较少涉及解决方案和对策。

在旅游企业实际调研过程中,一般把目标销售额、市场占有率等设为因变量,而把旅游企业可控制的各种因素,如产品、价格、渠道、促销及旅游企业外部的不可控因素设为自变量,通过定性和定量分析研究,帮助旅游营销人员做出正确的决策。

(四)预测性调研

预测性调研是通过收集、筛选、分类、分析和研究现有数据资料,运用科学的方法进行统计分析,预测市场未来的走向和趋势的调研。如旅游市场上消费者对某种旅游产品的需求变化趋势的调研等。一般而言,预测性调研以因果关系调研的结果为基础,通过因果关系调研,建立起事物之间的因果关系甚至数据模型,然后运用已知的因果关系或数据模型,来推断市场未来的走向和趋势。预测性调研在企业制订有效的经营计划,使企业避免较大风险和损失方面有特殊的作用。

表4-1列出的是四类调研方式的对比情况。

表 4-1　旅游市场营销调研的类型

类型	所研究问题的性质	目　的
探测性调研	对调查的重点问题不太清楚	明确调查的核心问题
描述性调研	对旅游企业的当前状况进行总体性描述的调研	认识旅游企业性质和水平,为决策提供依据
因果性调研	运用逻辑推理和统计分析的方法找出并证明某一现象产生的因果关系的调研	找出旅游市场营销活动或旅游市场营销环境中出现问题的原因
预测性调研	对市场信息综合分析研究,预测市场未来发展变化趋势	对市场的发展趋势及其变动幅度做出科学推断

第二节　旅游市场营销调研的内容与程序

一、旅游市场营销调研的内容

旅游市场营销调研的内容包括所有与旅游企业营销活动有关的社会、政治、经济、环境以及各种经济现象。可作专题调研,也可以作全面调研,就旅游企业调研范围而言,其调研内容主要可以分为以下几个方面。

(一)旅游市场营销宏观环境调研

旅游市场营销宏观环境调研是指对旅游企业或旅游业运行的外部大环境,包括政治法律因素、社会文化因素、经济因素、科学技术因素、人口因素、自然环境等因素的调研。

1.政治法律环境调研

了解对旅游企业经营起影响和制约作用的国内外政治法律形势以及国家管理市场的有关方针政策。主要包括目的地与客源国的双边政治;国家的政治体制、政府行为、突发事件;法律规定、方针政策;有关社会团体、群众组织及其活动等。

2.经济环境调研

了解我国及客源国或地区的经济特征、经济发展水平、居民收入、消费状况、居民储蓄、经济发展趋势等。

3.社会文化环境调研

了解目的地和客源地的价值观念、受教育程度与文化水平、职业构成与民族分布、宗教信仰与风俗习惯、社会审美观念、文化禁忌、生产方式等。

4.自然地理环境调研

包括区位条件、地形地质、气候条件、自然资源、季节因素以及物产等方面。

5.科学技术环境调研

了解我国和世界范围内新科技的发展水平与发展趋势等。

6.竞争环境调研

了解面临的主要竞争者和类型、竞争者的市场营销状况及内部状况。

补充阅读材料

2009 年 12 月 3 日国家总理温家宝在人民大会堂同加拿大总理哈珀举行会谈,双方表示要致力于进一步推进中加战略伙伴关系,温家宝表示,中国决定开放加拿大为中国公民出国旅游目的地,双方要扩大旅游等方面的交流,增进两国人民之间的了解和友谊。

(资料来源:http://www.chinanews.com.cn/gn/news/2009/12-03/1999162.shtml)

(二)旅游市场需求调研

旅游者的需求在很大程度上决定了旅游供给,市场需求决定了旅游企业的经营规模。针对旅游者需求所进行的调研是旅游市场调研内容中最基本的部分。具体调研内容包括:

1.旅游者规模及构成调研

主要内容包括旅游客源地经济发展水平和人口特征,旅游者的可自由支配收入和闲暇时间,旅游者的数量和消费构成,旅游者对旅游产品质量、价格及服务等方面的评价等。

2.旅游动机调研

旅游动机是指直接引发、维持个体的旅游行为并将行为导向旅游目标的心理动力。旅游动机调研主要探究促使旅游者产生需求的动力来源。

3.旅游者行为调研

旅游者行为是市场调研中较难把握,而又带有不确定性的方面。它受多方面因素影响,如文化因素、社会因素、个人因素和心理因素等,这些因素在一定程度上都可以影响旅游者的购买行为。旅游者行为调查的内容主要包括:客源地旅游者何时旅游、何地旅游、由谁决策旅游以及怎样旅游等。

补充阅读材料

北京城乡居民人均收入的持续增长及人们闲暇时间的不断增加,是延庆发展休闲度假旅游可靠的前提保障。延庆地处首都西北部,距市区 74 公里,是首都的北大门。依托多年旅游宣传营销活动,特别是对自驾游的宣传和汽车露营基地的建成,形成了京、津、冀较固定的客源市场。

(资料来源:阚占军.浅谈延庆休闲度假旅游产品的开发.延庆县旅游局,http://www.bjta.gov.cnlyzldybg/06qxlyjdybg/164629.html)

(三)旅游市场供给调研

旅游供给是一定时期内为旅游市场提供的旅游产品或服务的总量,对旅游市场供给的调研,可以从以下几个方面展开。

1.旅游吸引物调研

凡是能够吸引旅游者到来并能引发游客情趣的事物、事件或现象,均属于旅游吸引物的范畴。它的数量和质量决定了旅游者对旅游目的地的选择。

2.旅游设施的调研

旅游设施是直接或者间接向旅游者提供服务所凭借的物质条件,它又分为旅游服务设施和旅游基础设施两类。旅游基础设施主要包括供水系统、供电系统、供暖系统以及城市交通等。旅游服务设施主要包括旅游饭店、夜总会、商务酒吧等。

3.可进入性调研

可进入性是指旅游者进入旅游目的地的方便、快捷和通畅程度,主要可以从以下方面展开调研:交通工具和旅游目的地的交通基础设施条件;通信条件;签证手续的繁简;出入境验关程序;服务、信息咨询的有效性和便利性等。可进入性对旅游产品的成本、质量、吸引力等有较大的影响。

4.旅游容量调研

旅游容量的调研包括旅游基本空间标准、旅游资源容量、旅游感知容量、旅游生态容量和旅游地容量等。科学合理的旅游容量控制客观上能够保证旅游者在目的地的体验质量,并促进环境的保护。

5.旅游服务调研

旅游服务是指旅游目的地从业人员以一定的物质为载体,为满足旅游者各种需要而提供的服务。调研内容主要包括:售前服务、售中服务以及售后服务。

6.旅游商品调研

旅游商品是指旅游者在旅游过程中出于商业目的以外所购买的以物质形态存在的商品,旅游商品分旅游纪念品、土特产品、文物古玩及其模仿品和旅游日用品等类别。旅游商品收入在旅游总收入中所占的比重已作为判断一个国家或地区旅游业发达程度的重要标志。国际游客在旅游商品上的花费一般占其旅游花费总支出的30%—50%,发达国家旅游商品收入创汇占旅游外汇收入比重高达50%以上。旅游商品的调研主要包括商品种类、质量、特色、价格、品牌、旅游者满意度等。

7.旅游企业形象调研

旅游企业形象是旅游企业经营的无形资产,旅游者心目中良好的企业形象直接影响他们对企业产品的选择。主要包括理念识别系统、视觉识别系统和行为识别系统。

(四)旅游企业市场营销组合调研

现代旅游市场营销活动是包括对产品、价格、分销渠道和促销在内的营销组合的行动。因此,旅游市场营销活动的调研也应围绕这些营销组合要素展开。

1.旅游产品调研

从旅游企业角度看,旅游产品是指旅游企业在旅游市场上销售,满足旅游者在旅游活动中各种需要的物质产品和服务产品的总和。旅游产品是旅游企业赖以生存的物质基础。旅游产品调研的主要内容包括:旅游产品生命周期、旅游产品的市场占有率和销售潜力、旅游新产品的开发与组合、旅游者对旅游产品的需求特征与评价等。

2.旅游营销渠道调研

营销渠道的选择对旅游企业能否迅速打开销路、提高市场占有率、降低营销费用等有着非常重要的作用。调研内容包括:产品营销渠道的数量、分布和营销业绩;现有营销渠道是否畅通;市场上是否存在经销此类旅游产品的权威性机构;市场上主要的中间商营销渠道策略实施、评价、控制和调整情况及其对旅游企业产品的要求和条件等。

3.旅游产品价格调研

价格的高低直接影响旅游需求,旅游营销人员应随时关注并把握价格变动趋势及其对旅游者的影响情况。调研的主要内容包括:旅游产品的定价是否合理;旅游者对价格的心态如何;旅游产品价格的需求弹性和供给弹性;各种旅游产品的差价和优惠价格是否合理;开发新产品如何定价等。

4.旅游促销活动调研

旅游促销是刺激旅游者消费的有效手段,其实质是建立旅游企业与旅游者的有效沟通。在产品的不同生命周期或不同季节的情况下,采用哪一种或哪几种方式促销,需要依据调研资料来进行决策。旅游促销调研应着重调查促销对象、促销方法、促销投入、促销效果四个方面。

二、旅游市场营销调研的程序

旅游市场营销调研的程序,一般分为调研准备、正式调研和资料处理三大阶段。旅游企业开展市场调研可以采用两种方式,一是委托专业市场调研公司来做,二是旅游企业自己来做,旅游企业可以设立市场研究部门,负责此项工作。旅游市场营销调研程序如图 4-1 所示。

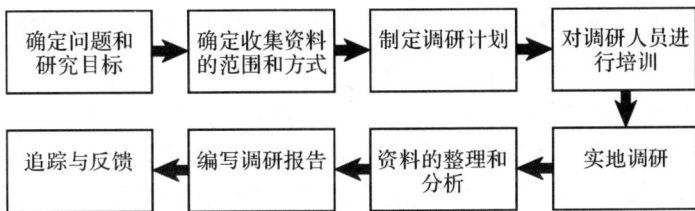

图 4-1　旅游市场营销调研的程序

(一)调研准备阶段

1.确定问题和研究目标

营销调研的第一步就是要求旅游企业的管理者和营销人员认真确定问题和研究目标。在任何一个问题上都存在着许多可以调研的内容。除非对该问题做出清晰的定义,否则收集信息的成本可能会超过调研得出的结果价值。旅游企业的管理者必须妥善把关,对问题的定义既不能太宽泛,也不能太狭窄。

2.确定收集资料的范围和方式

调研计划要求既要收集二手资料,又要收集第一手资料。第二手资料是指已经存在并已经因为某种目的而收集起来的信息。第一手资料是指为当前的某种特定的目的而专门收集的原始资料。二手资料的收集较为便利,可以通过各种各样的渠道获得,其中包括内部来源(公司损益表、销售访问报告、调查前的准备报告等)和外部来源(政府的出版物、期刊和书籍以及各种商业服务机构等)。二手资料虽然容易获得,成本较低,但调研人员所需要资料可能不存在,或者现有资料已经过时、不正确或者不完全可靠。这种情况下,调研人员就要花费较多的时间和成本去收集更恰当、更准确的第一手资料。第一手资料的收集成本较高,但取得的数据常常更适合于正在处理的问题。

选择具体的收集资料的方法。收集第一手资料的方法一般有三种：观察法、询问法和实验法。这其中涉及样本的选定、接触方式选择等一系列问题。旅游企业可根据所调研的问题、目标以及组织实际状况来确定（如表 4-2 所示）。

表 4-2　旅游市场营销调研的资料来源

类型	概念	途径	搜集方法	特点
二手资料	为其他目的或用途已经搜集好的资料	内部资料、外部资料	查阅现有资料，阅读报刊等	获取迅速，费用相对低廉
一手资料	为某一特定目的而搜集的原始资料	实地调研，直接搜集原始资料	观察法、询问法、实验法	成本较高，耗时久

3. 制定调研计划

营销调研准备阶段的一项重要工作就是要制定具体的调研计划，完善的市场调研计划一般包括以下几方面内容：

1) 调研要求。根据市场调研目标，在调研计划中列出市场调研的具体目的和要求。

2) 调研内容。调研内容是收集资料的依据，是为实现调研目标服务的，可根据市场调研的目的确定具体的调研内容。如调查旅游者行为时，可按旅游者购买、体验和体验后评价三个方面列出调研的具体内容项目。调研内容的确定要全面、具体，条理清晰、简练，避免面面俱到，内容过多，过于繁琐，避免把与调研目标无关的内容列入其中。

3) 调查表。调查表是市场调研的基本工具，调查表的设计质量直接影响到市场调研的质量。设计调查表要注意以下几点：一是调查表的设计要与调研主题密切相关，重点突出，避免可有可无的问题；二是调查表中的问题要易于让被调查者接受，避免出现被调查者不愿回答，或令被调查者难堪的问题；三是调查表中的问题次序要条理清楚，顺理成章，符合逻辑顺序，一般可遵循容易回答的问题放在前面，较难回答的问题放在中间，敏感性问题放在最后，封闭式问题在前，开放式问题在后；四是调查表的内容要简明、尽量使用简单、直接、无偏见的词汇，保证被调查者能在较短的时间内完成调查表。

4) 调研地区范围。调研地区范围应与旅游企业产品销售范围一致，当在某一城市做市场调研时，调研范围应为整个城市；但由于调查样本数量有限，调研范围不可能遍及城市的每一个地方，一般可根据城市的人口分布情况，主要考虑人口特征中收入、文化程度等因素，在城市中划定若干个小范围调查区域，划分原则是使各区域内的综合情况与城市的总体情况分布一致，将总样本按比例分配到各个区域，在各个区域内实施访问调查。这样可相对缩小调研范围，减少实地访问工作量，提高调查工作效率，减少费用。

5) 样本的抽取。调研样本要在调研对象中抽取，由于调研对象分布范围较广，应制定一个抽样方案，以保证抽取的样本能反映总体情况。样本的抽取数量可根据市场调研的准确程度的要求确定，准确度要求愈高，抽取样本数量应愈多，但调研费用也愈高。一般可根据市场调研结果的用途情况确定适宜的样本数量。具体抽样时，要注意对抽取样本的人口特征因素的控制，以保证抽取样本的人口特征分布与调查对象总体的人口特征分布相一致。

6) 确定费用。费用预算是制定调研计划时要考虑的一个重要内容。如果一项调研的费用大于实施调研后可能取得的收益，那么这项调研就失去了意义。调研人员在制定计划时必须仔细地估算用于市场调研的费用,将其列入计划向上级报批。

(二)调研实施阶段

1. 对调研人员的培训

调研开始前要求对调研人员进行必要的培训,培训内容包括调研的基本方法和技巧;旅游产品的基本情况;实地调研的工作计划;调研的要求及要注意的事项等。

2. 实地调研

市场调研的各项准备工作完成后,开始进行问卷的实地调查工作,组织实地调研要做好两方面工作。

1)做好实地调研的组织领导工作。要按照事先划定的调研区域确定每个区域调查样本的数量、调查员的人数、每位调查人员应访问样本的数量及访问路线、每个调研区域配备一名督导人员;明确调查人员的工作任务和工作职责,做到工作任务落实到位,工作目标清晰,工作责任明确。

2)做好实地调研的协调、控制工作。调研组织人员要及时掌握实地调研的工作进度完成情况,协调好各个调查员间的工作进度;要及时了解调查员在访问中遇到的问题,对于调查中遇到的共性问题,提出统一的解决办法。要做到每天访问调查结束后,访问员首先对填写的问卷进行自查,然后由督导员对问卷进行检查,找出存在的问题,以便在后面的调查中及时改进。

(三)调研结果的处理阶段

1. 调研资料的整理和分析

实地调研结束后,收集好已填写的调查表,由调查人员对调查表进行逐份检查,剔除不合格的调查表,然后将合格调查表统一编号,以便于调查数据的统计。采集到的数据资料必须要经过科学的加工处理,才能做到去伪存真、去粗取精。数据资料的处理包括对调查资料的分类、综合与整理。处理的过程中关键是保证信息的精确性与完整性。对调研资料进行加工处理的目的是对它进行分析,以获得调研结论。依资料分析的方式不同分为经验分析和数学分析。利用先进的统计学方法和决策数学模型,辅之以经验分析与判断,可以较好地保证调查分析的科学性和正确性。

2. 撰写调研报告

调研报告是研究工作的最终成果,也是制定市场营销决策的重要依据,市场营销调研报告的内容和质量,决定了企业领导据此决策行事的有效程度。一份写得拙劣的报告会使出色的调研活动黯然失色。

调研报告分为专题报告和一般性报告两种类型,分别适合不同兴趣和不同背景的读者。一是专题报告,又称技术性报告。在撰写时应注意尽可能详细,凡在原始资料中的事实都要列入,以便其他专业人员参考。这种详细的专题报告使得读者能够清晰地了解调研报告的适合程度以及准确程度。二是一般性报告,又称通俗报告。广泛地适合那些只关心研究结果而无兴趣于研究技术的读者,如旅游企业的领导或公众。因阅读者人数众多,水平参差不齐,故力求条理清晰,能吸引人,避免过多引用术语。

调研报告的结构一般包括:标题封面、目录、研究结果摘要、前言、调查结果、结论和建议、附录七个部分。

1）标题封面。写明调研题目，承办部门、人和日期。这部分让读者知道诸如调研报告的题目、此项报告是为谁而写、此项报告由谁完成和此项报告的完成日期。

2）目录。目录应该列出报告的所有主要部分和细节部分，及其所在页数，以便使读者能尽快阅读所需内容。

3）摘要。以简明扼要的话陈述研究结果，以便企业的决策者或主管在繁忙的时间内迅速地了解调研的成果，决定应采取什么样的措施或行动。

4）前言。包括调研背景、调研目的和所采用的调研方法。在调研方法里要说明样本设计和抽样方法等。

5）研究结果。这部分是调研报告的核心内容，其任务是将研究结果有组织有条理地整理和陈述。做到图文并茂，便于读者阅读。

6）结论及建议。研究者的作用不仅在于向读者提供调查事实，而且应该在事实的基础上做出问题的结论并提供建议。

7）附录。附录是调研报告的结尾部分，起到以数据图表来表述调研报告的作用。有些与报告主体"调查结果"相关的数据图表通常也被放在"附录"这一部分。另外，问卷实地调查概况也包括在此。

3.跟踪与反馈

调研的结论须在实践中检验，因而有必要进行跟踪与反馈，即对调研结果进行追踪，并及时反馈，修正调研结论，以提高决策的准确性。

第三节 旅游市场营销调研的方法与技术

一、旅游市场营销调研的方法

旅游市场营销调研的方法较多，最常用的调研方法主要有：文案调研法、访问调研法、观察调研法和实验调研法。

（一）文案调研法

文案调研法又称间接调研法，它是通过收集旅游企业内部和外部各种现有的信息数据和情报资料，从中摘取与市场调研课题有关的内容，进行分析研究的一种调研方法。这是旅游市场营销调研的首选方法。

方案调研法的信息来源渠道主要有：各级政府公布的有关国民经济发展计划、统计资料、政策、法规和法令等，特别是与旅游业相关的发展计划、统计资料、政策法规法令等；旅游行业协会和其他旅游组织提供的资料；旅游科研院所、旅游专业情报机构、旅游咨询机构提供的研究成果和资料；国内外公开出版物刊登的新闻、报道和调查资料等；旅游企业内部积累的资料等。

（二）访问调研法

即调研者通过面对面、留置问卷调查、电话、邮寄、互联网等方式向受访者了解信息并进

行分析研究的方法。根据旅游营销人员与被调研者的接触方式,访问调研法可以分为以下几种类型:

1.面谈访问法

面谈访问法是指旅游营销人员直接当面访问被调查者以获取有关信息的方法。该方法在旅游业中经常被使用,具体又可分为入户访谈法、街头拦截访问法、个人深度访谈法、小组座谈会访谈法等。这种方法较灵活,受过训练的询问者能长时间地吸引应答者的注意并解释复杂的问题。他们能引导询问方向、寻找话题并在需要时进行深究,因此往往能很快地收集到大量的信息资料。然而这种方法也可能受到调研人员个人偏好的影响(如提问方式、说话方式、问题解释方式),而且调研费用大、成本高。

2.留置问卷访问法

留置问卷访问法是指旅游营销人员将事先拟定好的问卷说明和问卷主体留在受访者手中,并按照约定时间进行回收、获取有关信息的方法。留置问卷的好处在于受访者可以选择自己合适的时间填写问卷,可以避免邮寄式访问回收率低的缺点,还可以克服面谈式的某些不足之处。

3.邮寄式访问法

邮寄式访问法指旅游营销人员将事先编制好的调查问卷邮寄给受访者,要求他们按照规则填写问卷并在指定时间之前寄回给调查者,以获取信息的方法。一个完整的邮寄问卷应当包括填写说明、保密承诺书、问卷主体、附有邮资和回邮地址的信封。这种方法的优点是:能以较低的成本收集大量的信息;受访者有思考、讨论的余地,较适合敏感性问题的调查;由于没有调查者来影响受访者的答案,所得到的反馈信息更为真实。这种方法的不足之处是:邮寄问卷不够灵活,沟通方式较为单一;信息反馈时间较长,且问卷回收率低。

4.网络访问法

网络访问法指受访者在计算机前,自己从屏幕上读出问题,并把自己的答案输入电脑的方法。使用这种方法往往配合一些活动进行,以提高受访者兴趣和信息质量。这种方法灵活性好,不受调研人员影响,收集信息快,回收率也较好,成本也较低,但调查对象难以控制。

5.电话访问法

电话访问法就是旅游营销人员根据抽样要求,选取样本,通过电话向被访者逐项询问相关问题以获取所需信息的方法。该方法的优点是:灵活性较强、信息收集迅速、本地调查费用较低、可以及时解答被访者的疑难问题。该方法的缺点是:询问时间较短、难以深入探讨、跨区域调查的成本高、缺乏面对面的沟通交流等。

补充阅读材料

马里奥特的市场调研

有些商人可以不带运通卡,但是如果不带上玩具熊,他们是不会离开家的。这是马里奥特公司下属的一个分部在对其顾客进行调查时发现的一个令人吃惊的事实。正如马里奥特公司国内公关部经理吉尔尼里·坎贝尔(Geary Campbell)所说,市场调研"对我们了解顾客的需求和需要是十分重要的。如果我们不进行调研,我们就不可能搞清楚实际状况"。

坎贝尔还说:"调查也可作为一种营销工具,它让媒体和消费者了解我们的顾客在做些什么,还可以使我们的品牌得到更多的认同。"

弗吉尼亚州麦克莱恩市的希夫里特公司对过去 12 个月中至少做过 6 次商务旅行的 300 名顾客进行了调查。调查发现 58% 的商务旅行者带有笔记本电脑。有些发现出乎预料,如这些带有笔记本电脑的人说,他们带电脑是为了玩游戏;同时有 7% 的商务旅行者说,他们旅行时带着玩具熊或者其他玩具。

基于以上数据,公司对营销方式做出了巨大调整。例如,由于很多商务旅行者都带有笔记本电脑并可以上网。于是,马里奥特在网上为商务旅行者提供更多的信息,其中包括标出旅店位置及其进行的各种促销活动。正如坎贝尔所说:"无论他们住在华盛顿特区,还说是住在西雅图,他们都会有同样的经历,他们知道可以得到什么样的服务。"

(资料来源:小卡尔·麦克丹尼尔,罗杰·盖茨. 当代市场调研[M].范秀成等,译. 北京:机械工业出版社,2000.)

(三)观察法

观察法是调查者在现场对被调查对象进行直接观察或者借助仪器设备进行记录,以获得旅游市场信息资料的方法。这种方法的优点是:调研人员在调查现场从旁观察调查对象的行动,而不让其察觉到自己正在被调查,心理干扰较少,因而能客观地反映被调查对象的实际行为,资料的真实性高;调研成本较低;结果容易分析。对车站、港口、景区的游客数量调查以及旅游商店消费行为的调查有良好的功效。其缺点是:只能观察到表面的信息,很难了解其内在的原因;有时难以覆盖全部的市场和旅游者群体,所获信息有较大局限性。

观察调研法一般可分为亲身经历法、直接观察法、行为记录法和痕迹观察法四种。

(四)实验法

实验法来源于自然科学研究的实验求证原理。它是旅游营销人员通过小规模试验以获取相关信息的一种方法,主要用于调查或测量某一变量的变化对其他变量的影响。这种方法对于研究变量之间的因果关系非常有效,应用范围较广。在旅游业的调研过程中,改变旅游产品的外观造型、价格、广告宣传、渠道选择时,均可进行实验。在使用这种方法时,通常将所有因素按照其自身的性质分为目标变量和实验变量,目标变量是指那些与销售结果密切相关的变量,如旅游企业形象、游客量、销售额、利润总额等。实验变量是指那些影响目标变量的因素,如营销组合、广告宣传等。区分这两类变量后,固定其他所有变量的同时,改变欲调查的实验变量,观察目标变量的变化,从而得出该实验变量和目标变量之间的因果关系。

实验法的优点是:客观性较强,有很好的实际应用价值。通过实验,能直接了解引起某一旅游市场营销问题变化的原因和结果,并能直接检验营销活动的效果。其主要缺点是:时间较长,费用较高,选择合适的实验对象较难。但总体来说,实验法是一种科学的方法,经过精心设计安排的实验所得到的结果具有较高的参考价值。实验法又可分为实验室实验和现场实验两类。

补充阅读材料

2009 年 8 月中国出境游旅游检测报告是由著名调研公司尼尔森和亚太旅游协会合作,针对中国出境市场所做的一项调查。调查采用了电话访问和在线调查相结合的方式,于 2007 年 9 月和 2008 年 1 月—2 月,分别针对中国大陆京、沪、穗三地和 23 个城市的出境游客进行了深入调查,共计 3930 个电话访问和 4103 个在线访问。

尼尔森"旅游目的地满意度指数"从 5 个方面来评价:

(1)游客对旅游目的地的整体满意度;

(2)游客向其他人推介目的地的可能性;

(3)目的地的性价比;

(4)前往目的地的方便程度,包括距离、签证安排和航空交通;

(5)目的地提供的服务水平和设施。

(资料来源:国联网,http://lycy. g18610. com/news/archive/200810/3191883312766.html)

二、旅游市场营销调研技术

旅游市场营销调研不仅需要有明确的调研目标和科学的调研方法,还必须应用一定的调研技术。问卷技术和抽样技术是旅游市场调研最常用的技术。

(一)调查问卷设计技术(questionnaire technique)

1. 设计调查问卷的原则

调查问卷的设计是市场调研的一项基础性工作,需要认真仔细地设计、测试和调整,其设计是否科学直接影响到市场调研的成功与否。

1)主题明确。根据调查目的,确定主题,问题目的明确,重点突出。

2)结构合理。问题的排序应有一定的逻辑顺序,符合被调查者的思维程序。

3)通俗易懂。调查问卷要使被调查者一目了然,避免歧义,愿意如实回答。调查问卷中语言要平实,语气诚恳,避免使用专业术语。对于敏感问题应采取一定技巧,使问卷具有较强的可答性和合理性。

4)长度适宜。问卷中所提出的问题不宜过多、过细、过繁,言简意赅,回答问卷时间不应太长,一份问卷回答的时间一般不多于 30 分钟。

5)适于统计。设计时要考虑问卷回收后的数据汇总处理,便于进行数据统计处理。

2. 调查问卷的设计步骤

1)明确调查目的,把握调查主题。在对调查目的和调查结果的用途全面分析的基础上,确定调查主题,由此确定调查的特定范围、应侧重的方面、调查对象等。

2)确定调查的具体内容。在充分分析调查主题的前提下,拟定所要调查的项目,把各种与主题有关的内容一一罗列出来,并针对被调查对象的特征,进一步分解成更详细的内容。

3)决定问句类型。根据调查方法的不同和每一个详细问题所要获取信息的差别,决定采用的问句类型。问句类型归纳起来包括:开放式问句,也称自由回答式问句,被调查者根据提问自由回答问题;事实问句,要求被调查者根据已有事实回答问题,不必提出主观看法;意见问句,用于了解被调查者对有关问题的意见和看法,不究其原因;解释问句,用于了解被调查者的行为、意见、看法产生的原因,为解决问题提供依据;二项式问句,这种问句的答案只有"是"或"否"两种选择;多项选择式问句,对一个问题事先列出三个或以上可能的答案,让被调查者从中选出一个或几个最符合被调查者情况的答案;顺位式问句,要求被调查者对各种可能答案按某一标准排出先后顺序;过滤式问句,调查者对被调查者的主题用一种迂回的方式求得回答,然后缩小提问范围,转回主题得到答案,一步一步深入,最后引出被调查者对某个所要调查问题的真实想法。

4)拟定问句的措辞。问句用词尽量使用简单、熟悉的词汇,避免含义模糊、生僻的词汇。问句不宜带有倾向性和诱导性;注意针对不同的调查形式和调查对象使用不同的问句措辞。

5)确定问句顺序。每一个具体的问题还必须认真编排其前后充序位,把被调查者感兴趣、容易回答并能调动其热情的问句作为先导,难度大的问句宜放在问卷中或末尾,同时要考虑问卷的逻辑层次性,以符合被访问者思维方式。

6)预试审定问卷。在小范围内对问卷进行小规模的测试,以查找问卷可能存在的问题,包括需要的资料是否都能获取;问卷措辞是否会引起其他问题;问句的顺序是否恰当;对答案整理分析是否方便等。

7)修正问卷并定稿付印。根据对问卷的预试结果,对不足之处予以改进,最后打印复制,制成正式问卷。

3.调查问卷的基本结构

调查问卷的基本结构一般包括六个部分,即问卷标题、问卷说明、被调查者基本情况、调查主体内容、编码和结束语等。

1)问卷标题。应简明扼要,易于引起被调查者的兴趣。

2)问卷说明。主要说明调查目的和意义,以引起被调查者的重视和兴趣,有些问卷还包括填表要求、调查项目相关的解释等。

3)被调查者基本情况。如性别、年龄、职业、文化程度、收入等主要特征,在后期的数据资料分类中常需要用到这些信息。

4)调查主体内容。这是问卷的主体和核心部分,通常是以一系列问句形式出现,这部分内容设计得好坏直接关系到该项调查所能获取资料的数量与质量,一般要在有经验的专家指导下完成设计。

5)编码。大规模的问卷调查问卷一般都加以编码,以便分类整理和统计分析。编码一般在问卷设计的同时应设计好。

6)结束语。用来简短地对被调查者的合作表示感谢,也可征询被调查者对问卷设计和问卷本身的看法和感受。

4.调查问卷的外观

问卷的外观也是调查问卷设计中不可忽视的一个重要因素。外观庄重、正式的问卷可使应答者感觉到这是一份有价值的问卷。问卷应当只印在纸张的一面,而且必须为答案留出足够的空白,关键词应当画线或用醒目字体。问卷的每一页应当印有供识别用的顺序号,以免在整理时各页分散。

5.问卷的提问方法与技巧

一份调查问卷要想获取有效资料,在问卷的问题设计时务必要明确、简洁,不可含糊其辞。在具体问题设计时,一般有两种提问方式,即封闭式提问和开放式提问。

1)封闭式提问。是指调查者在提出问题的同时,还将问题的一切可能答案或几种主要可能答案全部列出,让被调查者从中选出一个或多个答案作为自己的回答。这种提问法便于统计,但答案伸缩性较小,常用于描述性、因果性调研。常用的封闭式问题有:

（1）是非法   您以前是否曾来杭州旅游过？□是   □否

（2）顺位法   您个人选择旅游商品较注重（请按注重程度的大小在相应栏的方框内写入序号1、2、3……）

□品牌   □包装   □特色   □质量   □价格   □实用性   □纪念性   □其他

（3）对照法   您光顾本度假村的原因是：

□空气清新环境优雅   □设施豪华、气派   □活动丰富服务周到   □性价比高

（4）选择法   目前杭州的旅游商品在哪些方面做得比较好？（可多选）

□品牌   □包装   □特色   □质量   □价格   □实用性   □纪念性   □其他

（5）量度法   您觉得各旅游商品购物点工作人员的服务态度如何？

□非常满意   □满意   □一般   □不满意   □非常不满意

2）开放式问题。是在设计调查问题时，不设计备选答案，允许被调查人自由地用自己的话来回答问题。这种方式提问由于被调查者不受限制，利于调动被调查者的兴趣，得到较为深入的观点和看法，供调查方参考。开放式问题运用于探测性调研阶段，了解人们的想法与需求。一般来说，开放式问题因其不易统计和分析，所以在一份调查问卷中只能占小部分。如，您对杭州旅游商品优化升级的建议？

（二）抽样技术（sample technique）

在现实生活中，大部分市场调查项目的调查对象很多，分布也很广，加上调查费用等的限制，非全面调查成为更多的旅游市场调查的选择对象。而抽样调查作为非全面调查的重要方式，已经被国内外旅游市场调查普遍选用。

从总体中抽取部分个体组成样本，对该样本进行观察，进而推断未知总体情况，称为抽样调查。抽样调查分为非随机抽样调查和随机抽样调查两大类。

1.非随机抽样

依据调查者的经验有目的地挑选一部分个体组成样本，然后根据对样本的观察来推断总体的基本情况。常用的非随机抽样方法有任意抽样、判断抽样和配额抽样三种。典型调查、重点调查就是常见的非随机抽样。

2.随机抽样

指从调查对象总体中完全按照随机原则抽取一定数量的样本单位进行调查，以样本调查结果推断总体结果的一种调查方式。这种方法对调查总体中每一个样本单位都赋予平等的抽取机会，排除了主观因素的影响，这也是它与非随机抽样方法的根本区别。常用的概率抽样方法有简单随机抽样、分层随机抽样、分群随机抽样和等距随机抽样四种。见图4-2所示。

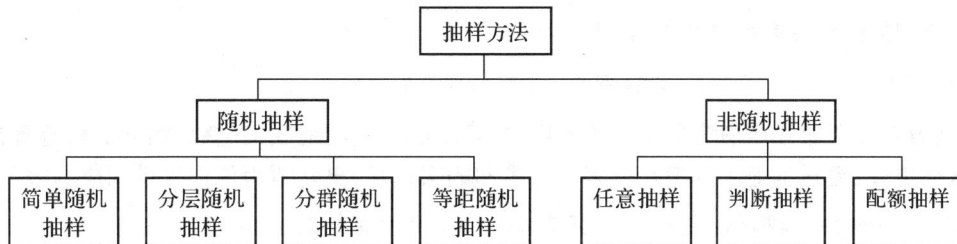

图4-2   抽样方法分类

第四节　旅游市场营销信息系统

一、旅游市场营销信息

(一)旅游市场营销信息的概念

随着社会的进步和人们生活水平的提高,旅游成为越来越重要的消费方式。旅游业日趋白热化的竞争使旅游市场由卖方市场向买方市场转变。因此,消费者对旅游企业提供的产品越来越挑剔。为了更好地响应市场需求的变化,旅游市场营销信息已经成为企业获得相对比较优势的重要因素之一。

旅游市场营销信息(tourist marketing information)是指为了满足旅游企业营销的要求,采用科学合理的方法,系统地收集相关旅游市场动态的情报资料。它包括旅游营销环境和营销活动的现状、特点、关联关系等各种信息、资料和数据,具有内容丰富、涉猎广泛、动态变化的显著特点。

(二)旅游市场营销信息的来源

1.各类非营利性组织机构

非营利性组织包括世界旅游组织、国家和各级地方旅游局、统计部门、旅游业协会、旅游组织管理部门等。

2.各类非旅游行业的营利性组织

非旅游行业的营利性组织包括管理咨询公司、市场调研机构、销售数据网站等。

3.各类大众传媒

大众传媒包括报纸、杂志、电视、广播、网络等。

4.各大旅游企业

各大旅游企业包括旅行社、酒店、景区等一切与"食、行、住、游、购、娱"相关的产业。

5.旅游者

作为整个旅游行业链的终端,旅游者提供的旅游市场营销信息可以说是最为关键有效的。旅游企业应当根据旅游者提出的建议和意见及时进行改进服务、改善产品供应,以最大的努力来响应旅游者的市场需求,实现利润。

(三)旅游市场营销信息的作用

1.帮助旅游企业更好地了解市场、巩固市场、开拓市场

旅游企业要想在激烈竞争中立于不败之地,就必须广泛地收集、整理和分析旅游营销信息,从而更好、更详细地了解潜在顾客的需求和购买动机,更好地为他们提供相应的服务。

2.帮助旅游管理部门更好地掌握市场信息,及时调整政策

旅游营销信息是旅游管理部门了解市场动态的窗口。通过各种信息的收集和汇聚,相关管理部门能够及时发现存在的问题、引导和规范企业的营销行为、保障旅游产品提供方和

消费方的利益。

3.帮助旅游者及时了解旅游产品的最新信息

旅游者是对营销信息需要最为迫切的群体。他们通过收集和比较不同来源的旅游营销信息来了解当前的旅游市场,从而选择自己中意的旅游产品。因此,旅游营销信息在影响消费者购买行为方面起着巨大的作用。

二、旅游市场营销信息系统

(一)旅游市场营销信息系统的概念

在当前市场竞争日益激烈、信息技术飞速发展的背景下,如何详细而准确地掌握企业的资源状况以及其他竞争企业的现状已经成为一个优秀企业的必修课。在充分掌握企业内外部信息基础上,对这些信息的整理、筛选、分析和应用也起着重要的作用。

菲利普·科特勒将营销信息系统定义为收集、整理、分析和评价市场信息,并将加工后的信息及时传递给管理者,以便做出正确经营和营销决策的动态系统。它由信息人员、设备和动作程序构成。

相应地,可以将旅游市场营销信息系统(tourist marketing information system)定义为是由人与机器组成的复合体,通过不断地收集、分析、评价旅游市场营销的相关信息并使信息产生有秩序的流通,以协助旅游营销决策者对营销活动进行管理、改进和控制。旅游市场营销信息系统的概念揭示了以下两层含义:一是指旅游市场营销信息系统的任务是创造和提供信息资源,目的是帮助旅游市场营销决策者提高工作的效率和科学性。二是指旅游市场营销信息系统是人机工作系统,组成系统的所有元素可以分为硬件和软件。

补充阅读材料

2007年12月24日,北京市旅游局综合信息服务系统竣工验收会在北京凯莱大酒店举行,市旅游局作为项目的建设方组织监理方、承建方开展竣工验收。本项目通过4个应用系统、一个资源库、两个网站的建设,为旅游局的信息化打下了很好的基础,借助这个项目改善、提升旅游局的管理效率。本项目边建设边应用,发挥了对奥运的支持作用。本项目的成功建设使得北京市旅游局的信息化工作上了一个新台阶,对局内办公以及旅游服务都是一个很大的提升。

(资料来源:吴江沼.北京市旅游局综合信息服务系统项目竣工验收顺利完成.北京市旅游信息网,http://www.bjta.gov.cnxwzxxwyl/288335.html)

(二)旅游市场营销信息系统的特点

旅游营销信息的功能是收集、整理、分析、选择、存储和传输旅游营销信息,协助旅游营销决策者对营销活动进行管理、改进和控制。因此,旅游营销信息系统具有以下特点。

1.系统完备性

为了辅助相关人员的决策,旅游营销信息系统必须完成从对信息的收集整理到选择存储和传输应用等完整的流程,而不是对信息进行简单的罗列拼凑,更不能不加分析和辨别地将所有信息传递给决策者。

2.目标明确性

旅游营销信息系统具有一个非常明确的目标,即为营销决策服务。因此,该系统在收集、筛选、整理过程中就会有明晰的选择标准。同时,在存储和传输过程中,会形成一套确定的方法和步骤。

3.有序运行性

从明确目标,到收集整理,再到分析筛选,最后到存储传输,整个旅游营销信息系统的运行都是环环相扣的。也就是说下一环需要应用上一环的结果,上一环是下一环的基础准备。

(三)旅游市场营销信息系统的模型构成

旅游营销信息系统是一个对旅游营销信息进行准确和及时地收集、整理、分析、选择、存储和传输的系统。它由 4 个子系统构成,即内部报告系统、营销情报系统、营销调研系统和营销分析系统(见图 4-3)。

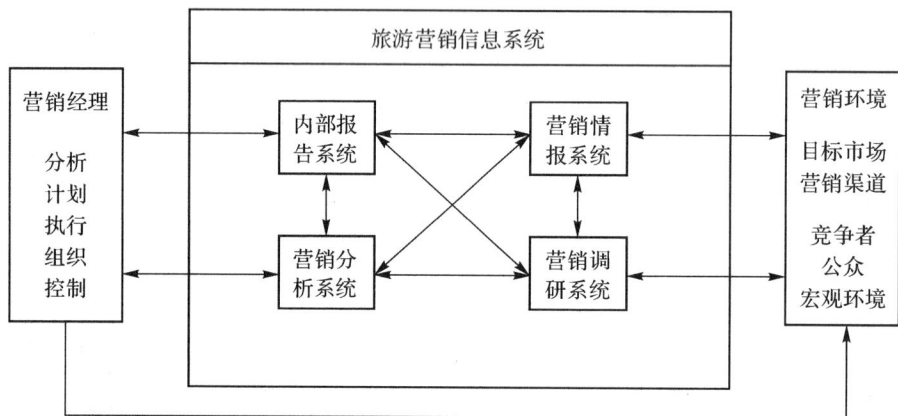

图 4-3　旅游市场营销信息系统

1.内部报告系统

内部报告系统(internal report system)是一个致力于统计、收集、整理旅游企业内部信息,并将结果提供给管理者的系统。它注重客观地再现企业的经营状况和经营成果,而不是预测经营环境或决策。具体来讲,它需要反映一个旅游企业的订单、订单处理、业务推广、销售额、成本、应收账款、现金流量等各个方面的经营状况。管理者通过仔细阅读和分析内部报告系统提供的数据就应当可以找到经营管理中的优点和不足,以及预期和现实的差异。

2.营销情报系统

营销情报系统(marketing intelligence system)是指旅游市场营销管理人员用以了解有关外部环境发展趋势的信息的各种来源和程序。这一系统提供的信息是多方面的,包括国家政策和政局的变化、法律法规的变化、文化差异、经济发展水平、顾客偏好、技术革新、竞争者状况等。旅游营销情报系统的信息既可能来源于政府部门、供应商、销售商、销售者,也可能来源于消费者、情报商等。作为提供外部营销信息的支柱,经营管理人员通过这一系统提供的信息,便可对市场了如指掌。

3.营销调研系统

营销调研系统(marketing research system)的主要任务是收集、评估、传递管理人员制定决策所需的各种信息。旅游市场营销调研人员需要针对一些特定问题,做出详细的研究,以减少主观判断造成的失误。由于旅游市场营销调研是专业性较强的研究性工作,因而,在市场营销调研过程中,旅游市场营销人员应运用专业知识对有关问题进行研究。企业管理人员也常常请求企业外部专门的市场研究咨询公司从事市场调查、消费者偏好测验、销售研究、广告评估等工作。

4.营销分析系统

营销分析系统(marketing analysis system)是从改善经营或取得最佳经营效益的目的出发,建立各种模型,帮助市场营销管理人员分析复杂的市场营销问题。旅游市场营销分析系统具有运用相关数学工具定量分析和处理各种营销信息的能力。通过研究旅游营销活动各因素的因果联系和市场预测,从信息中发掘出更为精确的调查结果。

以上四个子系统不是孤立的,它们是相互作用、互为影响的,四者的结合构成了一个高效、完整的旅游市场营销系统。只有四个子系统相互配合,才能确保旅游营销信息的全面性、真实性、时效性、适用性和经济性,使旅游企业正确选择目标市场,并制定科学合理的旅游营销计划。

关键术语

旅游市场营销调研　调查问卷技术　抽样技术　旅游市场营销信息　旅游市场营销信息系统　内部报告系统　营销情报系统　营销调研系统　营销分析系统

复习思考题

1.列举旅游市场营销调研的种类和各自的特点。

2.旅游市场调研的主要内容有哪些?

3.你认为现行的旅游市场营销调研的程序有没有更优化的可能?

4.请你谈谈旅游市场营销信息系统建设的重要性。

5.试为你所在城市的一家高星级酒店拟写一份建立营销信息系统的报告。

案例分析

三亚市国庆黄金周国内旅游市场调查报告

2009年10月1日至10月7日,三亚市旅游局对758名国内游客旅游消费情况进行问卷调查,调查涉及游客"吃、住、行、游、购、娱"费用及旅游服务质量评价等。

一、调查国内游客的基本情况

本次调查采取了随机抽样的形式,调查对象为分布在南山文化旅游区、天涯海角游览区和亚龙湾中心广场等三个景点以及三亚市20家住宿酒店接待的国内游客。

(1)游客种类构成。在随机调查的758名国内游客中,国内过夜游客695名,占91.7%,同比提高个百分点0.7个百分点;一日游游客63名,占8.3%。

(2)国内过夜游客客源。695名游客中广东游客占11.5%,同比提高0.5个百分点;北京占7.8%,同比下降0.9个百分点;浙江占7.8%,同比提高3.2个百分点;上海占7.1%,同比下降0.2个百分点;四川6.2%,同比提高0.9个百分点;湖南和江苏均占5.8%、海南4.3%、重庆4.0%、黑龙江3.9%、湖北3.7%、广西3.5%、辽宁3.0%(见表4-3)。

表4-3　国庆黄金周国内游客比重

省、区、市	比重(%)		上升或下降(%)	省、区、市	比重(%)		上升或下降(%)
	2009年	2008年			2009年	2008年	
广东	11.5	11.0	0.5	湖北	3.7	4.0	−0.3
北京	7.8	8.7	−0.9	广西	3.5	3.1	0.3
浙江	7.8	4.6	3.2	辽宁	3.0	0.9	2.1
上海	7.1	7.3	−0.2	山东	2.7	1.8	1.0
四川	6.2	5.3	0.9	河南	2.4	3.6	−1.1
湖南	5.8	6.4	−0.6	吉林	2.3	1.0	1.3
江苏	5.8	4.3	1.5	云南	1.9	2.7	−0.8
海南	4.3	5.5	−1.2	河北	1.7	2.7	−0.9
重庆	4.0	2.5	1.5	福建	0.7	1.8	−1.1
黑龙江	3.9	4.9	−1.0	其他	14.0	18.1	−4.1

二、国内游客旅游消费情况

(1)停留天数和人均花费。游客平均停留2.86天,同比减少0.01天,其中,散客3.03天,同比增加0.1天;参团游客2.69天,同比减少0.11天。游客人均花费958.84元,同比增加22.3元,增长2.4%,其中,散客1188.26元,同比增加114.58元,增长10.7%;参团游客704.04元,同比减少0.96元,下降0.1%。游客停留天数减少,但人均花费上升。一日游游客人均花费355.23元,同比增加41.57元,增长13.3%(见表4-4)。

表4-4　国庆黄金周国内游客停留天数和人均花费

	人均停留天数(天)			每天人均花费(元)		
	2009年	2008年	增加或减少(+/−)	2009年	2008年	增加或减少(+/−)
一、过夜游客	2.86	2.87	−0.01	958.84	936.54	22.30
1.散客	3.03	2.93	0.10	1188.26	1073.68	114.58
2.团队游客	2.69	2.80	−0.11	704.04	705.00	−0.96
二、一日游游客	—	—	—	355.23	313.66	41.57

(2)费用构成。过夜散客:交通占27.3%,住宿占21.7%,餐饮占15.5%。"吃、住、行"合计占64.5%,同比提高2.4个百分点;购物占15.0%,门票占9.6%,娱乐占6.8%。"游、购、娱"合计占31.4%,同比下降0.5个百分点。参团过夜游客:交通占9.4%,同比下降10.5个百分点;购物占45.2%,同比上升7.0个百分点;娱乐占24.6%,同比上升2.3个百分点。一日游游客:交通占16.0%,餐饮占25.0%,"吃、行"合计占41.0%,同比提高0.2个百分点;门票占25.7%,购物占16.7%,娱乐占8.4%,"游、购、娱"合计占50.8%,同比提高3.4个百分点(详见表4-5)。

表 4-5 国庆黄金周国内游客在三亚市的人均花费构成

游客种类	花费项目	2009 年人均花费比重（%）	2008 年人均花费比重（%）	上升或下降（+/-）（%）
散客过夜	交通费	27.3	25.6	1.7
	住 宿	21.7	21.5	0.3
	餐 饮	15.5	15.0	0.4
	景区门票	9.6	10.0	-0.4
	购 物	15.0	13.7	1.3
	娱 乐	6.8	8.2	-1.3
	其 他	4.0	6.0	-2.0
参团过夜	交通费	9.4	19.9	-10.5
	购 物	45.2	38.2	7.0
	娱 乐	24.6	22.3	2.2
	其 他	20.7	19.6	1.2
一日游	交通费	16.0	20.5	-4.5
	餐 饮	25.0	20.3	4.7
	购 物	16.7	15.0	1.7
	景区门票	25.7	26.9	-1.2
	娱 乐	8.4	5.5	2.8
	其 他	8.2	11.8	-3.6

三、国内游客出游目的、次数及方式

从旅游目的看，国内游客来三亚市观光和度假居多，共占 93.4%；其次是探亲访友和商务，仅各占 2.3%；其他如文化交流、会议等的则非常少。可以看出，来三亚市观光、度假和休闲的游客比重非常高；而以商务活动、交流和会议为目的的游客比例偏低（详见表 4-6）。

表 4-6 国庆黄金周国内游客旅游目的情况

旅游目的	2009 年（%）	2008 年（%）	上升或下降（+/-）（%）
观光旅游	63.2	63.1	0.1
度假休闲	30.2	31.0	-0.8
探亲访友	2.3	2.2	0.1
商 务	2.3	1.5	0.8
会 议	1	1.2	-0.2
文化/教育/科技/交流	0.1	0.3	-0.2
其 他	0.9	0.7	0.2

从出游次数看，第一次来三亚市旅游的游客占 61.4%，比上年同期提高 4.4 个百分点，这表明随着三亚市的知名度不断提高，吸引越来越多的新游客，第 2～3 次来的游客占 29.2%，第 9 次及以上游客占 9.4%。

从出游方式看，参团是主要出游方式。游客来三亚市的目的不同，其各自所选择的出游方式也不尽相同，有的是单位集体组织旅游，有的是个人或与亲朋结伴旅游，有的选择旅行社组织的旅游方式。2009 年国庆黄金周，参团游客的比例为 56.1%，比上年同期提高了 14.8 个百分点。

四、三亚的旅游环境和服务质量赢得了多数游客的肯定

(1)九成以上的游客对三亚市旅游服务满意

国内游客通过亲身感受旅游服务的方方面面,形成对三亚市旅游服务质量的综合印象。2009年国庆黄金周,接受调查的国内游客对三亚市旅游服务质量的总体评价趋好,认为旅游服务综合评价"很满意"的占全部调查者的43.3%,比去年同期提高了16.3个百分点,认为"基本满意"的占52.9%,比去年同期下降14.6个百分点,综合满意率达到96.2%。

(2)游客对三亚市旅游环境建设的满意度较高

随着三亚市深入开展环境卫生大整治,三亚市的旅游环境有了较大改善,抽样调查结果显示,游客在对三亚市的旅游住宿、餐饮、民航、景区秩序与厕所卫生、文化娱乐、旅游购物、导游服务等与旅游密切相关的七个方面服务质量评价时,认为服务"好"的比例均在四成以上,其中,景区秩序与厕所卫生的比例达55.0%,同比提高16.4个百分点,表明城市环境卫生大整治取得明显成效;认为服务"差"的比例除民航上升0.4个百分点外,其他六项均比上年同期下降(详见表4-7)。

表 4-7 国庆黄金周国内游客对三亚市旅游服务质量的评价

评价项目	好		一般		差	
	2009年比重(%)	同比上升下降(%)	2009年比重(%)	同比上升下降(%)	2009年比重(%)	同比上升下降(%)
宾馆/饭店	60.4	−3.6	39.0	4.3	0.6	−0.8
餐饮	47.6	−2.2	48.8	3.4	3.6	−1.3
民航	56.4	3.8	42.2	−4.2	1.4	0.4
景区秩序与厕所卫生	55.0	16.4	42.2	−13.0	2.9	−3.5
文化娱乐	46.2	−0.6	51.8	2.3	2.0	−1.7
购物	41.3	−4.3	54.0	5.1	4.7	−0.7
旅行社和导游服务	55.3	8.3	42.7	−6.0	2.0	−2.3

五、游客反映的主要问题

抽样调查结果显示,游客的意见主要集中在:一是物价管理,主要体现在海鲜收费不规范,住宿行业收费依据未公开;二是卫生环境,主要体现为三亚河较脏、市区卫生较差、早晨路面垃圾没及时清理;三是旅游服务质量不高,个别导游、景区等旅游从业人员的素质较差;四是交通管理,主要体现在摩托车拉客、三轮车乱收费、道路交通不规范、天涯海角路标小、出租车服务质量较差、路况较差;五是社会治安,抢盗事件时有发生;六是餐饮方面,缺少海南特色的菜品。

六、几点建议

(1)积极开发旅游新景点。针对三亚丰富的旅游资源,特别是天涯文化资源,要积极开辟新旅游景点景区,培育旅游精品,合理包装组合旅游景点,形成若干新的全国知名景点;继续开发乡村旅游、休闲旅游、生态旅游、观光旅游等旅游项目,发展有特色的旅游项目,使得游客有更多的选择,进一步提升旅游业的规模效益。

(2)要高度重视科学管理城市道路交通。近几年三亚市扩建和改建了很多道路,也增设了大量公交线路,出行明显改善,但有些地段交通秩序还比较混乱,摩托车随意乱穿行,应提高大众交通意识,从我做起,文明出行,文明驾驶,着力发展公共交通,进一步改善三亚市旅游交通秩序。

(3)大力规范整顿旅游市场秩序。当前,我国旅游业正处于旅游需求快速增长的阶段,旅游市场和游客本身都处在逐步成熟和发展的阶段之中,规范旅游市场秩序是当前旅游业发展中一项紧迫而艰巨的任务。保证旅游业持续健康发展,必须要加强管理,规范旅游市场秩序。一是继续加大行业管理力度。加大旅游行业的管理力度,保护合法经营,打击无证经营、超范围经营、采取不正当竞争手段等非法经营现象,制止不合理收费,切实保护旅游企业的合法权益。二是加强对旅游星级饭店、旅行社和旅游景区景点的管理,切实提高规范化、标准化经营水平,积极开展细微化、亲情化、个性化服务。三是加强对旅游从业者的培训,提高旅游从业者的素质。

(资料来源:中国·海南 www.hainan.gov.cn 海南省人民政府官方网站)

思考题

请结合三亚的旅游市场营销调研报告内容,实地调查一家旅游企业,写出市场调查报告。

第五章

旅游市场细分与目标市场选择

学习目标

◆ 了解旅游市场细分的必要性与依据

◆ 掌握旅游市场细分的概念与标准

◆ 掌握旅游市场细分的方法

◆ 掌握旅游目标市场的概念与选择模式

◆ 熟悉旅游目标市场的营销策略

引例

世界青年旅舍的由来

1909 年,德国一位名叫理查德·斯奇曼的教师带领一班学生徒步旅行,途遇大雨,只能在一个乡间学校里,以稻草铺地当床,度过了艰难的一夜。彻夜未眠的教师,萌发了建立专门为青年提供住宿旅馆的想法。

理查德·斯奇曼主张青年走出校门,亲近自然。他说:"所有的男孩女孩都应该走出校门,参加远足,留宿青年旅舍。"他带着这一想法四处游说,最终为人们所接受。

1912 年,世界上第一个青年旅馆在德国一个废弃古堡中诞生,并奠定了青年旅舍的基本结构,即以"安全、经济、卫生、隐私、环保"为特点,室内设备简朴,备有高架床、硬床垫和被褥、带锁的个人储藏柜、小桌椅、公共浴室和洗手间,有的还有自助餐厅、公共活动室。受到了青年人的广泛欢迎。仅一年后,青年旅馆即达到 83 家,共 2.1 万个床位。到 1997 年,国际青年旅馆联盟在全球共有 65 个成员,共有青年旅馆 4500 家,床位数达到 3282 万个,有国际会员 350 万人。今天,青年旅馆已成为当今世界上最大的住宿连锁组织,世界上有 1000 万青年旅游者在使用青年旅馆。

现在世界青年旅舍已经遍布各个国际旅游区的中心地带,而今天旅馆的客人则大多是 30 岁左右的或是全家开车出行或是独自出游的背包一族。

(资料来源:http://www.people.com.cn/GB/shenghuo/200/3488/3497/20001228/364628.html)

第一节 旅游市场细分概述

在市场经济中流行着这样一句名言："没有一个市场能够容纳所有的企业,也没有一个企业能够独占整个市场。"这句话告诉我们这样一个道理:只要有市场就会有竞争;同时,只要有市场也就会有机遇。面对竞争激烈的现代旅游市场,成千上万的旅游者分散于不同地区,他们的需求和欲望是千差万别的,而且还会随着环境因素的变化而变化。任何一家旅游企业,无论其实力多强,都不可能满足该市场上全部旅游者的需求。同时,由于旅游企业所占有的旅游资源、设备、技术、人员等方面的局限性,它们也不可能满足所有旅游者的不同需要。因此,旅游企业只有在充分的市场调研基础上,正确地细分市场,找准适合自身发展的目标旅游市场,才能获得生存与发展空间,从而走向成功。

一、旅游市场细分的概念

市场细分又称市场分割,是美国市场营销学家温德尔·斯密(Wendell R. Smith)1956年在美国的《市场营销》杂志上首先提出的一个概念,以后受到了国际市场营销界的广泛重视与普遍运用。它是现代市场营销观念的大进步,是顺应新的市场态势应运而生的。

运用于旅游业,可以这样界定旅游市场细分的概念:旅游市场细分(tourism marketing segmentation)是指从区别旅游者的不同需求出发,根据旅游者购买行为的差异性,把整体旅游市场细分成两个或两个以上具有类似需求和欲望的旅游者群体。分属于同一群体的旅游者被称为细分市场。

需要指出的是,细分旅游市场是一个由分散到集中的过程。所谓分散,是指把整体旅游市场包含的各种各样的旅游需求进行分别分析认识;所谓集中,是指把对某种旅游产品最易做出同样反应的一类旅游消费者归纳合并,集合成群。这是一个把异质的旅游整体市场分解为诸多同质子市场的过程。同一细分市场中,虽然也存在某些需求差别,但都有某些共同之处,而不同的细分市场则存在较大差异。旅游企业通过市场细分,制定不同的营销组合,不同的旅游产品、价格、营销渠道、促销方法等,能更好地满足各类旅游消费者的需要,获得经济和社会效益。

二、旅游市场细分的客观基础

市场细分的客观基础是消费需求的差异性和相似性。根据消费者对产品各种属性需求反映的偏好,可以划分三种基本偏好模式:同质偏好型、分散偏好型、集群偏好型,如图5-1所示。其中,同质偏好型指所有消费者对市场上产品的服务质量和价格水平的偏好大致相同,不存在市场细分的客观基础。分散偏好型指每一位消费者对产品的服务质量和价格水平的偏好都不相同,在空间上平均分散,无任何集中现象。在实践中针对每位消费者制定产品及营销组合往往不切实际,因而这类市场也不存在市场细分的基础。集群偏好型指不同偏好的消费者会形成一些集群,每个集群内部其成员对产品的质量和价格的偏好又大致相同,因而这类市场可以划分为若干细分市场。

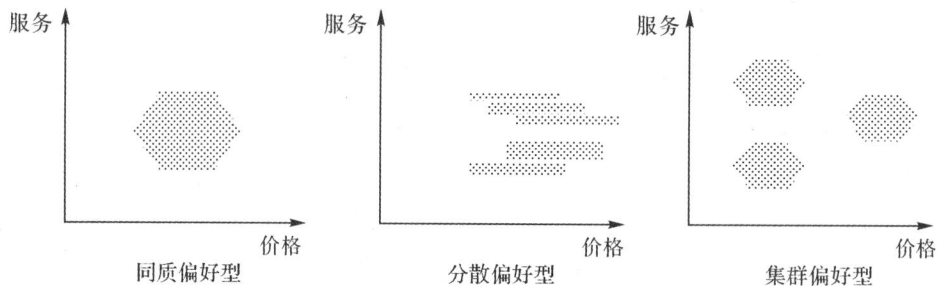

图 5-1　市场偏好模式图

同质偏好型　　　　　分散偏好型　　　　　集群偏好型

旅游市场具有非常鲜明且仍在发展的异质性特征。由于旅游者所处地理位置、社会文化环境、个性、价值观念、生活方式等方面的不同,他们对旅游产品的品质、种类、价格、服务等有不同的需求与偏好。随着社会经济文化的发展、旅游活动内容的增加,旅游市场的异质程度还将进一步提高。但同时,旅游市场的异质性特征又表现出明显的集群偏好,即在相同的文化背景和社会环境条件下,一些受教育程度、收入水平、年龄、价值观念和心理特征相似的旅游者对一些旅游产品有相同的需求和偏好,这正是旅游市场细分非常明确的客观基础。

三、旅游市场细分的作用

旅游市场细分是分析旅游者需求的一种手段,对于旅游企业而言,主要有以下作用:

(一)有利于发掘旅游市场机会,开拓新市场

旅游企业通过市场细分,可以对每一个细分市场的购买潜力、购买欲望、竞争情况等进行分析对比,更清晰地了解各细分市场的需求特征,易于发掘出有利于本企业的市场机会,从而及时开拓新市场。

(二)有利于集中旅游企业资源,投入目标市场

任何一家旅游企业的资源都是有限的。通过细分市场,在选择了适合自己的目标市场后,旅游企业可以集中人力、物力、财力等资源,尽量去满足目标市场的需求,争取局部市场的优势,在小市场中去占有大份额。

(三)有利于旅游企业制订适当的营销策略

旅游企业通过市场细分,可以比较直观、系统、准确地了解目标市场的需求,从众多的细分市场中确定服务方向、产品战略,以最能适应这部分市场需求特征的旅游产品及其营销组合为之服务。同时,旅游企业更容易了解和掌握市场反馈信息,一旦旅游者的需求发生变化,旅游企业可迅速调整旅游企业的产品、价格、渠道及促销策略。

第二节　旅游市场细分的标准、原则与方法

一、旅游市场细分的标准

旅游市场的主体是有旅游需求的人,即潜在的和现实的旅游消费者,因此由影响人需求

的各种因素来作为细分市场的标准是科学可行的。概括起来,旅游市场细分的标准主要有地理变量、人口统计变量、心理变量及行为变量等四类,每一类又包括一系列的细分变量,见表5-1。

表5-1 旅游市场细分标准及变量一览表

细分标准	具体细分变量因素
地理变量	地理区域(洲、国、地区)、空间位置、气候、地形、接待人数比例等
人口统计变量	年龄、性别、职业、家庭规模、家庭生命周期、收入、职业、受教育程度、宗教、民族等
心理变量	生活方式、气质性格、价值取向、购买动机、偏好等
行为变量	购买时机、购买频率、购买方式、追求利益、品牌忠诚度等

(一)地理变量

通过旅游者来源地的不同对旅游市场进行细分,这个来源地可以大如一个国家,小至一个街区。这是较传统的细分方法,但至今仍普遍应用。这种细分源于一个认识,即旅游者的需求和偏好会因其居住地的不同而不同。如,城市居民愿意到高山大海去旅游,而农村消费者多愿意到城市去观光旅游;西方国家旅游者喜欢东方国家的神秘与民俗风情,东方国家游客又愿到西方国家去了解欧洲文明。从而使旅游企业的目标市场选择更有针对性。

1.地理区域变量(洲、国、地区)

地理区域变量是细分旅游市场最基本的变量。具体又可分为洲别、国别和地区等变量。如世界旅游组织(UNWTO)根据地区间在自然、经济、文化、交通以及旅游者的流量、流向等方面的联系,将世界旅游市场细分为六大区域:欧洲市场、美洲市场、东亚及太平洋地区市场、南亚市场、中东市场及非洲市场,这六大区域就是全球旅游市场的六大细分市场,其中,欧洲旅游区与美洲旅游区在接待人次、旅游收入方面处于领先地位,它们是世界上最发达的旅游客源输出地区与旅游接待地区。同时,东亚及太平洋地区是近年来旅游业发展最快的区域。

按国别细分旅游市场是旅游目的地国家或地区细分国际旅游市场最常用的形式。由于国界因素的强化,一国内部的旅游消费需求往往有许多相似性,而国与国之间往往存在较大的需求差异性。这些差异表现在旅游者的旅游偏好、文化习俗、购买能力、带薪假期等方面。如德国人特别注重生态,英国人尤其喜欢怀旧。俄罗斯人的度假方式和欧洲大陆有很大差别,俄罗斯人更喜欢吃肉而不是海鲜;喜欢喝酒,能把整箱的啤酒搬进客房;在一地停留十天到两周,俄罗斯尤其远东地区天寒,多数人有关节炎,喜欢疗养式度假,对按摩、理疗的需求很旺。开发针对俄罗斯的度假产品,可以和中国的医疗、保健、中医等结合起来。

根据地理因素中的地区这个子因素,我国通常把国内分为华东地区、华南地区、西南地区、西北地区、华北地区、港澳台地区等,不同地区因自然、经济、人文等因素的差异,具有不同的旅游需求特征。

2.空间位置变量

各地旅游者的旅游需求特征不仅与其自身所在地的地理环境和目的地的地理环境的差异大小有关,而且还与所在地相对目的地的空间位置有关。旅游目的地与客源地之间的旅游交通条件、旅游时间、旅游费用都是两地间旅游活动发展的制约因素。根据空间位置因素,可以把旅游市场细分为远程、中程和近程等旅游细分市场。一般来说,远程旅游者数量虽相对较少,但其多属中上层生活条件的游客,在目的地逗留时间较长,消费水平高,其旅游消费支出往往高出邻近旅游者的几倍以上。随着交通工具的发展,远程旅游市场发展较快。近程旅游市场,尤其是相邻地区旅游市场,不仅因为距离近,旅途中时间、精力、金钱消耗少,而且也因为生活方式接近,邻国之间在入境手续上还可能提供方便,对于目的地国家而言,其客源开拓潜力大,是目的地国家或地区重点应开拓的目标市场。无论远程旅游或近程旅游都很有潜力,旅游目的地国家或地区在大力发展邻近旅游市场的同时,也应有针对性地挖掘开发远程市场。

当前旅游业中还通行以车程来计算旅游客源地与旅游目的地的空间距离,并据此对旅游市场进行细分。如,美国华盛顿的城市土地研究所研究,一个大型主题公园,其一级客源市场一般在 80 公里或 1 小时汽车距离内,人口至少 200 万;其二级客源市场一般在 240 公里或 3 小时汽车距离内,也要有 200 万人口以上。美国占主题公园 75% 的游客是在 240 公里半径范围内产生的。

3. 气候和地形变量

根据地形特点的不同可划分为平原、丘陵、山区、沙漠地带等;根据气候特点的不同,可以把旅游市场细分为热带旅游区、亚热带旅游区、温带旅游区、寒带旅游区等。地形、气候的不同会形成各地旅游者不同的旅游偏好,影响旅游者的流向。例如,黄土高原的旅游者对戈壁、沙漠、丹霞地貌、溶岩地形、大峡谷、海岛海滨很感兴趣;海滨边生活的旅游者向往神秘的积雪高原;平原地带的旅游者对丘陵、山区旅游感兴趣;南国热带的游客新奇于北国的雾凇与冰雕;气候寒冷、缺少阳光地区的旅游者一般趋向于到阳光充足的温暖地区旅游。这也正是地中海地区、加勒比海地区旅游业发达的主要原因。沙漠之旅的吸引力,对于北京游客和广东游客来说完全不同。

4. 接待人数比例

国际上还通行根据不同客源国或地区旅游者流向某一目的地,所占该目的地总接待人数的比例来细分市场。在同一旅游目的地国家或地区总接待人数中,来访者占最大比例的两三个客源国或地区(一般占 40%—60%)可划为一级市场,是旅游企业重点要开拓的客源地;来访者占相当比例的一些客源国或地区,可划为二级市场,也称辅助市场;来目的地人数很少,而出游人数日渐增长的国家或地区,可划为机会市场,也叫边缘市场。

(二)人口统计变量

人口统计细分是将旅游市场按年龄、性别、职业、家庭规模、家庭生命周期、收入、职业、受教育程度、宗教、民族等为依据来划分成不同的群体。旅游者的旅游需求、偏好与人口统计变量有着很密切的关系,如,只有收入很高的旅游消费者才可能成为高标准的豪华旅游产品的个人购买者。另外,人口统计变量较其他变量更容易衡量和区分,有关数据容易获取,因此旅游企业经常以它作为某一地区市场继续细分的标准。

1. 年龄

不同年龄的消费者有不同的旅游需求特点,人口年龄变量是细分旅游市场的最主要变量之一。据美国某研究机构研究,20—64 岁之间的人出游率最高,其中 35—44 岁之间的人最富有旅游活力。根据旅游者年龄结构,可将旅游市场细分为少儿旅游市场、青年旅游市场、中年旅游市场和老年旅游市场。

少儿旅游一般由学校组织或家长带领,通常选择知识性、新奇性、娱乐性比较强的旅游活动项目,注重食宿的卫生与安全,对美食、旅游纪念品兴趣浓厚。青年人旅游市场总体消费水平不高,但仍是一个人数众多,不容忽视的细分市场。青年人精力、体力处于最佳状态,无论时间或金钱上的障碍几乎都不能遏制其旅游激情。中年人旅游市场是当今人数最多、潜力最大的旅游市场,是国内外旅游消费的主力。他们较讲究食宿和享乐条件,以观光、会议、商务旅游者居多,携家休闲度假旅游者数量也越来越大,看重与自己身份年龄相称的旅游项目,是很多旅游企业重点关注的目标市场。老年人旅游市场也是比较引人注目的市场。老年人一般有经济积累,闲暇时间充裕(尤其退休者),旅游兴趣浓,多喜欢度假休养、探亲访友、康复保健类旅游项目。随着世界人口老龄化趋向的发展,如何进一步开发老年人旅游市场已成为世界旅游业广泛关注的课题。

补充阅读材料

二战以后的美国市场

二战以后,美国的婴儿出生率迅速提高。到60年代,战后出生的一代已成长为青少年。加上美国这个时期经济繁荣,家庭可支配的收入增加,所以,几乎所有定位于青少年市场的产业及产品都获得了巨大的成功,举世闻名的迪斯尼乐园就是成功的典范(1955年建成)。70年代后期,受美国经济不景气的影响,出生率显著下降。到80年代中期,几乎所有原来定位于幼儿和儿童市场的产品市场都出现了不同程度的萧条,这必然使原来定位于儿童和青少年市场的企业重新定位和扩大经营范围,如迪斯尼集团也不得不放下架子,除了继续以青少年为对象外,还增加了成年人的游乐项目,并经营酒店,高尔夫球等业务,使企业在新的市场环境下继续发展。

(资料来源:http://www.360doc.com/content/11/0530/23/3767901_120605494.shtml)

2.性别

旅游需求的性别差异也是明显的。根据旅游者的性别差异,可将旅游市场划分为男性旅游市场与女性旅游市场。一般而言,男性旅游者独立性较强,更倾向知识性、运动性、刺激性较强的旅游活动项目,通常还对与事业有关的诸如商贸、经济、政治等问题感兴趣;而女性游客更注重旅游目的地的选择,较喜欢结伴出游,注重人身与财产安全,喜好购物,对价格较敏感,女性是家庭旅游的主要决策人。近年来,随着女性社会经济地位的提高以及社会交往能力的增强,女性旅游市场增长非常迅速。因此,开发适合女性的旅游活动项目以吸引更多女性旅游者,已受到很多旅游企业的关注。

补充阅读材料

妇女节抢占"她经济"/"女人游"拉动旅游市场升温

随着"三八"国际妇女节的临近,以女人、购物、健康为主题的旅游项目受到了热捧。随着女性消费能力的逐年增强,越来越多懂得享受生活的女性把旅游作为生活中不可或缺的一部分。"女人游"热度的持续走高,将成为旅游市场温度回升的一个开始。

踏青登山泡温泉,妇女节催热周边短线游

3月是传统的旅游淡季,"三八"国际妇女节对旅游市场而言是一个促销的由头,对周边游市场有一定的拉动作用,但是对国内长线游和出境游的拉动作用有限。女性游客在选择旅游线路上比男性更注重旅游感受和细节体验,旅游目的地的服务质量、当地特色美食、特产及购物点商品等都是吸引女性游客的关键因素。

"三八"节女人唱主角,"闺蜜游"搅热旅游市场

3月份的预定都比较火爆,成为热门的出境赏花线路。境内赏花热门地婺源、鼋头渚和百万葵园等3月份的景区预订量也呈明显的上升趋势。3月也是冬春交替的季节,很多女性会借着"三八节"之际去港澳添置新衣化妆品等,港澳购物游也成为热门线路。由于今年的春天,气温较低,3月份温泉的热度仍旧不减,成为"三八"节短线出游的热门选择。

旅游市场日趋细分,女性旅游需求凸显

现在中国旅游市场正经历一个快速发展的过程,旅游市场日趋细分化。随着女性消费能力的逐年增加,女性对旅游的需求也在增长,首先旅游更能满足现在女性追求个性化、自我放松、自我提升的需求。其次女性对美丽和购物的热爱也能从一定程度上转化为对旅游的需求。部分欧美国家已经将"女性旅游"作为独立的产品并发展得较为成熟。

"三八"节催热初春游,国内外赏花成亮点

与往年相似,在"三八"节期间,参团旅客女性居多,有的更是清一色的"娘子军"。今年芒果网针对"三八"妇女节赏花出游特点,在网站推出北京—上海浦东、北京—昆明团购机票,出行时间为3月8日周四、3月9日周五、3月10日周六、3月11日周日,共计4天,统一折扣为3.8折。即日起开始火热预订。芒果网机票专家推荐:北京—昆明折后仅690元,较市场价低220元。

"三八"节带动旅游市场升温,单位包团成主力

随着企业单位女员工待遇的逐步提高,很多单位更倾向于在"三八"妇女节前后以旅游的方式奖励女员工,单位包团成为"三八"节旅游市场的出游主力,光大国际旅行社现已接受包团团队20个。从目前市区包团预订情况看,今年"三八"节旅游市场的单位包团数量同比将增加三成,包团集中涌现将直接拉动三月"女人月"的出游增长。

"三八"节搅热旅游市场,众景区推出优惠活动

据悉,3月8日当天,青岛海底世界将开展"三八节畅游海底"主题活动,针对女性游客推出80元/人的特价门票。3月8日当天,所有女性朋友购票进入泰山花样年华景区可享受门票7折优惠;3月8日生日的女性朋友凭本人有效身份证可于3月8日当天免费入园游览。

编后语:每年的"三八"妇女节是春节后搅热市场的一个转折。女性在旅游度假中的话语权正在不断提升,所占比例已由65%上升到85%。各大旅行社针对"三八"节推出的路线和团队真可谓是适逢其会、恰到好处!

(资料来源:中国经济网,2012-03-07)

3. 收入

根据旅游者的收入状况,可将旅游市场划分为高档旅游消费市场、中档旅游消费市场和低档旅游消费市场。他们在旅游产品选择、出游时间安排、交通工具、住宿地点和条件的选择等方面都会有较大的差异。高档旅游消费者一般社会地位高、收入高、购买力强,他们追求高端、豪华的旅游产品和优越舒适的旅游设施条件,出游的距离较远,旅游时间较长,消费也较高。中档旅游消费者是旅游市场的主体,他们一般选择中档旅游项目。低档旅游消费者一般选择价格低廉的旅游项目。旅游企业可以针对以上三类旅游者的需求特点,提供不同档次的旅游产品和服务。

4. 职业

虽然职业与收入相关,但是职业是一个独立的细分变量。不同职业的旅游者,由于知识水平、工作条件和生活方式等不同,其旅游需求存在很大的差异。职业细分使得旅游企业营销人员更深入地了解目标市场的需求特征,开发出具有针对性的旅游产品。教师、学生一般利用寒暑假旅游,喜欢到野外体验、感受自然;农民偏好至城市观光、购物;管理人员、技术人员和商务人员一般都有商务旅游的需求;工作复杂程度高、人际交往频繁、工作任务重的旅游者倾向于选择节奏较慢的休闲度假旅游。很多旅游企业将主要目标市场锁定为政界要员和企业高级管理人员,他们的花费由单位支出,因而会较多选择高星级酒店和旅行社的豪华旅游产品。

5. 受教育程度

受教育程度不同的旅游者,其生活方式、价值取向、兴趣爱好等方面都会有所不同,因而会影响他们的旅游偏好和行为。一般来说,受教育程度越高,旅游需求层次和品位也越高。受教育水平可以与一定的旅游产品类型联系起来。如,具有深厚文化积淀的旅游景区或目的地,往往会把受过良好教育的群体作为主要的目标市场。大学校友会或同学会常常安排在自然和人文景观丰富的旅游目的地举行。

6. 家庭生命周期

针对家庭生命周期的 7 个不同阶段,同样可对旅游市场进行细分。

单身阶段:年轻,几乎没有经济负担,是新消费观念的带头人,是娱乐、探险、刺激导向型旅游产品的购买主体,乐于与其他年轻人进行社会交往。

新婚阶段:无子女的年轻夫妻,上有父母关爱,下无抚养负担,一般选择外出浪漫旅游。

满巢阶段 1:6 岁以下子女,孩子小,家庭负担较重,尤其是孩子在 3 岁以下时,较少有空余时间,有旅游愿望但受子女拖累,如果外出旅游的话,希望有为婴儿设计的设施,如提供折叠式婴儿车等。

满巢阶段 2:6 岁以上未成年子女,多属理智型消费,受广告及其他旅游市场营销刺激的影响相对减少,注重文化品位较高的旅游项目以利于子女的教育和成长。

满巢阶段 3:年长夫妇与尚未独立的成年子女同住,经济状况较好,家长或子女皆有工作,购买冷静、理智。子女处于心理断乳期,不愿与父母同行外出,喜欢与同学、同事、朋友结伴旅游。

空巢阶段:年长夫妇,子女离家自立。前期收入较高,购买力较强,旅游消费支出增加。后期退休收入减少,多由子女引导消费,安排外出旅游。旅游过程中多观赏而不是参与,希望道路顺畅避免行动不便带来的问题。

孤独阶段:单身老人独居。特别注重情感等需要及安全保障,愿意到子女或亲属所在地探亲旅游。

针对家庭生命周期不同阶段旅游需求的差异性,一些旅行社推出了"新婚旅游"、"合家欢旅游"、"追忆往昔旅游"等不同的旅游产品,以迎合不同细分市场的需求。随着社会经济的发展,丁克家庭逐渐增多,他们与有小孩家庭的旅游需求差异较大,旅游企业可以针对这一现象,开发相应的旅游产品。

(三)心理变量

按心理变量细分市场主要是以旅游消费者的生活方式、气质性格、价值取向、购买动机、偏好等心理特点为依据进行的。由于具有相同心理因素的旅游者通常是分散于不同的地理区域,增加了旅游企业针对各细分市场布置营销力量的难度,而且,心理因素是动态的,不如地理因素容易把握,因此,在旅游市场细分中,应着重考虑将心理因素与地理因素结合起来。由于心理细分方式注重了同一区域需求的差异性,能比地理细分和人口细分提供更深刻的信息去解释旅游者的行为,它经对旅游业产生了较广泛的影响。如健康农场和温泉度假地,作为旅游产品主要是瞄准了那些向往健康生活方式的旅游者;阳光、沙滩和海水,是性格外向的旅游者所喜欢的;蹦极和过山车吸引的是那些寻求刺激的旅游者。

旅游者的生活方式不同,他们的旅游需求和行为也会有较大的差异,如清静安宁生活方式的旅游者,重视家庭,关心孩子,酷爱清洁。如果要旅游的话,幽静的度假地往往是他们理想的好去处,或到空气新鲜、活动条件畅快,能钓鱼,能全家人待在一起悠闲生活的地方去旅游。喜欢交际的旅游者,认为应该把旅游度假看成是结交新朋友、联络老朋友、扩大交往范围的良好时机,他们还喜欢到遥远的有异国情调的旅游目的地去旅游。对历史感兴趣的旅游者,会把旅游当作了解他人、了解他乡习俗和文化的良机,把旅游当作是丰富自己对形成我们今天这个世界产生过影响的历史人物、事件的了解的良机,以及把旅游作为受教育、长见识的良机。西方一些消费者习惯于生活独立,喜欢独自一人旅游,而东方国家的消费者家庭观念比较重,喜欢携全家旅游或结伴旅游。

旅游者的个性不同,在旅游偏好和行为上也会呈现较大的差异。美国的斯坦利·帕洛格博士建立了一种连续统一心理图示。该图用"安乐小康型"及"追新猎奇型"来表示美国人的个性类型,他经过调查研究,总结出这两类人不同的旅游行为。如表5-2所示。

表5-2　不同个性类型旅游者为特征对比

安乐小康型	追新猎奇型
喜欢熟悉的旅游地	喜欢去一般旅游者未到之处
喜欢旅游地老一套的活动	喜欢追新猎奇,在新地区捷足先登
活动量小	活动量大
喜欢坐车前往旅游地	喜欢乘飞机去旅游地
喜欢设备齐全的食宿设施、如家庭式餐馆和游客商店	希望提供较好的饭店和饮食服务,但不一定要求现代化的联营饭店,"游客"吸引物要少
喜欢熟悉的气氛、熟悉的娱乐活动,异国情调要少	喜欢跟不同文化背景的人会晤、交谈
喜欢把旅游活动排得满满的包价旅游	要求有基本的旅游安排(交通工具和饭店),但允许较大的自主性和灵活性

注:大多数人处于两个极端之间

以购买动机细分旅游市场是一种非常基本的方法,它为旅游产品的开发设计和营销组合的制定提供了主要的依据,由此可确定旅游产品的主要类别,一般可划分出五个细分市场:①度假旅游市场,其消费者经济水平不同,可以是豪华旅游,也可以是大众化的。这个细分市场的旅游者对环境非常关注,以休养生息为主要目的,停留时间长,重复旅游的顾客占比例较大。②观光旅游市场,其特点是寻求和了解异国(地)风貌、文化、风俗、习惯,以增长见识。③会议商务旅游市场,这一市场增长速度较快,亚太地区尤为显著,消费水平较高,对旅游目的地的设备设施和服务能力有较高的需求。④奖励旅游市场,多是公司、企业、协会对职工的奖励方式,因此,客源集中,组织联络过程较为简单。生活方面,奖励旅游一般选择较高档次的食宿条件,有特色的参观、游览项目。开展奖励旅游可以调节淡旺季给旅游目的地带来的困难。⑤探亲访友旅游市场,这一市场以探亲、访友、寻根为主要目的。他们对旅游设施、服务水平的关心不如前几类市场,其中一部分人甚至不使用住宿和餐饮服务,一般停留时间较长。

补充阅读材料

认清生活方式的变化趋势

市场调研能帮助游船公司认清新的机遇,然后把新的机遇转变成新的商机,为了保持竞争优势,他们必须为顾客提供适应生活方式的度假体验。

假定他们目前提供的游船旅程为1周到10天时间,以调味料重的法国菜为主,在游船休闲室内设有大型乐队表演,并特别提供推圆盘游戏竞标赛作为锻炼项目。但是他们的市场调研显示人们的生活方式和偏好已经发生了变化。与以前相比,人们的度假时间更少,喜欢持续3~5天且最好是周末乘游船旅游。他们喜欢健康的低胆固醇食物,爵士乐,古典摇摆舞和有氧健身法。

精明的游船经营者利用这个信息改变他们的产品,使得他们避免了潜在的市场危机。他们可能领先于那些没有有效利用市场调研的竞争对手。他们利用生活方式和偏好的信息做事改变他们的产品和服务的上等经济决策。

(资料来源:詹姆斯·伯克,巴里·雷斯尼克.旅游产品的营销与推销[M].叶敏等,译.北京:电子工业出版社,2004:47)

(四)行为变量

旅游市场行为变量细分是指根据旅游者的购买行为进行划分。常用的细分标准有:购买时机、购买频率、购买方式、追求利益等。

1.购买时机

旅游消费季节性很强,上班族只能选择节假日外出旅游,学生和老师往往在假期出去旅游,老人则挑选春秋天的淡季去旅游为多。所以,可以根据消费者不同的购买时机将他们划分为不同的旅游细分市场。如可将旅游市场划分为旺季、淡季及平季三个细分市场,还可细分出寒暑假市场和春节、国庆节、双休日等节假日市场。旅游企业可以把特定时机的市场需求作为服务目标,如我国近几年发展的周末度假旅游市场就引人关注。

2.购买频率

主要是按旅游者购买旅游产品频率来划分市场。通常可分为经常旅游者、多次旅游者和偶尔旅游者。经常旅游者人数可能并不是很多,但他们的购买量在全部旅游消费量中占很大的比重。如,五星级酒店的顾客多是常年外出的商贸、会议等公务型旅游者,在每年饭店消费总量中占有很大比例。这种市场细分,有利于深入描述探析不同购买者数量特征的旅游群体在人口属性与心理特征、媒介习惯方面差异的深层原因。旅游企业可以加强与经常旅游者的关系从而提高和保持其忠诚度,或是通过多样化策略使得偶尔购买者转变为经常购买者。

3.购买方式

根据旅游者购买旅游产品的方式,可以分为团体旅游市场与散客旅游市场等。其中,旅游团体又可依据团队性质与档次差别,划分为观光团或考察团,普通团或豪华团等。旅游营销活动应与他们的消费档次和旅游动机相一致。散客旅游又可细分成两类群体:一类是经济收入较高,习惯于高档消费,不愿意参加团队旅游的旅游者;另一类一般为工薪族或学生,他们购买力相对较低,或为追求新奇与自由,不愿随团旅游。散客旅游的具体形式也越来越多样化,有独自游、结伴游、家庭游、小组游、驾车游、徒步游、自助游、包车游等。

4.追求利益

结合旅游者对消费某种产品和服务所追求的利益来细分市场,有助于确定旅游企业的经营方向。地位追求者在购买旅游产品时考虑其能否提高自己的声望;时髦人物参加旅游是为了顺应潮流、赶时髦;理性强的人则追求经济、价值等方面的利益,他们讲究效用,关心是否合算;不随俗者特别关心自我形象;享乐主义者主要考虑感官上的利益。以乘坐头等舱和享受个性化服务为例,一些旅游者非常关注这一点,愿意为此支付额外费用,对于这个市场来说,价钱不是问题,优质服务和价值才是关键。如,飞机上的免费香槟酒,宾馆门卫服务以及配有司机的豪华轿车服务等。另一些旅游者却认为,花钱享受头等舱和个性化服务不值得,因为感觉没有从中得到任何重要利益,甚至感觉接受个性化服务反而不自在。旅游企业可根据消费者所追求的利益细分市场,并采取针对性的营销策略。

同样的旅游者,在不同的情况下其购买旅游产品时追求的利益差异很大。例如,高级管理人员在参加重要会议或洽谈业务时所需要的设备设施和服务,与其作为家庭度假旅游一员时所需要的截然不同,旅游企业对这种追求不同利益的旅游者,在不同情况下便要采取不同的营销对策。

补充阅读材料

希尔顿集团的市场细分

希尔顿饭店的成功得益于其全面创新的管理模式,其中一个主要方面就是细分目标市场,提供多样化产品。希尔顿饭店采用品牌延伸把一个联号集团区分成不同质量和档次的酒店。"一个尺码难以适合所有的人。"希尔顿在对顾客做了细致分类的基础上,利用各种不同的饭店提供不同档次的服务以满足不同的顾客需求,希尔顿集团的饭店主要分以下七类:

(1)机场饭店:自从1959年旧金山希尔顿机场饭店建立以来,公司已经在美国主要空港建立了40余家机场酒店,他们普遍坐落在离机场跑道只有几分钟车程的地方。

(2)商务酒店:位于理想的地理位置,拥有高质量服务以及特色娱乐消遣项目的商务酒店是希尔顿旗下的主要产品。

(3)会议酒店:希尔顿的会议酒店包括60家酒店,30680间客房,承办各种规格的会议、会晤及展览、论坛等。

(4)全套间酒店:适合长住型客人,每一套间有两间房,并有大屏幕电视、收音机、微波炉、冰箱等。起居室有沙发床,卧室附带宽敞的卫生间,每天早上供应早餐,晚上供应饮料,还为商务客人免费提供商务中心。全套间饭店的一个套间有两房间,然而收费却相当于一间房间的价格。

(5)度假区饭店：当一个人选择了希尔顿度假区饭店的同时，他也选择了方便快捷的预订，顶尖的住宿，出色的会议设施及具有当时风味特色的食品和饮料。人们在这里放松、休养、调整，同时也可以享受到这里的各种娱乐设施。商务及会议等服务也同样令人满意。

(6)希尔顿假日俱乐部：为其会员提供多种便利及服务。

(7)希尔顿花园酒店(Hilton Garden Inn)：希尔顿花园酒店包括38家酒店，5270间客房，是近几年来希尔顿公司大力推行的项目。1998年就新开业了8家希尔顿花园酒店。他的目标市场是新近异军突起的中产阶级游客，市场定位是"四星的酒店，三星的价格"。希尔顿花园酒店价位适中，环境优美，深得全家旅游或长住商务客人的喜欢。

(资料来源：http://wenda.tianya.cn/question/679e19bd70639e8b)

二、旅游市场细分的原则

对旅游市场进行有效细分并非易事。一个人的旅游愿望是多指向的，反映到整个旅游市场就是多维的和多层次的需求。旅游市场有多种细分方法，但无论哪一种都必须便于旅游企业营销活动的开展。要使旅游市场细分能真正有效地发挥作用，以利于旅游企业营销活动的展开，必须符合以下原则：

(一)可衡量原则

即要求旅游细分市场的旅游需求特征、购买行为可以被明显识别，亦即这一细分市场与其他细分市场有着很大的差异性，并且其市场范围明确，购买力的大小和市场容量能被大致测量。如果不同细分市场对旅游产品需求差异不大，行为上的同质性远大于其异质性，此时，企业就不必费力对市场进行细分。

(二)可盈利原则

即要求旅游细分市场在顾客人数和购买力上足以达到有利可图的程度，也即要求细分市场要有可开发的经济价值。理解本原则有三个要点：第一，虽然市场细分有使整体大市场小型化的趋向，但又绝不能过分细分到失去一定规模经济效益的程度。第二，旅游企业应注意到，某些细分市场虽然在整体市场中比重很低，但其绝对规模或购买力足以达到盈利的水平，甚至具有很大的开发价值。如老年人旅游市场和太空旅游市场，前者绝对人数规模大，后者人均应支付的费用高，各有其开发价值。第三，当细分市场的旅游者人数规模和购买力一定时，是否有利可图还与开发成本有关。旅游企业必须在市场细分所得收益与市场细分化所增成本费用之间做一个权衡。

(三)可进入原则

即要求旅游企业的产品有条件进入细分出的市场，并能占有一定的市场份额。它一方面要求旅游企业有关旅游产品的信息能够通过媒体顺利传达给细分市场的大多数消费者并影响他们的心理活动，假如你的旅游广告根本无法让细分市场的旅游者看到或理解，则营销活动注定要失败。另一方面，旅游企业在一定时期内要有可能将该细分市场的旅游者吸引过来购买、消费自己的旅游产品。否则再有吸引力的细分市场也没有意义。

(四)稳定性原则

严格的旅游市场细分是一项复杂而又细致的工作，因此要求细分后的市场应具有相对的稳定性。如果变化太快太大,会使制定的营销组合很快失效,造成营销资源分配重新调整的损失,并形成旅游企业市场营销活动的前后脱节和被动的局面,不稳定的市场不能作为旅游企业的目标市场。

三、旅游市场细分的方法

旅游市场细分的变量因素复杂多样,必须根据具体旅游者需求特征和营销者要达到的目标来加以选择运用。细分旅游市场的方式,也即如何选择组合运用有关细分变量进行市场细分的具体方法,主要有单一变量细分法、综合变量细分法、系列变量细分法、完全细分法。

(一)单一变量细分法

单一变量细分法,也称一元细分法,即根据与旅游者需求差异紧密相关的某一最重要的变量因素,进行一定旅游市场细分的方法。如,宾馆饭店中的美容美发市场就可以只根据性别变量,分为女性与男性两个市场。又如,根据年龄分的老年、中年、青年、少儿旅游市场。在大多数情况下,此方法只能作为对市场进行系列细分的起点,即先期用此方式对市场做粗略的划分。

(二)综合变量细分法

综合变量细分法又称交叉细分法或多元细分法,即选择并综合运用与旅游者需求差异紧密相关的两种及以上的并列变量因素,对一定旅游市场进行细分的方法。如,可同时以家庭生命周期、家庭收入等变量因素交叉细分度假旅游市场。又如,日本的青年旅游市场,是以地域和年龄两个变量来细分的。这样细分出的市场比单一变量细分法要多得多。运用这种细分方法时,要注意选择与一定旅游产品消费需求有关的并且影响突出的变量因素来综合细分。

(三)系列变量细分法

系列变量细分法即考虑与旅游者需求差异相关的各种因素,将其按照由大到小、由粗到细的顺序对一定旅游市场依次进行系列细分的方法。此方法对于旅游者需求差异较大、而市场竞争又较激烈的旅游市场细分较合适。要点是在各变量之间,充分把握它们在内涵上的从属关系,进行合理排序,否则会造成细分工作的混乱,增加成本。如,海外的华裔中年回国探亲访友旅游市场,是按地理位置(国内、国外)、年龄(少儿、青年、中年、老年)、购买动机(观光、休闲度假、探亲访友、健身、探险等)系列变量来细分旅游市场的。

(四)完全细分法

完全细分法就是要根据每一位旅游者之间的消费需求差异,最终将每位旅游者都分割为一个特定的细分市场。采取这种方法细分市场的最终目的,就是要针对每位旅游者的不同需求特征,专门为每位旅游者"定制"满足其特殊需求的产品和服务措施,也即实施"定制"营销。由于"定制"营销的成本太高,大多数情况下不可能被采用。但对于旅游业的某些具有很高个人消费水准的旅游群体,尤其是某些高级别的商务旅游者,可以采用本方法细分市场。如,原杭州开元之江度假村,专门研究掌握每一位高级贵宾的需求特点,为之建立服务档案,由此采取个人针对性很强的特殊服务方式以满足贵客需求。

细分变量和细分方式的选取必须与一定旅游企业的性质和营销目标相适应。如,小型的旅游餐饮服务业企业一般就不必以地理环境因素作为其细分市场的主要标准。同时,选择运用有关细分变量的数目要适当,运用变量数目越多,细分化程度越高,细分的精确度就越高,但营销者付出的代价也会成倍递增,每个细分市场的规模也会越来越小。

补充阅读材料

某旅行社的产品细分市场情况

需求层面	顾客特征	产品细分市场的名称
1. 交通便利,舒适,安全,没有干扰,家庭乐趣,游乐(游戏场地、游泳池),娱乐(游戏室、电影),儿童中心,快餐	想体验家庭气氛,有孩子的夫妇或单亲家庭;年轻,好动,有活力	家庭度假者
2. 舒适,社交,商店,近距离目的地,安全,方便的机场	参加全包价,短途短期旅游,希望受到鼓励的老年夫妇或老年人	老年人
3. 安全,经济(无附加费用),探险性和灵活性	年轻人;自费出国旅行的单身,只想找一个简单的地方过夜,然后继续旅行的人	节约型,学生
4. 舒适,特殊的交通,没有干扰,令人愉快的团体组合,娱乐,特殊的目的地和气氛良好的餐厅	年轻的新婚夫妇,旅游时间为一周左右,希望得到一种独特的体验	蜜月度假者
5. 舒适,安全,没有干扰,交通和翻译服务	逗留几周时间的个人或团体	海外旅游者
6. 舒适,安全,没有干扰,放松(高尔夫),快乐(在高档餐厅用膳、矿泉浴),吸引人的景观(壮观的风景),乐趣,变化,信息(剧院活动的安排)	需求复杂的夫妇,有放松休假的时间,寻求适合成年人的娱乐;想显示自己的个性和收入较高的人	度假者

(资料来源:唐·约翰逊. 旅游业市场营销[M]. 张凌云,马晓秋,译. 北京:电子工业出版社,2004)

第三节　旅游目标市场的选择

旅游企业的一切营销活动都是围绕目标市场进行的。旅游企业在市场细分的基础上,需要结合自身的资源条件选择目标市场,并实施相应的目标市场策略,才能顺利运作,从而提高经济效益。

一、旅游目标市场的含义

旅游目标市场(tourism target market),就是旅游企业决定要进入的细分市场,是旅游企业的营销对象。旅游目标市场是旅游市场营销中的一个重要概念,确定目标市场是旅游营销规划中的主要组成部分,是营销策略的衔接点。旅游企业必须把满足旅游者的需求放在首位,而旅游者的需求是千差万别的,没有任何一家旅游企业能满足所有的旅游需求,而只能满足旅游市场中一部分旅游者的需求,这一部分旅游者就是一个或几个旅游细分市场。

二、旅游目标市场的选择原则

一般来说,旅游企业在选择目标市场时,应遵循以下原则:

(一)旅游目标市场具有发展规模和潜力

旅游企业在选择目标市场时,需要考虑这个目标市场的规模,即细分市场具有购买欲望的旅游者人数要足够多,购买能力要足够强。如果规模过小,旅游企业进入后将很难发展。从发展潜力来看,虽然某些细分市场现在还不能马上有收益,但随着时间的推移,相关条件的成熟,就能给旅游企业带来许多利益,这样的旅游细分市场也是值得开拓的。

(二)旅游目标市场具有结构性吸引力

即旅游产品在目标细分市场还处于供不应求的状况或者竞争对手还未能完全控制的状态,旅游企业有机会乘势开拓并占有一定的市场份额,在竞争中获胜。如果针对这个细分市场的竞争者数量多而且能力强,则旅游企业一般不宜再进入该细分市场。"趋利避害"是人们行为过程中最基本的一个反应,它同样会在选择目标市场中起作用。按照人们习惯的思维方式来考虑,通常会避开竞争较为激烈的细分市场,而选择竞争较为平和的细分市场作为自己的目标市场。旅游市场的进入如果几乎没有壁垒,资本和劳动力自由流动,那么,目标市场的吸引力并不高。此外,替代产品也会抑制细分市场内利润的增长。

(三)旅游目标市场必须与旅游企业的经营目标和企业形象相符合

高档次的旅游企业不适宜打入中、低档,大众化的细分市场。相反,中、低档的旅游企业对收入高、社会地位高的旅游者也不具备吸引力。因此,旅游企业在选择目标市场时应考虑到企业形象和经营目标。

(四)旅游目标市场必须与旅游企业自身实力相匹配

这里所指旅游企业自身实力包括企业人、财、物等硬件资源及企业文化等软件资源。有些细分市场虽然具有较大的吸引力,但如果企业没有足够的财力和管理能力去设计、开发、促销相应的旅游产品,或者没有足够的实力为目标市场提供满意的服务,则旅游企业应该选择放弃该细分市场。俗话说:"有多大的能力,办多大的事情。"如果自身没有较强的实力,那么,选定一个要求比较高的目标市场对于旅游营销主体来讲是不现实的。如,一个饭店的服务员素质比较差、管理水平比较低,那么,它就不可能把追求高质量服务的顾客作为自己的目标市场。旅游目标市场的选择要考虑此细分市场能否使旅游企业充分地发挥自身优势和资源,扬长避短,突出自己的特色,从而使企业在竞争中立于不败之地。

补充阅读材料

对特定区域而言,明确旅游目标市场并针对该市场确立营销规划是非常重要的。美国爱荷华(Iowa)州的旅游营销规划对其旅游目标市场的一个说明——本规划主要针对三个细分市场:

过境游客——为了到达别的区域而经过爱荷华州的人。

50 岁以上的游客——一些处于上层社会的空巢期(子女已独立生活)的人和即将退休的人,这是目前被本州吸引的最大的细分市场。

家庭市场——某些上层社会中由年轻父母和低龄儿童组成的家庭。

(资料来源:http://wenku.baidu.com/)

三、旅游目标市场的选择模式

旅游企业在确定目标市场时,必须考虑选择一定的模式,以确定企业的目标市场范围与营销方式。通常有五种模式可供选择,如图 5-2 所示:

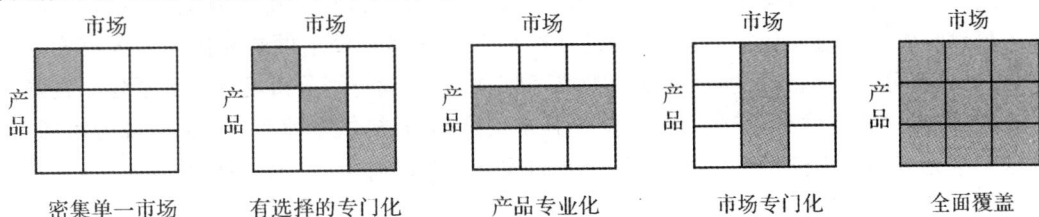

图 5-2 旅游目标市场的选择模式

(一)产品—市场集中化模式

即密集单一市场模式,旅游企业只选择一个细分市场,推出一种旅游产品,进行集中营销,这种模式被称为产品—市场集中化模式。该模式通常被中小旅游企业或旅游企业成立初期所采用。如某旅行社专门提供度假疗养旅游产品,满足老年旅游市场游客的需要。该模式的优点是:利于旅游企业清楚了解细分市场的需求,能在短时间内打入细分市场。其缺点是:旅游企业对该细分市场依赖性太强,经营风险较大,一旦所经营的这个单一的旅游产品出现问题或市场环境恶化,旅游企业往往受到较大损失甚至遭受重创。

补充阅读材料

SAS 航空公司目标市场选择模式

20 世纪 80 年代中叶,当扬·卡尔松成为斯堪的那维亚联合航空公司(SAS)的 CEO 时,他对公司的目标市场进行了重新定义:集中发展欧洲民航运输产业中的一个特定市场——经理阶层。即产品——民航运输、需求——商务旅行、客户——经理、地域——欧洲。这意味着 SAS 减少了对其他市场领域的注意,包括飞机租赁、经济舱座位的提供、货运、旅游航班、低关税航运市场部门等。

这一市场的特定需要是:在陆上和空中的准点、安全、个性化和舒适。为此,SAS 开发了许多服务项目来适应,例如,为实现在陆上提供舒适服务的目标,SAS 保证在欧洲和美洲城市的 SAS 宾馆可以直接订座;SAS 拥有一支供租用的车队,由豪华轿车、直升机和普通轿车组成,用于接送旅客;在一些城市 SAS 还提供一种将旅客的行李从办公室或 SAS 宾馆运送到机场的特殊服务;在机场备有适当装饰、供旅客使用的特殊房间;更换了服务人员的旧制服;职员重新培训,以改进服务水平和提高处理突发事件的能力,等。简而言之,即向目标顾客提供门对门的服务。

(资料来源:http://www.docin.com/p-243884067.html)

(二)产品专门化模式

旅游企业只生产一种旅游产品,向各个细分市场同时销售这种产品,这种模式被称为产品专门化模式。如有的旅游景区尽管产品单一,却能吸引来自不同国家、不同社会阶层、不同年龄的各类旅游者。该模式的优点是:有利于旅游企业分散经营风险,发挥资源优势,把旅游产品做成精品,凸显旅游企业特色和风格。其缺点是:一种产品往往无法让所有细分市场的旅游者满意,特别是当竞争对手有更好的旅游产品推出时,企业的风险就会增加。

(三)市场专门化模式

旅游企业向同一细分市场提供多种旅游产品,去满足该细分市场旅游者的各种需求,这种模式被称为市场专门化模式。如某旅游集团公司开发景区供旅游者游览,又在景区内或旁边建设酒店供旅游者住宿,另外还建设网球场等运动娱乐设施供游客休闲。该模式的优点是:可以充分满足细分市场旅游者的需求,利于旅游企业与细分市场的旅游者建立良好的互动关系,树立企业信誉,减少经营风险。其缺点是:同时提供多种产品给同一细分市场,一旦这一细分市场的旅游者购买力下降,企业的收益也会同时下降。旅游产品种类多,容易分散企业资源,不易打造旅游产品品牌。

(四)选择性专门化模式

旅游企业选择若干个细分市场作为目标市场,并为各个细分市场分别提供满足其需要的不同类型旅游产品,这种模式被称为选择性专门化模式。各细分市场很少或没有联系,然而每个细分市场都有可能赢利。如某旅行社既为老年游客提供休闲度假旅游产品,也为中学生旅游者提供修学旅游产品,又为青年旅游者提供野外探险旅游产品。该模式的优点是:多元化经营,有利于分散风险。其缺点是:一定程度上分散了旅游企业资源。

(五)全面覆盖模式

旅游企业将整体市场作为目标市场,提供各种旅游产品,满足所有旅游者的需要,这种模式被称为全面覆盖模式。这是某些实力雄厚、在旅游市场上占据领导者地位的大型旅游企业,力图垄断全部市场而采取的目标市场选择策略。例如我国的中国国际旅行社、中国青年旅行社、中国旅行社,采取的就是此种模式。

旅游企业在选择运用上述五种模式时,一般总是首先进入最有吸引力的细分市场。只有在条件和机会成熟时,才逐步扩大目标市场范围。

第四节 旅游目标市场的营销策略及影响因素

一、旅游目标市场的营销策略

旅游企业选择的旅游目标市场范围不同,所能采取的营销策略也不一样。一般可供旅游企业选择的目标市场营销策略有三种:无差异营销策略、差异性营销策略和集中性营销策略。

(一)无差异营销策略

无差异营销策略(undifferentiated marketing strategy),即旅游企业无视整体市场内部旅游者需求的差异性,求同存异,把整体性大市场作为目标市场,只推出一种旅游产品,运用一种统一的旅游营销组合,力求满足尽可能多的旅游者需求,如图 5-3 所示。如,有的航空公司只制订一种票价,提供一种服务方式和一种促销手段,面向整个旅游消费市场。不少旅游餐饮企业,往往也采用无差异营销策略,服务于整个市场。

```
┌──────────────┐      ┌──────────────┐
│ 旅游市场营销组合 │ ───→ │  旅游目标市场  │
└──────────────┘      └──────────────┘
```

图 5-3　无差异营销策略

这种策略的优点是:第一,由于大批量生产,可降低生产经营成本;分销渠道简化;促销、市场调研等费用较低,因此,可获得规模经济效应。第二,易于形成名牌超级产品的声势。如,中国的长城、长江三峡等旅游产品就采取的是无差异营销策略。其缺点是:不能完全满足旅游者的差异性需求。该策略主要适用于市场上供不应求或竞争较弱的旅游产品市场,如少数垄断性较强的旅游产品市场,初上市的旅游产品市场等。随着经济社会的发展,一方面,旅游者的旅游偏好、生活方式等不断发生变化,需求差异越来越多样化;另一方面,旅游市场竞争日益加剧,无差异营销策略已越来越不适应现代旅游业发展的要求。

(二)差异性营销策略

差异性营销策略(differentiated marketing strategy)即旅游企业在市场细分的基础上,同时选择两个以上的细分市场作为自己的目标市场,针对不同细分市场的需求特点,提供不同的旅游产品,制定不同的营销组合,为满足不同的细分市场需求服务,如图 5-4 所示。如旅行社同时推出普通观光旅游、探险旅游、豪华度假旅游等产品及营销组合,饭店同时推出普通客房、商务客房、别墅式庭院等产品及其营销组合,采取的就是差异性营销策略。

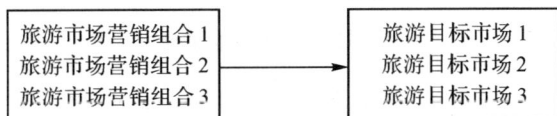

```
┌──────────────┐      ┌──────────────┐
│ 旅游市场营销组合 1 │      │  旅游目标市场 1 │
│ 旅游市场营销组合 2 │ ───→ │  旅游目标市场 2 │
│ 旅游市场营销组合 3 │      │  旅游目标市场 3 │
└──────────────┘      └──────────────┘
```

图 5-4　差异性营销策略

这种策略的优点是:第一,它是一种多元化经营,能更好地满足各类旅游者的不同需求,利于提高旅游产品的竞争力和扩大旅游企业的总销售量。第二,有利于取得连带优势,如果一家旅游企业在数个细分市场上都能取得较好的业绩,就能树立旅游者信赖的、声誉很高的旅游企业形象。第三,同时经营多个细分市场,有利于降低旅游企业经营风险。其缺点是:一是影响经营成本。多元化、少批量经营,必然增加市场调研、营销设计、营销管理、宣传促销等方面的成本开支,难以形成规模经济效益。二是影响经营效率。多元化经营要同时满足不同细分市场的需求,又总会存在各种矛盾因素,处理起来不仅费时费力,而且有时还难以处理周全。三是影响优势发挥。旅游企业并非在所经营的每一个细分市场上都具有同等的经营优势,企业将有限的资源分散于各个细分市场,必然影响某些优势的发挥。因此在采用差异性营销策略时,应注意必须保证所选择的目标市场由于总销售量扩大所带来的收益要大于营销总成本费用的增加。实力相对较弱小的旅游企业一般不适宜采用这种策略。

英国 PGL 旅游有限公司的差异性营销策略

❖根据年龄将潜在客户分为 3 类,针对不同类型制定不同的宣传信息:

年龄 6—9 岁:"尝试首次离开家"

年龄 8—13 岁:"和来自全国各地的孩子成为新朋友"

年龄 12—18 岁:"从早到晚,快乐不停歇"

❖对孩子家长(真正的客户)宣传:

公司对于旅游度假已有 40 年的经验;员工均经过精心挑选和专业培训;所有项目均有"新兴活动许可机构"或"英国度假协会"审核批准;所使用设备均达到"最新的英国和欧洲安全标准";工作人员和儿童的比例合适。

(三)集中性营销策略

集中性营销策略(concentrated marketing strategy)即旅游企业在市场细分的基础上,只选择其中一个或少量细分市场作为目标市场,制订一套营销方案,集中企业的全部营销力量实行高度的专业化经营,力图在较小的市场范围内取得较高的市场占有率。如图 5-5 所示。如有的旅行社专门为特色旅游或探险旅游服务,有的饭店主要接待度假旅游者或商务旅游者。该策略特别适合中小型旅游企业,以及旅游资源独具特色、能吸引一定类型旅游者前往的旅游目的地。

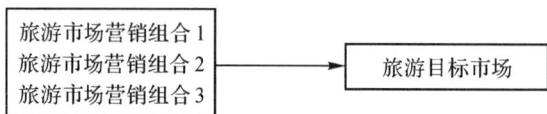

```
┌─────────────────┐
│ 旅游市场营销组合 1 │       ┌──────────────┐
│ 旅游市场营销组合 2 │ ───→  │ 旅游目标市场 │
│ 旅游市场营销组合 3 │       └──────────────┘
└─────────────────┘
```

图 5-5　集中性营销策略

这种策略的优点是:第一,由于旅游企业服务对象集中,在单一化、较小范围的市场上活动,占用资金相对少,成本相对较低,可以集中力量在特定旅游细分市场上占领优势,实现一定的规模经济。第二,由于旅游企业的经营范围针对性强,容易形成产品与经营特色,最大程度地满足旅游者的需求,利于在特定细分市场形成知名度。其缺点是:第一,旅游企业经营风险大。由于依赖于小部分市场而生存,一旦目标市场突然发生变化或出现强大的竞争对手,有可能使旅游企业陷入困境。第二,如果所选定的目标市场吸引力较大,开发后竞争者极易追随而入,则市场激烈过于竞争。

二、旅游目标市场营销策略选择的影响因素

上述三种营销策略各有利弊。在实践中,旅游企业究竟选择何种策略,应综合考虑以下因素:

(一)旅游企业自身实力条件

旅游企业的实力条件主要包括其人力、财力、物力、技术与信息资源,产品及营销组合设计能力、接待管理能力、宣传促销能力等。如果旅游企业的实力雄厚,管理水平较高,信息资源丰富,可考虑采用无差异营销策略或差异性营销策略。如果旅游企业的实力不足,人力、

财力、物力、信息等资源有限,则适宜采用集中性营销策略。

(二)旅游产品特征

对于彼此之间性质接近,替代性很强的旅游产品,如航空客运服务、饭店标准间客房服务等,可采用无差异营销策略;而对于像特色旅游线路产品、旅游餐饮服务等性质差别较大的大多数旅游产品,则适宜采用差异性或集中性营销策略。

(三)旅游市场需求特征

对于需求异质程度很高的旅游市场,一般采用差异性或集中性营销策略,而对于同质性较强的少数旅游市场,如旅游交通市场,则可采用无差异营销策略。

(四)旅游产品生命周期

旅游产品生命周期共有四个阶段,当旅游产品处于投入期时,品种较为单一,性能也不够完善,竞争者较少,可采用无差异营销策略或集中性营销策略。当旅游产品处于成长期和成熟期时,同类旅游产品增多,竞争日益激烈,为确立竞争优势,可采用差异性营销策略,以开拓旅游市场,尽力延长产品生命周期,扩大市场份额。一旦进入衰退期,宜采用集中性营销策略,以便旅游企业能集中力量经营少数有利可图的细分市场。

(五)旅游市场竞争状况

在市场竞争激烈的情况下,旅游企业究竟采用哪种营销策略,还要看竞争者的策略并权衡其他因素而定,不能一概而论。从竞争者格局考虑,如果本企业旅游产品垄断性强,竞争者少或弱,可采用无差异营销策略;从竞争对手的策略看,如果竞争对手实力强而且已采用无差异营销策略,企业可采用差异性或集中性营销策略与其抗衡,反而能获得良好效果;如果竞争对手已经采用了差异性营销策略,旅游企业则应在进行充分市场调研的基础上,实行更为有效的市场细分,采用更深一层的差异性或集中性营销策略,去争夺更为有利的分市场。

(六)旅游市场营销环境

旅游市场营销环境影响旅游者的购买行为以及旅游市场的供求关系。一般情况下,当某种旅游产品处于供大于求的买方市场时,可采用差异性或集中性营销策略;当某种旅游产品处于供小于求的卖方市场时,可采用无差异性营销策略。

总之,旅游企业条件和市场条件是复杂的,竞争各方的情况也是多变的。旅游企业必须从实际出发,在综合考虑各种因素的基础上,做出目标市场营销策略的选择。

关键术语

旅游市场细分　旅游目标市场　无差异营销策略　差异性营销策略　集中性营销策略

复习思考题

1.请解释下列概念:旅游市场细分、单一变量细分法、综合变量细分法、系列变量细分法、旅游目标市场。

2.为什么要进行旅游市场细分? 你认为一家旅游企业不进行市场细分能否取得成功?

3.旅游市场细分的标准有哪些? 说明不同类型标准的应用意义。

4.旅游市场细分应遵循哪些原则?

5.旅游目标市场选择有哪几种模式?

6.旅游目标市场的营销策略有哪几类? 旅游目标市场营销策略选择的影响因素有哪些?

7.下面所列的每一组群体属于一定的细分市场,每组群体可能发现一定类型的旅游产品和服务比其他类型更有用或更吸引人,回答关于每组群体的问题:

描述使这个细分市场感兴趣的旅游产品和服务的类型;

选择一个特定的产品或服务,并解释你如何把它促销给这个细分市场。

①在中国某几个城市中做推销访问的计算机生产厂家的推销代表;

②出席学术会议的高校教师;

③拥有小孙子的祖母;

④在暑假期间的大学三年级学生;

⑤20多岁的新婚夫妇;

⑥高学位的富裕单身者;

⑦中年戏剧爱好者。

案例分析

美国酒店经营赢在市场细分

夜幕降临,"住店"成了外来客最为急切的需求。记者在外出采访时发现,遍布美国大街小巷的旅馆和酒店经营得异常火爆,盈利能力令人惊诧,探究奥秘,发现其经营的成功之处在于市场细分。

大酒店分品牌档次

美国作为世界主要酒店集团的发源地和总部所在地,是资本、管理和技术的最大输出国。从目前美国市场排名前5位的酒店集团看,都具有全球知名度和巨大的无形资产价值,以及按不同酒店类型进行合理区分的品牌。例如,作为全世界最大的酒店连锁集团,万豪集团的主要客户为商务旅行者,因此它拥有的酒店主要为豪华型和商务型酒店,并按照不同酒店档次对品牌的使用进行区分,同时针对性地收购酒店品牌。例如万豪将世界上豪华酒店的代表——利兹·卡尔顿收归旗下,既开拓了新的市场,又提高了自身的声誉和市场价值。在品牌经营上,六洲集团也做得十分成功,其旗下所属的假日、皇冠假日、假日特快和洲际4个品牌,在全世界家喻户晓,在不同客户群中都拥有很高的品牌信任度和品牌忠诚度。

以利兹·卡尔顿酒店为例,这家1982年成立的酒店管理集团称自己是全世界最豪华的酒店。总裁库柏表示,他们的主要客户是金融服务业,而福特和通用等名列世界500强的制造业巨头想要控制其成本,因此并没有成为利兹·卡尔顿的客户。这家到目前为止只有59家酒店的集团为迎合亚洲市场对豪华居住环境的喜好,将在今后两年里在大中华地区开设6家酒店,单在北京就计划在金融街和中央商务区各开设一家豪华酒店,副总裁薇薇安·杜石称,利兹·卡尔顿的低调和高质量的服务可以很好地满足中国和世界金融业人士的需求。

由于美国酒店集团经营的酒店分布在世界各地,因此这些集团大都有条件建立全球统一的人才培训体系和培训基地,其培训机制十分完善,可针对不同的国家和地区、不同的酒店和不同的培训对象进行有针对性的培养,市场划分非常细致。

小旅馆重低价便利

从美国国内市场看,客房数量在300间以上的豪华酒店房价近年来一直呈现下降趋势,很多回头客被价格优惠的小型旅馆吸引过去。利兹·卡尔顿的房费一般要高达600美元一天，而小型旅馆只要30美元就可入住。据统计，75间客房以下的小型旅馆营业额4年来增长了29.2％，同时这部分旅馆已占到市场份额的72％。位于高速公路两侧的旅馆在美国占很大部分，占饭店总数的42.2％，是近年来发展最快的市场，这主要是由于其受到国际市场变化的冲击较小，同时受各种政治、经济因素的影响不像大型和豪华型饭店那样直接。在美国，道路交通网络、预定系统、信息检索系统都极为发达，自行驾车出游者众多，度假和商务旅行者对清洁、便捷的小型旅馆需求增大。

近年来在美国，因特网预订等电子商务形式对于酒店和旅馆经营的重要性越来越大。使用电子商务对于细分市场、降低成本、提高客房出租率和管理效率、建立统一的连锁经营标准都具有十分重要的意义。

（资料来源：http：//www. 17u. comnewsshownews_14539_0_n.html）

思考题

请用本章所学理论分析美国不同档次酒店进行市场细分的标准。

第六章

旅游市场营销战略与组合决策

学习目标

◆ 掌握旅游市场营销战略的概念、特点以及旅游企业制定营销战略的具体步骤

◆ 掌握旅游市场业务组合的两种常见方式:波士顿管理咨询公司模型和通用电器模型

◆ 掌握旅游市场定位的概念和方法

◆ 掌握旅游市场增长战略的三种类型

◆ 了解不同地位的旅游市场竞争者采取的竞争战略

◆ 掌握旅游品牌的概念、内涵以及品牌战略的实施

◆ 熟悉旅游市场营销组合的因素

引例

西南航空公司的市场定位

1992 年对美国航空业来说是黑暗的一年,整个航空业损失了 30 亿美元的营业收入。但是西南航空公司在 1992 年却赚了 9100 万美元。西南航空公司是一家专营短程航线的平民化航空公司;它的航线平均飞行时间都少于一个小时,其航线的平均单程费为 58 美元。主要航空公司的短程航线多以票价高昂而出名。从路易斯维尔(Louisville)飞到芝加哥,西南航空公司的竞争者要收取 250 美元;而同样的航线,西南航空只收单程 49 美元费用。当西南航空开始飞这条航线时,空中旅客数目由原来的每周 8000 人次,增加到每周 26000 人次。西南航空的低费用,使乘飞机变成来往于路易斯维尔和芝加哥之间最便宜的方法;连开车或搭大巴都不及乘飞机来的便宜。西南航空称自己是"爱的航空公司"(the "love" airline)。该公司在 1992 和 1993 连续两年被评为全美国顾客满意度最高的航空公司。美国交通部同意,授予西南航空客运业的三冠王:最佳准时服务、最佳行李运送以及最佳顾客服务。通过往返于其他主要航空公司不能或不愿飞行的航段,以及提供顾客平实、零缺点的服务,西南航空的营运无人能比。多年以来,短程旅行的顾客觉得大航空公司一向漠视他们的需要,而西南航空填补了这些顾客的需求。西南航空还经常在航行过程中推出一些富有创意的促销策略,使自己的航空业务蒸蒸日上。

(资料来源:梁娟. 营销的市场细分与定位——美国西南航空公司经营策略个案分析[J].市场周刊:财经论坛,2004,4)

第一节　旅游市场营销战略概述

一、旅游市场营销战略的概念

战略是企业为生存发展而确定的企业目标与达到此目标所采取的各项政策的有机结合体。从宏观角度分析,旅游市场营销战略(tourism marketing strategy)是指一个国家(或地区)在现代市场营销观念的指导下,为了实现该国家(或地区)发展旅游业的目标,为旅游业内各行业制定的在一个相当长的时期内市场营销发展的总体设想和规划;从微观角度分析,旅游市场营销战略是指在市场调查研究和市场预测的基础上,根据市场环境并结合自身能力,对旅游企业发展方向和长远目标所做的全局性的计划与谋略。

旅游企业要在激烈的市场竞争中生存和发展,首先要考虑"远虑"的问题,确定企业的长期目标,找到本企业的发展方向,也就是要解决旅游市场营销战略问题。

二、旅游市场营销战略的特点

(一)全局性

旅游市场营销战略所决定的是旅游企业经营的长期目标和为实现这一目标的战略方法。从全局性和整体性出发,旅游市场营销战略要体现旅游企业发展的整体和长远要求,处理好企业的整个发展。

(二)纲领性

企业战略规定了企业目标、战略发展的方向和重点等等,这是企业发展的纲领,属于方向性、原则性、指导性的内容。旅游企业战略是企业管理层对企业发展重大问题的决策、基本方针和路线,在经营活动中需要分解、展开,成为具体可操作的行动方案。

(三)长远性

战略描绘企业发展的远景,它是对旅游企业未来较长一个时期的全盘考虑。因此企业的战略目标要持之以恒才能实现。

(四)系统性

旅游市场营销战略是一个系统性很强的有机整体,以整合的观点从系统的角度去考虑,会产生 $1+1>2$ 的系统效果,这就要求旅游企业经营应从系统角度出发,运用各种资源,发挥各层次、各子系统的作用,达成统一的战略目标。

(五)稳定性

旅游企业战略需要在一定的经营时期内具有稳定性,只有这样才能在实践活动中具有指导意义,使企业各部门能够采取相应的措施去实践战略内容。企业战略如果朝令夕改,会对企业经营活动造成混乱。但由于环境是变动的,企业活动也是个动态过程,因而要求企业战略具有一定的弹性,以适应外部环境的变化,因此企业战略的稳定性是相对的稳定性。

(六)适应性

保持营销战略的稳定性不等于一成不变,因为旅游企业内外部环境在变,营销战略也应随之作必要的调整。当环境发生较少量变化时,可适当微调;当环境发生质变时,旅游市场营销战略就需要作重大调整,以提高战略与环境的适应性。

三、旅游市场营销战略的意义

目前的旅游市场已是高度竞争的市场,旅游企业如果希望通过赢得一场或数场局部战役来解决可持续发展,是非常幼稚的。旅游企业在动态的环境中生存和发展,不但要善于吸引顾客并满足其欲望,还必须积极、主动地适应不断变化的市场。旅游市场营销是旅游企业在当今激烈的竞争环境中的生存保障,而营销的成功与否则依赖于正确有力的战略指挥。旅游企业需要制订市场营销战略,协调企业营销活动,才能实现企业既定目标,因而旅游市场营销战略有着重大意义。

(一)使旅游企业营销活动有一个统一规划

若没有统一规划,只是单方面的市场营销活动搞得出色,对于提高企业市场营销活动的成效,可能都无意义。

(二)提高经营的稳定性

旅游市场不断变化,旅游企业的具体营销活动也需相应不断变化。营销战略的制订就使营销策略在战略规划的约束下,通过灵活的战术、策略,实现全局的既定目标,减少盲目调整营销策略产生的混乱,使企业临变不惊,稳步前进。

(三)有利于调动员工的积极性,增强企业的营销实力

旅游市场营销战略是企业的长远发展规划,体现了员工的意志,员工通过战略规划了解到企业发展的方向、领导的意图,就会创造性地主动贯彻上级要求,使企业组织产生极大的凝聚力和向心力。

四、旅游市场营销战略的制定与控制

旅游市场营销战略首先要进行企业战略分析,然后明确企业的总任务,依据总任务确定总目标,据此确定最佳的业务组合并决定所拥有的资源在各业务单位的分配,最后制定各业务单位的营销计划。

(一)旅游企业战略分析

战略分析是制定旅游市场营销战略的准备阶段。它包括三个内容,即企业地位分析、企业环境分析与企业能力分析。

1.企业地位分析

旅游企业对本企业的地位进行分析,一般需要回答以下问题:(1)国际市场中对本企业产品的需求前景如何;(2)本企业独特而有利于销售的产品特点是什么,目前的旅游产品是否适销对路,应朝着哪个方向发展;(3)本企业旅游产品的价格是否合适,价格构成是否合理,如何使旅游价格在国际市场具有竞争力;(4)本企业旅游产品的销售渠道是否合理、畅通,拓宽、疏导渠道的方法是什么等。在制定战略前首先对企业的地位有正确的认识,一般根据企业在某一特定市场上所占的份额,将其地位划分为主导地位、挑战地位、追随地位和夹缝(利基)地位。

2.企业环境分析

企业营销环境各种因素的变化都会对企业营销产生直接和间接的影响,旅游企业必须适应营销环境的要求,及时进行环境分析。企业营销环境是一个多主体的、多层次的、发展变化的多维结构系统。在旅游企业面临的营销环境中,机会和挑战往往同时并存。营销者应能及时准确地识别它们。

3.企业能力分析

在对旅游企业的营销环境进行分析后,应对本企业的能力进行评价。旅游企业内部能力的分析包括:企业组织效能与管理现状分析、企业资源分析、企业产品市场营销能力分析、产品结构分析、产品价格分析、销售渠道及促销活动分析、营销能力分析(主要指能用于营销人力、物力和财力)等,企业资源分析包括人员结构、资金结构、劳动生产率、资金周转率、资金和利润率、设备利用率等。组织效能与管理现状分析包括对管理体制、管理方式、经营机制、领导体制、决策方式、职能部门设置与工作方式、总公司与分公司及子公司的关系等问题进行分析。

(二)旅游市场营销战略的制定

1.制定旅游企业的营销战略目标

战略目标是指一个旅游目的地、地区或旅游企业在未来某一时期内在其市场中所占据的位置,通常是指未来的目标市场、产品范围、销售量、市场份额和利润等方面的指标。对于具体的旅游企业而言,其业务经营范围和领域是企业寻找和判断战略机会的活动空间和依据。旅游企业必须在确定市场营销发展机会的基础上,根据企业的宗旨和使命,来建立一个具体可行的市场营销战略目标。

旅游市场营销战略目标,是旅游企业使命的具体化,对于不同的企业,其具体内容有很大不同,但从战略制定的角度出发,有以下基本要求:(1)突出重点。旅游企业必须确定重点要求,使之成为目标,其他方面的要求服从这一目标的完成。(2)可以测量。旅游市场营销战略目标必须明确,可以有效测量并尽可能具体化、定量化。目标过于笼统或模糊,既无法判明战略执行情况,也会造成旅游企业内部管理混乱。(3)一致性。营销战略目标涉及旅游企业营销各个方面的要求,应尽可能互相协调一致。(4)可行性。战略目标对旅游企业管理人员和职工不仅应有一定的挑战性,而且要保证它的可行性,使得旅游企业及职工经过努力能够达到。

2.确定旅游企业的业务组合

在明确战略目标之后,旅游企业要分析现有战略业务项目,规划每项战略业务的具体内容,建立、维持、收缩或淘汰某些业务是战略业务组合计划的内容。分析现有战略业务项目的现状,对其战略性盈利潜力进行评估,可借鉴美国波士顿咨询公司和通用电气公司的评估方法(详见本章第二节)。

3.制定旅游企业具体营销计划

旅游企业具体营销计划是营销战略的体现。在编制营销计划时,要坚持以旅游者的需求为出发点,把具体营销计划建立在适应市场需求的基础上。旅游企业的营销计划,从时间的长短角度可分为:短期(1年内)、中期(1年以上、3年以下)、长期(3年以上)计划;从内容上看既有以市场占有率、销售额为中心的营销计划,也有以利润为中心的营销计划,还有以树立旅游企业形象、提高旅游企业知名度、美誉度的营销计划。

(三)旅游市场营销战略方案的选择

营销战略方案选择的目的在于确定各个备选战略方案的有效性,比较各方案优缺点、风险及效果,以便从中选择最优方案。旅游企业战略选择的影响因素主要有:(1)现行营销战略的继承性;(2)旅游企业对外部环境的依赖程度;(3)旅游企业领导人的价值观及对待风险的态度;(4)时间因素;(5)竞争对手的市场地位及反应。

此外,还需要考虑旅游企业内部的人事和权力因素等。而且,企业在最后做出战略选择时应采取权变的态度,如果营销战略的基本假设条件发生变化,旅游企业就要调整或修改已经选定的战略。

(四)旅游市场营销战略的监督与控制

营销战略监督与控制的目的是确保旅游企业目标、政策、战略和措施与市场营销环境相适应,主要包括营销审计、年度计划控制和盈利能力分析。

营销审计是对旅游企业的营销环境、目标、战略和营销活动诸方面进行独立、系统、综合的定期审查,以发现营销机会、找出问题所在,提出改善营销战略的行动计划和建议,供旅游企业决策者参考。年度计划控制主要是检查在营销战略指导下的营销活动是否达到年度营销计划的要求(从销售额、市场占有率、费用率等方面),并在必要时采取调整纠正措施。盈利能力分析主要是确定本旅游企业的各产品、地区、顾客群、分销渠道等方面的活动能力,通过对财务报表和数据的一系列处理,把所获利润分摊到产品、地区、渠道、顾客等方面,从而衡量出每一因素对于企业最终获利的贡献大小、获利能力如何,盈利能力分析的最终目的是找出妨碍获利的因素,以便采取相应措施排除或削弱这些不利因素的影响。

第二节　旅游市场业务组合战略

在明确战略任务和目标之后,旅游企业要分析现有战略业务项目,规划每项业务的具体内容,建立、维护、收缩或淘汰某些业务是战略业务组合计划的内容。分析现有战略业务,可借鉴美国波士顿咨询公司和通用电气公司的评估方法。

一、波士顿矩阵评估分析法

波士顿矩阵(BCG Matrix:Boston Consulting Group),又称市场增长率—相对市场份额矩阵、波士顿咨询集团法、四象限分析法、产品系列结构管理法等,是由美国著名的管理学家、波士顿咨询公司创始人布鲁斯·亨德森于1970年首创的一种用来分析和规划企业产品组合的方法(如图6-1)。如何将企业有限的资源有效地分配到合理的产品结构中去,以保证企业收益,是企业在激烈竞争中能否取胜的关键。波士顿矩阵认为一般决定产品结构的基本因素有两个:即市场引力与企业实力。

市场引力包括市场增长率、目标市场容量、竞争对手强弱及利润高低等。其中最主要的是反映市场引力的综合指标——市场增长率,这是决定企业产品结构是否合理的外在因素。

反映企业实力的最主要指标是相对市场占有率,是与市场上最大竞争者的市场份额之比。

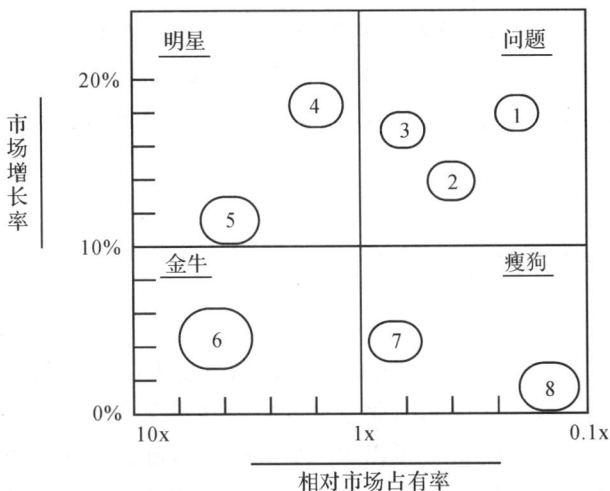

图 6-1　波士顿矩阵评估分析法

通过以上两个因素相互作用,会出现四种不同性质的产品类型,形成不同的产品发展前景:(1)市场增长率和市场占有率"双高"的产品群(明星类产品);(2)市场增长率和市场占有率"双低"的产品群(瘦狗类产品);(3)市场增长率高、市场占有率低的产品群(问题类产品);(4)市场增长率低、市场占有率高的产品群(现金牛类产品)。

波士顿矩阵对于企业产品所处的四个象限具有不同的定义和相应的战略对策。

(一)明星产品

明星产品(stars),是指处于高增长率、高市场占有率象限内的产品群,这类产品可能成为企业的现金牛产品,需要加大投资以支持其迅速发展。采用的发展战略是:积极扩大经营规模和市场机会,以长远利益为目标,提高市场占有率,加强竞争地位。明星产品的管理与组织最好采用事业部形式,由对生产技术和销售两方面都很内行的经营者负责。

(二)现金牛产品

现金牛产品(cash cow)又称厚利产品。它是指处于低增长率、高市场占有率象限内的产品群,已进入成熟期。其财务特点是销售量大,产品利润率高、负债比率低,而且由于增长率低,也无需增大投资。因而成为企业回收资金,支持其他产品,尤其明星产品投资的后盾。对于这一象限内的市场增长率仍有所增长的产品,应进一步进行市场细分,维持现存市场增长率或延缓其下降速度。现金牛产品适合于用事业部制进行管理,其经营者最好是市场营销型人物。

(三)问题产品

问题产品(question marks)是处于高增长率、低市场占有率象限内的产品群。前者说明市场机会大,前景好,而后者则说明在市场营销上存在问题。其财务特点是利润率较低,所需资金不足,负债比率高。例如在产品生命周期中处于投入期、因种种原因未能开拓市场局面的新产品即属此类问题的产品。因此,对问题产品应采取选择性投资战略,将改进与扶持方案一般均列入企业长期计划中。对问题产品的管理组织,最好是采取智囊团或项目组织等形式,选拔有规划能力,敢于冒风险、有才干的人负责。

(四)瘦狗产品

瘦狗产品(dogs)也称衰退类产品。它是处在低增长率、低市场占有率象限内的产品群。其财务特点是利润率低、处于保本或亏损状态,负债比率高,无法为企业带来收益。对这类产品应采用撤退战略:首先应减少批量,逐渐撤退,对那些销售增长率和市场占有率均极低的产品应立即淘汰。其次是将剩余资源向其他产品转移。再次是整顿产品系列,最好将瘦狗产品与其他事业部合并,统一管理。

二、通用电气公司的战略业务计划方法

GE 矩阵(GE Matrix/Mckinsey Matrix)又称通用电器公司法、麦肯锡矩阵、九盒矩阵法、行业吸引力矩阵。GE 矩阵可以用来根据公司在市场上的实力和所在市场的吸引力对公司进行评估,也可以来表述一个公司的业务组合判断其强项和弱点。在需要对产业吸引力和业务实力做广义而灵活的定义时,可以以 GE 矩阵为基础进行战略规划。按市场吸引力和业务自身实力两个维度评估现有业务,每个维度分三级,分成九个格以表示两个维度上不同级别的组合。两个维度上可以根据不同情况确定评价指标(见 6-2)。

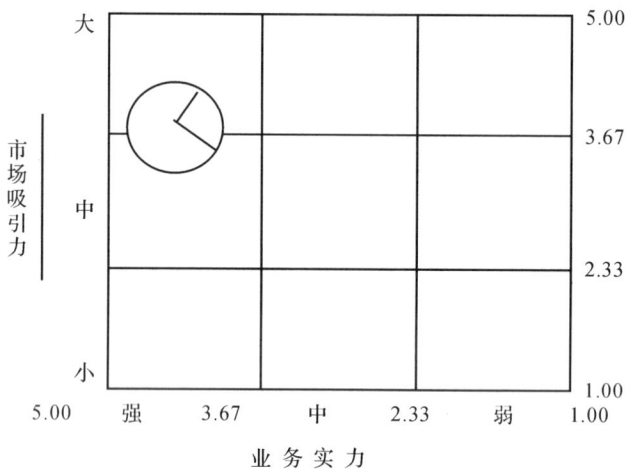

图 6-2　通用电气公司的战略业务计划方法

GE 矩阵根据市场吸引力的大、中、小和竞争能力强、中、弱分为九个区域,组成三种战略带。

(1)理想区域:在左上角的大强、大中、中强三个象限组成,其市场吸引力和竞争能力都处于较高水平,采取增加资金、发展扩大的战略。

(2)维持区域:在左下角至右上角的对角线贯穿的三个象限,由小强、中中、大弱组成。该区域吸引力和竞争实力处于中等水平,宜采取选择/盈利策略,有选择地投资以促其发展。

(3)失望区域:由右下角的小弱、小中、中弱三个象限组成,其市场吸引力和竞争能力较弱,一般企业采用收割或放弃战略。

第三节　旅游市场定位战略

选定目标市场后,似乎就可制定出相应的旅游市场营销组合。但事实上,一定旅游目标市场的需求仍是多方位的,不同方位的需求强弱程度不一样,被同类旅游产品所满足的程度也不一样。只有在所选旅游目标市场的基础上,采取进一步的旅游产品市场定位策略,才有可能制定出针对性很强的有效旅游市场营销组合。

一、旅游市场定位概述

市场定位(market positioning)是在 20 世纪 70 年代由美国营销学家艾·里斯和杰克特劳特提出的,其含义是企业根据竞争者现有产品在市场上所处的位置,针对顾客对该类产品某些特征或属性的重视程度,为本企业产品塑造与众不同的,给人印象鲜明的形象,并将这种形象生动地传递给顾客,从而使本企业产品在市场上确定适当的位置。

营销定位的诉求要对准顾客的心智、搔到顾客内心之痒,而不是仅从企业或产品本身出发,尽管企业产品本身的特别之处也是极其重要的。比如口渴时想喝汽水饮料时,在绝大部分人的意念中可能马上就会出现可口可乐、百事可乐、雪碧、七喜等。如果你喜欢"真正的可乐",当然是选择可口可乐;如果想表现得年轻,当然是选择"新一代"的百事可乐;如果想换个口味,那就是"非可乐"的七喜。营销定位的宗旨就是要力图在顾客对同类产品的某一特定选购因素中,形成本企业产品排列第一的特色形象地位。

旅游市场定位(tourism marketing positioning)是指旅游企业根据目标市场上的竞争者和企业自身的状况,从各方面为本旅游企业的旅游产品和服务创造一定的条件,进而塑造一定的市场形象,以求在目标顾客心目中形成一种特殊的偏好。简单地说,旅游市场细分和旅游目标市场的选择是让旅游企业如何找准顾客,而旅游市场定位则是让旅游企业如何赢得顾客"芳心"。

二、旅游市场定位的作用

旅游企业进行准确的市场定位,其作用主要体现在以下几个方面。

(一)有利于企业建立竞争优势

所谓竞争优势,按照战略管理大师波特的描述,是产生能为顾客创造的价值,而这个价值量大于企业本身创造这个价值时所花费的成本。顾客愿意花钱购买的就是价值,花费低于竞争对手的价格而获得等值的利益,或者得到足以抵消较高价格的独特利益(即超值),顾客均会感到满意。而旅游企业要建立竞争优势,最大限度地让旅游者满意,就必须事先明确自身在哪些方面与竞争对手不一样,在旅游者心中处于什么位置,即定好位。

(二)有利于企业营销组合的精确执行

营销组合——产品、价格、渠道和促销——是执行定位战略的战术细节的基本手段。旅游企业市场定位能够帮助企业保证营销组合的精确执行。如果说,确定目标市场是让营销人员知道为什么要制订相应的营销组合的话,那么,准确的定位战略则是告诉营销人员如何设计营销组合的内容。例如,一个定位于"优质旅游产品和服务"位置的企业知道,它必须提供优质的产品和服务,相应地,制订一个较高的价格,通过高档的销售渠道进行分销,在品味高的杂志上登广告,这是塑造一种始终如一的、令人信服的高质量形象的主要途径。

(三)避免企业间的恶性竞争

旅游企业如果不能突出自身优势,让企业与竞争对手区别开来,在争夺同样的目标旅游者时,由于客源的有限性,必然会进一步加剧市场竞争,甚至会出现恶性竞争的局面。如果没有进行有效的市场定位,企业产品雷同,在产品品种、服务、人员、形象等方面没有明显的差异,企业间的竞争就会更多地反映在价格上。价格竞争又会进一步降低企业的利润,使企业缺乏改进和提高服务质量的资金,最终影响到企业和整个行业的发展。

三、旅游市场定位的原则

如果说定位就是要突出旅游企业自身产品的差异化,那么被选择的差异化特征是否有价值,能不能成为旅游者选择购买的理由,非常值得认真对待。因为每种差异化特征都有可能增加企业的成本和旅游者的利益,所以旅游企业要细心选择每种区分自己和竞争对手的途径。一种差异化利益值得开发的前提条件要符合以下这些原则:

(一)重要性

旅游者对一定旅游产品的利益期求,是促使其购买行为的决定性因素,也是有效市场定位中要考虑的最重要因素。核心利益是旅游者购买旅游产品的根本原因所在。新奇的经历、舒心的休息都可能是旅游者对旅游产品核心利益的追求。旅游企业为旅游者提供附带服务项目,如代购车、船、机票等,代客邮寄、附赠小礼品等,还可使旅游者得到附加利益。旅游服务设施的艺术风格,旅游服务人员对旅游者自尊心的满足等,都可能构成旅游者购买旅游产品的利益追求。总之,被选择的差异化特征能提供给足够数量的顾客以高度的利益,能够成为顾客"非买不可的理由"中的重要组成部分。

(二)区别性

被选择的差异化利益,要么是其他旅游企业(尤其是主要竞争对手)不能提供的,要么是由企业以一种十分与众不同的方式提供的,能够很容易给旅游者留下深刻印象,否则旅游企业只能树立雷同的市场形象。具体来说,可从施行旅游产品市场定位的各方面因素入手,不论其是确有区别还是难以区别,都必须充分挖掘或创造出本企业与竞争对手在同类旅游产品上的区别来。

(三)独特性

旅游企业向目标游客提供的这种差异化利益,在技术、设备、人才、服务、环境、资源等方面,不易被竞争对手模仿。

(四)沟通性

这种差异化利益对于旅游者来讲,是容易理解和接受的,并且是可见的。旅游企业能够通过一定的方式与旅游者进行有效的交流与传播。

综上所示,旅游市场定位的关键是企业设法在自己的产品上找出比竞争者更具有竞争优势的特性,根据竞争者现有产品在细分市场上所处的地位和旅游者对产品某些特性的重视程度,塑造出本企业产品的市场定位。

四、旅游市场定位的具体步骤

在把握旅游者偏好的基础上,旅游企业从竞争的角度进行市场定位可分为以下三个步骤:

(一)识别企业的竞争优势

旅游者一般都会选择那些给自己带来最大价值的产品和服务。因此,赢得和留住旅游者的关键是要比竞争对手更好地理解旅游者的需要,并向他们提供更多的价值。

正如波特在《竞争优势》一书中所指出的:"竞争优势来自企业能为顾客创造的价值,而这个价值大于企业本身创造这个价值时所花费的成本。"旅游企业的竞争优势包括现实的和潜在的优势,主要体现在成本优势与产品差别化优势上。形成旅游产品的成本优势要从旅游产品及其营销组合设计,企业内部的经营管理,以及供应与储运成本等方面下功夫。发扬旅游产品差别化优势,就是要创造出易识别的、比竞争者更具吸引力的旅游服务特色及其有形特征。这一方面取决于市场的可细分化程度;另一方面还取决于企业对一定旅游产品营销组合的创意设计能力与实施能力。即使不易进行市场细分化的某些单项旅游产品,企业也应尽可能创造出比竞争者更有吸引力的产品(服务)区别特征来。

(二)选择有价值的竞争优势

并不是所有的差异都能成为竞争优势,旅游企业要做的就是区分哪些差异能够成为有价值的竞争优势。因此旅游企业需要运用一定方法对本企业产品的若干竞争优势加以具体评估,以准确选定企业产品的定位优势。通常采用评分法,即在本企业产品可能具有竞争优势的若干因素上(如服务质量、服务设施、地理位置与环境因素等),让有关专业人员和旅游者同时对本企业和竞争者的产品评分,以此优选出本企业产品的市场定位因素。

补充阅读材料

一家小型度假酒店的竞争优势

美国某地一家小型度假酒店受到老年夫妇的欢迎。该酒店位于宁静的湖旁,湖里不允许行驶摩托艇,酒店提供一日三餐新鲜、精心准备的美国食品,费用包括在房价之中。有饮食禁忌的客人,可以吃上专门为他们单独做的饭菜。每天晚上,在酒店大堂的大屏幕放映经典电影。度假酒店没有迪斯科舞厅和喧闹的酒吧,这些受老年人欢迎,但不吸引年轻人。

酒店的许多特征与其受老年人青睐没有任何关系,比如湖边一流的垂钓环境、酒店的上乘酒窖等。营销人员可选择忽视一些特征而强调另一些特征来进行产品定位或重新定位产品,以吸引不同的目标市场。

(三)沟通及传播企业的市场定位

在确定了市场定位后,旅游企业就必须要把它准确无误地传递给目标旅游者,使其独特的竞争优势在旅游者心目中留下深刻印象。旅游企业要通过营销活动使目标旅游者了解、熟悉、认同本企业的市场定位,并在旅游者心目中建立与其定位相一致的形象。由于旅游产品是无形的服务,因此其市场定位特色的有效传播,还必须强调有形证据的使用。如一家旅游企业定位于"质量上乘",那么它就必须努力地把这种信息传播出去。如高价格,因为在人们的观念中高价格往往意味着高质量:高品质的旅游产品设计、高质量的广告媒体选择、高素质经销商的合作等,这一切必须与企业"质量上乘"的定位相一致。再如一所避暑度假山庄,如欲塑造具有江南文化特色的市场定位形象,那么首先应通过建筑与装潢、服务人员的服装与行为、周围环境、室内摆设、背景音乐、文化娱乐活动、餐饮等有形因素,尽可能刻意营造出优雅、娟秀、古色古香的江南文化氛围。在销售渠道上,也尽可能选择对其形象有认同感,或自身形象也较适合的旅行社、旅游公司、旅游组织机构和团体单位;在广告设计风格上也应具有江南文化的诗情画意,在其中尽量传播有代表性的前述有形证据。

此外,旅游企业还要不断强化其市场形象并保持与目标旅游者的沟通,以巩固其市场地位。如果目标旅游者对企业的市场定位理解出现偏差,或者由于企业宣传上的失误而造成目标旅游者的误会,企业要及时纠正与其市场定位不一致的形象。

五、旅游市场定位的方法

旅游市场定位的常用方法有以下几种:

(一)初次定位

初次定位是指新成立的旅游企业初入市场、旅游新产品投入市场,或者旅游产品进入新市场时,企业为满足某一特定目标旅游者的需要,采用所有的市场营销组合而使其竞争优势与特色为目标旅游消费群体接受的过程。

(二)避强定位

这是一种避开强有力的竞争对手进行市场定位的模式。当旅游企业意识到自己无力与强大的竞争者抗衡时,则远离竞争者,根据自己的条件及相对优势,突出宣传自己与众不同的特色,满足市场上尚未被竞争对手发掘的需求,这就是避强定位。这种定位的优点是能够迅速地在市场上站稳脚跟,并在旅游者心中尽快树立起一定形象。这种定位方式市场风险较小,成功率较高,常常为多数旅游企业所采用。但避强往往意味着企业必须放弃某个最佳的市场位置。

(三)迎头定位

这是一种以强对强的市场定位方法。即将本旅游企业形象或产品形象定在与竞争者相似的位置上,与竞争者争夺同一目标市场。例如,于 1999 年 10 月开通的城际快速列车,以其快速、舒适、便利、价格合理的优势,吸引了更多的乘客,与航空客运展开了针锋相对的竞争。实行迎头定位的旅游企业应具备的条件是能比竞争对手设计出质量更好或成本更低的旅游产品;市场容量大,能容纳两个或两个以上的竞争者;拥有比竞争者更多的资源和能力。这种定位存在一定风险,但能够激励旅游企业以较高的目标要求自己奋发向上。

(四)重新定位

重新定位是指旅游企业通过改变产品特色等手段,改变目标旅游者对产品的认识,塑造新的形象。即使企业产品原有定位很恰当,但当出现下列情况时,也需要考虑重新定位。
(1)竞争者推出的市场定位侵占了本企业品牌的部分市场,使本企业产品市场占有率下降。
(2)旅游者偏好发生了变化,从喜爱本企业品牌转移到喜爱竞争对手的品牌。所以,一般来说,重新定位是旅游企业为了摆脱经营困境,寻求重塑竞争力的手段。当然,并不一定是在陷入困境时才做重新定位,作为一种战术手段,旅游企业在发现新的产品市场范围等情况时也可积极采用。

重新定位的一个成功案例是美国加州的重塑形象。加州的形象在旅游者心中早已浓缩、简化为空洞的概念:游泳池、沙滩、金门大桥、好莱坞。而且这些形象描述不断为其他旅游地"借用"。加州需要重新定位。加州新形象紧紧围绕其在地理、气候、人种、文化等方面的"多样性"这个核心特点,而用复数地名"那些加利佛尼亚"(The Califormias)为定位形象。这样,即使最不好奇的人也会寻问有几个加州。"加州"一例固然包含绝妙的广告文字技巧,但它却体现了重新定位的意义。

(五)心理定位

心理定位是指旅游区或旅游企业利用旅游者的某种需求心理状态进行定位的方法。

1.借梯登高定位

借梯登高定位又称比附定位,指的是旅游企业或者旅游目的地通过将自己同市场声望较高的某同行企业相比,借助竞争者或名人的知名度来实现自己的形象定位。比附定位最经典的案例就是美国汽车出租公司——艾维斯(Avis)公司的形象定位。该公司因最先承认屈居第一位的赫兹(Hertz)公司之后而大获成功。又例如,牙买加的定位形象表述为"加勒比海中的夏威夷",从而使牙买加从加勒比海区众多海滨旅游地中脱颖而出。我国对海南三亚也定位为"东方夏威夷"或"夏威夷第二"。目的无非是利用夏威夷绝对稳固的旅游形象而较轻易进入游客心中,并在旅游形象阶梯中占据一个较佳的位置。但比附定位对于后来跟进的旅游点不利。在今天,再用"夏威夷"去比附定位新的沙滩和岛屿已不能深入人心。

2.逆向定位

逆向定位强调并宣传定位对象是消费者心中第一位形象的对立面和相反面。例如,美国的"七喜"饮料就宣称为"非可乐",从而将所有的软饮料分为可乐和非可乐二类,"七喜"则自然成为非可乐饮料阶梯中的第一位了。深圳野生动物园的形象定位也属逆向定位。它将人们心目中的动物园形象分为两类,一类是早已为人类熟识的普通笼式动物园,在中国这类动物园以北京动物园最知名,动物品种最丰富;另一类为开放式动物园,游客与动物的活动方式对调,人在"笼"(车)中,动物在"笼"外,从而成为国内第一城市野生动物园。

第四节　旅游市场增长战略

旅游市场增长战略(tourism marketing development strategy)是指使旅游企业在现有的战略水平上向更高一级目标发展的战略。它以发展作为自己的核心向导,引导企业不断开发新产品,开拓新市场,采用新的管理方式、生产方式,扩大企业的产销规模,增强企业竞争实力。在实践中,增长战略分为密集性增长战略、一体化战略、多元化战略等多种类型。

一、密集性增长战略

密集性增长战略是在原有的经营范围内充分挖掘产品和市场方面的潜力来寻求旅游企业的增长,也称集约型增长或加强型增长战略。其具体形式有以下三种:市场渗透、市场开发、产品开发。

(一)市场渗透

市场渗透是指旅游企业在现有的市场上增加现有产品的市场占有率。要增加现有产品的市场占有率,旅游企业必须充分利用已取得的经营优势或竞争对手的弱点,进一步扩大产品的销售量,努力增加产品的销售收入。市场渗透有三种主要的方法:

1. 促使现有旅游者增加购买

包括增加购买次数,增加购买数量。杭州西湖景区已经免费开放多年,表面上看游客少花了门票钱,降低了旅游成本,但游客的平均逗留时间达到了 0.8 天,这意味着游客在住宿、吃饭、购物、娱乐等方面的支出大大增加,每个游客在杭州多逗留 24 小时,杭州的年旅游综合收入便会增加 100 亿元,这为杭州第三产业创造了大量的就业岗位和经济效益。再比如海南的离岛旅客免税购物政策目前正在进行调整,单次购物金额上限可能由 5000 元提高到1 万元,而限购次数也可能由每年 2 次提高到每年 4 次。

2. 争取竞争者的旅游者

努力使竞争者的旅游者转向购买本企业的产品。如提供比竞争对手更为周到的服务,在市场上树立更好的企业形象和旅游产品信誉,努力提高产品质量等,尽可能把竞争对手的旅游者吸引到本企业的产品上来。

3. 争取新的旅游者

使更多的潜在旅游者、从未使用过该产品的旅游者购买。市场上一般总存在没有使用过该产品的消费者,他们或是由于支付能力有限,或是由于其他原因,则企业就可以采取相应的措施,如分期付款、降低产品的价格等,使这些消费者成为本旅游企业的顾客。

补充阅读材料

旅游分期付款,蛋糕还是噱头?

分期付款旅游,是分期付款消费在旅游行业的具体应用。与分期付款买房、买车类似,消费者通过银行"借钱"去旅游,再分期将钱还给银行。一般来说,推出该种业务的旅行社或旅游网站会与相关银行合作,消费者需要拥有该银行的信用卡,而且选择的旅游线路总金额不超过信用卡当前可用额度。

事实上,分期付款旅游确实降低了旅游的门槛,手中暂时没有足够的钱,也可以提前享受旅游的乐趣。此外,通过分期付款,消费者还可获得银行信用卡积分等增值服务。恺撒旅游的副总裁张蕤告诉记者,分期付款在欧美国家是一种很普遍的出游支付方式,相比一次性付上万元,每个月只支付一两千元的分期付款模式无疑会成为促进旅游消费的因素。

游客的兴趣就是旅游机构的市场。携程网旅游业务部副总经理陈彦伊表示,对于旅行社和银行来说,分期付款旅游实现了旅游业与金融业的创新合作,增加了一种服务客户的方式。"分期付款旅游有利于旅游者、银行、旅游企业的多赢,也很符合旅游业转型升级和产业融合的要求,具有很大的发展潜力。"

(资料来源:http://www.toptour.cn/detail/info55250.htm)

(二)市场开发

旅游企业都会尽力为现有的产品寻找新的市场,满足新市场对产品的需要。市场开发有三种主要方法：

1.在当地寻找潜在旅游者

这些旅游者尚未购买该旅游产品,但是他们对产品的兴趣有可能被激发。例如,上海新发展亚太万豪酒店认为,酒店不仅仅需要依靠像世博会这样的盛会来拉动客源,想要长期的发展,最主要是要注重本地的客源。随着城市的发展,人们开始越来越多的注重生活质量,繁复忙碌的生活背后,适时改变生活方式,体会轻松宁静的氛围放松心情。酒店正是看中了这一点,注重本地长期客户的培养,真正做到信赖和品质共存的服务理念。

2.使现有产品进入新的细分市场

自 2012 年年底中央提出"八项规定"后,全国各地劲吹低调、廉洁之风。各地的高级会所、星级酒店因此"愁容满面",杭州市区浙江饭店、世贸君澜大饭店、杭州天元大酒店等众多星级酒店的会议宴席订单均有所减少,其中不少酒店订单减少两成以上。更有甚者,个别星级酒店会议宴订单骤减五成。为了弥补经营亏损,浙江饭店做了销售调整,目前以散客和商务公司宴会为主要销售对象;世贸君澜大饭店借助婚宴销售的增长,较为成功地抵住了压力,同时拓展刚性需求的特色宴席,诸如:生日宴、百日宴、谢师宴等。

3.扩大旅游企业市场范围

旅游企业可以建立新的销售渠道或采取新的营销组合,发展新的销售区域,如向其他地区或国外发展。

补充阅读材料

斯里兰卡开拓中国旅游市场

2009 年 6 月 18 日至 20 日"2009 北京国际旅游博览会"在北京展览馆举办。6 月 16 日晚,斯里兰卡政府携斯里兰卡旅游局,在斯驻华大使官邸举办盛夏鸡尾酒会,共同讨论斯里兰卡旅游新市场开发等问题,以期促进全球金融危机下斯里兰卡旅游市场繁荣和发展。斯里兰卡是一个充满神话和传奇的国度,其历史可以追溯到 2500 年前。斯里兰卡拥有许多联合国教科文组织命名的历史文化古城,如阿努拉达普拉、波罗那鲁瓦以及康提,这些城市都配备有舒适的住宿设施,交通十分便利。多样的地貌、生态和丰富多彩的文化使斯里兰卡成为世界上一个独特的旅游胜地。在斯里兰卡这个万物俱全的岛国,风景名胜多姿多彩,一年四季都是理想的旅游目的地。斯里兰卡旅游局马杜女士介绍说他们将从以下两个方面来对斯里兰卡的旅游进行推广:(1)与旅行社合作,开发不同产品价位,提供给其销售;(2)加大旅游产品宣传力度,做一些广告,从形象上进行推广。除此之外,旅游局还将开发新的支持旅游计划,并与旅行社沟通新的套餐。

（资料来源：http://www.mofcom.gov.cn/aarticle/i/jyjl/j/200907/20090706405044.html)

(三)产品开发

向现有市场提供新产品或改进的新产品,目的是满足现有市场的不同层次需求。具体的做法有:利用现有旅游资源增加新的旅游产品;在现有旅游产品的基础上,增加旅游产品的类型;或赋予旅游产品新的特色;推出不同档次、不同特色的旅游产品。发展这些机会,旅游企业就有可能从中找到促进销售增长的途径。旅游产品开发包括旅游产品升级换代、旅游产品延伸开发和开发全新旅游产品三种方法。

补充阅读材料

顶级火车游进入市场，传统旅游产品升级

在国内传统旅游市场，火车游往往让人联想到的是"低端"和"老年团"等。殊不知，在高端旅游中，火车游也有一席之地。目前亚洲、欧洲、非洲、南美等目的地区域均有顶级火车线路，售价从 4 万元到 20 万元不等，均在精华路段上采用顶级火车，让客人在慢旅行的过程中，饱览最壮美的自然风光。

其中，顶级火车游中"东方快车泰国＋马来西亚＋新加坡 7 天"这条线路最为经典。车厢内处处可见原木嵌画、漆器、泰式墙雕及刻花镜等装饰，每间客房均配置独立洗手间及淋浴，提供宝格丽浴室用品、浴袍、专用文具等，并配以法国行政总厨烹饪的欧、亚美食料理。火车以每小时约 50 公里的车速，悠闲地穿越马来半岛的热带雨林，行驶于曼谷与新加坡之间。

另外，在"瑞士＋意大利景观火车奇峰湖泊 10 天"线路中，在卢塞恩选用瑞士最著名的黄金列车，穿越绿色乡野和木屋，在清澈湖水与远处白云山峰的迎接下到因特拉肯，而从因特拉肯到少女峰，则搭乘有近百年历史的少女峰铁道到达海拔 3454 米的欧洲最高火车站少女峰火车站，还有马特洪哥达窄轨铁路、冰河列车，在不同特色火车的穿行间欣赏瑞士风光。

"南非开普敦非洲之傲列车、维多利亚瀑布 11 天"，从开普敦到约翰内斯堡，采用被称为"狂野中的尊贵"的非洲之傲列车。还有"智利＋秘鲁神秘文明 14 天"产品，精华段的马丘比丘参观，搭乘的是豪华列车东方快车。

（资料来源：http://www.zj.xinhuanet.com/newscenter/focus/2012-09/27/c_113221572.htm）

二、一体化增长战略

一体化增长战略是根据旅游企业现有的经营活动和旅游产品的关系，实现价值链向前或向后延伸，或者扩大产业价值链的价值流量。它又可细分为两种基本类型：纵向一体化战略和横向一体化战略。

（一）纵向一体化战略

纵向一体化（vertical integration strategy）又叫垂直一体化，指旅游企业扩展现有经营业务，将生产与原料供应，或者生产与产品销售联合在一起的战略形式。纵向一体化又包括前向一体化和后向一体化。前向一体化战略是旅游企业自行对旅游产品做进一步深加工，或者资源进行综合利用，或旅游企业建立自己的销售组织来销售本企业的产品或服务。后向一体化则是旅游企业自己供应生产现有产品或服务所需要的全部或部分原材料或半成品。

补充阅读材料

中青旅的纵向一体化

中青旅改制上市后，不断向旅游资源市场整合，开发酒店和乌镇景区等接待资源，2005 年，投资 9600 万元入股深圳山水酒店成立中青旅山水酒店管理公司，目前中青旅在深圳已有 3 家山水经济型连锁酒店，中青旅目前的酒店业务立足于深圳和北京，形成环渤海地区、泛珠三角地区

两大核心业务区域,逐步成为国内一流的中档商务连锁酒店品牌。2007年,中青旅斥资3.55亿元控股浙江省桐乡市乌镇古镇旅游投资有限公司。中青旅通过掌控旅游资源(景区、酒店、交通、地接社)和整合下游销售渠道实现纵向联合,是着眼于长期发展的战略储备,着力于打造国际化的品牌旅游运营商。

(资料来源:http://www.docin.com/p-620324073.html)

(二)横向一体化战略

横向一体化战略(horizontal integration strategy)也叫水平一体化战略,是指为了扩大生产规模、降低成本、巩固旅游企业的市场地位、提高企业竞争优势、增强企业实力而与同行业企业进行联合的一种战略。国际化经营是横向一体化的一种形式。如深圳市宝中旅行社有限公司率先实行以连锁加盟经营管理方式组建组团中心,开展国内及出境游业务,2013年已经成为深圳地区拥有最多门店销售渠道的旅行社,在金融危机面前产生了抗市场冲击的良好效应。该公司计划用三年时间,在全国一线城市开设10家以上子公司,开设旅游门店1000个,实现营业额100亿元。

采用横向一体化战略,旅游企业可以有效地实现规模经济,快速获得互补性的资源和能力。此外,通过收购或合作的方式,旅游企业可以有效地建立与客户之间的固定关系,遏制竞争对手的扩张意图,维持自身的竞争地位和竞争优势。

不过,横向一体化战略也存在一定的风险,如过度扩张所产生的巨大生产能力对市场需求规模和企业销售能力都提出了较高的要求;同时,在某些横向一体化战略如合作战略中,还存在技术扩散的风险;此外,组织上的障碍也是横向一体化战略所面临的风险之一,如"大企业病"、并购中存在的文化不融合现象等。

三、多元化增长战略

多元化经营战略(strategy of diversification)又称为多角化经营战略,亦称多角化增长战略。它是指旅游企业向本行业以外发展,扩大业务范围,实行跨行业经营。多角化经营战略属于开拓发展型战略,是旅游企业发展多品种或多种经营的长期谋划。旅游企业多角化经营主要有以下三种类型:

(一)同心多角化经营战略

同心多角化经营战略(concentric diversification)也称集中化多角化经营战略。它是指旅游企业利用原有的生产技术条件,制造与原产品用途不同的新产品。同心多角化经营的特点是,原产品与新产品的基本用途不同,但它们之间有较强的技术关联性。如饭店利用管理优势组建酒店管理公司或物业管理公司,上海锦江国际酒店(集团)股份有限公司是同心多角化经营战略的典型,作为中国领先的酒店集团,它主要从事星级酒店营运与管理、经济型酒店营运与特许经营、餐厅营运、客运物流和旅行社等业务。

(二)水平多角化经营战略

水平多角化经营战略(horizontal diversification)也称为横向多角化经营战略。它是指旅游企业生产新产品销售给原市场的顾客,以满足他们新的需求。水平多角化经营的特点是,原产品与新产品的基本用途不同,但它们之间有密切的销售关联性。如横店影视城不断拓展影视拍摄的上下游服务链条,包括上游的群众演员招募(由群众演员工会组织管理)、演职人员提供(由横店影视职业学院培训)、服装道具制造(专门的服装道具公司)以及下游的影视后期制造(剪辑、录音等)、影视宣传推广(传媒公司)等,培育了横店影视城特有的"影视拍摄配套集群",造就了横店影视城领先于国内众多影视城的独特竞争力。

(三)整体多角化经营战略

整体多角化经营战略(conglomerate diversification)也称混合式多角化经营战略。它是指旅游企业向与原产品、技术、市场无关的经营范围扩展。如美国国际电话电报公司的主要业务是电讯,后扩展经营旅馆业。整体多角化经营需要充足的资金和其他资源,故为实力雄厚的大公司所采用。如房地产开发商中泰集团经营台州海洋世界,万向集团投资 8 亿元开发千岛湖景区。

第五节　旅游市场竞争战略

随着商品经济和国际经济一体化的不断发展,市场竞争日趋激烈,旅游企业面临各种市场竞争应当采取何种竞争战略呢? 本节将针对此问题提出竞争者的一般战略和处于不同市场地位的竞争者战略。

一、旅游市场竞争者分析

对竞争对手进行分析是确定组织在行业中战略地位的重要方法。旅游市场竞争者分析的目的是为了准确判断竞争对手的战略定位和发展方向,并在此基础上预测竞争对手未来的战略,准确评价竞争对手对本企业的战略行为的反应,估计竞争对手在实现可持续竞争优势方面的能力。竞争者分析一般包括以下五项内容和步骤:

(一)识别企业的竞争者

从表面上看,识别竞争者是一项非常简单的工作,但是,由于需求的复杂性、层次性、易变性,技术的快速发展和演进、产业的发展等,使得旅游企业的竞争市场极为复杂。旅游企业应从以下不同的角度,识别自己的竞争对手,了解自己的竞争地位及彼此的优劣势,以更好地适应和赢得竞争。

1.从行业的角度来看,旅游企业的竞争者有

1)现有旅游企业,指本行业内现有的与本旅游企业生产同样产品的其他企业,它们是企业的直接竞争者。

2)潜在加入者:当行业前景乐观、有利可图时,会引来新的竞争企业,并要求重新瓜分市场份额和主要资源。另外,某些多元化经营的大型企业还经常利用其资源优势从一个行业侵入另一个行业。新企业的加入,将可能导致产品价格下降,利润减少。

3)替代品企业:与某一旅游产品具有相同功能、能满足同一需求的不同性质的其他产品,属于替代品。随着科学技术的发展,替代品将越来越多,某一行业的所有企业都将面临与生产替代品的其他行业的企业进行竞争。

2.从市场方面看,旅游企业的竞争者有

1)品牌竞争者:旅游企业把同一行业中以相似的价格向相同的顾客提供类似产品或服

务的其他企业称为品牌竞争者。如喜来登、洲际、凯悦、喜达屋等知名酒店品牌的竞争。品牌竞争者之间的产品相互替代性较高,因而竞争非常激烈。

2)行业竞争者:也称产品级别竞争者,指旅游企业把提供同种或同类产品,但档次、型号、款式不同的企业称为行业竞争者。所有同行业的企业之间存在彼此争夺市场的竞争关系。如高星级酒店与经济型酒店之间的关系。

3)需要竞争者:也称一般竞争者,提供不同种类的产品,但满足和实现消费者同种需要的企业称为需要竞争者。如航空公司、铁路客运、长途客运汽车公司都可以满足旅游者外出旅行的需要,当火车票价上涨时,乘飞机、坐汽车的旅客就可能增加,相互之间争夺满足消费者的同一需要。

4)消费竞争者:也称愿望竞争者,提供不同产品、满足消费者的不同愿望,但目标消费者相同的企业称为消费竞争者。如很多消费者收入水平提高后,可以把钱用于旅游,也可用于购买汽车,或购置房产,因而这些企业间存在相互争夺消费者购买力的竞争关系,消费支出结构的变化,对企业的竞争有很大影响。

3. 从企业所处的竞争地位来看,旅游企业竞争者的类型有

1)市场领导者(leader):指在行业的产品市场上占有最大市场份额的旅游企业。如嘉年华游船公司是世界最大的游轮市场领导者。市场领导者通常在产品开发、价格变动、分销渠道、促销力量等方面处于主宰地位,其地位在竞争中形成,但不是固定不变的。

📖 补充阅读材料

美国拉斯维加斯——旅游市场的领导者

拉斯维加斯城(City of Las Vegas)别称世界娱乐之都(The Entertainment Capital of the World)、罪恶之城(Sin City)、赌城。于1911年成为美国的独立行政区划,而在内华达州,博彩业取得合法化地位,也仅有70多年的历史。在这相对较短的时间里,拉斯维加斯城成为世界上最著名的旅游目的地之一,并在博彩业和娱乐旅游市场上占有领导者地位。从一个巨型游乐场到一个真正有血有肉、活色生香的城市,拉斯维加斯在10年间脱胎换骨。每年来拉斯维加斯旅游的3800多万旅客中,来购物和享受美食的占了大多数,专程来赌博的只占少数。而这座城市的吸引力也慢慢变得多元化。在这里,你可以找到美食、找到艺术、找到娱乐、找到一个多元化城市的所有要素。这个城市提供非常豪华的度假旅馆、世界有名的娱乐节目、廉价但高级的晚餐、世界级的高尔夫球场、离赌城不远的水上活动场所和最近新增加的儿童游乐场。

(资料来源:http://baike.baidu.com/)

2)市场挑战者(challenger):指在行业中处于次要地位的旅游企业。如 Virgin 大西洋航空公司是英国—美国跨大西洋航线业务市场的挑战者,一直展开与英国航空公司的竞争。市场挑战者往往试图通过主动竞争扩大市场份额,提高市场地位。

3)市场追随者(follower):指在行业中居于次要地位,并安于次要地位,在战略上追随市场领导者的旅游企业。市场追随者的最主要特点是跟随。在技术方面,它不做新技术的开拓者和率先使用者,而是做学习者和改进者。在营销方面,不做市场培育的开路者,而是搭便车,以减少风险和降低成本。

4)市场补缺者(nichers):多是行业中相对较弱小的一些中、小旅游企业,它们专注于市

场上被大企业忽略的某些细小部分,在这些小市场上通过专业化经营来获取最大限度的收益,在大企业的夹缝中求得生存和发展。市场补缺者通过生产和提供某种具有特色的旅游产品和服务,赢得发展的空间,甚至可能发展成为"小市场中的巨人"。市场补缺已经成为目前许多中小型在线旅游企业生存发展之道。

补充阅读材料

游侠客

对于小型旅行社来说,网站中的"兴趣社区"是探究消费者心理、指南旅行社销售策略、调整旅行社产品的一个重要参照物。因为"兴趣社区"是由共同兴趣的人组成的虚拟社区,小型旅行社集中经营于某些细小的目标市场是在市场中生存的途径之一。

杭州的游侠客网络平台从2008年年底开始独立运营,以"旅游十交友"模式开拓独立运营的数条独一无二路线,并集中通过19楼论坛等平台对徒步旅游、摄影旅游等利基市场进行深度宣传,目前拥有35万注册会员,每日独立访客15000人左右,被评为2010年长三角最具创新力网站10强,最具投资价值的旅游电子商务网站、2011年凤凰网《中文100强论坛》旅游类网站5强。"游侠客"的成功经验便是在线网络平台十线下服务实体相结合的典型,值得推广。

(资料来源:www.youxiake.com)

(二)确认竞争者的目标

在识别了主要竞争者之后,旅游企业经营者应思考:每个竞争者在市场上寻求什么?什么是竞争者行动的动力?一般认为,所有竞争者都追求利润最大化,并以此为出发点采取各种行动。但是,这种假设过于简单。不同的企业对长期利益与短期利益各有侧重。有些竞争者更趋向于获得"满意"的利润而不是"最大利润"。尽管有时通过一些其他的战略可能使他们取得更多利润,但它们有自己的利润目标,只要达到既定目标就满足了。也就是说,竞争者往往并不把利润作为唯一的或首要的目标。在利润目标的背后,竞争者的目标是一系列目标的组合,对这些目标竞争者各有侧重。

因此,旅游企业必须跟踪了解竞争者进入新的细分市场的目标。若发现竞争者开拓了一个新的细分市场,这对企业来说可能是一个发展机遇;若旅游企业发现竞争者开始进入本企业经营的细分市场,这意味着企业将面临新的竞争与挑战。对于这些市场竞争动态,企业若了如指掌,就可以争取主动,有备无患。

(三)竞争者优劣势分析

1.竞争者优劣势分析的必要性

在市场竞争中,旅游企业需要分析竞争者的优势与劣势,做到知己知彼,才能有针对性地制定正确的市场竞争战略,以避其锋芒、攻其弱点、出其不意,利用竞争者的劣势来争取市场竞争的优势,从而实现企业营销目标。

2.竞争者优劣势分析的内容

1)产品。竞争旅游企业产品在市场上的地位;产品的适销性;以及产品系列的宽度与深度。

2)营销渠道。竞争旅游企业营销渠道的广度与深度;营销渠道的效率与实力;营销渠道的服务能力。

3)市场营销。竞争旅游企业市场营销组合的水平;市场调研与新产品开发的能力;销售队伍的培训与技能。

4)生产与经营。竞争旅游企业的生产规模与生产成本水平;设施与设备的技术先进性与灵活性;专利与专有技术;生产能力的扩展;质量控制与成本控制;区位优势;员工状况;原材料的来源与成本;纵向整合程度。

5)研发能力。竞争旅游企业内部在产品、工艺、基础研究、仿制等方面所具有的研究与开发能力;研究与开发人员的创造性、可靠性、简化能力等方面的素质与技能。

6)资金实力。竞争旅游企业的资金结构;筹资能力;现金流量;资信度;财务比率;财务管理能力。

7)组织。竞争旅游企业组织成员价值观的一致性与目标的明确性;组织结构与企业策略的一致性;组织结构与信息传递的有效性;组织对环境因素变化的适应性与反应程度;组织成员的素质。

8)管理能力。竞争旅游企业管理者的领导素质与激励能力;协调能力;管理者的专业知识;管理决策的灵活性、适应性、前瞻性。

(四)确定竞争者的战略

旅游企业根据所采取的主要战略不同,可将竞争者划分为不同的战略群体,所采取的战略越相似,他们之间的竞争就越激烈。根据战略群体的划分,可以归纳出两点:一是进入各个战略群体的难易程度不同。一般小型旅游企业适于进入投资和声誉都较低的群体,因为这类群体较易打入;而实力雄厚的大型旅游企业则可考虑进入竞争性强的群体。二是当旅游企业决定进入某一战略群体时,首先要明确谁是主要的竞争对手,然后决定自己的竞争战略。

除了在同一战略群体内存在激烈竞争外,在不同战略群体之间也存在竞争。因为:(1)某些战略群体可能具有相同的目标客户;(2)顾客可能分不清不同战略群体的产品的区别,如分不清高档货和中档货的区别;(3)属于某个战略群体的企业可能改变战略,进入另一个战略群体,如提供高端旅游产品的企业可能转而开发中档旅游产品。

(五)竞争者的市场反应行为

1.迟钝型竞争者

某些竞争旅游企业对市场竞争措施的反应不强烈,行动迟缓。这可能是因为竞争者受到自身在资金、规模、技术等方面的能力的限制,无法做出适当的反应;也可能是因为竞争者对自己的竞争力过于自信,不屑于采取反应行为;还可能是因为竞争者对市场竞争措施重视不够,未能及时捕捉到市场竞争变化的信息。

2.选择型竞争者

某些竞争旅游企业对不同的市场竞争措施的反应是有区别的。例如,大多数竞争旅游企业对降价这样的价格竞争措施总是反应敏锐,倾向于做出强烈的反应,力求在第一时间采取报复措施进行反击,而对改善服务、增加广告、改进产品、强化促销等非价格竞争措施则不大在意,认为不构成对自己的直接威胁。

3.强烈反应型竞争者

竞争旅游企业对市场竞争因素的变化十分敏感,一旦受到来自竞争者的挑战就会迅速地做出强烈的市场反应,进行激烈的报复和反击,势必将挑战自己的竞争者置于死地而后快。这种报复措施往往是全面的、致命的,甚至是不计后果的,不达目的决不罢休。这些强烈反应型竞争者通常都是市场上的领先者,具有某些竞争优势。一般旅游企业轻易不敢或不愿挑战其在市场上的权威,尽量避免与其作直接的正面交锋。

4.不规则型竞争者

这类竞争旅游企业对市场竞争所做出的反应通常是随机的,往往不按规则出牌,使人感得不可捉摸。例如,不规则型竞争者在某些时候可能会对市场竞争的变化做出反应,也可能不做出反应;他们既可能迅速做出反应,也可能反应迟缓;其反应既可能是剧烈的,也可能是柔和的。

二、三种基本的竞争战略

著名的企业战略学家迈克·波特的竞争战略理论,为企业长期保持有利的竞争地位、领先于同行业中的所有竞争对手指明了三种相互联系、相辅相成的竞争战略,即成本领先战略、差异化战略以及集中战略。这三种基本竞争战略也同样适用于旅游企业。

(一)成本领先战略

即全面成本领先战略,指旅游企业全面地控制成本和管理费用,以及研究与开发、服务、销售、广告等领域的费用,使成本降低到最小限量。旅游企业利用该战略主要表现在旅行社能争取最低的客房价及订餐价格,饭店在各方面的开支最低,如原材料采购、员工工资、日常维修等。但所有这些都需要以不降低产品质量和服务质量为前提,才能取得效益。全面降低成本能加强旅游企业同竞争者的抗衡,因为降低成本,可比竞争者获取更多的相对利益,增强对付买方讨价还价的能力;对新竞争对手的进入可设置巨大障碍。正因为如此,目前很多旅游企业如旅行社和饭店竞相削价。

需要指出的是"削价竞争"不等于成本领先,成本领先战略的实施须要结合企业自身条件来进行,才能正常健康地引导企业竞争。因为旅游企业要取得全面低成本地位,需要相对高的市场占有率或其他优势。要实施这一竞争战略需要相应的财力和技术,如持续的资本投入和流转,建立低成本的分销系统。还需要有一定的组织要求,即严密的组织结构和责任,严格的成本控制报告等。

(二)差异化战略

即别具一格战略,是指旅游企业提供差异化的产品或服务,造成某种被行业视为独特事物的战略。在差异化战略的指导下,一家旅游企业在旅游者广泛重视的某些方面力求在本行业中独树一帜。企业从其产业里挑选出许多旅游者所重视的一个或数个特质,把自己置于别出心裁的地位上以满足这些需求,从而得到溢价的报偿。

差异化的途径很多,产品品牌形象、产品技术、产品特点、客户服务、销售网及其他方面均可有别具一格的表现。如饭店管理中,追求服务个性化等。差异化战略是有力的竞争武器,可使旅游企业获得高于行业平均水平的收益。因为它使竞争者难以仿效,产品的差异性还可提高企业的利润,维护一定程度上的垄断地位。产品差异化战略要求相应的技能、财力及管理。如具有很好的市场营销能力、有特色的旅游产品线路及优质的服务、善于吸收其他先进管理经验的独特组合方式等。

(三)集中战略

集中战略是指旅游企业将力量集中于特定的购买者群体、特定的生产线及某个地区市场上,它可有多种形式,但必须围绕着一个特定的目标进行服务。集中一点的旅游企业,选择产业里的一个或一些细分市场,使其战略适合于这部分市场而不顾及其他。企业通过完善适合其目标市场的战略,谋求在它不拥有全面竞争优势的目标市场上取得竞争优势。集中战略的具体形式可以是总成本领先,即在目标市场上比竞争对手更具成本优势;也可以是差异化,即在目标市场上取得差异化优势;或者是这两者的结合。

三、处于不同市场地位旅游企业的竞争战略

(一)旅游市场主导者战略

所谓旅游市场领导者,是指在旅游市场上占有最大的市场份额的企业。它在新产品开发、价格变动、分销渠道和覆盖面及促销力量等方面领导其他企业,并为同行所有企业所公认。它成为同行业其他竞争者挑战、模仿或回避与之竞争的对象。但市场领导者的地位不是一成不变的,要保持已有的地位,市场领导者一般会采取以下策略:

1.扩大旅游市场总需求量

由于旅游市场领导者所占市场份额居于第一位,因而在总需求增加的前提下,领导者得利益就最多。扩大市场总需求量的途径有:

1)市场开发。寻觅新的旅游者,即发掘潜在消费者,以开发新的顾客群,向国际市场开拓等。

2)产品开发。开发旅游产品新的用途,通过开发新产品用途来扩大市场需求量。

3)增加产品使用量。增加旅游者使用是扩大市场需求的重要途径。

2.保持市场占有率

旅游市场领导者在努力扩大市场规模的同时,必须不断创新以继续保持自己原有的业务,防备竞争者的挑战。在新产品构思、顾客服务、分销成本低、效率高等方面始终领先,利用对手的弱点,实行"进攻原则"或恰当的"防御原则"。通常可采用以下六种防御策略:

1)阵地防御。就是在现有阵地周围建立防线,这是一种静态的防御,也是防御的基本形式。但如果单纯采用消极的静态防御是绝对不够的。对营销者而言,只保护自己目前的产品和市场,是一种"营销近视症"。

2)侧翼防御。这是指市场主导者除了保护自己的阵地之外,还建立某些辅助性的基地作为防御线地,或必要时作为反攻基地。

3)先发防御。这是一种"先发制人"式的防御机制,即在竞争者尚未进攻之前,先主动进攻。

4)反攻防御。当市场主导者受到攻击时,一种有效的防御就是反攻入侵者的主要市场阵地。

5)运动防御。不仅防御目前的阵地,而且还要扩展到新的市场阵地,作为未来防御和进攻的中心。

6)收缩防御。在所有市场阵地上全面防御有时会得不偿失,在这种情况下,最好是实行战略收缩,即放弃疲软的市场阵地,把力量集中到主要的市场阵地上去。

3.扩大市场占有率

旅游市场领导者还可通过提高市场占有率来提高其利润,以维持领导者的地位。可通过扩大规模来扩大市场份额。如旅行社增设网点、开发新的旅游景点,酒店扩建、增加功能等。旅游市场总规模增长,而旅游市场领导者规模更快扩张是较为典型的另一种扩大市场份额模式。

补充阅读材料

嘉年华游船公司的竞争战略

嘉年华游船公司(Carnival Cruise Lines)1972年以前以一艘游船起家,现已成为世界最大的游轮公司。2012年52%的市场占有率奠定了其在游轮行业的领导地位。公司拥有101艘巨型游轮以及十条完全不同的航线。每年搭载的乘客有850万之多。它不局限于传统游船市场,而关注更大的休闲度假市场。这一基本战略使它获得了成功。广告:

嘉年华游船和迪斯尼世界度假,一个神奇的组合

现在世界第一游船公司与世界第一度假目的地,带给你辉煌的7日度假!乘上超级幻想号游船,你就会享受到激情的夜生活、最大的船上赌场、美食和杰出的服务。并且,在奥兰多你会住在迪斯尼世界度假区,可以随便进入迪斯尼的7个主题公园。"既然其他公司已经开始和我们唱一样的曲调,我们就必须比以前唱得更清晰、更响亮。"

(资料来源:(美)詹姆斯·伯克等著《旅游产品的营销与推销》.叶敏等译.电子工业出版社,2004)

(二)旅游市场挑战者战略

旅游市场挑战者是指在行业中居于第二、三名或名次更低的旅游企业。他们可以向市场领导者挑战或向其他竞争者进攻,以夺取更高的市场占有率。市场挑战者首先要确定战略目标及竞争对手,然后再选择相应的进攻策略。

1.选择战略目标和挑战对象

市场挑战者面临的首要问题是界定战略目标和对手。如前所述,大多市场挑战者都将扩大市场份额作为主要战略目标,因此多从下述三类企业中选择攻击对象:

1)攻击市场主导者。这属风险较大但吸引力也大的战略行为,特别是当被攻击者在满足市场需要方面做得不太好,够不上真正市场主导者时,这种战略行动更具有意义。攻击目标要选择用户需求未被充分满足的地方。通过创造新产品,从主导者手中夺取部分市场。

2)攻击实力相当者。挑战者也可以从实力相当的旅游企业中挑选经营不善或财务困难者作为进攻对象,直接夺取其市场份额。

3)攻击地方性小企业。对一些当地小旅游企业中经营不善或财务困难者,可夺取他们的顾客,甚至把其收购或兼并以获得全部市场。

总之,无论在何种情况下,如果要发动攻势,进行挑战,就必须遵守军事上的一条原则:每项军事行动都必须指向一个明确的、肯定的而且可以达到的目的。

2.进攻战略选择

在进攻对象和战略目标均已确定的情况下,挑战者还需选择有效的进攻方式或进攻战略,通常可供选择的进攻战略有如下几种:

1)正面进攻。进攻者集中全力直接攻击竞争对手,并且是攻击对手的强处而不是弱处,在产品、广告、价格等方面进行较量。正面进攻还可用一种变通形式,即策略变化的正面进攻。最常用的方法是针对竞争对手实行削价。价格进攻策略有两种形式:一种是所提供的产品在其他条件方面与市场领导者不相上下,而只通过削价来打击市场领导者。另一种形式是在研究开发中大量投资、提高效益、降低成本及降低价格。

2)侧翼进攻。进攻者集中力量进攻对手的市场弱点。适用于那些资源比对手少的进攻者。可采用两种策略:一种是地理性攻击,即进攻对手销售力量薄弱的地区,如:假日集团提出要在有公路的地方就有 Holiday-Inn。另一种是从市场领导者尚未覆盖的细分市场攻击。如广东中旅推出的探险旅游——进军罗布泊。实践证明,侧翼进攻比正面进攻成功率更大,它是现代市场营销中最佳的策略。

3)包围进攻。如果说单纯的侧翼进攻是指集中力量填补竞争者在现有市场上无法覆盖的缺口,那么,包围进攻则是通过“闪电”战术,夺取对手一大片市场。该进攻是全面进攻,即同时从正面、侧面和背面向对手进攻。一般要求进攻者的力量比对方强,能向市场提供竞争者所能提供的产品,甚至更多产品并得到顾客的接受。

4)迂回进攻。这是指进攻者避开竞争对手现有市场阵地,绕过对手向容易进入的市场发动进攻,扩大自己的市场,它是一种间接进攻策略。一般可采取三种方法:一是多角化经营,即经营无关产品;二是以现有产品打入新市场;三是开发新产品,替代现有产品。

5)游击进攻。这是指进攻者向对方不同阵地发动小规模的、断断续续的攻击,小型的、偷袭式的促销或价格攻势,以便达到骚扰敌人、巩固自己阵地的目的。适用于资金缺乏的小企业。

补充阅读材料

市场挑战者——Virgin 大西洋航空公司

为在英国—美国跨大西洋航线业务中争取到较大份额,Virgin 公司一直与英国航空公司竞争。在 Virgin 公司机票价格中,包含着飞行前后使用健身俱乐部和图书馆,享受更舒适的座位,更高质量的饭菜和电视娱乐的费用。其目的就是想说服横渡大西洋的旅客乘坐他们的航班。其创始人布兰森认为:“维珍是一只厚着脸皮,体型比不上领头狗的小狗,但它能跑得很快,紧跟大企业的脚后跟抢东西吃。”而维珍的成绩有目共睹:维珍可乐从可口可乐、百事可乐口中抢到了欧洲 20％的市场份额;维珍大西洋航空从英国航空老大“英航”手中抢到了“上海—伦敦”直飞航线的独营权;维珍电信从最不开放的电信业抢到移动网络运营权。维珍的定位与 Avis 的“我们是第二,但我们会更努力!”具有异曲同工之妙。

(资料来源:(美)詹姆斯·伯克等著《旅游产品的营销与推销》.叶敏等译.电子工业出版社,2004)

(三)旅游市场跟随者战略

旅游市场跟随者是指位次更低的旅游企业,不向市场领导者挑战,而是安于次要地位,在"共处"的情况下获取更多的利益。它不同于旅游市场挑战者,不发动进攻而是在市场领导者之后维持和平局面。但这种跟随不是单纯的模仿,而是具有自身的策略,跟随领导者又不导致领导者进行报复的策略。

1. 紧密跟随

紧密跟随是指在各细分市场和市场营销组合策略方面模仿领导者,但避免侵犯主导者敏感的领地,避免任何直接的冲突。

2. 距离跟随

距离跟随是指在主要市场、产品革新、价格水平及分销等方面主要追随领导者,但在某些方面仍存在差异。

3. 选择追随

选择追随是指在某些方面紧跟市场领导者,仿效领导者许多行之有效的策略,有时又是自行其是,表现出创新精神,但它又避免同市场领导者直接竞争。这类追随者中有的可能发展成为市场挑战者。

▣ 补充阅读材料

市场跟随者——全包价旅游度假俱乐部

麦德俱乐部是全包价旅游度假区产品的市场领导者,开创了一种度假理念:机票、住宿、餐饮、娱乐和活动等几乎所有项目开销实行通票制——全包价。这种做法逐渐流行,招来了许多模仿者和追随者。今天,在加勒比岛、百慕大群岛等地,有许多全包价度假地。除麦德俱乐部外,你还可通过其他俱乐部来选择这些度假地。每个度假区为相同的目标市场提供可供选择的地点和差别不大的项目。这些追随者决定既不做市场领导者,也不做市场挑战者。他们相信:如果人们对全包价度假地的需求增加,他们将分享这个扩大的市场。

(资料来源:(美)詹姆斯·伯克等著《旅游产品的营销与推销》.叶敏等译.电子工业出版社,2004)

(四)旅游市场利基者战略

旅游市场利基者就是指精心服务于市场的某些细小部分,而不与主要的企业竞争,只是通过专业化经营来占据有利市场位置的企业。理想的利基者市场具有以下特征:有相当规模和购买能力,以便能够赢利;有潜在的发展力;大竞争者对它不感兴趣;旅游企业具有资源与能力为此市场服务;依靠旅游企业在顾客中树立的信誉可以有效地抵御大的竞争者。

如纽约市的摩根斯(Morgans)饭店,普通游客并不知晓,但是它在曼哈顿却是拥有高客房入住率的饭店之一。它是一家被称为精品饭店的特殊类型饭店,也就是那种小型的、豪华的、强调个性化服务的饭店,其客房数不足 200 间,提供 24 小时门卫服务,并且拥有一个"首相"餐厅。精品饭店吸引着富有的、高要求的旅游者。

总之,市场利基者要获得有利市场,关键在于实行专业化营销,即在市场、顾客、产品或营销组合方面实行专业化。同时也要承担很大的风险,由于小利基市场本身可能枯竭或受到攻击,因此采用多重利基市场比单一利基市场有利,可增加利基市场者生存和发展的机会。

第六节　旅游品牌战略

一、旅游品牌的含义

旅游品牌是指旅游经营者凭借其产品及服务确立的代表其产品及服务形象的名称、标记、符号、图案或它们的组合,是企业品牌和产品品牌的统一体,它体现着旅游产品的个性及消费者对此的认同。旅游商标是指旅游企业将自己的品牌名称和内容在商标当局注册后,就享有使用其品牌名称和内容的专用权以及相应的法律保护,其他企业不得仿效使用。在此,应注意品牌和商标的区别,商标是注册后的一个品牌,是品牌的一个法律名称,或是受法律保护的一个品牌或一个品牌的一部分。

旅游品牌从本质上说,是在向旅游者传递一种信息,一个完整的旅游品牌应该包含以下六层含义:

1)属性:旅游品牌能够带给旅游者的首先是某种特定的属性。它包括优美的自然景观、深厚的文化底蕴、尊贵、欢乐与享受的体验、对环保的关注等。例如"海南康乐海航度假酒店",从名称上就可以识别该旅游产品的特点属性。

2)利益:旅游者购买旅游产品是追求某种或某些利益。对属性的需求可以转化为功能和情感利益。例如"最完美的服务、最奢华的设施、最精美的饮食"这些属性转化成顾客购买酒店产品的功能性利益。

3)价值:品牌价值是一种超越企业实体和产品以外的价值,是与品牌的知名度、认同度、美誉度、忠诚度等旅游者对品牌印象紧密相关的、能给企业和旅游者带来效用的价值,是产品属性的升华。如"希尔顿"品牌体现了最高水平的服务、可靠的承诺、宾至如归的感觉和对人性的关怀。

4)文化:品牌的内涵是文化,品牌属于文化价值的范畴,是社会物质形态和精神形态的统一体,是现代社会的消费心理和文化价值取向的结合。如香格里拉着力打造的"殷勤好客亚洲情";星巴克咖啡推崇的美国大中华文化等。

5)个性:品牌的个性是品牌存在的灵魂,是品牌与旅游者沟通的心理基础,旅游者对品牌的喜爱是源于对品牌个性的认同。品牌个性比品牌形象更深入一层,形象只是造成认同,个性可以造成崇拜。如迪斯尼乐园的品牌个性在于给游客以欢乐,从而为顾客创造独特体验。

6)使用者:品牌暗示了购买或使用旅游产品的消费者类型。品牌个性所代表的象征意义表现了与之相适应的顾客群体的情感、爱好、身份和地位。希尔顿之类高星级酒店接待的常客一般是商界中高层人员,而"马瑞卡·速8"经济型酒店的更多入住者是家庭旅游者。

二、旅游品牌的特征

(一)旅游品牌是旅游企业的无形资产

由于品牌拥有者可以凭借品牌的优势不断获取利益,可以利用品牌的市场开拓力、形象扩张力和资本内蓄力进行不断发展,因此可以看到品牌的价值所在。虽然并不能像物质资产那样用实物的形式表述这种价值,但它能使企业的无形资产迅速增大,并且可以作为商品在市场上进行交易。例如,2014年BrandZ最具价值中国品牌100强发布,携程旅行网作为唯一的在线旅游企业入选,以7.18亿美元的品牌价值,排名第54位。

(二)旅游品牌的排他性

品牌是旅游企业的专有品牌,具有独一无二的排他性。例如对酒店管理方而言,酒店管理集团旗下的每一个品牌都具排他性,在同一区域范围内只能授权给一家酒店,在物业开发密集的情况下,就存在较高的机会成本。

(三)旅游品牌以旅游者为中心

强势品牌之所以具有较高价值,是因为它不仅有较高的知名度,更重要的是品牌与旅游者建立了深度关系,即能让旅游者体验到它所代表的利益。一旦旅游者将品牌与其能得到的有形和无形利益紧密联系在一起,那么旅游者就会主动购买,对品牌忠诚,而且愿意为此支付较高的价格。

补充阅读材料

西双版纳的旅游新形象

拥有国家级风景名胜区的西双版纳傣族自治州,努力塑造旅游整体形象,如今已成为云南旅游业一个响亮的名牌旅游产品。西双版纳州在注重景区建设、实施生态保护的同时,全方位塑造旅游名牌形象。2000年4月,该州借"中国昆明国际旅游节"举办之机,加大旅游宣传力度,以每年近80万元的投资在昆明国际机场显著位置推出面积为600多平方米的"西双版纳民族旅游广告宣传长廊",开创了地州旅游业在省会昆明作大型宣传的先河。州旅游局还邀请各方人士对全州进行旅游CI形象设计,策划旅游营销方案,使西双版纳的旅游宣传更科学、规范和富有成效。

(资料来源:http://www.chinaacc.com/new/287/294/348/2006/5/sh21923154311855600216218-0.htm)

三、旅游品牌的分类

旅游品牌根据不同的划分方法可分为以下四类。

(一)根据品牌知名度和辐射区域划分

可分为地区品牌、国内品牌和国际品牌。地区品牌是指在一个较小的区域内生产销售的品牌,这些旅游产品一般在一定范围内销售,产品辐射范围不大,主要是受产品特性、地理条件及某些文化特性的影响;国内品牌是指国内知名度较高,产品在全国范围内销售的品牌;国际品牌是指在国际市场上知名度较高,产品辐射全球的品牌。

(二)根据旅游品牌的来源划分

可分为自有品牌、外来品牌和嫁接品牌。自有品牌是旅游企业依据自身需要创立的,如希尔顿等;外来品牌是指旅游企业通过特许经营、兼并、收购或其他形式取得的品牌,如国内各大城市出现的星巴克咖啡屋等;嫁接品牌,是一种产品具有不同行业的两个品牌、甚至三个品牌的企业间合作模式,也就是说一个企业生产的产品具有了双重甚至多重的品牌,如迪斯尼与联想的合作等。这种嫁接是为了增强对消费者的吸引力、利用对方忠诚消费群体提高销售机会、强化品牌忠诚度和好感。

(三)根据旅游品牌生命周期的长短划分

可以分为短期品牌和长期品牌。短期品牌是指旅游品牌生命周期较短的品牌，由于某种原因在市场竞争中昙花一现或仅仅持续一时;长期品牌是指旅游品牌生命周期随着产品生命周期的更替,仍能经久不衰,永葆青春的品牌,如香格里拉;也有些国际上经长久地发展而来的世界知名品牌,如迪斯尼乐园等。

(四)根据品牌的本体特征划分

可分为个人品牌、企业品牌、城市品牌、国家品牌和国际品牌等,如哈尔滨的冰雪节、宁波的国际服装节等都属于城市品牌;金字塔、万里长城、埃菲尔铁塔、自由女神像等属于国家品牌;奥运会等属于国际品牌。

补充阅读材料

湖南南岳寿文化的打造

针对世界旅游发展已进入休闲时代的新趋势和人们普遍追求健康长寿的新要求,结合南岳寿文化源远流长的资源特征,南岳区于 2000 年提出了"旅游品牌强区"的发展战略,在品牌文化方面进行了大胆创新,将南岳衡山的品牌形象革新定位为"中华太岳",确定了打"中华寿岳,天下独寿"这张王牌,以品牌树立形象,以形象扩大影响,以影响促进发展。2002 年,南岳区顺应世界旅游发展大势,以超前的意识确立了南岳 2002 年"生态文化旅游年"的工作主题,提出了"中华生态游,寿岳写春秋"、"五岳衡山独秀,天下南岳主寿"、"祈福到南岳,求寿上衡山"、"寿山福地南岳游"等时尚化、个性化的旅游形象主题宣传口号。针对三个黄金周,突出参与性、娱乐性和文化性,南岳区分别策划了"幸运香火游"、"南同冰雪游"、"十万游客名山赏烟花"、"寿岳送福"文艺晚会、第二届南岳衡山山地车赛等文化特色旅游活动。特别是 2002 年中国南岳衡山第三届寿文化节暨庙会再一次成为南岳品牌传播的成功之举。10 月 6 日至 7 日,南岳"节会"分别推出了"挑战吉尼斯绝技绝活擂台赛"、"中国明星足球赛"、传统庙会游园、吴桥艺人组团献艺、"相聚就是缘"大型文艺晚会等一系列独具特色的旅游活动。"节会"系列活动成了吸引人们注意力的焦点,中央电视台、新华社及湖南省内各大电视台、广播电台、报刊网站等 200 多家新闻媒体对南岳"节会"活动进行了大量的宣传和新闻报道。南岳区也在参加 2002 年湖南省旅游节首届中国旅游品牌高峰论坛上被树为旅游品牌的典型。

(资料来源:http://www.17u.net/bbs/show_10_960713.html)

四、旅游品牌战略的实施

(一)旅游品牌延伸战略

旅游品牌延伸战略指利用已成功的品牌来带动旅游新品牌或改良品牌,争取形成"一荣俱荣"的格局。品牌延伸战略不仅为旅游企业节省了新产品的沟通与促销费用,还可节省品牌的设计费用。但是加入某品牌的产品质量如出现问题,旅游者不仅对这项产品不满,而且容易产生连锁反应,导致对强势品牌不满,造成"多米诺骨牌"效应,使知名品牌的美誉度下降。

苏州乐园起初分为两个独立的运作景区,一个是首期工程水上世界,另一个是欢乐世界,但是它们统称为苏州乐园,第三个项目"探险世界"也是被纳入苏州乐园的大家庭。这种策略与深圳华侨经济发展总公司先促销锦绣中华,再推中华民俗村(1991)和世界之窗(1994),直到发现游客心目中缺少一个整体旅游区的意识,各景区在各自为战的促销中存在着重复促销和竞争抢客现象时,才下大力气塑造"华侨城文化旅游区"的整体形象相比,无疑更有效、更成功。这种做法在整体费用上也节省了很多。第二期建成的欢乐世界很自然地享用水上世界在市场上已经创造的良好品牌形象,比深圳中华民俗文化村作为一个独立新景点在市场上从无到有地塑造形象要容易得多。

(二)多旅游品牌战略

多旅游品牌战略指旅游企业在相同产品类别中推出多个品牌。使用多品牌战略极可能给旅游企业带来利益,也可能带来风险。从利益角度看,不同的旅游产品有不同特点,会给旅游者带来不同的利益,针对不同目标市场采用不同的品牌,有助于提供市场吸引力;实行多品牌战略会避免延伸品牌"一损俱损"的风险。但是,如同类产品使用不同品牌,会造成同一企业同类产品的竞争,有可能导致总销售量不升反降、新品牌挤兑老品牌、老品牌挤兑新品牌;品牌设计费用和沟通促销费用提高等问题。

法国的雅高集团,在其经济等饭店品牌中便有福慕勒 1 号(Formule 1)、伊塔普饭店(Etap Hotel)、伊比斯(Ibis)、6 号汽车旅馆(Motel 6)和红屋顶客栈(Red Roof Inns)。万豪国际集团拥有多个酒店品牌,不同的品牌代表着不同类型的酒店服务产品,包括全面服务酒店万豪(Marriott)、豪华酒店丽嘉(Ritz-Carlton)、优质酒店万丽(Renaissance)、万怡(C)ourtyard、经济型酒店 Fairfield 等。

(三)新旅游品牌战略

为新的旅游产品设计新品牌的战略称为新旅游品牌战略。当旅游企业在产品类别中推出一个新产品时,它可能发现原有的品牌名称不适合于它,或是对新产品来说有更好更合适的品牌名称时,企业需要设计新品牌。例如,2012 年 9 月 19 日,澳大利亚维多利亚州旅游局发布了一系列围绕其新品牌主题——"心随境开·墨尔本(Open up to More-Melbourne)"的广告宣传和主题中文网站,并推出了一系列介绍维州的 360 度全景互动体验视频。这一品牌主题的定位旨在展现汇聚了文化、美食、佳酿、节日、时尚、自然等多元特色的维多利亚州和墨尔本,因不同深度的旅行探索经历而呈现出不一样的精彩体验。

(四)复合旅游品牌战略

复合旅游品牌顾名思义是旅游企业所提供的旅游产品同时采用两个品牌名称,实务运作上可以结合企业名称和品牌名称,也可以将品牌名称和产品名称结合应用。复合品牌策略的主要思考是想借助旅游企业形象或品牌名称的加持,达到品牌应用的相乘效果。尤其是形象良好的旅游企业,广泛受到认同的品牌,沿用来营销企业所生产的新产品,效果往往非常显著。如,浙江省旅游集团就采用复合品牌战略,命名旗下的饭店,有杭州西湖浙旅名庭酒店、杭州凤起浙旅名庭酒店、千岛湖温馨岛浙旅度假酒店和杭州萧山机场浙旅大酒店等。

(五)旅游名牌战略

著名品牌,通常称为名牌,是指那些具有很高的知名度、良好的质量和服务、深受广大消费者喜爱、能给旅游企业带来巨大经济利益的品牌。名牌的创立并非易事,不是一朝一夕所能达成的,它首先需要有坚实的基础,即可靠的质量、先进的技术、有效的管理、高素质的人员等,有了这些基础再加上恰到好处的运作,经过长时间的努力,才有可能创造一个名牌。以为仅靠大量的广告宣传、通过"密集轰炸",期望在短期内成为名牌,这种想法是不足取的。因此,企业应认识到创立品牌的长远性、艰巨性,克服短视行为。

补充阅读材料

旅游业中利用品牌效应吸引国际消费者

部门	实例	评价
旅游目的地	西班牙——"西班牙激情旅游"	吸引那些喜欢体验不同文化经历的高档消费群(尝新型)
交通部门	英航空公司——"世界上最受青睐的航线"	吸引那些喜欢可靠客户服务的国际消费群
旅游吸引物	巴黎迪斯尼——魔幻王国	吸引那些喜爱迪斯尼魔幻世界的儿童消费群
旅游经营商	国际旅游联合会——可持续性旅游项目	吸引那些具有环境意识的消费群

第七节 旅游市场营销组合战略

市场营销组合是指企业对可控的各种因素的综合运用,其概念是由美国哈佛大学教授鲍敦于1964年首先提出来的。一个以市场导向为指导思想的经营者的任务,就是有效设计和实现各种市场营销手段的最佳组合。旅游市场营销组合是旅游市场中的重要概念。现代旅游市场基本上就是以旅游市场营销组合各因素的决策作为旅游市场营销战略的主要内容。

一、旅游市场营销组合概念

学过哲学的人都知道,部分与整体之间的关系是不确定的,分析事物不但要看各部分自身的特征,还要看各部分之间的融合与协调程度,旅游市场营销也同样如此。影响旅游市场营销的因素,一类是外部环境所提供的机会和条件,这是无法控制的;另一类是内部控制的因素,这些因素是多方面。旅游市场营销组合理论是以系统理论为指导的,把影响旅游市场营销效果的各个可控因素组合起来,为旅游企业提供一个科学的经营思路和方法,促使旅游市场营销整体效果最优化。

旅游市场营销组合(tourism marketing mix)是指旅游企业为增强竞争实力,实现营销目标,在选定旅游目标市场的基础上,综合运用企业可以控制的各种市场营销因素(产品、包装、价格、服务、广告、销售渠道、企业形象等),实行最优化组合,以实现旅游企业的营销目标。可以从以下几个方面来理解:(1)旅游市场营销组合的实质是综合发挥旅游企业的整体优势,从多方面做到"适销对路",以满足旅游者的整体要求,从而提高企业效益和社会效益;(2)旅游市场营销组合表现为在特定时期向特定旅游目标市场销售特定的旅游产品;(3)旅游市场营销组合是旅游市场竞争策略的组合。

二、旅游市场营销组合的特点

(一)可控性

旅游市场营销组合因素属企业内部可控制的因素。例如:旅游企业可以根据市场调研,针对旅游目标市场的特点,设计决定产品的结构、外观、质量、数量及价格,自由选择广告宣传手段、销售渠道和方式等等。但这种可控制性并非绝对,因为旅游企业置身于外界环境之中,本身还会受到不可控制的外部因素的影响,这些都会直接或间接对可控制因素产生制约作用。所以,在实际运用中,要善于适应外部不可控因素的变化,及时调整内部可控因素。可适当安排营销组合,使之与不可控因素相适应。

(二)整体性

旅游消费者的整体需求(适当的旅游产品、旅游价格、旅游方式、旅游服务等)决定了旅游企业必须对自身可控的营销因素进行整体营销组合。旅游市场营销组合的作用,不是其中每一个构成因素所发生作用简单相加的结果,而是由于各个因素的相互配合和相互协调作用产生的整体效能,超过每一个因素各自产生效果的总和,这就是系统的整体作用。所有因素的灵活运用和有效组合,是旅游企业市场营销组合成功的基本要素。

(三)多层次性

一般认为,旅游市场营销组合因素主要包括产品、价格、促销及销售渠道4个方面的因素,实际上,每个方面因素又是由若干个二级因素组合而成的。如旅游促销是一个市场营销组合因素,但促销因素本身又包含了人员推销、宣传、广告、营业推广等次组合因素,并且次组合因素还可再细分组合。因此,旅游市场营销组合因素具有多层次结构。

三、旅游市场营销组合运用的原则

旅游市场营销组合虽然没有一个适用于所有旅游企业或所有市场态势的固定模式,但要达到组合效果,运用时必须遵循以下原则:

(一)目标性原则

旅游市场营销组合首先要有目标性,即确定旅游市场营销组合时,要有明确的旅游目标市场,同时要求组合中各因素都围绕这个目标市场进行最优组合。

(二)协调性原则

协调性原则是指旅游市场营销组合中的各个因素要有机地联系起来,协调组合起来,以最佳的优化组合状态,为实现整体营销目标服务。要充分运用各因素的相互关联作用,如售价较高的旅游产品与耗资较大的广告组合,就利用了较高的收入来弥补广告较多的耗费。

(三)经济性原则

经济性原则又称为组合杠杆作用原则,此原则主要考虑旅游市场营销组合中的各要素对销售的促进作用。例如广告费用对销售的影响,当广告费用增加时,销售影响不大,当广告费用增到某一点后,销售量增长较快,当广告费用增长到更高某一点后,销售量趋于常数。因此,要发挥广告宣传对销售量的杠杆作用,在营销组合中就应该考虑销售量和广告费用的关系。在能使销售量增长较快的这一阶段应采用增加广告费用的组合;若销售量趋于常数,则广告费用增加就不起作用了,则应考虑其他因素对销售量的影响作用。

(四)反馈性原则

旅游市场营销环境是不断变化的,市场营销组合也要随之不断进行调整修正,这就要求有不断及时反馈的市场信息为依靠,信息反馈及时,反馈效应好,旅游企业就可随营销环境的变化,及时重新对原市场营销组合进行分析和调整,进而确定新的适应市场和消费者需求的营销组合模式。

四、旅游市场营销组合因素

旅游市场营销组合是旅游企业可控因素的综合运用。旅游市场营销因素多种多样,为了便于分析,市场学家们提出了各种分类方法,也就是旅游市场营销组合的常见方式。主要有以下几种:

(一)麦卡锡分类法

麦卡锡分类法是最常见、运用最广泛的一种分类方法。麦卡锡(Mccarthy)是美国密执安州立大学营销学教授,他将各种营销因素归纳为 4 大类:产品、价格、渠道和促销,简称"4P"。这四个方面对营销组合来讲,都是不可缺少的组成部分。企业一经确定营销组合,就必须同时做出这 4 个方面的决策。

1. 产品(Product)

产品是指旅游企业向目标市场提供适销对路的旅游产品和服务。

2. 渠道(Place)

渠道是指旅游企业把适销对路的产品送到目标市场所需进行的系列活动。

3. 价格(Price)

价格是指消费者购买企业的产品所需支付的金额。

4. 促销(Promotion)

促销是指企业向目标市场提供信息,使消费者了解自己的产品和特点,促进消费者购买。

(二)科里尔和格雷厄姆分类法

美国营销学家科里尔(Correll)和格雷厄姆(Graham)认为:市场营销组合因素应在麦卡锡提出的"4P"的基础上加上一个"P",即人(People)。服务人员也是旅游企业可控因素,他们对企业的目标起着举足轻重的作用。服务人员的言行、仪表和态度对旅游企业的产品和服务、顾客满意度、顾客对企业的看法及营销费用等都能产生重要的影响。

(三)布莫斯和比特纳分类法

美国华盛顿大学的布莫斯(Booms)和美国营销人员尼特纳(Bintner)认为:为了适应服务营销工作的需要,除了要研究麦卡锡提出的"4P",营销组合因素还包括以下 3 个方面:

1. 参与者(participants)

参与者是指所有参与服务传递过程,从而影响购买行为的人,包括顾客和雇员。

2. 有形证据(physical Evidence)

有形证据是指服务项目组成整体的环境,企业与顾客交往的环境,再加上便于服务的提供或服务信息传递的有形产品。

3. 服务流程(process of service assembly)

服务流程是指服务传递中的实际程序,使用的器械和服务工作的流程。

(四)考夫曼分类法

美国著名旅游市场学家考夫曼(Ciffman)认为营销组合是旅游企业力图使用的几个变数的综合,以便更好地满足特定的消费者的需要。对旅游企业来说,营销组合是指适当的设施、服务、地点、适当促销以及合理价格等因素的组合。具体包括下列12种因素:产品、计划、定价、品牌、分销渠道、人员推销、广告、促销、产品组合、陈列展示、贮存、市场调查。考夫曼在1980年又将上述几种因素概括为6个"P"即:

1. 人(people)

人是指旅游者或旅游市场。企业通过市场调查与企业消费者对话,再详尽了解它们的需求与愿望。

2. 产品(product)

产品即企业根据旅游者需要,向他们提供能够完全满足需求的产品和服务,以及旅游建筑设备等。

3. 价格(price)

价格方面既要满足旅游企业对利润的需求,又要满足旅游者的愿望。

4. 促销(promotion)

促销是使旅游者相信本企业产品是他们所需要的,并促使他们产生购买行为的各种措施。

5. 实施(performance)

实施是指产品的传递。旅游企业通过接待与服务,促使顾客再次购买,并为企业作好的口头宣传。

6. 组合(package)

组合这里不是指产品的包装,而是指产品组合。把产品和服务结合起来,在游客心目中形成本企业的独特形象。产品组合包括外表、风味、内部布局、维修、清洁卫生、服务人员的态度和仪表、广告与销售印刷设计以及分配渠道等因素的综合。

(五)雷诺汉分类法

美国康奈尔大学旅馆管理学院雷诺汉(Renaghan)认为,旅馆营销组合应归纳为下面三个层次组合。

1. 产品与服务

旅馆通常同时提供产品和服务。旅游消费者往往把产品和服务当成一个整体,要求从产品实体和无形服务中得到满足,而不是仅仅从产品实体占有上获得满足。产品与服务组合中,某一要素发生变化,将会引起整个组合的变化,甚至会改变旅游消费者的看法,它要求旅游企业把整个产品与服务组合成一个整体,而不应把产品或服务当作孤立的营业推广手法。

2.表象

表象包括能使旅游企业产品和服务成为有形的所有因素,也是企业使自己的产品和服务不同于竞争者的有效途径。表象主要由下列因素组成:建筑、地理位置、气氛、价格、服务人员等。

3.信息传递

信息传递作用有两个方面:第一,是向消费者提供无形服务质量的形象,使之有形化,例如旅游企业服务项目的图片、录像、电视,使顾客了解企业的服务,使无形服务有形化。第二,可以造就旅游的质量期望,并了解他们的反应。如通过广告等形象化的信息传播渠道,有助于刺激消费者的购买欲望。

(六) 菲利普·科特勒分类法

近年来市场竞争日益激烈,美国著名市场学家菲利普·科特勒于1984年提出了"大市场营销"理论。他认为企业的营销人员能够影响企业所处的营销环境,而不应单纯地顺从和适应环境。营销组合除麦卡锡提出的"4P"外应加上"2P",即权力(power)和公共关系(public relation)成为"6P"。也就是说要运用政治力量和公共关系,为企业的市场营销开辟道路。后来,菲利普·科特勒又提出针对国际市场营销的"11P"的策略,也就是"4P"加上另外"7P":调查(probing)、市场分割(partitioning)、优先(prioritizing)、定位(positioning)、权力(power)、公共关系(pubic relation)、人(people)。菲利普·科特勒的市场营销策略组合理论认为,不仅要了解和满足目标顾客需要,还应采取一切手段打入新的市场,激发消费者的新需求或改变消费者的消费习惯,创造目标顾客新需求;同时应影响外部环境因素,而不是只服从和适应;再者运用政治权力与公共关系等因素树立企业及产品的良好形象。

通过以上六种旅游市场营销组合的方式可以得出结论:麦卡锡提出的"4P"即产品、价格、渠道、促销4大因素是旅游市场营销的4大核心因素。任何旅游市场营销组合都应考虑这四大因素,事实上它包括了全部市场学的核心内容。

关键术语

旅游市场营销战略　旅游市场定位　旅游市场增长战略　旅游市场竞争战略　旅游市场品牌战略　旅游市场营销组合

复习思考题

1.请解释下列概念:旅游市场营销战略、市场渗透战略、波士顿矩阵、市场增长战略、市场挑战者、旅游市场定位、市场营销组合、雷诺汉分析法。

2.为什么说市场定位战略是营销战略的基础?怎样搞好旅游企业的市场定位?

3.旅游市场增长战略有哪些?

4.请简述旅游市场竞争者的类型。

5.作为市场利基者的旅游企业可以采取哪些营销措施?

6.旅游市场营销组合的方式具体有哪些？

7.品牌战略给旅游企业带来什么好处？旅游企业怎样利用好品牌战略？

案例分析

曼诺岛的可持续经营

曼诺岛是德国康斯坦斯湖西北部的一个小岛,紧邻瑞士的东北边界、奥地利的西部边界和德国的西南边界。岛的面积有45英亩。在罗马帝国时代,曼诺岛是罗马指挥官 Tiberius 的海军基地。在15和16世纪它成为 Alemannic 公爵的领地。1739—1746年期间,在 Teutonic 骑士的监督下,岛上修建了城堡及巴洛克风格的圣玛丽教堂。现还保留着1853年后作为 Baden 公爵领地时建造的植物园。1974年,曼诺岛成为一个慈善机构,因此曼诺岛是一个有重大和丰富历史并且对户外活动很有吸引力的旅游目的地。每年的3月中旬到10月中旬是曼诺岛的旅游旺季,其因为"曼诺鲜花节"而大受欢迎,吸引半径达到约200公里,大约有170万到200万的游客到这里参观,而从10月持续到来年3月的秋冬季,对于曼诺岛来讲则是旅游淡季,吸引半径约有50公里,在这期间,最多只有几十万的游客来到曼诺岛。从1986年开始后的几年中,曼诺岛一直是一个很流行的暑假旅游目的地,而从1993年后,到访游客连续下降,以至于曼诺岛的经营甚至出现亏损。为此,曼诺岛的经营者采取了一系列措施解决这一问题。

曼诺岛建造一间聚集了多种珍稀植物的蝴蝶房,一间种植柑橘的豪华温室,在淡季组织其他的花展,收集更多的户外珍稀植物,完善已有的郁金香、杜鹃、玫瑰等花展,使曼诺岛更符合享誉海外的"花岛"的地区形象。同时密切与机船公司、饭店、老式列车旅行经营者、旅行代理商等的合作,扩大旅游地与市场接触的机会。组织节事活动,将多种多样的服务组织起来形成一个独立的旅游产品组合。在秋冬季节,由于季节户外的鲜花展难以进行,从而重点对文化和餐饮进行促销。1994年曼诺鲜花节的门票为14德国马克,特别的附加展览收费1德国马克。在秋冬淡季,门票降至5德国马克,如果你预订了餐馆进餐则可免费入园,其他展览则一律免费。餐饮备有两种不同风格,午餐是物美价廉的快餐,这是为一日游游客准备的,晚餐则是高档次高价位的,它适于曼诺岛上晚间餐饮的需求。对于曼诺岛的宣传工作,经营者则针对200公里范围内的游客,主要采取的方法是报刊、海报、广播、直接信件和公关活动;200公里以外的国内国际市场,则通过公关活动与旅游组织的组合广告活动进行宣传促销。另外,公司雇用36个户外销售代表,覆盖了本地区、英国、法国、西班牙、意大利和瑞士,以及东欧和斯堪的纳维亚。这些代表通过海报、宣传册、多语种录像等方式增加目的地的知名度,并鼓励旅游经营商安排包括曼诺岛在内的康斯坦斯湖旅行。最终,曼诺岛将通过这些努力接触到更广泛的市场。

（资料来源:http://www.17u.net/bbs/show_2_120363.html）

思考题

请用市场营销组合理论分析该案例。

第七章

旅游产品策略

学习目标

◆ 掌握旅游产品的概念和内容
◆ 熟悉旅游产品生命周期理论及各阶段的营销策略
◆ 了解旅游新产品类型、掌握旅游新产品的开发程序
◆ 了解旅游产品组合的概念和策略

引例

芬兰圣诞老人村的启示

每年圣诞节的平安夜,西方的小孩子在梦乡中都甜甜的期盼着:在一片冰天雪地中,圣诞老人那红色的身影出现在地平线的尽头。他驾着驯鹿拉的雪橇,唱着欢乐的歌曲,越驶越近,带来了孩子们梦寐以求的礼物。现在美梦成真了。在北极圈内的芬兰拉布兰地区,一个以圣诞老人的传说为主题的梦幻世界已经成为旅游热点。它由圣诞老人圣地,圣诞老人村,以及圣诞老人邮局组成,每年吸引着众多的游人。

圣诞老人圣地:早在 1927 年,芬兰广播电台一位儿童节目的主持人和制作人曾宣布:在科瓦腾吐里发现了圣诞老人的家。那不过是位于芬兰边界拉布兰地区的一块形如耳朵的荒地。此后,关于能否将圣诞老人作为旅游标志的争论时有发生。1984 年,直属芬兰国家旅游局的"圣诞老人工作小组"成立,确定由这个小组负责该项目的管理工作。同年,政府将拉布兰命名为"圣诞老人圣地之省"。经过不懈努力,芬兰的圣诞老人终于击败了来自阿拉斯加、瑞典、挪威和格陵兰的对手,活跃在世界各地。最著名的一次就是与芬兰国家体育代表队共同出现在 1988 年的汉城奥运会上。但由于财政上的问题,几经周折,在 90 年代初,由圣诞老人国际公司(Santa Claus International)接手圣诞老人的国内外宣传。该机构申请并获得了圣诞老人圣地的商标专利,向各地代理商颁发证书,安排"圣诞老人"出国访问,甚至开办了一所学校,专门培养未来的"圣诞老人"。

圣诞老人村:圣诞老人村以前有 9 个分散的景点,被称作"圣诞老人足迹",经过圣诞老人国际公司授权在荒地中向游客提供休息场所和出售手绢等纪念品。它们各以一种小精灵为标志,既表示与圣诞老人的特殊关系,又独具特色。这种做法后来被舍弃,代之以统一的圣诞老人村。

洛瓦奈密市既是拉布兰的首府又是商业中心,它北面几公里处的北极圈上就坐落着圣诞老人村和工作间。地点的选择与游人经常在标有北极圈的纪念碑前拍照留念有很大关系。尽管人们公认圣诞老人的家乡位于科瓦腾吐里,但他的工作间和临时住宅却在圣诞老人村。村子里有圣诞老人邮局、驯鹿园、餐厅和许多纪念品商店。洛瓦奈密市虽然不大,却有一个机场,圣诞老人国际公司与芬兰航空公司共同策划的包价旅游使冬季游人逐年增多。

圣诞老人邮局:起初,游人们只要在圣诞老人留言簿上签名,就可免费收到圣诞老人的圣诞贺信,由于邮局要组织大量的人力、物力,现在游人需要交 15 芬兰马克。

芬兰圣诞老人旅游景观发展的历史,就是圣诞节商业化的历史,圣诞老人村是人工创造的旅游景观,游人明知景观的非真实性,但仍为之深深吸引。

(资料来源:张晶、闫靖编译自 Tourism Research)

第一节　旅游产品概述

在旅游企业市场营销活动策略中,产品策略是支柱与基础。现代旅游企业之所以能够生存和发展,主要是由于它们能够提供适销对路、能满足旅游者需求的产品。产品是旅游企业经营活动的主要因素,旅游产品策略的正确与否直接影响旅游企业经营的全局。旅游市场营销组合策略的其他因素都应围绕产品和服务这个中心来制定和管理。

一、旅游产品的概念

加拿大多伦多四季饭店的一间客房,一次去夏威夷的度假经历,麦当劳餐厅提供的一款中式食品,某饭店的一次午间供餐,乘坐汽车前往西安半坡氏族遗址的一次观光旅游,以及一次在一个现代会议中心召开并以团队价格安排与会者住在饭店附近的大会,这些都是旅游产品。旅游产品属于产品的范畴,产品是指能够提供给市场并引起人们的注意、获取、使用或消费以满足某种欲望或需要的任何东西。它包括各种有形物品、服务、地点、组织和想法。那么旅游产品的概念是什么呢?

从旅游产品供给方来说,旅游产品(tourism product)是旅游业者通过开发、利用旅游资源提供给旅游者的旅游吸引物与服务的组合。即旅游目的地向游客提供一次旅游活动所需要的各种服务的总和。从旅游产品消费方来说,旅游产品是旅游消费者通过花费一定的货币、时间和精力所获得的一次旅游经历。因此,旅游产品是指旅游企业提供给旅游者在一次旅游活动中其可以体验到的有形产品和无形服务的组合,它是由一系列的单项产品和服务组成的复合型产品,它带给旅游者的是多种要素结合后的综合性效用。

二、旅游产品的特点

旅游产品作为一种商品,具有一般商品的基本属性,但同时,它还有其自身的特殊性,主要体现在以下六个方面。

(一)综合性

旅游产品的综合性,首先表现在它是由多种旅游吸引物、交通设施、住宿餐饮设施、娱乐场地以及多项服务组成的混合性产品。它既包括物质的、精神的劳动产品,又包括非劳动产品和自然物,是满足人们在旅游活动中对行、游、住、食、购、娱各方面需求的综合性产品。其次,旅游产品的综合性还表现在生产旅游产品所涉及的部门和行业很多,其中有直接向游客提供产品和服务的旅馆业、餐饮业、交通部门、游览点、娱乐场地以及旅行社、银行、海关、邮电等旅游企业和部门;也有间接向旅游者提供产品和服务的部门和行业。

(二)无形性

无论是整体旅游产品还是单项旅游产品,它们不全是作为实体而存在的。虽然旅游产品中的旅游资源与旅游设施是有形的,但它们只是作为生产旅游服务的条件而存在。旅游产品的无形性要求旅游企业在销售其产品时,要利用多种沟通手段,把旅游产品转化成为旅游者能感知到的具体信息,要把无形产品有形化。

(三)不可储存性

由于旅游服务和旅游消费在时空上的同一性,因此当没有旅游者购买和消费时,以服务为核心的旅游产品就不会生产处理,也就无法像其他有形产品那样,在暂时销售不出去时可以贮存下来,留待明日再销售。例如,饭店不可能将淡季多余的客房留待旺季时出售。

(四)不可转移性

旅游产品无法运输,只有依赖于游客到达旅游产品的生产现场才能实现旅游产品的生产与消费,并且旅游者购买的仅仅是产品的暂时使用权,所有权并不发生转移。因此,旅游产品特别受到自然条件的限制,表现为地域上的垄断性。例如,安徽的黄山、山东的泰山、陕西的华山都属于特定地区的旅游产品。

(五)需求弹性大与替代性强

由于受各种因素的影响,旅游市场对旅游产品的需求弹性很大。比如,每年7、8、9三个月,西方许多发达国家对旅游产品的需求量比平时成倍地增长。一般每年有两次度假。夏季是全国性的,凡是就业人员,至少有25天的休假,时间长者多达2—3个月。届时,许多城市静悄悄的,70%的商店关门。冬季圣诞节期间,旅游产品的需求量虽不及夏季,但也成倍于平时。因此,在旅游市场中存在着平季、淡季和旺季之别,导致旅游产品的需求具有很大的弹性。

旅游产品有很强的替代性有两层意思:第一层意思是旅游虽然是人们生活中的一种需要,但不像食物、衣服等是生活必需品,而是一种高层次的消费。在我国,目前旅游仍是一种较为高档的奢侈品,要想去旅游,就得放弃另一种需求。第二层意思是旅游者可以自由选择旅游线路、目的地、饭店和交通工具。

(六)后效性

游客只有在消费全部结束之后,才能对旅游产品的质量做出全面的、确切的评价。旅游者在消费之后必然对该旅游产品是否让自己满意有一个衡量,而这将影响游客是否会重复购买或因此而产生什么样的口碑。所以,就旅游从业者而言,对游客面对面服务的终止并不意味着整体营销活动的终结,旅游营销是一个连续不断的过程,必须进行市场跟踪调查,重视市场的反馈,及时发现旅游产品存在的问题,并根据游客的意见加以改进,妥善保持与游客长久的良好关系,实现销售的良性循环。

三、旅游整体产品的构成

旅游整体产品是指旅游企业向市场提供的能满足人们旅游活动需要的一切物品和劳务,包括有形的物质产品、无形的服务、旅游企业的人员素质及理念、包装和品牌的价值、游客的期望值等一系列因素的综合体。一般地,整体产品概念包括以下三个层次:

(一)旅游核心产品

旅游核心产品是指旅游者购买某种旅游产品时所追求的利益,是旅游者真正要买的东西,因而在整体产品概念中也是最基本最主要的部分。消费者购买某种旅游产品,并不是为了占有或获得该产品本身,而是为了获得能满足某种需要的效用和利益。旅游核心产品是无形的,但包含了旅游者感受到的基本需求或追求的基本利益。

同时,旅游核心产品应是一种通过旅游为旅游者创造的感知经历。由于旅游者主观意识参与其中,因此,对核心产品的判定便具有强烈的主观色彩和差异性,而不像一般产品那样具有同一性。

(二)旅游有形产品

旅游有形产品是指核心产品借以实现的形式,即向市场提供的实体和服务的形象,如酒店的建筑、装潢、设备、设施、风格、客房布置,景区的特色景观、交通条件等。它表明了消费者付费后能得到什么有形服务,是承载核心产品的实体。旅游产品的核心利益可以通过形式产品展现在旅游者面前,旅游企业市场营销人员应努力寻求更加完善的外在形式以满足旅游者的需要。对旅游业来说,旅游形式产品包括满足旅游者不同需求和欲望的产品形式,如自然风光、人文景观、民俗风情、宾馆客房、游泳池等。

(三)旅游附加产品

旅游附加产品(延伸产品)是指旅游者购买有形产品时所获得的全部附加服务和利益。附加产品的概念来源于对市场需要的深入认识,因为旅游产品购买者的目的是满足某种需求,因而他们希望得到与满足该项需要有关的一切。美国学者西奥多·莱维特曾经指出:"真正的竞争不是发生在各个公司生产什么产品,而是发生在其产品能提供何种附加利益,如包装、服务、广告、旅游者咨询等。"延伸产品是旅游企业根据市场需求的整体化、多样化和消费水平的逐步提高,附加到旅游产品上的东西,能给旅游者带来更多的利益和更大的满足,如旅游消费信贷、付款优惠条件、旅游信息咨询、客人抵达饭店时免费赠送的巧克力等。

由此可知,任何一种旅游产品都是一个整体系统,不单用于满足某种需求,还能得到与此有关的一切辅助利益,并且产品的外形部分、延伸部分诸因素决定了旅游者对旅游产品的评价。旅游经营者在进行旅游产品营销时,应注重旅游产品的整体效能,并在外形部分和延伸部分上形成自身产品的差异化,以赢得竞争优势。

补充阅读材料

旅游产品层次分明 浙江富豪尝试顶级豪华游

周女士在四年前第一次走马观花游完欧洲10国后,第二次游欧洲,她选择了地中海豪华邮轮之旅。16天的行程,她要飞到西班牙,在巴塞罗那上邮轮,经过法国马赛,意大利的佛罗伦萨、罗马、那不勒斯,希腊雅典、米克诺斯岛,土耳其的伊斯坦布尔、以佛索,最后在意大利威尼斯上岸。整个行程花费3.3万元,是普通欧洲游的3倍,还不包括经过城市的游览费用。吸引周女士参与这趟游程的是,此次可以乘坐10.9万吨级的至尊公主号邮轮,共18层,是较有欧洲风味的美国邮轮公司旗下的豪华超大巨轮。据悉,这趟3.3万元的欧洲游高价首发团已经有19人报名,并将在7月12日出发。目前在欧洲签证普遍艰难的情况下,这19名富豪新贵博得了签证官的信任,签证率达到95%。

由豪华旅游衍生出来的健康之旅也引起一部分富豪们的兴趣。在中国一家权威的解放军医院进行两晚三天的体检,每人费用从5600—18600元不等。与高昂的旅游价格对应,"301vip健康之旅"的体检项目多达100多项,体检费用从2000—9500元不等,从头顶检查到脚底。所有客人都是单人房,每个房间配备一张价值上万的体检床,很多检查在各自房间内完成,具有私密性。4小时后,体检报告出来,专家会有个评估。如果查出疾病,医院在三天内可安排专家就诊。

除去豪华游,国内一些旅行社也瞅准时机,细分市场,为特殊群体量身定做。

(资料来源:张春霞《都市快报》2005年6月14日)

四、旅游产品体系

世界旅游产品的品种丰富多样,夏威夷的浪漫、喜马拉雅山的雄伟、金字塔的神秘、迪斯尼的欢乐、长城的古老,无一不丰富着人们的旅游活动。伴随旅游业发展的实践,特别是旅游资源的开发和产品建设的实践,旅游产品体系也在不断完善,并逐步走向系统化、专业化、规范化。

(一)旅游产品品种

世界旅游业发展至今,旅游产品日趋丰富和成熟。一方面来自于旅游生产方,由于激烈的竞争,迫使旅游生产者不断运用新的技术开发新的旅游产品;另一方面来自于旅游消费方的市场需求。对旅游需求市场的细分,产生了不同系列、品种丰富的旅游产品。

1.依据旅游范围可分为国内旅游产品与国际旅游产品

国际旅游产品是指跨越国界的旅游活动。包括入境旅游和出境旅游。前者指外国居民到本国的旅游活动,后者指本国居民到他国的旅游活动。国内旅游产品指某一特定国家的居民在居住国范围内的旅游活动。

2.依据旅游的规模大小可分为团队旅游产品和散客旅游产品

团队旅游产品是以旅行社为主体的集体旅游方式,由旅行社或中介机构进行行程安排和计划,团队成员遵从旅行社安排统一进行旅游,是一种采用包价方式一次性提前支付旅费并在某些项目上可享受团队折扣优惠的旅游方式。游客在团队旅游期间必须在导游的陪同下,按照规定的线路完成食、住、行、游、购、娱等旅游过程。目前,在全包价旅游基础上,还发展出半包价旅游和小包价旅游等形式。近年来,随着人们旅游次数的增多,人们对旅游的需求更趋向于个性化,能够体现个性化特征的散客旅游越来越普遍。散客旅游产品又称自助旅游或半自助旅游,在国外称为自主旅游(independent tour),它是由游客自行安排旅游行程、零星现付各项旅游费用的旅游形式。在客源竞争十分激烈的情况下,散客旅游业务开展得成功与否,对旅行社的发展和经济效益的好坏将起着非常重要的作用。

3.依据产品生产方式可分为人工旅游产品和自然旅游产品

旅游产品的传统生产方式是以自然物质为体现形式。大多数产品是在自然旅游资源和人文旅游资源的基础上增设一定的旅游服务配套设施,诸如旅游路线、餐饮、住宿等。旅游产品主要表现为自然实物,例如黄果树大瀑布、杭州西湖等。随着现代科学技术的发展,许多高新技术日益被引进到旅游产品的生产过程中,增加了旅游产品的人工部分,再辅以声、光、电等,产生出许多新奇的效果。新加坡环球影城拥有古埃及、失落的世界和好莱坞大道等七个主题区,为游客掀开电影世界探险旅程的序幕。斗恶霸、追明星,游客将随着不同电影的剧情,从一个荧幕转移到另一个,沉浸在星光大道的耀眼光芒中。在新加坡环球影城,游客们被独有的娱乐体验深深吸引,并且惊叹不已。

4.依据旅游方式可分为传统旅游产品和专项旅游产品

由于人们最初的旅游活动主要是观光和度假,因而观光度假旅游产品成为传统旅游产品。而随着旅游产业的发展和成熟,为某一专门目的而进行的专项旅游活动逐渐兴起,诸如会议旅游、探险旅游、摄影旅游、休学旅游、购物旅游、保健奖励旅游、新婚蜜月旅游等。专项旅游产品指的是为社会、经济、文化、科研、修学、宗教、保健等某一专门目的而进行的旅游活动,是一种新兴的旅游形式。

(二)旅游产品质量

旅游产品质量(tourism product quality)是旅游企业的生命,旅游产品质量的内容一般包括产品使用价值的大小、产品持续时间长短、产品可靠性及其安全程度、产品的价格。

1.旅游产品的使用价值

旅游产品的使用价值是满足人们在旅游过程中多方面多层次的需要,包括人们参观、游览、娱乐、交流和参与活动等心理需要。使用价值是相对旅游者来说的,如旅游者通过在某景点游玩能获得什么,身心愉悦,或是学习到了一定的科教知识,这就是使用价值。在旅游活动中人们对物质与精神两大方面的需要缺一不可,但物质需要本身不只为维持生活或以保证旅游活动的顺利进行为目的,而它同样是一种精神享受,因此旅游产品的使用价值不是一种而是具有多种使用价值。因而在旅游产品生产中,如何合理安排旅游线路,恰如其分地满足旅游者的吃、住、行、游、购、娱等需求,是开发旅游资源,科学设计旅游产品的一个前提原则。

2.旅游产品持续时间

旅游产品持续时间主要指旅游产品在旅游市场中所存在的时间,亦即产品的生命周期。现代旅游产品的生命周期日趋缩短,一方面反映着旅游需求的多变,另一方面也加速了旅游产品的更新换代。

3.旅游产品的可靠性和安全程度

旅游产品的可靠性和安全程度主要从旅游接待能力和接待环境中体现。旅游目的地要有较高的可进入性,且旅游地之间的衔接要紧密,这就要求旅游产品的主要组成部分诸如旅游饭店、交通、景点等要协调发展,形成合理的产品结构。而旅游产品必须使旅游者的生命和财产有保障,任何政治运动、战争、社会治安都将影响一地旅游产品的质量。

补充阅读材料

赴泰旅游未叫停 安全防范须加强

自 2013 年 11 月份以来，泰国首都曼谷部分地区发生较大规模的抗议示威集会活动。近日，泰国反对派游行集会领导人宣布，自 1 月 13 日起封堵曼谷主要街道，并将持续多日。为此，国家旅游局提醒中国公民，在曼谷逗留期间须加强安全防范。中国驻泰国使馆特别提醒在泰尤其是在曼谷的中国公民，密切留意当地安全局势发展，"封城"集会期间尽量减少外出，远离集会示威区域，避免卷入游行活动。如需赴机场，应较往常提前出门，并尽量选择轨道交通工具。如遇紧急情况，联系中国驻泰国使馆寻求协助。

（资料来源：http://www.qianhuaweb.com/asrb/html/2014－01/17/content_190854.htm）

4. 旅游产品的价格

旅游产品的价格是旅游者为满足旅游活动的需求而购买单位旅游产品所支付的货币量，它是旅游产品价值、旅游市场的供求和一个国家或地区的币值三者变化的综合反映。从旅游经营者角度看，旅游价格又表现为向旅游者提供各种服务的收费标准。

旅游产品质量，应在开发、设计中奠定，在生产过程中形成，在服务中体现，以旅游消费者的满意程度为衡量标准。提高旅游产品质量即可从以上四个方面着手，而质量的确立和维持必须有一定的物质基础——旅游企业的生产能力。

第二节　旅游产品生命周期与营销策略

一、旅游产品生命周期理论

哈佛大学教授雷蒙德·弗农于 1966 年首次提出产品生命周期理论（product life cycle，PLC）。产品生命周期理论认为，与人的生命周期要经历出生、成长、成熟、死亡等阶段一样，产品也会经历一个生命周期过程。PLC 提出后被广泛用于产品开发营销领域，后亦被运用于旅游产品研究层面。旅游市场的激烈竞争，使功能齐全、性能良好的旅游产品层出不穷，而每一件新产品的问世，就意味着旧产品的淘汰。这种淘汰循环往复地出现，使每一件旅游产品都经历着从投放市场到被市场所淘汰的过程。

旅游产品生命周期（life cycle of tourism product），是指某种旅游产品从投放市场，经过成长期、成熟期到最后淘汰的整个市场过程。它不同于产品的使用寿命，后者专指产品的耐用程度，即在使用过程中产品的寿命。一条旅游路线、一个旅游活动项目、一个旅游景点、一个旅游地大多遵循从无到有、由弱至强、然后衰退、消失的时间过程。旅游产品生命周期，理论上可分为引入期、成长期、成熟期和衰退期等四个阶段，如图 7-1 所示。

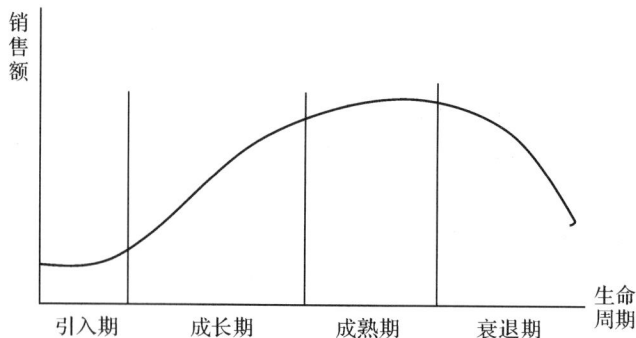

图 7-1　旅游产品生命周期曲线图

(一)引入期

引入期是指一种全新的旅游产品刚刚投入市场,旅游产品所对应的景点、基础设施等还不够完备,各种服务质量还有待完善和改进的阶段。此时,市场认知度需要从无到有地一点点培育,所以市场营销成本高,旅游企业的利润很低甚至会出现亏损,但此时该产品的市场竞争往往不那么激烈。

(二)成长期

这个时期的旅游产品在生产设计和相应的配套设施上都得到了完善,产品也基本定型,在市场上已具有广泛的认知度,服务人员的服务水平也有了普遍提高,潜在的消费者和回头客增多,旅游产品的销量显著提高,而且旅游企业用于广告宣传的费用也已减少。所以这个时期的旅游产品大都可以盈利。但此时,市场上已出现同类的竞争产品与之抢占市场。

(三)成熟期

这个时期的旅游产品已经相当成熟,在市场上拥有很大的知名度,此时的销售量处于顶峰而且渐趋和缓,伴随而来利润也达到最大化并开始出现小幅的下降,市场份额基本饱和。而此时市场上的同类旅游产品大举入侵,对旅游企业产生很大的竞争力。

(四)衰退期

这个时期的旅游产品可以说是"行将就木"了,吸引力和竞争力大大降低,销售量日益下降,利润也大幅降低甚至亏损。市场上很多旅游企业在市场竞争中被淘汰,退出旅游市场,市场竞争者也越来越少,与此同时,市场出现新的换代旅游产品或者替代产品。

二、影响旅游产品生命周期的主要因素

影响旅游产品生命周期的因素非常复杂,主要有以下五个方面。

(一)旅游产品的吸引力

旅游产品的核心是旅游吸引物,而旅游吸引物本身的吸引力是影响旅游产品生命周期最重要的因素。一般来说,吸引力越大,其生命周期越长。如中国悠久的历史和秀丽的山河对海内外游客具有很大吸引力,一些具有深厚文化底蕴的人文景观和自然景观长盛不衰。而一些近几年刚建成的"宫"、"庙"、"城",由于雷同和缺乏特色,相互间地理位置相距太近而门可罗雀。可见,旅游吸引物越有特色就越不可被替代,吸引的游客就越多,重复旅游的价值越高,以其为核心而构成的旅游产品生命周期也越长。

(二)旅游者需求的变化

旅游者的旅游需求可能会因时尚潮流的变化而转移,从而引起客源市场的变化,导致某地旅游吸引力的衰减。旅游消费观念的变化、收入的增加、新旅游景点的出现、目的地环境污染或者服务质量的下降,都会影响旅游者需求的变化,从而使旅游产品生命周期发生变化。

(三)旅游目的地的环境状况

旅游目的地环境包括自然与生态环境、社会文化与经济环境两方面内容。旅游产品的吸引力不仅来自于产品本身的吸引力,更大程度上还依赖于目的地的环境状况,如居民的友好态度、优美的环境、安全、卫生、便捷的交通等。因此,旅游目的地政府必须树立大旅游的观念,用系统工程的方法来统一规划,不仅要重视旅游景点的物质文明建设,更要重视精神文明建设,这样才可能使本地区旅游业可持续地高速发展。

(四)旅游市场竞争因素

在旅游市场竞争日趋激烈的今天,很难形成对旅游产品经营的垄断。对于旅游产品,潜在竞争者在导入期往往持观望态度,一旦旅游产品的市场前景明朗,必然会吸引竞争者大量进入,相应的替代产品和竞争产品也将增多,该旅游产品的市场很快饱和,旅游产品的生命周期会相对缩短。比如近年来持续升温的邮轮旅游产品,歌诗达、皇家加勒比、丽星、地中海、公主邮轮等国际邮轮巨头纷纷把目光投向中国,各种邮轮产品开始热卖,但其竞争也越来越激烈。

(五)旅游经营管理

旅游产品的生命周期过程,一定程度上就是旅游企业对旅游产品的经营管理过程。在不同的旅游产品生命周期阶段,旅游企业采用恰当的经营管理手段,可以延长旅游产品的生命周期。诸如旅游产品组合状况、旅游产品定位的正确与否、广告力度的强弱等,都直接影响着旅游产品的生命周期。

三、旅游产品生命周期各阶段的营销策略

(一)引入期的营销策略

当旅游产品刚刚进入市场,旅游企业的营销重点应该是尽量缩短引入期的时间,以便尽快提高产品销量,占领市场,使产品进入成长期。可以根据其市场地位、新产品特征等选择以下四种营销策略:

1.快速撇脂策略——高价高促销

指在新产品上市之初,将价格定得很高,尽可能在短期内赚取高额利润,这种策略如同从鲜奶中撇取奶油一样,所以叫撇脂策略,这是一种短期内追求最大利润的高价策略。旅游企业运用它时必须具备以下条件:旅游产品的质量、形象必须与高价相符,且有足够的消费者能接受这种高价并愿意购买;旅游产品必须有特色,竞争者在短期内不易打入市场。

采用这种定价策略的优点是:高价格高利润,能迅速补偿研究与开发费用,便于旅游企业筹集资金,并掌握调价主动权。其缺点是定价较高会限制需求,销路不易扩大;高价原则会诱发竞争,旅游企业压力大;旅游企业新产品的高价高利时期也较短。

撤脂策略一般适用于仿制可能性较小，生命周期较短且高价仍有需求的旅游产品。例如，相对于传统的"新、马、泰"线路，一些旅游公司推出的"非洲"、"南美洲"等旅游线路具有很大的差异性和新颖性，适合实行快速撤脂策略。

补充阅读材料

世界杯观赛游 10 天高达 10 万

携程网对巴西世界杯的旅游产品设计，走起了高端路线。在它旗下的高端旅游品牌 HHtravel 上，推出了顶级巴西世界杯系列行程。这一系列行程包含三款产品，其中最吸引人眼球的，莫过于"环游世界·亲临巴西世界杯决赛 45 天"行程。当然，这款产品的价格同样让人震惊，因为其售价高达 775000 元，这是世界杯相关旅游产品中，价格最高的。

（资料来源：http://news.163.com/14/0609/07/9U9H0I2200014AEE.html）

2. 缓慢撤脂策略——高价低促销

即以高价格和低促销费用的方式把旅游新产品推向市场。采用缓慢撤脂策略的旅游企业必须具备以下四条件：市场规模有限；市场上大部分潜在消费者了解这种旅游产品；潜在旅游消费者愿意出高价；潜在竞争对手的威胁较弱。这种策略可以使旅游企业在短期内获得巨大的利润。例如，上海的东方明珠旅游项目等。

3. 快速渗透策略——低价高促销

这是一种低价策略，新的旅游产品上市之初，以高投入的市场促销方式和较低的产品价格进入市场，取得较高市场占有率，以获得较大利润。适用于以下类型的产品：潜在市场较大，需求弹性较大，低价可增加销售；旅游企业新产品的生产和销售成本随销量的增加而减少。例如目前很多旅行社转战电子商务市场，在 2013 年的"双十一"的主战场——天猫网站，大量特价旅游产品都通过预付的方式接受预订，一款去往鼓浪屿的产品还应景地给出了"1111 元"的预售价，买家只要先付 199 元即可预订，天津出发去往三亚的 5 日双飞自由行也跌入了 3000 元区间，应该说具有强大聚集效应的"双十一"低价旅游产品还是很有市场前景的。

4. 缓慢渗透策略——低价低促销

它是指旅游企业将产品价格定得较低，同时在市场推广上投入较低的营销策略。目的是以较低的成本实现相对较多的利润。这种策略适用于以下类型的产品：知名度较高；价格弹性较大，旅游者对价格比较敏感；市场规模较大。例如东南亚国家在发展旅游业时都会推出一系列针对境外游客的低价促销措施，使东南亚旅游价格一路下滑，甚至低于中国国内游线路。

（二）成长期的营销策略

当旅游产品经过市场成长期后，旅游者对该产品已经熟悉，消费量会迅速增长。旅游企业为维持市场增长率，延长获取最大利润的时间，可以采取以下营销策略：

1. 改进旅游产品，进一步完善基础设施的配套建设，提高旅游地的可进入性

旅游目的地主管部门可以加强各行各业之间的协调，增强旅游企业的接待能力（旅游产品的生产能力）。同时，根据旅游者的信息反馈，旅游企业应该增加一定的旅游活动内容，规范服务技巧,培训员工,狠抓产品特色和服务质量,以吸引更多的潜在旅游消费者。

2.开辟新市场

通过市场细分,找到新的尚未满足的细分市场;在分析市场价格发展趋势和竞争者价格策略的基础上,努力提高旅游产品的规模生产能力,以此降低单位产品成本,可适当降低原有价格,以吸引对价格敏感的潜在购买者,以此积极主动地寻找新的市场并占领它。

3.加强市场促销

这一举措包含两个方面的内容:一方面开拓新的营销渠道,加强营销渠道的管理,搞好渠道成员之间的协调,尤其对旅游中间商给予相应的优惠,或提高佣金额,或改佣金为奖金,以此扩大销售范围;另一方面,借助媒介,对外宣传重点由介绍旅游产品转为树立旅游产品形象,宣传产品特色,与此同时,增强旅游消费者对旅游产品和企业的信任感,提高旅游产品的知名度,努力创造名牌。

(三)成熟期的营销策略

许多产品在成长期常常是昙花一现,更多的则是处于成熟期的长时间竞争。同时,由于成熟期的市场购买者占购买大众的绝大部分,因此,旅游企业的任何产品进入了成熟期,也就进入了产品生命周期的"黄金时代",在这一时期的旅游产品常表现为"摇钱产品",能给企业带来巨额利润。因而,对旅游企业的营销者来说,应密切注视成熟期的到来,以便采取与旅游市场情况相吻合的营销策略。在此阶段可采取以下营销策略:

1.市场调整

即开发新市场,寻求新用户,以扩大旅游产品消费量。市场调整可以通过以下三种方式实现:一是开发产品新用途,寻求新的细分市场;二是寻求能刺激现有旅游者增加产品使用量的方法;三是对市场重新定位,寻找有潜在需求的新顾客。如深圳华侨城的几个大型旅游景区——民俗文化村、世界之窗、锦绣中华,最初的市场定位是港澳同胞,进入20世纪80年代末,随着深圳特区建设步伐的加快,华侨城把目标市场由已经饱和的港澳市场转向内宾市场,一举在全国人造景观中出现轰动效应。

2.提高质量,完善服务

提高产品质量,增加使用效果,既可以更好地满足旅游者的特定需要,为旅游者带来更多的利益,又可以摆脱竞争者的模仿。同时,旅游企业要更加注重产品的附加功能,与旅游者建立密切的联系,提供更完善的售前、售中、售后服务,为旅游者提供更多的方便。

3.对品牌进行进一步打造和开发

成熟期的旅游产品一般都具有独特的风格,并且这种风格已经得到了原有旅游者的承认。此时,旅游产品的品牌塑造更加要强化这种风格,以免失去老顾客。同时,旅游企业还要设法扩大品牌的覆盖范围,使更多的产品分享名牌声誉,增加名牌产品的销量。比如江西景德镇致力于打造"世界瓷都、艺术之城、千年名镇、生态家园"城市旅游品牌。

4.注重营销策略的组合改进

随时注重旅游企业市场营销策略的改进,随着市场变化进行相应的调整。通过对产品、定价、渠道、促销等市场营销组合因素加以综合改革,来刺激或扩大旅游者的购买,延长产品的市场成熟期。例如,以降低价格来吸引更多的旅游者;采用更有效的广告形式,开展多样化的营销推广活动;还可以改变分销渠道、扩大附加利益、加强售后服务等。

5.新产品的研制和开发

进入成熟期,为使旅游企业一直保持市场主动地位,旅游企业应根据日益变化的市场需求,对旅游资源、旅游设施、旅游人力资源及旅游景点等进行新的规划、设计、开发和组合,只有这样才能保持旅游企业的可持续发展。因此,旅游企业应该未雨绸缪,及时分析外部环境,预测旅游产品的生命周期,具有前瞻性地适时进行旅游产品的开发。比如杭州旅游业在保证西湖风景区的可持续发展同时,花大力气开发西溪湿地景区,努力做到"欲把西溪比西湖",使得杭州旅游产品竞争力不断提升。

(四)衰退期的营销策略

对于旅游企业而言,旅游产品一旦进入衰退期,就面临着严峻的考验。此时,能否果断地调整产品营销策略,直接关系到企业未来的生存和发展。一般而言,旅游企业应尽可能地缩短旅游产品的衰退期,以减少旅游企业的损失。

1.放弃策略

如果旅游产品市场销售量急转直下,甚至连变动成本也无法补偿,那么旅游企业应该果断决定撤出旅游市场,不再生产原有的旅游产品。比如2013年8月中国国旅宣布停止所有北京"一日游"产品销售,退出北京"一日游"市场。

2.维持策略

旅游企业不主动放弃某一产品,而是依据旅游产品的生命周期,继续沿用过去的策略,即保持原有的细分市场,使用原有的渠道、价格和促销手段,直至旅游产品的完全衰竭。

3.集中策略

集中策略是旅游企业将大部分的能力和资源集中在最有利的子市场和营销渠道上,从中获取更多利润的营销策略。这样有利于延长旅游产品退出市场的时间,让衰退期的旅游产品发挥更多余热,为旅游企业创造更多的利润。

4.榨取策略

榨取策略是指旅游企业尽可能降低销售费用,如广告费用削减为零、大幅度精简推销人员等,虽然旅游产品的销售量有可能迅速下降,但是可以从忠实于这种产品的旅游消费者那里获取更多的利润。

总之,旅游企业在衰退期应把握好"转"、"改"、"撤"三个基本原则,果断撤出市场,并着手新产品的投放,以完成旅游产品的更新换代。

第三节　旅游新产品开发策略

在旅游企业经营中,市场瞬息万变,竞争日趋激烈,旅游产品生命周期也越来越短,由此迫使旅游企业必须注重新产品的开发,这是旅游企业生存和发展的关键。

一、旅游新产品的类型

旅游新产品(new tourism product)是指旅游生产者初次设计生产的,或者原来生产过,但又作了重大改进,在内容、结构、服务方式、设备性能上更为科学、合理,更能体现旅游经营意图,与原有旅游产品存在显著差异的产品。旅游新产品按其自身所具有的新质程度,一般可分为四种类型。

(一)全新旅游产品

全新旅游产品是指采用新原理、新设计、新方法生产的市场上前所未有的旅游产品,它的推出往往给旅游者耳目一新的感觉。相对而言,全新旅游线路的设计并不是太难,一些新服务项目的创新也较易做到,而实物形态的全新旅游产品的设计往往有一定难度。

补充阅读材料

新西兰全新热门旅游产品缤纷亮相

2013 年 TRENZ 博览会上展出了 52 种全新旅游产品,其中有 16 家旅游公司首次亮相展会。罗托鲁瓦树冠旅行公司(Rotorua Canopy Tours)是首次参加展会,他们设计的旅游新产品是带领游客深入探索人迹罕至的原生灌木丛,整段行程共计 1.2 公里,由惊险刺激的高空滑索、树梢吊桥和树梢平台组成。

瓦纳卡谜幻世界(Wanaka's Puzzling World)将大力宣传这一乐园十多年来规模最大的一个项目——斥资高达 250 万新西兰元的扩建项目,其中包括一座错视效果雕塑展馆。错视效果雕塑展馆(Sculptillusion Gallery)内展出了 20 多件大型雕塑、艺术品和其他展品,而展馆本身则处处充斥着错视效果设计元素,诸如波浪形天花板和飞流而下的瀑布等,宛若奇幻灵感世界,不断冲击着游客的眼球。

TRENZ 博览会上展出的 52 项新开发的旅游产品中还包括:凯利塔顿(Kelly Tarlton)地底海洋世界推出的"冰上邂逅企鹅"项目;霍比屯电影布景(Hobbiton Movie Set),酒馆内部设计完全根据《指环王》三部曲和《霍比特人》三部曲中的场景而精确仿制;天空缆车观星之旅,由皇后镇天空缆车公司(Skyline Queenstown)推出;凯库拉毛利文化旅行公司(Maori ToursKaikoura)的毛利文化之旅,公司为游客提供长途巴士作为交通工具,整段旅程包括讲述故事、漫步灌木丛,以及编织之类的亲手实践活动。

(资料来源:http://www. newzealand. com/travel/zhs/media/press-releases/2013/4/tourism-news_nz-reveals-hot-new-products. cfm? rss＝cid:media:articles)

(二)换代新产品

换代新产品是指在原有旅游产品基础上进行较大改革后产生的产品。我国在最初观光型旅游产品的基础上,将旅游城市西安、兰州、张掖、敦煌、哈密、乌鲁木齐、喀什等连接起来推出大型专线旅游产品——丝绸之路游,这种经过组合的主题观光型旅游产品,针对观光旅游,是一种换代产品。再比如 2012 年海南国际旅游岛全国巡回推广活动以"阳光海南、度假天堂"为主题,结合国家旅游局提出的"2012 中国欢乐健康游"主题旅游年的主题要求,在推介产品上尤为突出海南的热带海岛和海洋生态特色,以及优良的居住环境,与西部地区的高山及盆地景观和温冷气候形成反差。这次海南国际旅游岛推介的度假产品较以往的常规海南产品有明显的升级换代。海滨度假、海洋旅游内容更加丰富,夏季避暑及养生宜居产品也成为推广的新鲜重磅内容。

(三)改进新产品

改进新产品是指旅游企业只对原有旅游产品进行局部改进而不进行重大改革的旅游产品,比如三峡旅游,最初只有两艘豪华游轮,为适应市场需求,在游船的规模、等级、路线的安排上进行改进、提高,现在的三峡游又加了巫溪的小三峡,以此延长游客的逗留时间,提高吃、住、行、游、购、娱的档次。

(四)仿制新产品

旅游企业在认为有利可图的情况下,仿制目前旅游市场上已有的旅游产品,有时也作局部的改变但总体上属仿制性质。目前大部分旅游产品的科技含量缺乏专利保护,很容易被别的企业仿制。如"西湖醋鱼"是杭帮菜代表作之一,凡是做杭帮菜的酒店大多仿制原本出自"楼外楼"的这道名菜。随着国家对知识产权保护力度的加强,企业在仿制旅游新产品时应注意避免侵权问题。从长期考虑,亦步亦趋式的仿制是没有出路的。

以上提到的几种新产品类型,只是从旅游企业的角度来分析。严格地说,旅游产品究竟是"新"还是"旧",应以市场上旅游者的评价而定。从旅游消费者的感觉而言,产品的"新"的概念要广泛得多,只要是客人感觉是新的,或者未曾尝试过而又喜欢去尝试的都可以说是新产品。因此,新产品的开发范围很广,这就客观上向旅游企业提出了要求,即认真进行市场分析和市场定位。

二、旅游新产品开发的原则和策略

(一)开发原则

1.市场导向原则

市场需求是旅游产品开发的导向,只有满足市场需求的旅游产品才能适销对路。此外,旅游企业还应随时关注市场竞争对手的经营变化,积极创新,出奇制胜,以有效地争取客源,提高企业经济效益。

2.突出特色原则

旅游产品无论在资源开发、设施建设还是服务的提供上,都要具有鲜明的特色和个性,做到"你无我有,你有我优,你优我新,你新我奇"。鲜明的特色和个性往往能减弱与其他旅游产品的雷同与冲突,使旅游者产生深刻的印象且难以忘怀,因而具有更强的吸引力。比如春节假日是冰雪旅游的旺季,黑龙江省旅游局整合全省丰富的冰雪旅游资源,在2013年冬季特别推出"快乐冰雪季,精彩黑龙江"冬季旅游产品线路,包括六大专项冰雪旅游产品、十五大特色冰雪旅游体验地、十条冰雪旅游精品线路和十条冬季自驾车旅游线路,为国内外游客提供多姿多彩的旅游大餐。

补充阅读材料

闽西南"土楼奇观"

用最古老的方式建造的规模庞大的"福建土楼",以其悠久的历史,奇特的风格,巧妙的构筑,恢宏的规模,被誉为"世界民居建筑的奇观"。它不仅引起了建筑界的注意,同时也吸引了历史学、地理学、人类学、民俗学等中外专家学者的浓厚兴趣。大批海内外旅游者也乐于专程前往,一饱眼福,使"福建土楼之旅"成了旅游热线。

(资料来源:章彩烈.中国建筑特色旅游.北京:对外经济贸易大学出版社,1997)

3.综合效益原则

综合效益观念,一是要讲经济效益,无论是旅游地的开发,还是某条旅游线路的组合,或者是某个旅游项目的投入,都必须进行项目可行性研究,认真进行投资效益分析,不断提高旅游产品投资开发的经济效益。二是讲社会效益,产品开发设计中,要考虑当地社会经济发展水平,要考虑政治、文化和地方习惯,要考虑人民群众的心理承受能力,形成健康文明的旅游活动,并促进地方精神文明的发展。三是讲求生态环境效益,按照旅游产品开发的规律和自然环境的可承载力,以开发促进环境保护,以环境保护提高开发的综合效益,从而形成"保护—开发—更好地保护"的良性循环,创造出和谐的生存环境。

4.游客参与原则

游客亲自参与旅游项目至少有三大好处:一是突出了鲜活的旅游生活,再也不是看书、看电视或看电影;二是增强了记忆,不是仅仅通过摄影留念或翻阅旧相片来回忆;三是延长了游客的逗留时间,能为区域旅游业提供商机。比如,杭州的宋城景区内的宫苑、驿站、店铺作坊、市井、虹桥、城楼、仙山、郊野以及街头的民俗文化表演,再现了宋代京都汴京和临安的繁荣景象。所有的店铺商家必须穿着宋朝服饰,游客置身其中,能感受到逼真的历史感与浓郁的南宋文化。宋城每天还会在固定时间表演"抛绣球选婿"、"好汉劫法场"等节目,吸引游客参与互动。

(二)开发策略

在开发新产品时,旅游企业应根据情况,审时度势,选择适合自身特点的开发策略。

1.长短结合策略

这种策略也称储备策略,既考虑到企业的短期利益,更考虑到企业的长期利益,着眼于企业的长期、稳定、持续发展。采取这一策略,旅游企业应该有四档产品:一是企业生产和销售的旅游产品;二是正在研制或已研制成功,等待适当时机投放市场的产品;三是正在研究设计的产品;四是处于产品构思、创意阶段,开始市场开发、调研的旅游产品。

2.主导产品策略

一个成熟的旅游企业都应有自身的主导旅游产品。主导产品是指在资源条件与客源市场两方面均有较大优势,产销相对稳定的产品。目前我国主导产品还是高品位的独特性的观光型旅游产品。

3.高低结合策略

旅游企业的高档旅游产品与低档旅游产品应该相结合,以满足不同消费层次的需求,提高企业经营的覆盖面。比如携程网开发的大多数旅游线路为了满足不同层次旅游者的消费水平,以不同的价格、服务标准设定经济团、舒适团和豪华团,以吸引不同的旅游人群。

4.系列式新产品开发策略

旅游企业围绕某一主导产品向上下左右前后延伸,开发出一系列类似但各不相同的产品,形成不同类型、不同规格、不同档次的产品系列。比如旅游饭店根据季节的不同,适时推出不同主题的自助餐等。

三、旅游新产品的开发程序

旅游新产品开发是一件难度高、支出多、风险大的工作,是企业的一项重大战略决策。为了减少风险,使旅游新产品更符合旅游市场的需求,旅游企业在开发旅游新产品时,不仅要有严密的组织,更要在调查研究的基础上,制定切实可行的规划,建立一套科学的程序。

(一)构思的搜集

发展旅游新产品首先需要有充分的创造性构思,才能从中发掘出最佳的可供开发的项目。旅游新产品构思的来源是多方面的,包括旅游者、旅游中间商、旅游营销人员及其他人员、市场竞争对手、行业顾问、管理顾问、广告公司等。其中前四类人员或组织构成旅游新产品最主要的构思来源。

依照市场营销观念,顾客的需求和欲望是寻找新产品构思的合乎逻辑的起点。旅游业得以生存和发展的条件就是满足旅游者的需要,所有旅游者的意见及建议,应成为旅游经营者必须高度重视的新产品构思来源。通常,组织市场调查,向旅游者询问现行产品存在的问题来获得对新产品的构思,比直接要求他们提供新产品构思更为有效。

旅游业从业人员,尤其是一线员工和营销人员,他们在旅游产品的生产和销售过程中,与顾客交往密切,相互作用,最了解顾客的需要;经销或代理本企业产品的中间商掌握着顾客需求的第一手资料,同时也掌握着大量供给方面的信息;同行业的竞争对手往往能给经营者很好的提示。所有这些方面都成为旅游新产品构思的极好来源。

旅游企业或相关组织能否搜集到丰富的新产品构思,关键在于是否有鼓励以上各类人员及组织提出各种构思的奖励办法,以及内外部沟通的有效程度。没有大量新颖的旅游新产品构思,要想开发一种具有吸引力的旅游产品是不可能的。

(二)构思的筛选

经过上一阶段所搜集到的对新产品的大量构思并非都是可行的,筛选的目的是尽快形成有吸引力的、切实可行的构思,尽早放弃那些不具可行性的构思,以免造成时间和成本的浪费。对新产品构思的筛选过程包括:对资源进行总体评价,分析设备设施状况、技术专长及生产和营销某种产品的能力;判断新产品构思是否符合组织的发展规划和目标;进行财务可行性分析,判断能否有足够的资金发展某项新产品;分析市场性质及需求,判明产品能否满足市场需要;对竞争状况和环境因素进行分析。

通过以上各方面的分析判断,剔除不适当的构思,保留少量有价值的构思进入下一个阶段。筛选和议审工作一般要由营销人员、高层管理人员及专家进行。通常利用产品构思评价表,就产品构思在销售前景、竞争能力、开发能力、资源保证、生产能力、对现有产品的冲击等方面进行加权计算,评定出构思的优劣,选出最佳产品构思。

(三)产品概念的发展和测试

一个有吸引力的旅游产品构思需要发展成旅游产品概念。一个构思可能形成几个产品概念,如某地要开发水上旅游,这是一个产品构思,它可以转化为水上泛舟、滑水、赛船、垂钓等几种产品概念。

概念测试就是和合适的目标旅游消费者一起测试这些产品概念。新产品概念可以用文字、图片、模型或虚拟现实软件等形式提供给消费者,然后通过让旅游消费者回答一系列问题的方法(如调查问卷),使经营者从中了解旅游消费者的购买意图,以便确定对目标市场吸引力最大的产品概念。

(四)商业分析

这是测试一种旅游产品概念在市场中的适应性及发展能力的阶段。所谓商业分析,就是要测试一种旅游产品概念的销售量、成本、利润额及收益率,预测开发和投入新旅游产品的资金风险和机会成本,预测环境及竞争形势的变化对旅游产品发展潜力的影响,预测市场规模,分析旅游者购买行为。在这一阶段,还必须做出关于营销战略的初步决策,如目标市场定位、营销目标、主要的促销决策等。这项工作要比筛选工作更为复杂,要求的精确度更高。

例如,建一座旅游饭店,应当分析市场对何种等级饭店的需求已达到饱和状态,目标市场规模的大小,何时能收回投资,经营风险如何等等。在我国,由于饭店业缺乏充分的商业分析,各地纷纷盲目建设高档饭店,致使其供求出现不平衡状况。同样,开发旅游景点,也必须进行商业分析,以避免近距离的重复建设。

旅游企业对新产品开发的商业分析可采用两种方式:一种方式是由企业内部的营销人员和专家负责进行分析,世界性的饭店集团常常采用这种方法;另一种方式是利用企业外部的专家或外界的专门研究机构来进行商业分析。对出于经济目的的旅游新产品的开发,如果经过商业分析发现,新产品开发方案无法达到预计的最低利润额,那么就应该放弃这个方案。

(五)产品的研制和开发

如果旅游产品概念通过了商业测试,就可以进入旅游产品的研制和开发阶段。在进行产品的设计与开发时,要考虑新产品的功能和质量两方面的决策。其中,功能决策包括新产品的使用功能、外观功能及地位功能的决策;质量决策需要注重新产品的适用性及经济性。例如,建一座旅游饭店,要考虑其地理位置、交通条件、饭店的设计与建筑、设施设备的布局、职工的招募等多方面因素。同时,饭店并非修建得越豪华,利润越多。从目标市场的需求出发,使可能的总收入与总成本的差额达到最大值的投资,才是最为经济的。

旅游产品在研制开发过程中需要进行反复测试。旅游企业或其他相关组织可邀请国内外旅游专家、经销商和旅游记者以至少量游客进行试验性旅游,并请他们提供意见,以便修改新产品使其更加完善。例如,无锡前几年开发的横渡太湖旅游新产品,第一次从无锡到杭州实地试航,船程需要 8 个小时,时间太长。后改经太湖,在浙江湖州上岸改乘汽车,2 小时到杭州。这样,湖上只需 5 个多小时。然后再邀请一批日本客人试航,在船上又增加了风味餐、饮酒赋诗等活动,产品很受欢迎。

(六)试销

试销是把开发出来的新旅游产品投放到经过挑选的具有代表性的市场范围内进行试验性营销,了解旅游者的反应,从而使新产品失败的风险达到最小化。

旅游产品试销可在几个细分市场上让新产品与旅游者见面,以此确定重点目标市场,同时根据搜集到的市场反馈信息,不断改进产品的内容和形式,以更好地适应市场的需要。旅游产品有其自身的特殊性,如旅游饭店不可能先建好让旅游者试住一段时间,发现问题再重建或重新选址或拓宽客房等设施的面积,即便可能也存在相当大的难度。所以只有事先做到充分的市场调研,根据市场需求去进行饭店的选址、设计、建造和布局,试营业后在服务项目、服务内容和方式、服务质量等"软件"上不断改进,才能确保新产品成功地全面投入市场及未来的顺利发展。

无论是一条旅游线路或是一个单项旅游产品,都要经过试销后根据各方意见和建议改进服务的内容,不断适应市场的需要。另外,在试销阶段也需要对初步确定的营销组合进行适当调整。

(七)商品化

新产品通过试销取得成功后,就可全面投入市场,产品即进入生命周期的投入期阶段。在这一阶段,旅游经营者应注意投入新产品的时间、目标市场、销售渠道等方面的决策,即何时、何地、用什么方法投入什么市场的问题。旅游经营者需要制定一个把新产品引入市场的实施计划,在营销组合要素中分配营销预算,同时正式确定新产品的各种规格和质量标准、新产品的价格构成、新产品的促销和销售渠道。旅游新产品投放到市场后,还要对其进行最终评价。旅游经营者要搜集旅游者的反映,掌握市场动态,检查产品的使用效果,为进一步改进产品和市场营销策略提供依据。

当然,并不是所有旅游产品的开发都要机械地经过以上几个步骤。不同的旅游经营者可根据所开发新产品的特点及市场的特点,选择合适的开发程序。

四、旅游新产品开发应注意的问题

(一)产品的价值取向

在开发各种旅游新产品时需要注意,对不同的人来说,对于一件物品、一种服务能否成为旅游吸引物的看法是不一样的。如在北方城市居民眼中,江南水乡的小桥流水人家就是一道风景,而对生活在江南的居民来说,这些司空见惯。可见,许多似乎不是产品的文化风俗、日常生活方式,也可以作为新产品开发出来并出售给旅游者。

(二)对核心产品的准确认识

在设计旅游产品时要注意到旅游者购买产品所希望满足的最基本需求,如旅游者入住中档酒店,他所追求的是舒适的享受,而不是豪华的炫耀。因此对于这样的酒店,应多设计普通套房,而不是超豪华的套房。

(三)适当地扩大附加产品

成功的旅游企业增加附加产品的目的,往往是使消费者获得意外的惊喜,如酒店的宾客傍晚时在他们的床头发现一块巧克力薄荷糖,或者一只水果篮。常见的情况是原来的附加产品很快会变成消费者预期的利益,如现在宾客都期望在宾馆客房里有免费网络、水果拼盘等。这意味着想保持优势的旅游企业必须不断寻找更多的附加产品来表现与对手的不同。

(四)新产品与企业的匹配性

一种在市场上存在很好机会的旅游新产品或重新定位的产品并不意味着旅游企业一定要开发它,除非该产品与企业的需要和资源之间存在良好的匹配关系。评估新产品与旅游企业匹配性时应考虑以下因素:对劳动力和管理人员的技术熟练要求;所需劳动力规模;财务资源;生产资源和能力;后勤设施;利用现有推销人员和营销渠道的可行性;现有旅游消费者的需求和行为;对旅游企业其他产品市场定位的影响;与旅游企业现有形象的一致性;现有旅游产品需求模式的季节性等。

(五)新产品投放的时机

如果老产品在市场上处于衰退期,新的换代产品又不能及时问世,从而使旅游企业错过成熟期的最后转折点继续下滑,则其他旅游企业会乘虚而入,抢夺市场,造成旅游企业新产品投入市场的机会损失。同样,新老产品替代较早,老产品市场销售没有达到成熟期的最后转折点,新产品已问世,则会对老产品产生排挤,未能充分发挥其经济效益。因此,应把握旅游新产品投放的时机,以保证新老产品交替的顺利进行。

五、旅游新产品开发设计趋势

(一)科技含量增高

以电子信息、生物工程、新材料、新能源和宇航太空技术为核心的世界新技术革命对人类的影响,也已深入到旅游产品的创新中,如,许多饭店正在大力研究开发的具有设备自动化、消防自动化、保安自动化、办公自动化、通信自动化即"五 A"功能和良好服务的"智能酒店"就具有极高的科技含量。

(二)具有高附加值和多种功能

今天的旅游者不再满足于旅游企业仅提供单一的观光线路和简单的住宿、就餐服务,旅游者同时还有健身、娱乐、增长知识等多元化的需要。

(三)注重产品的参与性

参与性和消遣性增强是现代旅游产品生产的一个明显的发展趋势。参与性越强的旅游产品,给予旅游者的体验越生动、深刻。旅游产品日益大众化,使各阶层的旅游消费者都期望从旅游中获得轻松、愉快的消遣。

(四)进一步体现民族特色、自然特色和生态环境保护

鲁迅先生曾经说过:"越是民族性的越有国际性。"因此旅游新产品开发应更趋于保持自然特色。另外,目前人们对纯自然产品的需求越来越多。为满足人们的需求,旅游企业在研究开发新产品时也要把如何保持自然特色作为考虑的重要因素。如饭店业在食品原材料方面,应使用天然的色素、添加剂等,不使用含激素饲料喂养的肉类家禽。旅游新产品开发还应更加注重保护生态环境。旅游业发展的实践已证明,把旅游业称为"无烟工业"是错误的,旅游业也会对人类生态环境造成污染和破坏。因此,旅游企业应更加重视研究开发保护生态环境的新产品。

第四节　旅游产品组合策略

旅游产品好比人一样,都有其成长到衰退的过程。因此,旅游企业不能仅仅经营单一的产品,而应同时经营多种旅游产品,当然,并不是经营的产品越多越好。一家旅游企业应该

生产和经营哪些产品才是有利的？这些产品之间应该有些什么配合关系？这就是旅游产品组合问题。

一、旅游产品组合的概念和作用

（一）旅游产品组合的概念

所谓旅游产品组合（tourism product combination）是指一个旅游企业所提供的全部产品线、产品项目的组合，它包括四个变数：宽度、长度、深度和一致性。

旅游产品线（product line）是指一组密切相关的旅游产品，这类产品可能功能相似，销售给同一顾客群，经过相同的营销渠道，或者在同一价格范围内。例如，某旅游企业集团产品线有旅游线路、旅游饭店、交通、咨询服务等系列。

旅游产品项目，指在旅游产品组合中，每一个具体的产品品种。例如酒店餐饮产品线有川菜馆、粤菜厅等产品项目。

旅游产品组合的宽度，是指一家旅游企业有多少产品线。宽产品线的组合，由于产品丰富程度较高、适应性强，故可以从多方面满足旅游需求，拓宽市场面，增加销售额，提高经济效益，同时还可以使旅游企业的人、财、物得到有效利用，充分发挥其潜力，减少旅游市场变化派生的各种风险，增强旅游企业自身的调节功能和应变能力。相对而言，窄产品线的组合，则可以使旅游企业集中优势力量，不断提高旅游产品的质量，它有利于促进旅游企业专业化水平的提升，降低其经营成本。如，酒店有客房、餐饮、商场三条产品线，其产品组合的宽度为3。

旅游产品组合的长度，是指产品组合中所有产品线的产品项目总数。每一条产品线内的产品项目数量，称为该产品线的长度。如果具有多条产品线，可将所有产品线的长度加起来，得到产品组合的总长度，除以产品组合的宽度，则得到平均产品线的长度。一个旅游地的产品组合中所包含的产品项目的总数就是旅游产品组合的长度的表现。如，某酒店餐饮有咖啡厅、扒房、粤菜厅、川味馆等4个项目，客房有总统套房、豪华套房、标准间、三人间、四人间等5个项目，那么该酒店的产品组合长度为9个。

旅游产品组合的深度，是指产品线中的每一产品项目有多少花色品种。旅游线路中包含的旅游活动项目多，则谓之产品组合较深，反之，则产品组合较浅。一般情况下，较深的旅游产品组合，能在旅游市场细分化的基础上扩大旅游市场，满足多种类型旅游者的消费需求，提高市场占有率，在生产上实现批量少、品种多。而较浅的旅游产品组合，便于旅游企业发挥自身特色和专长，以塑造品牌来吸引旅游消费者，增加销售量，可进行批量生产以求得规模效益。

旅游产品组合的关联度，是指旅游企业在进行各种旅游产品的开发时，诸要素如宾馆饭店、旅游交通、景区景点、娱乐购物等方面的一致性。一致程度高则产品关联度就大，反之，则关联度就小。关联度大的产品组合可以使旅游企业精于专业，使旅游企业与产品的市场地位得到提高，使旅游产品的整体形象得以突出，从而有利于经营管理水平的提高。对中小型旅游企业而言，比较适宜关联度大的产品组合；而对于那些综合实力强的大型旅游企业集团来说，关联度较小的产品组合具有一定的垄断性，采取这种组合尽管成本昂贵，但足以保持其在该种产品领域的强势地位。

从理论与实践两方面来看，旅游产品组合的宽度、广度、深度和关联性在营销战略上具有重要意义。其一,旅游企业增加产品组合的宽度,扩大经营范围,可以充分发挥旅游企业的特长,提高经营效益;其二,旅游企业增加产品组合的长度和深度,即增加产品项目,增加产品的花色式样规格,可以满足不同细分市场的需要差异,吸引更多游客;其三,旅游企业增加产品组合的关联性,可以提高旅游企业在地区、行业的声誉。

(二)旅游产品组合的作用

如果说旅游产品的生产是一种"硬操作"的话,那么,对已经生产出来的旅游产品,通过一定的组合推向市场则是经营管理中的"软操作"。"软操作"配以生产的"硬操作"促使旅游企业向前发展。

1.满足旅游者需求,以确保旅游营销的成功

任何一种旅游产品都是用来满足旅游者的需求的,不同档次的旅游产品满足不同档次的旅游消费需求,而不同数量的旅游产品则不同程度地满足旅游消费需求。在既定的旅游市场中,旅游企业通过推出不同档次、不同数量的旅游产品的组合,便可进入旅游市场,实现企业的经济效益。

2.树立旅游产品的形象

各种不同的旅游企业总是通过不同的旅游产品组合树立产品的整体形象。主导旅游产品的推出使企业的形象更加鲜明,符合旅游企业的长远发展。如传统意义上国旅以经营国际旅游产品为主,中旅的产品主要面向于港、澳、台、华侨四种人,青旅以经营国际青年旅游为主。但并非说主导产品的生产就已完成了企业的产品组合,在主导产品的基础上,各大旅行社都会配以一定数量、一定档次的副产品,从而完善本企业的旅游产品组合。

3.产生良好的经济效益

旅游产品的组合如果科学合理就能适应旅游市场的发展,分散旅游企业投资风险,使旅游产品适销对路,取得较为理想的经济效益,否则,产品组合适应不了市场需求的变化,即便是高质量的新产品,也不能在短时间内进入市场,需要花费大量的人、财、物,开展较多的营销工作,其结果往往事倍功半。

二、旅游产品组合策略的选择

当旅游企业发现产品出现下列情况时应对产品组合进行改进:旅游企业的生产能力长期过剩;旅游企业的大部分利润来自小部分产品;利润或销售量持续下降调整。

(一)扩大产品组合

扩大产品组合包括扩展产品组合的宽度和增加产品组合的深度。前者是在原产品组合中增加一个或几个产品大类,扩大产品经营范围;后者是在原有产品大类中增加新的产品项目和子项品种。当旅游企业预测现有产品大类的销售额和利润额在未来一段时间中有可能下降时,就应考虑在现行产品组合中增加新的产品大类,或加强其中有发展潜力的产品大类。这一策略可使旅游企业充分地利用人、财、物资源,分散风险,增强竞争能力。

(二)缩减产品组合

当市场不景气或原料供应紧张时,缩减产品组合反而可能使总利润上升。这是因为从旅游产品组合中剔除了那些获利很小甚至不获利的产品大类或产品项目,使旅游企业可集

中力量发展获利多的产品大类或产品项目。

(三)进行产品线延伸

产品线延伸指旅游企业全部或部分地改变企业原有旅游产品的市场定位,具体有:

1.向下延伸

向下延伸是指旅游企业原来生产高档旅游产品,后来决定增加低档产品,目的在于利用高档产品的声誉吸引购买力水平较低的消费者购买企业的低档产品。向下延伸策略的风险也是显而易见的,有可能使名牌产品的形象受到损害,所以低档产品最好使用新的品牌名称;有可能激怒生产低档产品的企业,导致其向高档产品市场发起反攻;也有可能使经销商可能不愿意经营低档产品。

2.向上延伸

向上延伸是指旅游企业原来生产低档旅游产品,后来决定增加高档产品。这样做可能引起生产高档产品的竞争者进入低档产品市场,进行反攻;旅游消费者可能不相信企业具有生产高档产品的能力;企业的销售代理商和经销商可能没有经营高档产品的能力。

3.双向延伸

双向延伸是指原定位于中档产品市场的旅游企业掌握了市场优势以后,决定同时向产品大类的上下两个方向延伸,一方面增加高档旅游产品,另一方面增加低档旅游产品,扩大市场范围。

产品线的延伸给旅游企业的市场营销提供了机会,使他们能够制定不同价格档次的旅游产品以吸引更多的旅游消费者,满足他们求异求变的心理并减少开发新产品的风险,但同时也可能会给旅游企业带来像产品品牌忠诚度降低等问题,所以把握延伸的度至关重要。

关键术语

旅游产品　旅游产品质量　旅游产品生命周期　渗透策略　撇脂策略　旅游新产品旅游产品组合

复习思考题

1.请解释下列概念:旅游产品、旅游产品生命周期、旅游新产品、旅游产品组合、撇脂策略。

2.旅游产品有哪些特点?可分为哪几个层次?

3.旅游产品的生命周期分为几个阶段,各有什么特点?简述不同生命周期阶段的营销策略。

4.举例说明旅游产品组合的含义及主要类型。

5.从旅游产品生命周期看,"农家乐"应采取哪种营销策略?

6.你认为应如何开发一项旅游新产品?

案例分析

香港全力延长旅游产品生命周期

香港作为我国重要的旅游目的地,占据着十分重要的位置,香港的旅游产业发展经历了起步、发展、成熟阶段,作为一个独立的旅游个体来研究旅游产品生命周期,具有较好的代表意义。

香港的地域空间包括香港岛、九龙、新界,旅游发展历程不超过 150 年,有限的空间和短暂的历史,都制约着香港旅游的发展,香港以购物及观光著名,以购物为游客来港的主要消费项目,购物也激发了来港旅游的动机,同时也吸引了一大批旅客过境,成为香港旅游发展的基础。

随着国内生活水平的提高及旅游目的地的丰富,较 20 世纪 90 年代而言,单纯的购物及观光,已经不具备较大的吸引力,国内游客的旅游目的已经转变到休闲度假顺带购物,这对香港旅游业的发展提出了新的要求,也是延长旅游产品生命周期的要求。

旅游产品改进策略,是通过对成熟期的旅游产品作某些改进以吸引新老旅游者,从而使旅游产品成熟阶段得到延长。

香港迪斯尼乐园在此背景下应运而生,香港迪斯尼乐园 The Hong Kong Disneyland 是全球第五个以迪斯尼乐园模式兴建、迪斯尼全球的第十一个主题乐园,及首个根据加州迪斯尼乐园为蓝本的主题乐园,1999 年 10 月 31 号,港府与华特迪斯尼公司达成协议,筹建香港迪斯尼度假园区,并于 2007 年 7 月 13 日对游客开放,香港迪斯尼乐园第一期分为 4 个主题园区:美国小镇大街、探险世界、幻想世界及明日世界,并筹建后三期主题园区。

香港迪斯尼乐园大大丰富了香港旅游产品的内容,从单纯的旅游购物、观光目的地转向了旅游购物、观光、休闲度假为一体的综合性旅游目的地,香港迪斯尼乐园为主的新一批旅游景点的开发与建设扩展了香港旅游产品的资源存量,吸引更多海内外游客来港游玩。

(资料来源:http://wenku.baidu.com/view/3de3234dcf84b9d529ea7a07.html)

思考题

请运用旅游产品生命周期理论对该案例进行评析。

第八章

旅游产品定价策略

◆ 掌握旅游产品定价的影响因素及步骤
◆ 熟悉旅游产品定价的方法
◆ 掌握旅游产品的定价策略

引例

海底捞的定价策略:厚利法则

海底捞成立于 1994 年,是一家以经营川味火锅为主,融汇各地火锅特色于一体的大型跨省直营餐饮民营企业,它的核心竞争力不只局限于餐饮本身,对客户的服务、对员工的管理理念、对产品的定价策略等都成为它成功的组成要素。在创始人张勇及全体海底捞人的努力下,海底捞最终成为餐饮业的佼佼者,打造了"服务至上,人文关怀"的品牌形象,树立了良好的口碑。

定价策略,决定着餐饮企业的生存空间和发展速度。真正的品牌之路应该尊崇厚利法则,薄利经营只是勉强糊口,拼尽老命依然完不成原始资本的积累。与很多企业推崇的薄利法则不同,海底捞推崇厚利法则。即对于大众比较熟悉的敏感类商品采取低毛利定价,而对于大众不熟悉的非敏感类商品采取高毛利定价。这种定价策略的目的是,把顾客对熟悉商品的低价好感,转移到企业的大多数产品的放心采购。在海底捞的菜单中,排位在前单独列出的蔬菜滑(26元/份)、荆沙鱼糕(26元/份)就属于大众不熟悉的非敏感商品,采取了高毛利定价方法。在餐饮行业纵横捭阖了 17 年之久的张勇,肯定深谙此道。这两个品种,应该是海底捞提高销售额和毛利率的急先锋。

有餐饮同行到海底捞考察后非常疑惑:海底捞的价格不便宜呀。顾客在海底捞结账后也会暗自感慨:海底捞的人均消费至少需要 80 元。看完这个消费分析表就会明白,海底捞走的是厚利经营的路子。因为拥有大批高获利能力的菜品,海底捞才能在大方赠送的同时,获取丰厚利润。所以,海底捞对单体店的考核,才可以不去关注销售额,也不用去关注毛利率,而只去考察顾客满意度和员工满意度。厚利经营是海底捞模式的精髓,也是海底捞赖以不断发展的物质基础。

任何企业,只有厚利经营才能快速发展。跳出餐饮行业,让我们看看世界范围内的企业发展规律。微软、苹果、星巴克、可口可乐、安利、耐克、脑白金、百度、农夫山泉、康师傅、万科、味千拉面、移动通讯,这些像野草一样呈几何级数疯狂成长的企业,哪一个不是以厚利经营著称。用不着羞羞答答不愿意承认自己的企业崇尚厚利,在已经完全市场化了的行业环境里,能够做到厚利经营的企业,还真不是寻常人所能驾驭得了的。传统的华人经商,一直以薄利多销为根本,认同货真价实。现在看来,这样的经商方式维持温饱尚可,但要建立一个商业帝国则显得有些拘泥保守和无能为力。现代商业领袖,哪一个不是搜索枯肠绞尽脑汁塑造产品价值,以期扩大产品毛利,这是商业发展的大趋势。

(资料来源:根据 http://news.imosi.com/news/20110801/23762.shtml 谋思网改编)

第一节 旅游产品定价的影响因素及步骤

旅游产品价格的确定,是建立在对旅游产品价格形成的正确认识基础上的。旅游产品与其他商品一样,也是人类劳动的结晶,凝结了人类的一般劳动,因而具有内在价值。旅游产品的价格还受到其他诸多因素的影响,并且受到一定的定价目标的制约或引导。与此同时,旅游产品的定价有着一定的程序要求,应当按照科学的步骤进行。

一、旅游产品价格的构成

旅游产品价格就是对所获得的有形产品和无形服务的货币衡量。旅游者出游,为满足自身吃、住、行、游、购、娱的各项需求,必须要支付一定的费用以购买旅游产品,所支付的费用就形成了旅游产品的价格。

旅游产品价格一般包括旅游产品成本、净利润和税金3个要素,可表示为:

旅游产品价格=旅游产品成本+净利润+税金

(一)旅游产品成本

旅游产品成本是旅游产品生产和营销过程中所发生的各种物资消耗和劳动报酬的货币表现。它是旅游产品价格构成中最重要的组成部分。在旅游产品成本中,包括旅游资源、旅游设施和其他原材料、燃料等的物资耗费,旅游企业员工提供旅游服务的劳动报酬,以及旅游产品的广告费和其他促销费用等。旅游产品成本计算是正确制定价格的必要条件。

(二)净利润和税金

旅游产品价格中超过旅游产品成本的差额,是净利润和税金。净利润和税金也是旅游产品价格的构成部分。利润是旅游企业员工为社会和企业创造价值的货币表现,是旅游企业存在和扩大再生产的必要条件。旅游产品价格构成的以上三个要素是互相联系和互相制约的,其任何一个因素的变化都将对旅游产品的价格产生影响。

旅游产品价格构成有两种不同表现形式:在单项旅游产品价格构成中,它仅包括该产品的成本、净利润和税金;在完整(或综合性)旅游价格构成中,它包括旅游企业为了满足旅游消费者在旅游活动过程中的各种需求所提供的各个单项旅游产品的单价之和再加上旅游企业自身的成本及盈利。如旅游报价是较完整的旅游产品的价格,一般由三部分构成:旅游出发地与旅游目的地之间的往返交通费;旅游目的地范围内的旅游产品价格(包括旅游目的地的交通费、餐饮费、住宿费、参观游览费、娱乐活动费及其他费用);旅行社的成本、净利润和税金。

二、影响旅游产品定价的因素

(一)旅游企业内部因素

1.旅游企业营销目标

旅游企业在旅游产品营销中总要根据不断变化着的旅游市场形势和自身的经营实力,并出于短期或长期的发展考虑,确定自己的营销目标。旅游营销人员要根据不同阶段营销目标的不同来制定不同的价格,主要有以下情况:

1)生存。旅游企业在旅游淡季、市场不景气遇到经营困难时,为维持业务、等待市场转机,一般会采取低价策略,以低价吸引顾客。有时营销人员会把旅游产品价格定在成本线附近,这种做法看起来不赚钱但却可以减少损失。以酒店客房为例,其固定成本很高,如果销售不出去,也会发生这些费用。如果以成本价出售,虽不能赢利但却可以通过削价来谋求现有条件下的最大现金收益,以平安渡过难关。

2)争取当期利润最大化。旅游企业追求利润最大化的营销目标,一般是利用潜在竞争者从研发到产品投放市场之间的时间差,尽可能多地赚取利润。但这并不一定表示要给旅游产品定很高的价格,如果旅游产品的需求价格弹性较大,高价会使需求量下降,单位成本上升,反而会影响总利润。一家旅游企业可能以低价购并一个濒临倒闭的饭店,并让这家饭店起死回生,呈现出一定的获利前景后再把它卖掉,那么在转卖之前往往会给产品定一个较低的价格以集聚人气,等到饭店出现转机,他们就可能获得可观的资本收益。

3)扩大或保持市场占有率。这一目标一旦实现,不仅可以占有更多的市场份额,而且会随着销售量的上升而带来规模效益,还有可能把竞争对手逼出市场,当竞争对手退出市场时,再提高价格。在旅游市场竞争非常激烈的情况下,一些企业怀着"宁让利润不让市场"的心态,为提高市场占有率,大打价格战。

4)保持最优产品质量。一些旅游企业为了使自身的旅游产品质量领先,不仅投入高额的资本进行硬件设施建设,而且还配备训练有素的员工,员工与顾客的比例也相当高,这种情况下,他们的价格一定不菲。

2.旅游企业营销组合策略

价格策略在营销组合的各个要素中,是最具灵活性的一项,但旅游产品的价格决策不能与其他营销决策相分离而单独进行,它一定要与其他要素相互协调,构成一个统一而有效的营销计划。首先,价格体现着旅游产品的定位,产品决策影响着定价决策。例如,具有高度象征意义的旅游产品价格必然需要定高价。其次,促销决策也往往要求以一定的价格变化作为辅助手段。如旅游景区刚开始营业时,常以低价或免门票作为促销手段,以此扩大知名度和美誉度。再次,营销渠道的选择也影响定价决策。在对旅游产品定价时,要充分考虑到为中间商提供的佣金比例,以保证制定出来的价格既能被旅游者和中间商所接受,又可使企业获得收益。

3.旅游产品成本

旅游产品成本是制定价格的基础。一般情况下,成本越高,制定的价格也越高。适当降低成本,争取使本企业产品成本低于社会平均成本,实现成本领先是许多旅游企业谋求价格竞争优势的有效手段。旅游产品成本由固定成本和变动成本两部分组成。固定成本是不因产量或销售额变化而变化的成本,如固定资产折旧费、租金、办公费、固定工资等。变动成本是随产量或销售额变化而变化的成本,如采购成本等。旅游企业在确定旅游产品价格时,要使总成本得到填补,价格不能低于成本费用。当旅游产品的销售价格大于产品成本时,旅游企业就可能形成盈利,反之则不能弥补其劳动消耗以及物资消耗,造成亏损的现象。

4. 旅游产品特征

旅游产品与其他产品一样,也存在着替代性问题,尤其是旅游交通、住宿、购物等产品,出现同类产品的可能性较大。如果同类产品并存,则这类产品的需求价格弹性也相应较大,旅游产品生产者和经营者就可以削价竞争;在市场上具有一定垄断性的旅游产品,如,独一无二的自然风光和名胜古迹等,是其他产品所无法复制模仿的,这类产品的价格相应可定高价。一般情况下,旅游产品的特色越明显就越具有垄断性,其价格就可定得越高;此外,旅游产品的价格高低常与目的地的形象相联系,若旅游产品的价格过低,反而有可能引起部分细分市场旅游者的怀疑而不愿购买。

5. 非价格竞争因素

目前越来越多的旅游消费者不仅关注旅游产品的价格,还注重旅游企业的品牌、旅游企业所提供的服务质量以及旅游消费者获得的额外利益等因素。因而,旅游企业为了实现较高价格的销售,在提高旅游产品价格的同时更加注重考虑旅游产品的附加值,例如,优质服务、额外的免费项目等。这种非价格因素的深入人心,将会成为影响旅游产品定价和销售的另一重要因素。

补充阅读材料

北京丽思卡尔顿:早午餐送康乃馨

北京丽思卡尔顿酒店将在母亲节当天推出别具新意的早午餐。该酒店香溢餐厅除了为宾客准备中式餐点、日本料理、印度风味美食外,还为每位来就餐的母亲准备了精美的巧克力和康乃馨一束。

而以意大利皇冠酒区"巴罗洛"命名的巴罗洛餐厅,则用浓浓意式风情,让宾客陪自己的母亲在这里度过一个充满异域风情的温馨母亲节。每位母亲同样可获得精美的巧克力和康乃馨一束。

(资料来源:《中国旅游报》,蔺谦,2013.5)

(二)旅游企业外部因素

1. 旅游市场需求

旅游产品成本决定了价格的底线,而市场需求决定了价格的上限。旅游者和中间商都会将产品的价格与其所能获得的利益进行权衡。在进行价格决策之前,旅游营销人员必须理解价格与产品需求之间的关系。

一般来说,旅游产品价格与旅游市场需求量成反比,产品价格越高市场需求量越小,但是,当旅游旺季来临时,需求旺盛,旅游产品价格可适当提高,淡季时供过于求时价格可定低些,供求关系的变化,要求旅游营销人员在定价时要有一定的灵活性;不同旅游产品的市场需求量对价格变动的反应也不同,也就是不同产品的需求弹性系数不同,如旅游景区产品缺乏弹性,而食、宿等产品却有较大的弹性,因而旅游企业在定价时应不同产品区别对待,对弹性大的旅游产品,可用降价来刺激旅游者的需求,而弹性小的旅游产品的价格变动,对需求起不到刺激作用;旅游者对旅游产品价值的认知决定了旅游者愿意支付的价格水平,决策者在定价时必须仔细考虑这一因素,根据不同的价值认知找到最佳卖点。

2.竞争者的产品和价格

竞争者的价格及竞争者对本企业的定价策略所能做出的反应也是旅游产品定价时需要考虑的外部因素。在完全竞争的市场中,旅游企业没有定价的主动权,只能被动地接受市场已形成的价格;在不完全竞争市场中,由于旅游企业彼此提供的产品存在着差异,可以依托"差异"的优势部分地变动价格从而寻求较高的利润;在寡头竞争的市场中,少数旅游企业相互制约和垄断,市场中产品的价格不易随意改变;在完全垄断的市场中,垄断企业独家经营,完全控制了市场价格。这种情况在旅游景区类产品中较为普遍,由于资源的垄断性和政府对进入该景区的限制,因此其确立的价格基本是垄断性的。

旅游企业一旦了解了竞争者的产品和价格,就可以将这些信息作为制定自己产品价格的依据。如有 A 和 B 两家星级相同、产品和服务也相类似的饭店,A 饭店一定要将自己的价格定在与 B 饭店差不多的水平上,否则就会失去一部分顾客。

3.政府宏观管理

政府对旅游市场中旅游产品的价格管理,主要是通过行政、法律及货币供给、工资和物价政策等手段来调控和体现的。其目的在于通过法律法规限制旅游企业不正当竞争,牟取暴利,损害旅游者利益,或通过制定最低保护价来约束不良的市场行为,如削价竞争而损害旅游企业的正常利益以及旅游业的效益。在旅游市场日益国际化的时代,旅游产品定价还应遵守有关国际法和国际惯例。

4.汇率变动和通货膨胀

汇率是指两国货币之间的比价。汇率变动对旅游产品的价格变动有着显著的影响。一般来说,汇率变动的影响主要是通过旅游产品的报价形式体现出来的。通常本币升值,旅游企业要考虑提高外币定价;本币贬值,旅游企业要考虑适当降低外币定价。若旅游目的地国家的货币升值,汇率上升,就有可能造成入境旅游者人数的减少,旅游者有可能转向其他旅游目的地购买、消费同类的替代产品。

通货膨胀是指在流通领域中的货币供应量超过了货币需求量而引发的货币贬值、物价上涨等现象。在通货膨胀时期,旅游企业的经营成本费用增加,因而产品价格上涨,而且幅度往往大于通货膨胀上升幅度,这样才能保证旅游企业不致亏损。但这样做往往导致旅游者人数减少、旅游收入下降,甚至损害旅游地或旅游企业的形象。相反,当通货紧缩时,旅游产品价格会有下调的压力。

补充阅读材料

入境税对旅游者心理影响不可忽视

据报道,泰国计划明年向外国游客征收入境税,该国旅游业内人士担心这项计划如若实施将使泰国入境游客人数减少。笔者认为,判断这一计划实施后对旅游业的影响,应该从旅游者心理反应上去研究。

从心理学的研究来看,旅游者将一个国家列为旅游目的地、确定拟将到访的出游动因并非是受到这个国家是否投入了大量旅游招徕广告的影响。真正能有特别影响,能够让旅游者的出游冲动很快变现的,通常都会是一些看似与旅游信息无关、但却能够真正撩拨到旅游者心弦的一些东西。比如,旅游者看过自己喜爱的电影明星莱奥纳多在泰国拍摄的电影《海滩》,因而对泰国的海滩兴致陡增,会迅速确定泰国之旅的行程;再比如从新闻里看到相貌姣好表情亲切的泰国女总理英拉及时出现在曼谷水灾救灾现场,而倏然确信这是一个值得立即探访的地方。

泰国拟对到访的外国旅游者收取入境税的消息,却恰好属于这类能够直接影响到旅游者心理、真正影响旅游者的旅游目的地遴选判断、做出出游决断的重要因素。只是可惜,这一信息对旅游者的影响不是正向而会是反向的。

对于这一消息,入境旅游者在第一时间感知并做出不同反应,一些旅游者或会立即收回即将迈往泰国的脚步,另一些人则会修改今后几个月的旅游行程,将泰国旅程缩短或将泰国暂时排除在旅游行程之外。泰国近邻的马来西亚、新加坡等一些东南亚国家,或因此坐收渔利。

虽然泰国拟收取的这笔入境税只有500泰铢,大约合100元人民币,金额看上去虽然并不太多,但因此产生的反作用力,却非500泰铢的实际购买价值可以比拟的,因为泰国收取旅游者入境税的消息,极可能会在瞬间让旅游者对泰国的出游兴致衰减或坍塌,重新恢复对泰国的旅游期待,再将泰国重新纳入旅游计划,则需要很长时间。

泰国此次决定收取外国旅游者入境税之事,可以说是一个创举。以往世界上收取外国旅游者入境税的国家,并无先例。虽然此类想法也算不上新鲜,以往也一直有一些国家有过类似动议,但在推进中皆因利弊权衡有所顾虑而夭折。

收取入境税定会对入境旅游造成直接冲击,这样的价值判断显然是令这一政策在这些国家夭折的根本原因。若匆忙将这一政策加以实施,并不用奢望会有另外的结果产生,它将导致对泰国的入境旅游造成的直接影响,就是阻遏泰国近年入境游持续的上升态势。推动此案的泰国公共卫生部等部门对此项动议的解读明显缺乏对旅游者出游心理的分析,而见诸报端的该国旅游经营者的一些担忧,显然更符合常理。泰国旅游代理协会主席差瓦塔纳蓬所说:"这个计划将对泰国旅游业造成打击,因为这会破坏外国游客对泰国的好感。"

中国旅游者与泰国的联系息息相关。从现状看,中国旅游者每年赴泰国旅游人数约有300万人次,在各国赴泰国外国旅游者2600万人次总量里虽不算多,但占比却是最高。从连年不断增长的人数来看,虽然历经出境旅游开放20多年,中国旅游者对旅游目的地泰国的喜爱一直未曾减弱。个中缘由,当然与泰国丰富的旅游资源、别具一格的旅游体验、良好的国家形象有关,但与中国始终将泰国作为最重要的出境旅游目的地之一,也是有着重要关联的。但是,中国赴泰国旅游者虽然人数众多,却与赴欧美、非洲旅游者有些微不同:那就是赴泰国旅游者对旅游的价格会更为敏感一些。今年十月,旅行社线路产品全面提价,泰国等东南亚国家线路产品客源大幅减少受影响最大,就是一个显而易见的明证。

在以往中国旅游者赴泰国旅游的整个发展历程中,泰国政府方面发布的旅游政策,皆为利好。譬如亚洲经济危机发生后,为吸引中国旅游者,泰国曾实施免除中国旅游者的泰国签证费用一年的计划。因效果不错,其后又将此计划接续延长了一年;一年前泰国的一项签证新政是与柬埔寨联手开展的单一签证计划,这也曾让不少中国旅行者欢欣雀跃。

虽然后来进入实施阶段旅游者发现泰柬两国的单一签证费并没有让费用减少,但总归是减少了一次签证申请程序,还是带给了旅游者不少便利。近年来有关中国旅游者赴泰旅游相关的利好消息,当然就是中泰两国政府正在就互免签证进行商谈。这一系列的利好消息,自然会不断吊高中国旅游者的胃口,而此时传来泰国计划向外国游客收取入境税,不免会让人觉得有些不合时宜。

近日有报道说,泰国移民部门通过其官方微博透露,向外国游客征收入境税的计划只是一个部门的提议,是否实施还需经过认真讨论,近期不会推出。看来泰国政府对于该计划的实施还是非常谨慎的。

(资料来源:《中国旅游报》,王健民,2013-11-4)

三、旅游产品定价的目标

旅游产品定价目标(target of tourism product pricing)是旅游企业营销目标的基础,是企业选择定价方法和制定价格策略的依据。以旅游企业自身营销目标为基础,旅游产品定价目标有以下几种表现形式:

(一)利润导向目标

利润导向目标(profit-oriented objectives)是旅游产品定价目标之一,它大致可归纳为三种形式:(1)投资收益定价目标,它是指旅游企业在制定旅游产品价格时根据投资收益曲线进行分析,使企业获取预期的投资报酬率。(2)当期利润最大化定价目标,这是旅游企业通过制定较高的价格,在较短的时期内来获得最大限度的销售利润。一般来讲,采用这种模式的旅游企业在旅游市场上的旅游产品或服务大多具备有利地位。但采用这种定价模式旅游企业可能会失去开拓广大市场的机会而使竞争者涌入,所以该行为要求旅游企业具备较强实力与应变能力,且一般适用期限较短。(3)长期利润定价目标,与前者相比旅游企业着眼于长期总利润水平的逐渐提高从而制定旅游产品的价格。虽然它的回收时期较长,但优势在于可使旅游企业减少风险获取合理的利润的同时获得扩大市场占有率以及获取长期稳定的经济效益。

(二)销售导向目标

销售导向目标(sales-oriented objectives)的定价,其主要目的是巩固和提高市场占有率、维持和扩大旅游产品的市场销售。采用这种定价目标时需注意旅游企业必须有充足的产品以及服务供应,因为有时旅游企业为达到扩大其市场占有率目的而采用低价策略导致旅游消费者需求量剧增,若出现供不应求的市场态势时,将会导致潜在竞争者入侵,损害企业利益。

(三)竞争者导向目标

竞争者导向目标(competition-oriented objectives)是指旅游企业通过服从竞争需要来制定旅游产品价格。在市场竞争中,价格是最直接、最有效、最方便的竞争手段之一,但运用价格竞争往往会导致两败俱伤。为避免这种局面,以主要竞争者价格为定价基础来制定自己的产品价格,往往较为有效。对于实力较弱的旅游企业或新进入市场的旅游企业可采用与竞争者相同或略低于竞争对手的价格出售旅游产品;对于实力较强又想提高市场占有率的旅游企业,可采用低于竞争者的价格出售产品;对于实力雄厚、产品优质或能够为旅游者提供更多服务的旅游企业,可采用高于竞争者的价格出售产品;对于为防止新的竞争对手进入市场的旅游企业,可以低价阻止新企业进入市场或迫使小企业减少市场份额甚至退出市场。

(四)社会责任导向目标

社会责任导向目标(social responsibility-oriented objectives)是指以为社会提供公益服务为己任,强调社会效益最大化的目标。例如,杭州西湖以不收任何门票的形式开放于公众,其关注了旅游生态环境可持续健康稳定发展的同时,也取得了较好的社会效益,真正做到还湖于民,体现了人类与自然的和谐共处。

四、旅游产品定价的步骤

旅游企业的产品定价需要遵循一定的程序和步骤,一般可分为以下五个步骤:首先对旅游产品的目标市场购买力及倾向进行信息收集与评估,然后对旅游企业的产品和服务成本及结构进行估测,再次对旅游企业的市场环境进行了解和调研,接着确定产品的定价目标,最后选择适合旅游企业产品的定价方法及相应策略。

(一)评估目标市场购买力及倾向

目标市场的收入水平、规模以及消费倾向是旅游企业定价的前提条件。旅游企业应根据最初设计旅游产品时所选择的目标市场,对特定的旅游消费群体进行信息的收集及分析,了解旅游者对旅游产品的认知价值和价格承受能力,并把握旅游者的潜在需要及消费偏好发展趋势,以便采取主动、灵活的价格策略,引导旅游者消费。评估目标市场购买力及倾向的方法主要可采用问卷调查、面对面交流和专家意见法等。

(二)估测旅游产品成本及结构

通过评估目标市场购买力,可以判断旅游企业产品的价格上限,再通过对产品成本的估算,可以确定企业可以承受的旅游产品价格下限,旅游企业便可以明确产品价格允许变动的大致范围。进一步能够推算出最佳规模时的最低成本,从而为旅游产品的最终定价提供依据。

(三)分析旅游企业市场环境

旅游企业市场环境包括宏观和微观环境两个方面。宏观环境方面,政府规定的最高限价是旅游企业价格上限的警戒线,居民收入水平、消费结构、经济增长率等经济环境因素都会促进或制约旅游产品价格的升降,旅游者购买行为准则、风俗习惯、道德规范等社会文化环境因素,限制了旅游者的购买规模和消费倾向,间接地影响旅游产品价格的高低。微观环境方面,供货商价格的稳定性、供货品质的可靠性等,都关系到旅游企业能否有效地控制原材料等成本,从而影响旅游产品的价格。

(四)确立旅游企业的定价目标

目标市场购买力的大小、旅游产品成本的高低、市场环境的趋势等共同决定了旅游企业定价的报酬取舍、市场占有率分析、时间考虑和防止竞争等目标的选择。旅游企业确定定价目标关系到旅游企业生存和发展的时间与空间。在确定定价目标时,旅游企业需要考虑自身的规模实力、市场拓展的有利因素和障碍、目标市场消费偏好的变化以及企业资源配置的可能和变化等,从而在诸多的定价目标中选择出最符合旅游企业实际的定价目标。

(五)选择定价方法和策略

旅游产品价格的确定要遵循客观规律的要求,在全面、准确的调研、预测的基础上选择适合自身的定价方法。由于竞争者的存在,旅游者需求的多种多样,以及影响价格因素的动态性和灵活性,旅游企业在定价过程中还必须充分考虑定价的策略,不仅要从竞争者的情况和消费者的心理出发进行产品定价,还需根据市场的差异、需求的差别选择更有利的定价策略。既能使定价工作与旅游企业的其他营销工作相配合,又能在定价过程中充分体现出定价的科学性、艺术性和技巧性,增进旅游者对旅游产品的价格理解和偏爱。

由于旅游市场的需求不是一成不变的,旅游企业还应根据市场的变化,综合考虑各种因素对价格的影响,进行适时、适当的价格调整,例如,按季节对价格进行调整,按渠道的地位进行价格调整等。

第二节　旅游产品定价方法

旅游产品定价方法(methods of tourism product pricing)很多,无论采用何种定价方法,旅游企业都必须深入分析市场需求、产品成本以及竞争状况,根据自身的预期目标,从诸多定价方法中挑选最适合自身发展的方法。根据定价时侧重考虑的因素不同,旅游产品可分为成本导向、需求导向和竞争导向等三种最基本的定价方法。

一、成本导向定价法

成本导向定价法是指以旅游产品的成本为主要依据,综合考虑其他因素而制定价格。该方法主要运用于制定旅行社产品、饭店餐饮等产品的价格。该定价法常见的有以下三种。

(一)成本加成定价法

成本加成定价法(methods of cost-based pricing)是在成本上加上若干百分比的毛利计算出产品价格的一种方法。它的公式可表示为:

单位产品价格=单位产品成本×(1+成本加成率)

单位产品成本是单位产品变动成本与平均分摊的固定成本之和,加成率是单位产品的预期利润率。

例:某餐厅某菜肴原材料加上平均分摊的固定成本为30元,餐饮部确定在成本加成率为40%,则该菜肴的价格=30×(1+40%)=52元

成本加成定价法的优点是计算简单易行,有利于缓和同类旅游产品的价格竞争,从而使旅游企业获得预期的利润。缺点是忽视了旅游市场的需求和竞争因素,缺乏灵活性,难以适应旅游市场复杂多变的形势。特别是使用该方法难以准确得知所制定的旅游产品价格的实际销售量,因而难保固定成本费用分摊的合理性。当预测的旅游者数量下降的时候,产品的价格就必须要提高,以弥补固定成本,使得成本和收入保持平衡。

(二)目标利润定价法

目标利润定价法是根据旅游企业的总成本和估计的总销售量,确定一个目标收益率,作为定价的标准。其公式表示为:

单位产品价格＝(固定成本总额＋变动成本总额＋目标利润)/销售量

目标利润定价法在旅游企业中尤其是饭店业中广为应用,制定客房产品价格时使用的千分之一法,就是该方法的特殊形式和具体应用。

千分之一法,又称千分之一规则,它是指饭店建筑所需投资通常占其总投资 60% 至 70%,许多经营者认识,饭店造价与房价有直接联系,许多人认为,饭店要想获取利润,客房价就应占造价的千分之一。具体计算公式:

平均每间客房的售价＝(建造成本总额÷客房间数)/1000

例:一家饭店有 600 间客房,总造价 9000 万元,按照千分之一法,可得:

平均客房的售价＝(90000000÷600)/1000＝150 元

目标利润定价法的优点是,如果旅游企业预计的销售量和估算的总成本都比较正确,则能实现预期的目标利润。但是,此方法在确定总成本预计销售量时,并未明确在什么价格下的销售量,因而忽视了旅游产品价格对销售量的直接影响。因此,旅游企业在采用此方法定价时,应考虑几个不同的旅游产品价格,以测算旅游产品价格变动对销售量和利润所产生的影响,据此就能对按目标利润定价法制定的旅游产品价格进行灵活、适当的调整,务求使所制定的旅游产品价格更为科学。

(三)变动成本定价法

变动成本定价法亦称边际贡献定价法。这种定价法是旅游企业在制定旅游产品价格时,只计算变动成本,不计算固定成本,而以预期的边际贡献适当补偿固定成本。边际贡献是指预计的旅游产品销售收入减去变动成本的差额。其差额为正数时,说明有边际贡献;反之,则没有边际贡献。只要预计的旅游产品销售收入大于变动成本,就有边际贡献,就能补偿一部分固定成本。当边际贡献等于固定成本时,旅游企业即可实现保本;当边际贡献大于固定成本时,旅游企业即可盈利;当边际贡献小于固定成本时,旅游企业将有部分亏损。该方法的计算公式为:

旅游产品价格＝单位产品变动成本＋单位产品的边际贡献

变动成本定价法一般是在旅游市场竞争激烈、旅游企业生产能力过剩时采用。因为这时如仍采用成本加成定价法,必然使旅游产品的定价过高,以致影响其销售。而采用变动成本定价法,旅游产品价格往往低于用成本加成定价法所制定的价格,这有利于增加该产品在旅游市场上的竞争力,促进销售,从而提高该产品的市场占有率。

二、需求导向定价法

需求导向定价法(methods of demand-oriented pricing)是依据旅游者对旅游产品价值的理解和需求强度、可支付的价格水平来定价,而不是根据旅游企业的成本定价。其基本方法主要有:

(一)需求差别定价法

需求差别定价法主要根据旅游产品的需求强度和需求弹性的差别来制定产品的价格。具体有以下几种类型:根据旅游者的收入状况不同而进行的差别定价;根据旅游产品的不同产品形式进行差别定价,如不同的花色、样式定不同的价格,一般情况下新颖的产品比传统的旅游产品价格要高,这种方法常用于旅游商品定价;根据地理位置不同而进行的差别定价,由于旅游者对处于不同位置的同一种旅游产品有不同的需求强度和偏好,旅游企业可以根据不同地理位置所造成的需求强度差异制定不同的价格;根据时间的不同而进行的差别定价。

补充阅读材料

部分景区陆续实行淡季门票政策

2013 年北京故宫、布达拉宫 11 月 1 日降价,九寨沟 11 月 15 日降价,黄山 12 月 1 日降价……进入 11 月份,国内景区陆续开始执行淡季门票价格,还有部分景区实行免票政策。

根据往年惯例,北京颐和园、北海公园、故宫等公园景区从 11 月 1 日起执行淡季票价。其中,颐和园从 30 元降至 20 元,联票从 60 元降至 50 元;故宫的门票从 60 元降至 40 元;天坛公园的门票从 15 元降至 10 元,联票从 35 元降至 30 元。

西部、东北等地景区也采取了惯常的淡季低价揽客政策。甘肃省崆峒山景区从 11 月 1 日至明年 3 月 31 日,执行淡季门票价格,每张门票 60 元。陕西省主要景区将于 12 月 1 日陆续执行淡季票价,其中,兵马俑景区由旺季的 90 元降为 65 元,华清池景区降为 40 元,华山核心景区由 180 元降为 100 元。山西省内 49 家国有及国有控股的景区景点也将于 12 月 1 日至次年 2 月底实行门票六折的优惠政策。

西藏、新疆、四川等地部分热门景区降价幅度也不小。其中,布达拉宫从 11 月 1 日开始由旺季价 200 元降至 100 元,相当于打 5 折。九寨沟和黄龙则从 11 月 15 日开始执行淡季门票,其中九寨沟淡季价为 80 元/人,下降 63%;黄龙下调为 60 元,降幅高达 70%。而旺季门票为 150 元的新疆喀纳斯景区甚至实行免票政策,即从 11 月 15 日起至明年 3 月 31 日游客都能免费进入景区游览。

不单是景区门票降价,就连机票、酒店也同步让利。多家旅游网站上看到,目前机票、酒店等价格折扣较低,即便是厦门、三亚、上海等热门旅游城市的机票、酒店价格也有较大的折扣。景区、酒店、机票的降价潮也推动了旅游产品价格的走低。根据从各大旅行社信息发布来看,多数旅游产品较旅游旺季均有不少优惠。如广之旅 11 月中旬出发的"九黄双飞成都宽窄巷子九寨沟双飞 5 天"价格最低仅需 1999 元,较旺季出游价格降价幅度超过 50%。

(资料来源:徐万佳.中国旅游报[N].2013-11-6)

(二)理解价值定价法

理解价值定价法是指以旅游者对产品价值的理解认识程度作为依据来制定产品的价格。当旅游产品的价格与旅游者对产品的认知价值大致相当时,他们才会接受这种价格。运用这种定价方法,要求旅游企业必须掌握产品在旅游者心目中的价值水平。旅游企业为了获得市场,应通过营销组合中的非价格因素,如产品质量、促销等因素加深旅游者对产品的认知程度,使他们对本企业的产品有大致的价值"定位",然后进行定价。

三、竞争导向定价法

竞争导向定价法(methods of competitor-oriented pricing),是以同类旅游产品的市场供应竞争状态为依据,以竞争对手的价格为基础的定价方法。这种定价方法基本上不考虑旅游产品的成本和需求,主要考虑竞争对手产品的价格。旅游企业经常使用的竞争导向定价法有如下几种：

(一)率先定价法

率先定价法是指旅游企业采取率先定价的姿态,制定出符合市场需求的价格,并能够在激烈的竞争中取得良好的经济效益的方法。率先定价法是一种比较主动的竞争定价方式。一般为实力比较雄厚、生产规模较大、在市场中占有领导优势的企业所采用。

率先定价法的制定过程：首先,旅游企业要对市场中竞争对手的产品价格和本企业产品的估算价格进行比较和分析,然后对产品的质量、成本、服务等方面进行对比,分析价格差异的原因,对估算的价格进行评估,接着根据自身的产品特点、优势、营销目标和市场定位等要素,对估算价格再进行考察和调整。

(二)随行就市定价法

随行就市定价法是指旅游企业按照行业的平均现行价格水平来定价。在有许多同行相互竞争的环境中,很多旅游企业会提供基本类似的产品,如果制定的价格高于或低于行业平均价格水平,都可能会影响旅游产品的销售和利润。该方法的优点是既能与其他企业保持友好的关系,避免相互之间的恶性竞争,又能使所制定的旅游产品价格易于被旅游者接受,便于促销,稳定获利,同时,可以节省很多前期调查和测评费用,所以很多小企业为避免竞争、大企业为避免价格战、节省不必要的开支,往往采用随行就市定价法。

(三)密封竞标定价法

企业采用密封竞标定价法定价时,是以设想竞争对手将定什么价为基础,而不是以自己的成本费用或市场需求为基础。企业能否中标,在很大程度上取决于与竞争对手在实力、价格等方面的综合较量。一般情况下,在同类产品之间,价格相对低的产品更具有竞争力。即使迫切希望中标的旅游企业,除了个别特殊场合,一般也不愿自己的标价低于单位产品的边际成本,因为那样旅游企业不但不能回收固定成本,连变动成本也补偿不了。由于利润的高低与中标概率的大小刚好相反,旅游企业便可用这两种相反因素的净效应作为定价的依据。这个净效应就是利润与中标概率的乘积,叫"期望利润"。

第三节　旅游产品定价策略

一、心理定价策略

心理定价策略是通过对消费者的购买心理进行调研分析,依据消费者心理对价格数字的敏感程度和不同联想而采取的定价技巧。可分为以下几种：

(一)尾数定价策略

尾数定价策略也称为非整数定价策略,即给旅游产品定一个零头数结尾的非整数价格。如将酒店客房产品的价格定为288元,而不是300元整。由于旅游消费者一般认为整数定价是概括性定价,价格不准确。而尾数定价可以让消费者产生这是经过精确计算、没有水分的最低价格的心理;同时,消费者也会感觉旅游企业定价认真,消费者容易对企业产生信任感。一般来说,尾数定价主要适用于价值较低的旅游产品。对于需求价格弹性较大的旅游产品,尾数定价法往往会带来需求量较大幅度的增加。

(二)整数定价策略

整数定价策略指旅游企业在定价时,采用合零凑数的方法,制定整数价格。如将高星级酒店客房产品的价格定为 1000 元,而不宜改为 995 元。这种定价技巧,主要适用于高档旅游产品或旅游者不太了解的旅游产品。由于当今旅游市场上,旅游产品繁多,旅游消费者事先难以完全了解各种旅游产品的信息和质量,往往只能凭借价格来认识旅游产品的性能和质量。在这种情况下,旅游企业采用整数定价,可以抬高旅游产品的身价,使旅游者产生"一分价钱一分货"的心理效应,借以满足旅游者的高消费心理从而做出购买决定。

(三)声望定价策略

声望定价策略是针对旅游者"价高质必优"的心理,对在旅游者心目中有信誉的产品制定较高价格。采用该定价策略的旅游产品,其对应的目标群体往往是社会经济地位较高的旅游者,他们购买旅游产品不在乎花钱多少,在意的是通过消费高档旅游产品从而提高自己的社会地位和声望。旅游企业采用声望定价,有利于提高旅游产品和企业的形象,刺激特定群体的旅游消费,使企业取得丰厚的利润。一般适用于有一定知名度的旅游产品,产品本身优质,能反映购买者自身的价值和地位。运用这种价格策略一定要慎重,如果控制不好,可能会给旅游消费者"暴利企业"的形象,一般性的旅游企业及产品不宜采用。

(四)招徕定价策略

招徕定价策略是指旅游企业利用部分消费者求廉的心理,将几种产品的价格定得较低以吸引消费者购买。如某些餐厅为招徕顾客,采取天天有特价或对某几种菜肴实行特价,表面上看似乎酒店在亏损经营,实际上,消费者在购买这些特价菜肴的同时,往往还会购买一些其他的菜肴或酒水饮料,从而弥补酒店在特价菜上的亏损,还可提高酒店的整体收益。

(五)吉利数字定价策略

吉利数字定价策略企业利用消费者对某些数字的发音联想和偏好制定价格,满足消费者心理需要并在无形中提升消费者的满意度。如将旅游产品价格定为 169 元、888 元、999 元等。

补充阅读材料

吉利数字定价

据报载,一位大款陪女友到一空商店买高档名表,定价 16800 元,问营业员能否便宜些,营业员说可以降价为 16000 元,最后顾客说:"算了吧,图个吉利,还是 16800 元。"可见吉利数字对顾客有很大的吸引力。

(资料来源:http://wiki.mbalib.com/wiki/吉祥数字定价策略#_note-0)

二、折扣定价策略

折扣定价策略是旅游企业为扩大销售,占领市场,或为了巩固、加强与中间商的合作关系,在既定的价格基础上,采取向顾客或中间商让利性减价措施的一种策略。

(一)现金折扣策略

现金折扣策略指对现金交易或按期付款的旅游产品购买者给予价格折扣。如付款期为3个月，如果立即付清可享受10％的折扣，1个月内付清，可享受7％的折扣等。折扣的大小一般根据付款期间的利息和风险成本等因素来确定。旅游企业采用现金折扣虽然付出了一定的代价，但它能鼓励旅游者用现金支付或提前付款，减少本企业的经营风险，加速资金周转，从而有利于扩大再生产，使本企业形成良性循环。

(二)数量折扣策略

数量折扣策略是企业给那些大量购买某种旅游产品的顾客的一种减价，以鼓励购买更多的产品。一般购买数量越大折扣也越大。

1.累计数量折扣

这是指在一定时期内，旅游产品购买者的购买总数超过一定数额时，旅游企业按购买总数给予一定的折扣。如乘坐航空公司的航班，当消费者累积到一定旅程数或飞行时数，航空公司将免费为消费者提供一次旅程。常见的形式有公司价、团体价、会议价、常客价等。

2.非累计数量折扣

这是指旅游企业规定旅游产品购买者每次购买达到一定数量或购买多种产品达到一定的金额时所给予的价格折扣，一次性购买数量越多，折扣就越大。如旅游者向旅行社购买旅游产品，若4人同行则一人免单等。

(三)季节折扣策略

季节折扣指旅游企业在淡季时给予旅游产品购买者的折扣优惠。其目的是鼓励旅游者在旅游淡季购买，使旅游产品做到淡季不淡，以提高旅游资源、旅游设施在旅游淡季的利用率。如饭店常在旅游淡季按季节折扣价向旅游消费者出售客房的床位。

(四)功能性折扣策略

功能性折扣指旅游产品的生产企业根据各类中间商在市场营销中所担负的不同职责，给予不同的价格折扣，促使他们愿意执行某种市场营销功能（如推销、储存、服务）。旅游企业使用功能折扣的目的在于鼓励旅游批发商和旅游零售商销售本企业的旅游产品，更充分地发挥它们各自组织旅游市场营销活动的功能。一般来说，旅游企业给予旅游批发商的折扣较大，给予零售商的折扣较小，有利于促使批发商大量进货，并有可能进行批转业务。由于旅游市场营销的复杂性和多样性，功能性折扣的具体形式多种多样。如某酒店规定，旅行社每预订20间客房，酒店就可以免费向旅行社免费提供一间客房。

三、差异定价策略

差异定价策略是指相同的旅游产品以不同的价格出售的策略，其目的是通过形成若干个局部的旅游市场而扩大销售，增加旅游企业的盈利来源。

(一)地理差价策略

地理差价有两种情况：其一，旅游产品的不可转移性决定了不同位置的产品所体现出的产品价值是不相同的，如饭店客房的不同朝向、方位等，营销人员可以利用价格对此进行调节，以平衡市场供求。又如，剧院，虽然不同座位的成本费用都一样，但是不同座位的票价有所不同。其二,由于不同地区的旅游消费者具有不同的消费水平、偏好和行为习惯,因而不同地区的旅游市场具有不同的需求曲线和需求弹性。因此旅游企业可以不同的价格策略在不同地区营销同一旅游产品,以形成同一产品在不同空间的横向价格策略组合。

(二)时间差价策略

时间差价策略是指旅游企业对相同的旅游产品,按旅游者需求的时间不同而制定不同的价格。这种策略有利于中间商和旅游者增加购买频率和力度,同时可减少旅游企业仓储费用、加速资金周围。该策略特别适宜于在旅游淡季时采用。

(三)对象差价策略

对象差价策略是指旅游企业针对不同旅游者的需要和购买的数量等因素,对同一旅游产品实行不同的价格。采用该策略的目的在于稳定客源,保证旅游企业基本的销售收入,有时也为了争取客源。如不少旅游景区往往给予学生优惠价格政策。

(四)质量差价策略

高质量的产品,包含着较多的社会必要劳动量,应该实行优质优价。市场上内容基本相同的旅游产品中存在着档次上的差异。如同样的杭州西湖五日游,有豪华游、普通游等不同水准。不同星级饭店提供的服务设施的现代化程度、饭店的环境、气氛的舒适程度、旅游项目吸引力、企业人员素质和服务水平等因素都是划分等级的依据。如,名厨料理、优秀导游讲解等。产品的质量不同,采用的价格也不一样。

保持合理的质量差价,一方面是价值规律的客观要求,有利于保护旅游者的合法权利,使支出的价格与得到的满足相一致;另一方面可以促进旅游产品经营者努力改进经营管理,不断扩大旅游服务项目,提高服务质量。

四、新产品定价策略

旅游企业推出一种新产品,其在市场上能否得到旅游消费者的青睐,在很大程度上取决于该产品在刚进入市场时的表现。因此,在旅游产品的导入期,定价尤其具有挑战性,旅游企业的新产品定价,主要有以下几种策略可选择。

(一)撇脂定价策略

撇脂定价策略是指在旅游产品生命周期的最初阶段,把产品的价格定得很高,以获取最大的利润,犹如从鲜奶中撇取奶油,捞取精华。一般说来,旅游新产品刚上市时,市场上没有竞争对手或竞争对手很少,因而把该新产品价格定得高一些是可行的,因为那些求新欲强又有支付能力并对价格不是很敏感的旅游者是不太关注旅游新产品价格高低的。该策略的优点是旅游企业能尽快收回投资,迅速实现预期的盈利目标。其缺点在于旅游新产品有可能因高价而难以拓宽市场甚至无人问津,同时高价厚利会吸引竞争对手纷纷仿效,这必然使该新产品价格大幅度下降,以致缩短该新产品的高额利润时期。作为一种短期的价格策略,它适用于旅游产品具有独特性、技术或资源具有垄断性、竞争压力小的旅游新产品,同时市场上存在高消费或时尚性的旅游需求。

(二)渗透定价策略

渗透定价策略是指企业将旅游新产品的价格定得相对较低,以吸引旅游消费者,提高市场占有率,然后随着市场占有率的提高调整价格,降低成本,实现赢利目标。渗透定价策略与撇脂定价策略相比,其优点是价格相对较低有利于吸引旅游者,迅速打开旅游新产品的销路,提高市场占有率,并因低价能有效地阻止竞争对手蜂拥而来,便于旅游企业长期占领旅游目标市场,从而保证了长远利润的获得。其缺点是旅游企业的投资回报周期相对较长,价格变动余地较小,具有一定的风险性。这种定价策略的运用一般要具备以下条件:潜在市场规模大,随着销量增加能降低单位成本,实现薄利多销;市场对价格敏感,低价有助于市场拓展;旅游企业供给能力强;潜在竞争者多,低价可以有效阻止或延缓潜在竞争者的进入。旅行社的观光旅游类产品、低星级酒店的客房产品等,可在产品生命周期的导入期采用渗透定价策略。

(三)满意定价策略

它是介于撇脂定价与渗透定价策略之间的一种折衷价格策略,即根据旅游消费者在购买旅游产品中所期望支付的价格,来制定新产品的价格。满意定价法的优点是既便于吸引旅游者,促进旅游新产品的销售,又较为稳妥,有利于在正常情况下实现预期的盈利目标。其缺点是很难掌握买卖双方都感到满意的价格水平,难以适应复杂多变的旅游者需求或竞争激烈的旅游市场环境。一般适用于需求弹性适中而又不愿意引发价格战的旅游新产品。

补充阅读材料

标间最高 5000 元:海南最严限价令能否抵住"天价客房"?

"万元过一夜",海南春节客房价格连年"高烧难退",游客"望房兴叹"。海南省物价局近日推出 2013 年春节"标间最高 5000 元""标间降幅百分之十以上"的"限价令"。然而,记者调查发现,海南高端酒店多,标间数量少,三亚的标间更是稀缺。"限价令"能否抵住连年上涨的"天价房"? 假日房价异常波动有治没治?

受限客房仅占二成

三亚作为全国唯一的热带旅游度假目的地,每年春节期间,都有近 50 万游客涌入,供需矛盾难以平衡。一纸"限价令"能阻挡春节酒店客房"身价"翻倍涨?

"'限价令'作用十分有限,近六成客房价格不受影响。"三亚市一家五星级酒店销售部经理江帅说,"限价令"只针对普通标间,海景房、园景房、豪华单人间等高端客房产品不在限价范围内,普通标间仅占酒店客房的四成左右。

三亚市旅游协会证实,三亚近 4 万间星级酒店客房,普通标间 5000 间左右,受"限价令"影响的客房仅占 12% 左右。"高端酒店是高房价的'领头羊',然而越高端的酒店,普通标间的数量越少,受到限价制约的程度越轻。"秘书长谢祥项说。

事实上,从 2010 年开始,三亚市就规定,重要节假日酒店客房价格以上年春节期间的销售价格为基准价格,上浮不超过 10%。经过连续三年的上涨,目前亚龙湾万元以上、大东海近 8000 元、准四星级酒店近 2000 元的客房价格已成为行业普遍认定的春节客房价格。

"这样'高不可攀'的客房价格,即使下浮 10% 老百姓也承受不起。"海口市民顾志斌说,以一晚 8000 元的酒店标间价格为例,降幅 10% 后为 7200 元,是普通工薪阶层两个月的收入。

海南省公共关系协会副会长代红说,10% 的"微降",对于消费者来说,没多少实际意义可言。从目前限价令来看,主要针对上年春节已经畸高的价格为基准价,重申不超过 10%,区别不大,普通游客仍然住不起。

标间卖给旅行社

三亚乃至海南已形成春节炒房、囤房的产业链,即使一些高端酒店以限价5000元出售标间,普通游客也很难买到"限价房"。一位在三亚专门从事节日"炒房"的高女士向记者爆料说,部分旅行社和炒房客会提前半个月向酒店"买断"一批高端酒店客房。"从酒店到客人之间要经过投资客、当地旅行社、组团旅行社2—3个'中间商'的多次加价,再加上春节市场火爆,过万元一夜的高房价就不足为怪了。"

而酒店方为了提高春节期间的入住率,也乐于将六成以上的标间提前以团队价出售。三亚一家五星级酒店公关部人士透露说:"限价令政策出台后,全市一些五星级高档酒店就是按5000元的限价将七成普通标间卖给旅行社,春节期间,旅行社至少加价10%出售,因此,限价令就很难落到实处了。"

"万元过一夜"的"高价房",体现的是海南旅游春节游的供求关系失衡。据三亚市旅游协会介绍,亚龙湾高端客房8000多间,2012年春节期间,三亚接待近50万名游客,一线海景房就是"稀缺品",而5000元的限价在供需失衡的状况下,就无法发挥作用。

定价没有举行听证会

在业内人士看来,海南"限价令"难以撼动"高房价",其实是定价机制不合理不透明,没有形成消费者、酒店方等多方参与的定价机制,政府部门"拍脑袋"式的单方定价,操作效果就不理想。

海南省物价部门在出台"双限"政策之前,未就政府指导定价举行消费者、行业协会、酒店经营方等多方参与的听证会。因此,一味防止旅游旺季价格疯涨和宰客,而实行不痛不痒的"一刀切",起不到真正抑制高价的作用。

假日房价异常波动究竟该如何根治?专家建议,政府要引导酒店行业协会解决酒店供应和市场需求双方信息不对称问题,要合理制定主要节假日的指导价,加强明码标价管理,严厉打击哄抬价格和炒卖客房行为。

"海南旅游产品和服务供给滞后于游客不断增长的旅游需求。由于游客的持续增长和市场机制发育不成熟,造成假日房价异常波动。"代红说,酒店在制定价格上缺少可持续性,随意性太多。旺季的时候一房难求,淡季的时候高空置率,这都需要对客房价格的合理配置。

(资料来源:http://news.xinhuanet.com/travel/2013-01/16/c_124234669.htm)

关键术语

旅游产品定价策略　旅游产品定价方法　旅游产品定价目标　成本导向定价法　竞争导向定价法　需求导向定价法

复习思考题

1.请解释下列概念:成本加成定价法、需求导向定价法、竞争导向定价法、撇脂定价策略、渗透定价策略、折扣定价策略。

2.阐述影响旅游产品定价的主要因素。

3.举例说明撇脂定价策略与渗透定价策略的优缺点。

4.举例说明招徕定价和尾数定价在什么情况下适用。

5.比较同一等级的几家饭店的产品价格,它们有什么区别?分析价格高的饭店是如何通过提供额外特色或高质量产品而使其产品物有所值?

案例分析

不一视同仁的定价法

意大利特兰托市郊的高速公路旁,有一家"阿吉帕汽车旅馆"。这家旅馆主要是接待驾车路过的旅客和因公出差的人。后来,由于竞争激烈,生意萧条,年终常常出现亏损。因此,这家旅馆不得不寻求新的招数来吸引新客人。

不一视同仁价格政策,是这家旅馆成功的新招数之一。这家旅馆为了吸引各种类型的客人,针对不同类别客人的特点,制定了不同的价格:

散客。这类客人多是因公出差和驾车过路的客人,是该旅馆原来的主要市场。由于出差人的支出由企业开销,而不是由个人支付,因此这部分人不在乎价格的高低,对价格不很敏感;而过路的客人一般在夜晚到达旅馆,急于住宿,也对价格的高低不大计较。针对这些特点,这家旅馆对这类客人收取全价,就餐费另收。

团体客人。这类客人主要是由旅行社组团而带来住宿的客人。由于旅行社对各旅馆竞争的情况比较了解,对设施、价格、服务十分清楚,他们总是希望选择价格优惠、设施齐全、服务优良的旅馆。并且,由于旅行社组团的客人量比较大,可以增大旅馆的规模效益,因此,优惠价格对团体客人应该具有很强的吸引力。这家旅馆对团体客人采用了两种优惠价格:对住宿带三餐饭的全包价,旅馆给客人折扣13.8%;对住宿带早餐和晚餐的半包价,旅馆给客人折扣9.4%。同时,在以上两种优惠价格中凡21人以上的团体可提供1人食宿免费。

家庭客人。这类客人主要是驾车出游的家庭。这家旅馆对3人以上的家庭提供优惠价,3人同住的客房,平均每人的房价只有单人价格的65%,不满12岁的小孩可以免费同父母同住。

长期租房客人。这类客人主要是包房1个月以上的客人,多为企业单位包租。这家旅馆根据客人租房的数量多少和时间长短给予不同的优惠,最低价可达散客价的50%。

这家旅馆采用的不一视同仁的价格政策,很受不同类型的旅游者欢迎,出租率大大提高。尽管平均房价有所降低,但这家旅馆还是在激烈的竞争中靠大量销售生存了下来,并增加了盈利。

(资料来源:《旅游市场营销》,刘志远 林云 编著 2001)

思考题

请用本章所学理论对以上案例进行分析。

第九章

旅游产品营销渠道策略

学习目标

◆ 掌握旅游产品营销渠道的概念和类型
◆ 熟悉旅游中间商的类型与作用
◆ 掌握影响旅游产品营销渠道选择的因素
◆ 熟悉旅游产品营销渠道的基本策略

引例

全球订房网设立北京分公司

2013年,HRS全球订房网宣布其北京分公司成立。HRS首席执行官托比亚斯·莱格表示,"中国商旅市场潜力巨大,去年的增长幅度超过20%。HRS正加大投资中国市场的力度,拓展以北京为辐射核心的北方商旅市场。"同时,其在线智能酒店采购项目将在北方市场推出,帮助企业客户确定酒店采购成本节约的潜在区域,优化采购酒店的配置,控制商务旅行成本。

HRS 20世纪70年代成立于德国科隆,用32种语言为全球的企业和私人旅行者提供在线订房服务及旅行酒店解决方案,在全球拥有3.5万多家公司客户,签约代理的25万多家不同类型的酒店,覆盖全球180多个国家。

HRS十年前进入中国,大中华区总部设在上海。其北京分公司位于国贸CBD区域,由酒店部、客户服务和销售团队组成。全球订房网大中华区商旅业务董事总经理姜君认为,"北京作为世界500强'总部之都',众多跨国公司对于商旅智能化管理有着巨大的需求,且对于企业来说,差旅成本是企业第二大可控成本,如何用专业化的手段帮助企业节约成本颇受西门子、海尔等众多企业关注。"

世界旅游业理事会的数据显示,2010年,在中国进行的商务旅行总开支为620亿美元,预计2020年这一数字将达到2770亿美元。目前,中国是世界第二大商务旅行市场。未来中国企业商旅支出将持续增加,中国商旅经理在商旅政策制定和与供应商议价等方面正在逐步缩小与世界平均水平的差距。

之所以推出在线智能酒店采购项目也是迎合商旅智能化的趋势。托比亚斯·莱格称,商旅客户的酒店在线预订率在各国有着不同的渗透率,目前中国有20%的商旅客户通过在线预订酒店,在欧美该预订率已经达到了 45% 左右。

　　另外,根据介绍,HRS 全新的商务旅行者酒店预订网站近日上线,该网站采用最新的搜索和信息整合技术,增加了个性化的定制搜索功能,在一页内优化显示信息,方便差旅者更快地查找酒店。此外,该网站还根据差旅者的需求,新增了包括免费 Wi-Fi、客户评价和最优酒店等在内的酒店筛选条件。新网站还把酒店信息与多种办公软件和手机软件进行对接,使差旅者能够直接将酒店预订信息导入日程表和导航软件,更好地对商旅行程进行安排。

　　(资料来源:《中国旅游报》陈静 2013.7)

第一节　旅游产品营销渠道概述

　　旅游产品从生产企业到旅游者的过程,须通过一定的营销渠道来实现。传统的观念认为,由于旅游产品不能存放到货架和仓库里,因此渠道在旅游业中不如在其他行业中重要。实际情况并非如此。旅游产品的不可贮存性、旅游市场的全球化、客源地与目的地存在一定的空间距离等特征决定了营销渠道在旅游业中的必要性和重要性。如何选择高效的营销渠道是每一家旅游企业必须面对的问题。

一、旅游产品营销渠道的概念

　　旅游产品营销渠道(distribution channels in tourism),又称为旅游产品分销渠道,它是指旅游产品从旅游生产企业向旅游者转移过程中所经过的一切取得使用权或协助使用权转移的中介组织和个人,也就是旅游产品使用权转移过程中所经过的各个环节连接起来而形成的通道。旅游产品营销渠道的起点是旅游产品生产者,终点是旅游消费者,中间环节包括批发商、代理商、零售商等。

　　这一概念包括了以下三层含义:首先,从组织结构层面来看,旅游产品营销渠道包括了旅游产品从生产企业到旅游消费者所经过的一切组织机构和个人。只有所有环节通力合作,才能实现旅游产品的高效转移。其次,从功能层面来看,旅游产品营销渠道实现了旅游产品使用权的转移。由于旅游产品的无形性特征,营销渠道实际上转移的是使用权而非所有权,如旅游者在一定时间内对酒店客房的使用等。第三,旅游产品营销渠道也体现了旅游产品的流通过程。该过程的起点是生产企业,终点是旅游消费者。各个旅游中间商构成了它的中间环节。渠道各成员之间相互制约、相互影响、相互储存。

　　毫不夸张地说,一个营销系统是否管理得法、运作良好,可以要么造就一个市场份额的领袖,要么生成一个生存苦苦挣扎的企业。在当今的竞争环境中,仅仅依赖一个中央预订系统和自己的销售队伍是远远不够的,旅游企业必须建立和发展复杂而周密的营销网络。全球经济一体化的趋势意味着旅游市场的日益拓展,也加大了旅游产品生产者与旅游消费者之间的空间距离。大量的旅游区、旅游目的地、旅游企业必须选择国外的合作伙伴,来帮助自己营销或分销旅游产品。创造和充分利用产品到达旅游消费者的通道,是有效管理高度脆弱性产品需求的主要途径之一。

二、旅游产品营销渠道的作用

　　旅游产品营销渠道对整个旅游产品的流通起着极大的促进或制约作用,其作用主要体现在以下几方面：

（一）是保证旅游企业再生产过程顺利进行的前提条件

通过旅游产品营销渠道，有利于产品的销售，满足旅游者的需要，实现旅游企业的战略目标。这样，旅游企业的再生产过程才能顺利进行。如果旅游营销渠道流通不畅，即使旅游企业生产出优质对路的产品，也不能保证顺利到达旅游消费者手中，这必然使旅游企业再生产过程受阻。

（二）是旅游企业提高旅游经济效益的重要手段

旅游营销渠道的数量、环节多少以及容量等问题，对旅游产品的销售有着直接的影响。合理选择营销渠道、加强渠道的管理以及适时营造新的营销渠道，就能加快旅游产品的流通速度，加速资金周转，提高旅游企业的经济效益。

（三）是旅游企业传递与获取信息的重要途径

旅游产品营销渠道的成员，尤其是零售商与代理商，直接与旅游者接触，他们一方面可以将旅游产品的相关信息及时传递给旅游者；另一方面通过接待和协助处理顾客投诉等方式，获取关于市场环境和目标市场旅游者需求的信息资料。旅游企业根据中间商反馈的信息，把握旅游者需求变化的趋势，及时地调整相应的策略。

（四）直接影响其他市场营销策略的实施效果

旅游产品营销渠道策略与产品、定价、促销等其他营销组合策略密切相关，而且建立营销渠道一般需要较长的时间和较多的资金，需要渠道成员间长期的合作和信任。所以，旅游产品营销渠道一经建立，一般不轻易变更。随着旅游产品营销渠道的确定，旅游企业的定价、促销等策略也就相对固定下来。如，旅游产品的广告宣传活动主要由旅游企业组织进行还是由中间商进行，或是双方联合进行；旅游企业的价格策略与中间商的价格策略如何相互配合等等。

三、旅游产品营销渠道的类型

在旅游市场营销中，由于旅游企业、旅游中间商以及旅游者等多种因素的影响，旅游产品营销渠道也就形成了多种多样的状态，即便是同一种旅游产品，也有可能通过不同的营销渠道销售。一般说来，旅游产品营销渠道有以下几种类型：

（一）直接营销渠道与间接营销渠道

1.直接营销渠道

直接营销渠道是指旅游企业在其市场营销活动中不借助任何一个旅游中间商，而直接把旅游产品销售给旅游者的营销渠道。其模式为：旅游企业→旅游消费者。这种营销渠道只是一个结构单一的营销通道，如一位欧洲旅游者从上海入境后自己到酒店登记入住，自己去景点游览并买机票回国，整个旅行过程没有经过任何中间商。

直接营销渠道有电话预订销售、企业推销代理直接向旅游者销售、邮寄销售、网络销售等模式。通过这种营销渠道，首先，旅游企业直接和顾客交往，有利于直接获得旅游者的信息，建立客户档案，从而更了解旅游者的需求和特点，不断地完善旅游产品，提高旅游产品的质量；其次，由于中间没有经过其他环节，可以减少旅游产品在转移过程中的负面影响，增强控制力,同时以更有竞争力的价格提供产品给旅游者,从而使旅游者能对旅游企业有正确、直接的了解,有利于树立旅游企业的形象;再次,在旅游产品直接销售量大和旅游者购买力较为稳定的情况下,旅游企业可以省去中间商的营销费用,以较小的成本获取较大的收益。对旅游消费者而言,由于可与旅游企业直接对话,节省了时间,并能得到来自旅游企业的准确反应,信息准确度高。直接营销渠道的缺点是:在销售量小和不稳定的情况下,旅游产品的市场拓展不够,而且销售成本高。

补充阅读材料

速 8 集团的直销网络

速 8 酒店集团是美国圣达特集团旗下的经济型酒店品牌,自 2004 年进入中国后就开始着手准备建立自己的预订网络系统,将酒店电子商务系统的应用作为重要的市场竞争手段。作为经济型酒店的代表,速 8 集团的直销网络已达到了相当高的程度,速 8 集团的会员服务及奖励体系,使相当多的住客成为速 8 的长期客户。增加直销,提高酒店的直接利益,降低中介销售成本,保证渠道多元化,减少对垄断代理商的依赖,成为酒店的必然选择。

(资料来源:http://wenku.baidu.com)

2. 间接营销渠道

间接营销渠道是指旅游企业通过一个或多个旅游中间商向旅游消费者销售旅游产品的营销渠道。间接营销渠道是目前主要的旅游产品营销渠道,尤其在国际旅游方面,间接营销渠道在旅游企业拓展市场方面发挥着非常关键的作用。间接营销渠道按中间环节和中间层次的多少可分为 3 种模式:

1)单层次营销渠道。是指旅游产品通过一个旅游中间商环节提供给旅游者。如一位北京的旅游者想到杭州旅游,他向北京当地的一家旅行社要求代订往返机票、安排在杭州的住宿以及在杭州旅游的线路安排等一切事宜,在这一过程中,旅游产品只通过一个旅游中间商即北京的旅行社提供给旅游者。该模式适宜于营销批量不大、地区较窄或单一的旅游产品。

单层次营销渠道模式为:旅游企业→旅游零售商→旅游消费者。

2)双层次营销渠道。指旅游产品通过两个旅游中间商环节提供给旅游者。这种营销渠道模式常为度假饭店等旅游企业所采用。如一位旅游者计划外出度假旅游,他向一家当地的旅游零售商预订产品,零售商又向批发商购买产品,在这个过程中,旅游产品经过旅游批发商、旅游零售商二个中间环节提供给旅游者。

双层次营销渠道模式为:旅游企业→旅游批发商→旅游零售商→旅游消费者。

3)三层次营销渠道:指旅游产品通过三个旅游中间商环节提供给旅游者。如,一位美国旅游者想来中国旅游,他向美国一家旅游零售商作了预订,旅游零售商又向一家美国旅游批发商预订,旅游批发商又同中国一家旅游代理商联系落实该旅游者游览活动的日程安排,最后由中国的旅游代理商安排美国旅游者在中国的旅游,在这个过程中,旅游产品通过中国的旅游代理商、美国旅游批发商、美国旅游零售商三个中间环节提供给美国的旅游者。

三层次营销渠道模式为:旅游企业→旅游代理商→旅游批发商→旅游零售商→旅游消费者。

由于通过中间商销售产品,使用间接营销渠道提高了旅游企业市场扩展的可能性,减少了与旅游者的接洽次数,从而节省了旅游企业的人力和物力。在旅游目标市场比较分散的情况下,可以减少销售成本,同时也可以通过该渠道系统向旅游者传播企业文化及产品信息,有利于树立旅游品牌形象。这种模式也给旅游消费者带来方便,因其能在一家零售店的一系列不同的旅游产品中做出选择,而不必轮流走访每个旅游产品生产者的零售点去选择产品,为旅游消费者提供了更多的选择性。但是,由于中间环节增加,也会导致旅游产品价格上涨或旅游企业利润下降,同时,由于增加了旅游企业与旅游消费者之间的距离,旅游企业对市场的控制力减弱,信息反馈的清晰度也会有所降低。

(二)长渠道与短渠道

旅游产品营销渠道的长度,是指旅游产品从生产者到最终旅游消费者所经过的中间机构的环节数。根据旅游中间商的多少,营销渠道又可分为长渠道和短渠道。中间环节或中间层次越多,营销渠道就越长;反之,营销渠道就越短。直接营销渠道是最短的一种营销渠道。

营销渠道长,表明旅游企业的销售网点多,企业可以有效覆盖目标市场,扩大产品的销量。但是,环节增多,销售费用也会随之上涨,不利于旅游产品生产者及时获得市场信息并相应调整策略。长渠道的营销模式适宜于销售批量小、品种多、地区广泛的旅游产品。营销渠道短,旅游企业承担的销售任务就越多,信息传递快,能较有力地控制营销渠道(如控制价格、提供服务、进行宣传等)。短渠道的营销模式适宜于销售批量较大、地区狭窄或品种单一的旅游产品;

(三)宽渠道和窄渠道

旅游产品营销渠道的宽度,是指每个环节中同类型中间商数目的多少,即旅游产品销售网点的多少和分配情况。

宽渠道使得旅游产品的市场覆盖面很广,但旅游企业对营销渠道的控制能力较弱,主要适用于旅游者分散或大众化的旅游产品。例如美国的运通公司在美国本土的东部、西部、中西部、中南部各州都有分公司,还有几千个零售代理,从而大批地销售旅游产品。专业性较强或费用较高的旅游产品的销售,主要通过窄渠道进行销售,因为这些旅游产品在市场上的销售面较窄,即使使用大量同类旅游中间商,销售面也难以有效扩大。例如环球旅游、攀登高原雪山旅游等旅游产品宜采用窄渠道销售。

(四)单渠道与多渠道

根据旅游企业所采取的渠道类型的多少,旅游营销渠道又可分为单渠道和多渠道。所有产品全部由自己直接销售或全部交给批发商经销,称之为单渠道;若在本地区采用直接渠道,对外地采用间接渠道,或同时采用长渠道和短渠道,这就称为多渠道。旅游企业可以通过一条以上的渠道,使同一旅游产品进入两个以上的市场。一般情况下,旅游企业生产规模较小或经营能力较弱,可采用单渠道销售旅游产品;反之,则可采用多渠道,以便扩大产品的覆盖面,灵活地大量销售自己的旅游产品。例如上海世博会就通过采用多渠道营销模式,成功吸引了国内外游客前来观光、休闲旅游。

补充阅读材料

一个成功的旅游产品渠道经销商—携程网

携程网创建于1999年5月,前身为携程计算机技术(上海)有限公司,网站于当年10月正式在其上海总部开通,几年来,携程的业务迅速扩张,已遍布大江南北,从北京、广州等一线城市发展到深圳、成都、杭州等旅游消费活跃城市,目前携程已在全国10所城市设立了分支机构,拥有近9000名员工,服务网络覆盖国内54个城市,注册会员超过2000万。它以因特网、数据库和呼叫中心为平台,通过并购、参股、合作及策略联盟的形式,实现了以IT技术为核心的新兴产业向酒店、旅游、交通为内容的传统实业的渗透,构建了快捷、高效、低成本的旅游服务体系。携程网作为国内领先的在线旅游服务类公司,创新商业模式,成功整合IT产业与传统旅游业,将传统旅游业在互联网平台上进行运营,向其会员提供包括酒店、机票预订、度假旅游产品预订、特约商户团购优惠及旅游资讯在内的管家式旅行服务。

携程网制定的营销策略以会员制作为一个最重要渠道,通过向其会员提供贴心的服务和特别的优惠不断扩大网络用户数量,携程网还为会员建立起一个自由交流的平台,增强了会员与会员之间、会员与企业之间的联系,在顾客中培养了较强的忠诚度。携程的营销文化将每一名会员都融入营销体系中去,通过强化网站服务在旅行者间的良好口碑树立品牌知名度。携程的大部分服务在网络上提供,难免给消费者留下虚拟的印象,为了让顾客真切感受到携程专业化、高品质服务的形象,携程最近在全国各主要城市机场内设立了度假体验中心,一个个装修简洁明快的店面出现在机场出发大厅内,吸引了商旅人士及度假旅游爱好者的注意力,穿着整齐划一职业装的工作人员通过店内的笔记本电脑向顾客演示网站业务内容,耐心为顾客讲解网上预订酒店和机票的步骤及注意事项,了解其简洁方便的操作流程,并为每一名到店体验的顾客送上一本旅行手册和一张携程会员卡,凭卡享受入住合作酒店打折的优惠。通过这样的营销方式可以拉近企业与客户之间的距离,拓宽了自己的营销渠道。

(资料来源:《蜜月旅游产品的互联网营销策略研究》,路大鹏,2012.03)

第二节　旅游中间商

旅游中间商(tourism intermediates)是指介于旅游生产者与旅游消费者之间,专门从事旅游产品市场营销的中介组织和个人。中间商的主要功能是向旅游企业与旅游消费者提供中介服务,通过买卖,中间商从中获得利润。

一、旅游中间商的类型

由于旅游中间商在市场营销中的作用不同,旅游生产企业与这些中介组织和个人的责权利关系不同,因而旅游中间商的类型也就呈多样化形态。中间商的类型有两种划分方法,一种是根据旅游产品在营销渠道中流动时有无所有权的转移,分为旅游经销商和旅游代理商;另一种是根据销售对象,可划分为旅游批发商和旅游零售商。

(一)旅游经销商

旅游经销商是指将旅游产品买进以后再卖出的中间商,它的利润来源于旅游产品购进价与卖出价之间的差额。旅游经销商与旅游生产企业共同承担市场风险,其经营业绩的好坏直接影响到旅游生产企业的经济效益。旅游经销商主要有以下两类。

1.旅游批发商

旅游批发商(tour wholesaler)往往是一些从事批发业务的、实力非常雄厚的大型旅行社或旅游公司。按照国外旅游界的普遍运作法,旅游批发商的业务是将交通运输企业的产品与旅游目的地旅游企业的产品(饭店、旅游景点以及其他餐饮娱乐服务机构等),组合成整体性的旅游产品,然后通过某一销售途径推向广大公众。一般地,旅游批发商通过大量地订购旅游交通运输企业、饭店、旅游景点等企业的单项产品,将这些产品组合成各种时间和价格的包价旅游线路,然后再批发给旅游零售商,最终出售给旅游者。旅游批发商的经营范围可宽可窄,有的旅游批发商可在全国甚至在海外通过设置办事处或建立合资企业、独资企业等形式进行大众化产品的促销工作;有的旅游批发商也可在特定的目标市场中只经营一些特定的旅游产品,如专项节日活动等产品;而有的旅游批发商则可以用某一交通运输工具组织包价旅游,如我国的长江三峡豪华游艇包价旅游、汽车穿越塔克拉玛干沙漠包价旅游等。

旅游批发商大多拥有较强的人、财、物及采购优势,采用集团化经营,也拥有自己的零售网络,抗风险能力强。它们往往对度假地等旅游目的地施加强有力的影响,尤其是对于那些目标市场距离遥远的目的地来讲,更是如此。在少数情况下,旅游批发商也对旅游消费者直接销售旅游产品。

2.旅游零售商

旅游零售商(tour retailer)是指直接面向广大旅游者从事旅游产品零售业务的旅游中间商,它与旅游者联系最为紧密。一方面,为适应旅游者的多种需求,旅游零售商需要熟悉各种旅游产品的相关信息,并了解和掌握旅游者的购买能力、消费偏好等情况,以帮助旅游者挑选适宜于其要求的旅游产品。另一方面,旅游零售商在营销活动中应具有较强的沟通能力和应变能力,要与旅游目的地的饭店、餐馆、景点以及交通运输公司等旅游接待企业保持良好的联系,能根据旅游市场及旅游者的需要变化而相应地调整服务。旅游零售商实际上承担了旅游消费者决策顾问与旅游产品推销员的双重角色,这种角色是其他中间环节成员所无法替代的。

从某种程度上来说,旅游零售商是代表旅游消费者向旅游批发商或旅游生产企业购买产品,为保护旅游者的利益,旅游零售商在与这些批发商或旅游企业签署有关购销协议时,要重点关注两个方面:一是对方的质量和信誉,如提供的旅游产品是否可靠、工作是否高效、发生意外事故时的应急措施如何等;二是对方提供的旅游产品价格,与市场上的竞争者相比,价格是否合理等。

与一般的生产企业不同,旅游中间商不一定只是批发商或零售商。对于同一个旅游中间商来说,在不同的营销渠道中,它可能担任不同的角色。如A旅行社为一个来自美国的旅行团组织了一次包价旅游活动,它是以旅游批发商的身份进行销售活动的;同时,它又为B旅行社的一个团队提供了当地导游的服务,在这里它又扮演的是旅游零售商的角色。

(二)旅游代理商

旅游代理商(tour agent)是指与旅游企业签订合同、接受旅游企业委托、在某一特定区域内代理其销售旅游产品的旅游中间商。它通过与买卖双方的洽谈,促使买卖活动得以实现,但其间并不取得产品的所有权。旅游代理商的主要职能是在允许的区域内代理旅游企业向旅游者或旅游经销商销售旅游产品和提供有关信息等。如代理饭店接受预订、宣传饭店的产品、向旅游者提供饭店的信息等。其主要收入来自于被代理企业支付的手续费或者佣金。当旅游企业需要在某一地区开拓市场或客源集中于某一地区而又无法直接进行营销活动时,可以借助于旅游代理商的营销资源优势寻求市场机会,通过向旅游代理商提供有关资料来扩大销售。利用旅游代理商是对利用经销商(批发商和零售商)的一种补充。一般而言,在新产品上市初期或产品销路不太好的情况下,利用代理商的机会比较多;而旅游产品比较好销时,利用旅游批发商等中介组织的机会比较多。利用代理商的风险转移程度比利用经销商要低得多。

在实际工作中,旅游代理商一般直接面对广大的旅游者,以为旅游消费者服务为主,但同时也经营少量的旅游产品批发业务,因而旅游代理商往往又是旅游零售商,但其收入主要以收取佣金为主。

补充阅读材料

日本游客通过不同的旅游营销渠道畅游张家界

某一天,湖南武陵源黄龙洞的游客群中传来一阵笑声,只见三位日本游客紧紧地拥抱在一起。经一位懂日语的人与他们交谈才得知,三位先生曾经是日本东京大学篮球队的主力队员,自大学毕业后已有多年没有谋面了,然而,对中国世界自然遗产的热爱和向往,使他们不约而同地来此旅游,意外惊喜地欢聚于黄龙洞。那么,他们是怎样购得旅游景区景点产品,梦想成真呢? 佐藤正男先生是因为工作业绩突出而受到公司奖励,与同仁们一起来中国观光的;田中光太郎及其妻子参加由日本观光旅游社组织的全包价团队来旅游的;而田中信一先生则是背包旅游爱好者,通过互联网预订到机票和旅馆,孤身一人来华旅游的。这说明张家界各旅游景点在日本市场的销售渠道是非常广泛的,已为广大日本消费者所知晓,说明它的渠道策略是成功的。

(资料来源:http://www.haihongyuan.com/yingxiao/939375.html)

二、旅游中间商的作用

(一)组合加工旅游产品

没有一家旅游生产企业能够提供给旅游者在完整的旅游活动中所需的食、住、行、游、购、娱等环节的各种旅游产品。而旅游中间商则具有与多家旅游生产企业相联系和对多种旅游产品加工、组合的能力。为满足旅游者多方需求,旅游中间商能够将各种旅游产品组合起来,形成系列化的完整旅游产品,提供给旅游者,其内容包括了代订车票机票,安排接送,代订饭店、餐饮,组织观光游览、会议,提供导游服务,安排商务、文化体育等活动。这种组合还可按旅游者的不同需求,形成不同的组合方式和价格形式。

(二)市场调研与开拓

旅游中间商直接面向旅游消费者,可以真实、客观、全面地调查和掌握旅游者的消费动向和需求,并通过供求双方的信息沟通,及时地向旅游生产企业或供应者提供市场信息,帮助旅游生产企业或供应者对市场的变化做出及时的反应,使旅游产品的生产和服务不断地适应旅游消费者的需求。

旅游中间商,尤其是旅游批发商将众多旅游生产企业和供应者的旅游产品集中起来,再根据消费者需求特征和产品特点组合加工,推出多种综合性旅游产品,既开拓了市场,满足了消费需求,又获得了较好的经济效益。同时,中间商通过自身对市场需求信息的掌握和消费趋向的判断,捕捉市场机会,能够很好地与生产企业进行优势互补,使得双方都能在激烈的竞争中发展和壮大。

(三)促进产品销售

旅游中间商往往拥有一批旅游促销的专门人才,有自己独立的销售网络和目标消费群,在长期的实践中,不管是与旅游消费者还是社会的各个方面都形成了良好的公共关系,可以借助于自身所特有的咨询服务、广告、宣传等多种促销活动,激发旅游消费者的购买欲望,将旅游消费者的潜在需求转变为现实购买行为。

三、选择旅游中间商的原则

旅游企业在选择中间商时,一般应遵循以下原则:

(一)经济原则

旅游企业建立营销渠道的根本目的是为了降低销售费用,追求最大的经济效益,因此在选择旅游中间商时,首先要考虑使用旅游中间商的成本,即选择旅游中间商引起的销售收入的增长是否大于为此所需的成本,只有收入增长大于成本支出,才符合企业追求经济效益的原则。

(二)控制的原则

从长远目标考虑,旅游企业对旅游中间商的选择不仅要考虑其经济效益,还应当充分考虑所选择旅游中间商的可控程度。因为旅游中间商是否稳定、销售业绩是否良好,对于旅游企业能否保持且扩大市场占有率、获得良好的经济效益是至关重要的。一般来说,在同一地区选用唯一中间商即独家经营策略较为合适,但同时风险度较大;当企业选择多个中间商时,风险相对较小,但旅游企业对中间商的控制力会降低。旅游企业应根据自身的实际情况,按照有效控制的原则确定中间商的数量。

(三)适应的原则

当旅游中间商成为旅游企业营销渠道的成员时,其对市场的适应能力直接影响到旅游企业的市场适应能力。一方面要考虑旅游中间商的目标市场是否和本企业的目标市场一致或有交叉,以此判断旅游中间商是否了解目标市场的消费水平、购买习惯和市场环境;另一方面还要了解旅游中间商是否具有快速的市场应变能力,当旅游市场发生变化时,是否能够及时抓住市场,避免市场威胁,并在最短时间内将相关信息反馈到旅游企业。

第三节　旅游产品营销渠道策略

由于旅游企业与旅游中间商的合作要经过市场长期的检验与磨合后,才能形成相对固定、经营理念统一、利益紧密结合的营销共同体,因此,旅游企业需要经过较长时间的经营才可能形成和完善自身有效的旅游产品营销渠道。在这个过程中,渠道成员的选择、渠道的设计、管理与调整等策略的科学合理应用就显得尤为重要。

一、影响旅游产品营销渠道选择的因素

旅游企业在选择营销渠道时，会受到多种因素的影响和制约，旅游企业必须充分考虑这些因素，才能做出有效的营销渠道决策。

(一)旅游产品

旅游产品是旅游企业进行营销渠道类型决策时必须考虑的首要因素。其影响和制约作用主要表现在两个方面：一是旅游产品的性质和种类，二是旅游产品的档次和等级。一般说来，餐厅、旅游景点、商务性饭店、汽车旅馆、旅游汽车公司等旅游企业，主要是采取直接营销渠道销售自己的产品。而涉外旅行社、度假饭店、机场旅馆、包机公司等，尤其是经营跨国旅游业务的旅游企业，由于其市场销售面广，则往往采用间接营销渠道开展市场营销活动。对于高档的旅游产品，旅游购买者较少，并且许多人为回头客，因而这类产品的营销工作，往往采用直接营销渠道进行，如经营探险旅游等特种旅游产品的旅游企业往往采用直接营销渠道；而大众化的较低档次的旅游产品，由于市场面较广、旅游购买者较多，采用间接营销渠道的优势较为突出。

(二)旅游市场

影响营销渠道选择的市场因素主要有：旅游市场规模、客源地的空间距离、旅游市场的集中程度、旅游者的消费习惯等。

旅游者对营销渠道的影响首先表现在旅游产品市场规模的大小，规模大的旅游产品，要求旅游企业设立较多的销售网点，就有必要借助中间商的力量进行销售，营销渠道就应当长一些、宽一些。例如，中国的古长城、秦始皇兵马俑是令人叹为观止的世界奇迹，对全世界的旅游者都有吸引力，市场规模较大，因而应选择长而宽的营销渠道，需要在全国甚至海外选择相应的旅游中间商进行销售活动。而探险旅游和各种专业考察旅游等因消费面较窄，营销渠道就可以短一些、窄一些。目标客源市场的空间距离也是影响营销渠道选择的因素，旅游企业与主要客源市场距离较远，适宜采用间接营销渠道，客源地的中间商对当地的旅游消费者更为了解，更加有利于销售工作的开展。如果客源市场较近，旅游者能够方便地向旅游生产企业咨询和购买产品，则采用直接营销渠道比较适宜。旅游市场的集中程度也会对营销渠道的决策产生影响，如果旅游产品的消费者比较集中，如杭州西湖博览会，消费者主要集中在浙江地区，营销渠道就可短一些、窄一些；而如果旅游产品的消费者分布于全国各地，甚至于世界各地，则营销渠道就应该当长一些、宽一些。此外，旅游者的消费习惯对于营销渠道的选择也会产生较大的影响，如旅游者购买频率较高、交易工作量较大的散客旅游，旅游企业就应当利用一些旅游中间商开展销售活动；相反，旅游者购买频率低、每次购买量大的团体旅游，旅游企业就可以少利用一些旅游中间商开展销售活动，而采取较短的渠道进行直接销售。

(三)旅游企业

旅游企业产品组合的广度和深度、旅游企业的经营实力、销售人员的素质等都对营销渠道的选择产生一定的影响。旅游企业产品组合的广度和深度对营销渠道决策影响很大。一般情况下，零售商和旅游者对旅游产品需求品种多、批量小，如果旅游产品组合面太窄，产品

单一,就不能很好地适应零售商和旅游者的需求,而必须通过批发商进行营销,因此渠道应设得长一些、宽一些;如果旅游产品组合面较广、较深,产品花色品种较多,就容易适应零售商和旅游者的需要,采用的营销渠道就可短一些、窄一些;旅游企业的经营实力包括企业的资金实力、社会声誉等。旅游企业越大、资金实力越雄厚,选择营销渠道的灵活性就越大,如可以建立自己的预订中心直接销售;旅游企业的社会声誉越好、影响越大,就越有可能随意挑选和利用各种有利的营销渠道;旅游企业销售人员的素质也会影响销售渠道的选择,销售人员素质高,专业能力强,可以直接进行销售;旅游企业对自己产品的市场营销活动是否有相应的管理能力也会影响其营销渠道的选择。如果旅游企业管理营销业务的能力较强,就可自行组织营销系统,减少对中间商的依赖。

(四)中间商与竞争者

旅游中间商的实力、声誉、合作意愿、经营状况等也会对旅游企业营销渠道的选择产生影响。例如需要以高质量服务为保障的旅游产品,必须选择高水平服务或设施的中间商进行销售。如果旅游零售商的实力较强,经营规模较大,旅游企业就可直接通过旅游零售商经销旅游产品;反之,则只能通过旅游批发商进行分销。选择旅游代理商时更要考察旅游代理商的实力和经营能力。

旅游企业在进行营销渠道选择时应充分考虑竞争者的渠道策略,并采取相应的对策。旅游企业在考虑营销渠道竞争对策时,有两种可供选择的渠道竞争策略:一是正位渠道竞争策略,即在竞争对手营销渠道附近建立营销渠道,贴近竞争。这需要旅游企业有竞争优势,才能以优取胜。二是错位竞争策略,即避开竞争对手的营销渠道,在市场的空白点另辟渠道。在旅游企业还不具备竞争优势时,这不失为一种很好的渠道竞争策略。

(五)宏观环境因素

政治、经济、技术、自然环境等外部因素对某些旅游产品的营销渠道决策有着直接的影响。如国家规定国内旅行社不能到海外招徕、组织客源,只有国际旅行社才有此权利。所以国际旅行社可以广泛借助境外的中间商销售旅游产品,采取较长的渠道;而国内旅行社限于在国内销售产品,由于经营范围相对较小,多采用较短的营销渠道。经济的发达程度和稳定性等也会对营销渠道决策产生影响,经济发达的地区客源市场广阔,需要采用较长较宽的渠道,在经济繁荣的情况下,旅游客源市场就会扩展,而经济不景气时,客源市场相应萎缩。旅游生产企业必须根据经济发展状况灵活地调整营销渠道。自然环境对渠道的影响主要体现在地理条件方面,如位于偏远地区的旅游产品销售,往往只能借助较长的渠道进行。

补充阅读材料

千岛湖推进网站改版升级,打造目的地营销新平台

2011年千岛湖旅游网站改版规划论证会日前在杭州市淳安县旅游局召开。会上,南京浩维互动信息咨询公司介绍了整个规划设计理念和具体方案,浙江省旅游局信息中心、杭州市旅游信息咨询中心有关领导以及浙江大学旅游信息化专家等出席会议并进行了点评。

千岛湖旅游网建设起步于2002年,先后经历了三次改版升级,形成了拥有中、英、日、韩以及繁体中文四种语言五种版本的网站群,是目前展示淳安县旅游资源、提供在线旅游产品和服务的权威旅游门户。通过近几年来持续不断地网站推广,深化与百度、谷歌等主流搜索引擎的合

作,创新网络营销方式,以"千岛湖女岛主征集令"、"世博下一站"等网络主题活动吸引大量年轻网民关注,多渠道、全方位地提高千岛湖旅游网的用户量,仅2010年网站访问量就达到452万PV,同时也被国家旅游局信息中心等评为"年度优秀旅游景区网站",极大地扩大了千岛湖品牌知名度。

近年来,随着千岛湖知名度、美誉度的不断提升,自驾游、休闲游客的急剧增多,旅游者对信息需求的质和量都有了更高的要求,为加快推进从旅游景区向旅游目的地成功转型,减少旅游者与目的地间的信息不对称现象,千岛湖旅游网适时提出了全面改版升级,从栏目、内容、功能与运营模式等方面进行探索创新,致力于打造一个覆盖浙赣皖周边著名景区的大目的地网站群。

此次改版后的千岛湖旅游网站,将呈现出三个亮点。一是内容更广,载体更宽。在提供吃、住、行、游、购、娱传统旅游信息的基础上,激发旅游企业自主更新信息,及时发布新产品、新活动,激励网民参与互动,分享体验,并通过简体中文版、繁体版以及手机WAP网站等的建设,打造一个国际化的旅游目的地网站。二是突出电子商务,加强网络营销。改版后的千岛湖旅游网将实现景区门票、酒店、线路、交通票务等的在线预订,支持在线支付和短信提醒,可分开预订,也可多产品打包预订。并考虑融入个性化行程线路设计功能,增强用户界面的友好性和实用性,便于游客确定最符合需求的旅游线路,提高交易的成功率。三是整合全县旅游资源,推进产业转型升级。以此次的网站改版为契机,推进旅游企业建设网站潮,从过去简单展示型网站向旅游电子商务网站转型,并以千岛湖旅游网为主平台实现全县旅游资源的有效整合,主导旅游企业相互间信息的共享共推,以更便捷、更周到、更人性化的服务体现旅游信息化的优势,利用先进的信息技术推进旅游产业的转型升级步伐。

(资料来源:李红星.人民网,2011年2月)

二、旅游产品营销渠道的选择策略

旅游企业的生存与可持续发展在很大程度上取决于旅游产品营销渠道是否畅通。旅游产品营销渠道的决策,不仅要保证旅游产品及时到达目标市场的旅游消费者手中,保持营销渠道的高效性,同时要尽可能减少营销费用,以确保良好的旅游经济效益。旅游营销渠道的选择,只有建立在对市场的深入调研,对旅游企业的战略目标、渠道影响因素等的系统分析基础上,才能确定营销渠道目标,而后做出相应的一系列决策。

(一)确定营销渠道目标

确定营销渠道目标,其目的在于使营销渠道能与本企业的战略目标和营销策略融为一体,从而与目标市场相适应。确定营销渠道目标一般可以从以下几方面进行分析:旅游产品的种类有多少,数量和质量如何?目标市场在哪里?位置、规模、购买总量如何?旅游者购买旅游产品的动机和方式、原因如何?旅游市场的结构及其变化趋势?竞争者的数量、规模、实力及竞争方式如何?旅游产品的发展趋势、变动方向及相关生产经营技术等影响因素如何?旅游企业的目标销售收入、目标市场占有率、目标利润为多少?

通过对以上问题的分析,便可明确渠道应达到的目标,然后才能按照既定的目标,对渠道模式做出决策。

(二)直接营销渠道或间接营销渠道的决策

旅游企业是采用直接营销渠道还是间接营销渠道,实际上就是企业在市场营销活动中是否使用中间商的问题。一般来说,旅游市场营销中,旅游企业往往同时采用两种营销渠道进行产品销售,这是由旅游企业自身的特性所决定的。由于旅游产品的目标市场一般十分分散,旅游企业无力凭借自身单一的力量建立广阔的营销网络,因而就必须因地制宜,依托多种类型的旅游中间商进行营销工作。同时,旅游企业的产品往往具有边生产边消费的特点,旅游企业本身就是营销的场所,有一定比例的产品要自己的销售力量或网络来完成。实际工作中,旅游企业采用直接营销渠道或间接营销渠道的决策,最终以二项标准来判断,即:销出本企业产品的数量或销售额,本企业为维护各种营销渠道所必须支付的营销费用。若旅游营销渠道销出的旅游产品数量多,且单位产品销售量所耗费用低,则该种类型的营销渠道就为理想的渠道。若在此基础上选择的是旅游间接营销渠道,则还应对旅游中间商的企业形象、经营规模、营销实力、信誉程度和合作意愿等方面进行准确的分析和评估,进而挑选最合适的旅游中间商。旅游营销渠道的选择还与旅游企业的实力和在市场上的地位有紧密的关系:实力雄厚的旅游企业,往往自身可以建立强大的营销网络,对旅游中间商的依赖性相对小些;实力较弱的旅游企业则对旅游中间商的依赖性就大一些;若目标市场广阔或欲进入新的市场时,旅游企业就必须建立间接营销渠道才能取得良好的营销效果;另外,旅游企业欲提高产品的销售量或市场竞争加剧时,也必须较多地依赖旅游间接营销渠道。

(三)营销渠道长度的决策

营销渠道长度的选择可分为两个层次:一是采用直接营销渠道还是间接销售渠道进行产品销售;二是选用间接营销渠道时,中间层次多少。一般来说,旅游企业会同时采用两种营销渠道。对于距离近、旅游企业自身营销能力可以达到的目标市场,可采用直接销售;对于距离远、目标市场旅游者分散的目标市场,可依托各种类型的中间商力量,进行间接销售。较长的旅游营销渠道,表明旅游企业的销售网点较多,企业可以有效覆盖目标市场,扩大产品的销售。但是,一般来讲,旅游企业应当尽可能缩短渠道长度。主要原因有:首先,较短的营销渠道可控性较强。旅游中间商较多的情况下一方面产品信息传递较慢,另一方面增加了佣金成本。旅游企业通过较短的营销渠道可加强与各个中间商的合作联系,互相约束增加可控制程度。其次,较短的营销渠道缩短了旅游企业与旅游消费者直接的距离,可以提高旅游产品的市场适应性。短渠道有利于旅游企业及时掌握市场需求变化,调整营销策略与应对措施,也有利于旅游企业对中间商开展客户管理,形成长期稳定的合作伙伴关系。

(四)营销渠道宽度的决策

旅游营销渠道宽度是指不同层次的营销渠道中利用同类旅游中间商数目的多少。旅游营销渠道宽度的决策大致可分为三类,即密集型营销、选择型营销以及独家营销。

1.密集型营销

密集型营销(intensive distribution)是在渠道层次中选择大量的中间商,充分与旅游产品的目标市场接触。在旅游者集中的区域,或者企业的主要目标市场,就应采用这种渠道方式。这种营销模式的优点在于市场覆盖面较广,灵活性强,旅游消费者购买产品较为方便,而且即使出现某一个中间商经营失利的情况,旅游企业也不会受到较大的影响。该模式的不足之处是,由于旅游中间商数量大,不利于管理控制,而且市场信息反馈慢。

2.选择型营销

选择型营销(selective distribution)是指旅游企业只选择那些有支付能力、有推销经验以及服务上乘的旅游中间商在特定区域与层次销售本企业的旅游产品。该模式适合于价格较高或数量有限的旅游产品。选择型营销要求中间商有较强的销售能力，能给旅游消费者提供针对性服务。如英国促进旅行社，专门经营中国旅游业务，具有较高声誉，因而英国国内大型旅游公司组织的旅华豪华包价旅游产品，往往就选定它为旅游中间商。我国国际旅行社在经营国际旅游业务中大都采用选择型营销策略。

3.独家营销

独家营销（exclusive distribution）是指在一定的市场区域内仅选择一家经验丰富、信誉卓著的中间商来推销旅游企业产品，这是最窄的渠道形式。这种营销渠道可以密切与中间商的协作关系，提高中间商的积极性，有利于旅游企业控制营销渠道成员，也有利于旅游产品市场的开拓和信誉的提高，适合于一些特殊旅游产品或开拓新市场。另外，一些特殊的高价旅游产品也常采用这种营销渠道。独家营销的不足之处在于灵活性小，不利于旅游者的选择购买；市场覆盖面较窄，风险较大，一旦旅游中间商不能胜任独家分销的重担，会严重影响旅游企业在该市场的整个营销计划。所以选择独家营销时旅游企业需谨慎对待。

三、旅游产品营销渠道的管理

旅游企业在对营销渠道策略做出决策后，就应选择合适的旅游中间商，建立起相应的营销渠道，并加强旅游营销渠道的管理，调动各渠道成员的主动性和积极性，保证其运行活动按事先预定的方式和轨道进行，达到预定目的，使旅游企业和中间商获得应有的经济效益。

(一)旅游中间商的选择

旅游中间商的选择是指旅游企业根据渠道结构决策，选择合适的中间商的过程。中间商的合理选择，对于建立高效畅通、经济合理的旅游产品营销渠道体系至关重要。选择中间商一般需考虑以下因素：

1.目标市场

旅游中间商销售覆盖面所涉及的旅游者应该与旅游产品所确定的目标市场相一致，中间商的营销渠道或营业地点应在目标群体相对集中的区域，要注意选择那些了解旅游企业目标市场需求、并有营销经验的中间商。

2.营销实力

营销实力主要包括旅游中间商的人力、物力和财力状况，服务质量以及开展营销工作的经验和实力等。同时，旅游中间商的经营规模意味着其销售网点的多少。在其他条件相同的情况下，应优先选择经营规模较大的旅游中间商。

3.信誉程度

良好的信誉是旅游企业与旅游中间商建立合作关系时必须着重考虑的问题。旅游企业一方面可以通过正面接触来判断中间商的相关人员的许诺是否可以信赖，另一方面可以通过与业内人员的交流来了解中间商的信誉状况，如从已与该中间商建立合作关系的企业了解情况，也可以从银行等金融机构获取相关信息。

4.合作意愿

旅游产品生产者与旅游中间商的合作关系是建立在双方自愿、互利互惠基础上的，是一种双向选择。因此,旅游企业在选择旅游中间商时必须考虑其合作的意愿,这直接影响旅游中间商未来销售本企业产品的积极性。

(二)旅游中间商的合作与激励

加强与旅游中间商的合作,调动他们的主动性和积极性,这是营销渠道管理的重要任务。加入旅游营销渠道的成员,其需要和动机各不相同,旅游企业旨在使渠道中的中间商注重自己产品的销售,并尽量减少营销费用;旅游批发商追求高利润的同时,希望降低风险,开发旅游零售商愿意接受的旅游产品;而零售商希望有多种旅游产品可选择,以增加旅游消费者的选择性。另外,旅游中间商与旅游企业是相互独立的,中间商可以是这家旅游企业的代理,也可以是其他旅游企业的代理;它可以推销中国的旅游产品,也可以推销其他国家的旅游产品;有的中间商甚至同时销售两个竞争对手的同类产品。中间商一般对旅游企业不承担义务。

为增强中间商的合作精神,调动其积极性与主动性,旅游企业应重视对中间商的支持与激励措施。首先,要维护中间商的尊严,尊重中间商的利益,信守对中间商的承诺,这是赢得中间商合作的首要前提。其次,要帮助中间商增加收入。因为中间商的收入来自旅游产品的差价或佣金,他们十分关心旅游产品的销售量和差价及佣金比例,旅游企业可根据旅游中间商的组团能力、企业规模、计划销售和付款情况,有区别地对待。如提供售后付款、分期付款、直接销售付款等资金支持。再次,帮助中间商增强营销能力。如定期培训旅游中间商的销售人员,提供人、财、物方面的有偿支援;组织与中间商的联合宣传与推销;定期或不定期地与中间商联系,及时和他们沟通产品、市场等方面的信息,帮助其制定相应营销策略。最后,要给予中间商多种优惠,方法要灵活。如减收或免收预订金、组织奖励旅游、邀请中间商免费旅游;颁发奖品及其他物质和精神奖励。

补充阅读材料

刺激团队——与诸旅行社建立"长远邦交"

拥有大量旅行团体业务的旅行社与众饭店的关系一直非常微妙,确切地说来,有点像恋爱中的男女,爱恨交加,形同"冤家"。

天旺大酒店在当地只能算是一家中上档次的酒店,酒店一开始就决定走自己独特的营销路子即盯准旅游团体,与各旅行社会建立"长远邦交",而不是过去那种"朝三暮四"的传统做法。为实现这样的思路,酒店采取了很多措施:

1."奖励积分制度"——旅行社每在酒店预订一个会议或一间客房,都将获得相应的奖励积分,积分达到一定的标准后,酒店就会按事先的承诺予以正常折扣以外的返利或是其他形式的奖励。

2."优先安排制度"——为了获得旅行社的长期合作,酒店部分地牺牲了在商务散客市场上的利益。每当酒店业和旅游业的旺季同时到来时,其他酒店纷纷拒绝接待利润偏低的团体,而天旺酒店却放弃了唾手可得的利润,成为众旅行社最后的"靠山",而且淡季的价格,返利等优惠政策照样有效,这种"肝胆相照"的义举无形中交下了许多旅游界的朋友。

3."非正式走访制度"——每年从年初到年尾,酒店销售人员都始终坚持不懈地带些像松饼、饼干之类的小礼物走访各旅行社的计划部门,这些非正式的频繁访问使得销售人员与旅行社之间建立了一种真正亲密无间的朋友式关系,增加了彼此之间的信任度。

成为专业的旅游接待酒店,天旺的利润率虽然有些下降,但业务总量却直线上升,尤其是到了全行业的淡季来临时,天旺门前的热闹场景又令所有酒店羡慕不已。

(资料来源:http://www.doc88.com/p—276339897597.html)

(三)旅游中间商的评估

旅游企业选择中间商后,并不是一成不变的。为确保中间商及时有效地完成任务,旅游生产企业还必须监督中间商的营销活动,并按一定标准进行评估,以评价出各个中间商的销售业绩,并及时进行督促和渠道调整。对做出重大贡献的旅游中间商要予以一定的奖励;对于绩效一般或低于企业要求的旅游中间商,要找出原因予以补救,对绩效特别差的旅游中间商要予以剔除,以保证渠道的效能。

对旅游中间商的评价主要从以下几方面展开:旅游中间商的销售情况,完成的销售量占旅游企业产品销售量的比重;实现的利润额和费用结算情况、付款的及时性;旅游中间商为旅游企业推销旅游产品的积极性;对旅游企业产品的宣传推广情况;旅游中间商为竞争对手销售的情况;旅游中间商对旅游者的服务水平、旅游者对中间商的满意度;与其他旅游中间商的关系及配合程度等等。

(四)旅游产品营销渠道的调整

旅游企业的外部大环境在不断变化,旅游市场需求处于持续变化中,旅游企业的产品也在不断地创新和完善。根据企业的发展要求、市场的变化以及旅游中间商的表现,旅游企业在经营过程中,需要对原有的营销渠道进行相应的调整。调整的方式主要有以下几种:

1.增减某一渠道成员

这主要从渠道的宽度考虑,可以增减旅游中间商的数量,也可以在旅游中间商总量不变的情况下,增减个别旅游中间商。对效率低下、推销不力、对渠道整体运作有严重影响的中间商,应予以剔除,必要时,可另选合适的中间商加入渠道。有时因旅游企业规模扩张,或因竞争者的渠道宽度扩大而影响到自己的销售量,需要增加中间商的数量。增减旅游中间商,要考虑这种增减对旅游产品销售的影响,也要考虑这种增减对渠道内其他成员的影响。如减少某一中间商,可能导致该旅游中间商转向其他旅游企业产品的营销,加剧本企业的竞争压力,同时也可能影响到其他中间商的忠诚度。

2.增减某一营销渠道

若增减旅游中间商仍不能解决问题,就要考虑增减营销渠道。如果某一营销渠道的旅游产品销售量一直不够理想,问题不是在旅游中间商的数量上,就可以考虑撤销原有的营销渠道,而另外增设一种其他类型的渠道。随着市场的变化,旅游企业有时会发现自己的营销渠道过多,有的渠道作用不大,从提高营销效率的角度考虑,可以适当缩减一些渠道。相反,当发现现有渠道过少,或利用原有渠道不能有效打开新产品的销路时,则应增设新的旅游营销渠道。

3.改变整个旅游营销渠道

改变整个旅游营销渠道是指旅游企业取消原来的营销渠道,建立新的营销渠道。当旅游企业原有渠道产生无法解决的矛盾冲突,造成了整个渠道的极大混乱及功能的严重丧失,或者由于旅游企业的战略目标和营销组合实行了重大调整时,都可能需要对渠道系统进行重新设计和组建。在对整个渠道进行改造时,旅游企业必须进行认真细致的调查研究,权衡利弊,以减少不利影响。

这三种方式难度依次增加,尤其是最后一种方式,它将改变旅游企业的整个营销系统,并将引起旅游企业市场营销的一系列变化。旅游企业要从自身的实际情况出发,选择对营销渠道的调整程度。

(五)旅游产品营销渠道的冲突管理

旅游产品营销渠道的各个环节由不同的成员构成,他们在营销渠道中扮演不同的角色。渠道中的每一个成员虽然相互依赖,但彼此是独立的经济个体。他们的经营目标不同,追求利益各异,较少从全局出发考虑问题,通常更关心如何实现自己的经营目标。因此,在合作过程中难免出现冲突。旅游产品营销渠道的冲突,是指渠道中的一家旅游企业认为另一家企业的活动阻碍了其目标的实现,因此二者发生矛盾。这些冲突可能发生在同一层次的成员之间,也可能发生在不同层次的成员之间。适度的冲突会对整体营销活动产生促进作用,但过度的冲突则会影响整个渠道系统的和谐发展。

1.冲突的类型

旅游营销渠道的冲突主要有三类,即水平渠道冲突、垂直渠道冲突及多渠道冲突。

水平渠道冲突是指同一渠道模式中,同一层次的旅游中间商之间的冲突。如某一地区经营同一家旅游生产企业的中间商 A 和中间商 B 发生冲突,A 认为 B 对旅游产品的定价过低,抢了他们的生意。

垂直渠道冲突是指同一渠道中不同层次渠道成员之间的冲突。这种冲突比水平冲突发生的频率更高。如某旅游批发商认为旅游生产企业在旅游产品价格方面控制太紧,自己的利润空间太小。

多渠道冲突又称交叉冲突,是指旅游企业在建立二个或以上营销渠道后,不同渠道形式的成员之间的冲突。多渠道冲突往往是几种营销渠道在同一个市场内争夺同一种旅游者群体而引起的利益冲突。

2.冲突产生的原因

引起渠道冲突的直接原因种类较多,如价格冲突,争占某一目标市场引起的冲突,咨询、服务与促销投入程度不同引起的冲突,交易或付款方式的冲突,中间商分销竞争对手产品引起的冲突,环境因素变化引发的冲突,如互联网技术的出现使得很多旅游产品生产企业利用网络直销,损害了原有渠道成员的利益从而引起冲突等。

旅游营销渠道冲突产生的根本原因主要有以下三方面:

1)渠道成员经营目标与追求利益不一致。各个旅游渠道企业都有自己的经营目标和利益,多从自身的利益考虑,希望自己能够获得最大的收益,而较少顾及其他渠道成员的利益。如旅游生产企业在旅游产品的投入期想要通过低价迅速扩大市场,而中间商的目标是赚取更多的利润和短期的盈利率,由于目标不一致,他们会采取不同的行为从而产生冲突。

2)渠道成员之间任务分工不明确。旅游产品营销渠道成员之间之所以会产生冲突,部分原因是渠道成员之间的市场区域、责权利划分不明确。如在某一地区,旅游生产企业可通过网络直销旅游产品,它的经销商亦可销售该产品,形成不同渠道间的冲突。

3)渠道成员信息不对称导致市场知觉存在差异。旅游生产企业主要掌握旅游产品开发生产的信息,而旅游经销商则更加了解旅游者的需求信息。由于二者掌握信息的差异,导致二者对市场状况的理解不同从而引起冲突。如旅游生产企业可能认为某旅游产品具有很大的市场潜力,可以较高的价格出售,而中间商可能认为市场对价格较敏感,宜适当调低价格。

3.冲突的解决方法

适度的冲突能够防止渠道的僵化,但过度的冲突会产生有碍渠道整体利益的不利影响。因此,旅游企业要视不同的情况,有效地管理冲突。解决渠道冲突的办法主要有以下几种:

1)慎重选择中间商。良好的营销素质,正确、一致的市场营销理念是减少冲突的有效保证。因此,旅游企业要选择那些与自己的经营理念和目标基本一致的中间商,同时适时为中间商人员提供培训,灌输企业的理念与文化,为有效管理、减少冲突打下基础。

2)制定渠道成员的共同目标。渠道成员间目标上的分歧是产生渠道冲突的根本原因之一。因此,制定共同目标是减少冲突的有效办法。如扩大市场份额、提高旅游者满意度、提高旅游产品美誉度等,使他们在共同目标的驱动下,利益互动、息息相关,从而有效协调彼此的行为。

3)建立合理的利益分配机制。利益的不一致是渠道成员冲突的最根本原因。因此,需要在成员间建立合理的利益分配机制,用机制促成渠道成员的利益共同化,这是解决冲突的根本出路。

4)细化各渠道成员的责任和权利。通过明确权利,可以理清不同经销商的市场范围,明确大客户的归属。明确责任则可以让各个渠道成员认清在广告、促销、服务等方面的责任,从而避免冲突。

5)加强渠道企业之间的信息交流,进行人员互换。信息的不对称导致了渠道成员之间对市场理解的差异,从而引起一些渠道冲突。而渠道成员之间的信息交流,一个有效方法就是人员互换,特别是渠道成员中层管理人员的互换。人员互换让不同渠道成员领导者进入到合作企业中,有利于他们理解对方的处境,更容易站在对方的角度考虑问题,因此更有益于彼此交流和化解冲突。

6)协商、协调和仲裁解决。前述措施主要着眼于冲突的预防。当冲突发生时,必须采取强有力的措施,有效控制、解决冲突。方法主要有三种:一是协商,双方正面交涉,面对面磋商以免冲突进一步恶化;二是协调,由第三方出面,根据双方的利益进行调解;三是仲裁,双方同意把纠纷交给第三方,并接受第三方的仲裁决定。

旅游企业应正确认识渠道成员之间产生的冲突是必然且正常的现象。当渠道冲突发生时,旅游企业应尽可能地做出正确、全面、及时的判断,弄清渠道冲突产生的原因,妥善处理并加以引导,保证渠道健康稳定地发展。当然渠道冲突有时也会带来渠道成员间的良性竞争,这种冲突,会使整个渠道充满活力及创造力。不断完善及推进成员间的合作,使营销渠道始终保持旺盛的生命力,才能使旅游企业与中间商达到共赢的局面。

四、旅游产品营销渠道的发展趋势

随着经济、社会、科技的发展,以及旅游市场的日益发展与完善,旅游产品营销渠道的形式与内容也随之发生着相应的变化。就目前而言,旅游营销渠道的发展趋势大致如下:

(一)旅游产品营销渠道逐步向扁平化方向发展

由于市场环境的变化,传统的渠道模式呈现出许多弊端。营销渠道越长,意味着从中获取利润的中间商越多,旅游消费者会面对更高的旅游产品价格,旅游企业的竞争优势就会被削弱。旅游企业为了在竞争激烈的旅游市场中占有一席之地,开始关注营销渠道的改造和重组。他们对市场的关注日益加强,希望直接面对旅游消费者,随时掌握市场信息动态,进行更积极的直接营销。但是,旅游市场广阔,旅游消费者数量众多,仅通过直接销售实现旅游企业的整体目标是不现实的。为了解决这种矛盾,旅游企业在使用间接营销渠道的同时,通过减少中间商,绕过批发商,从而获得部分直销的好处。旅游市场的广泛性和分散性,决定了旅游营销渠道只有适当地向扁平化方向发展,才能使旅游生产企业更主动、更有效地控制和开拓市场。旅游营销渠道扁平化的优势在于它剔除了不必要的瓜分利润的中间层,提高效率,以极具诱惑力的价格拉动旅游消费者。它是通过对流通环节的压缩,使渠道变得更扁平,代理层次减少,而渠道宽度增加。其实质是削减无用的环节,在旅游生产企业、中间商、旅游消费者之间构筑一个完整、有机、高效的网络体系。需要注意的是,渠道扁平化是一种趋势,绝不是简单地减少某一个层次,而是优化整个供应链的过程,真正减少的应是供应链中不增值或增值很少的环节。

(二)旅游产品营销渠道正向以终端市场建设为中心的方向发展

过去尽管强调旅游企业生产经营要以旅游者需求为导向,但是大部分企业在经营活动中大多还是围绕旅游产品功能、产品形式、产品价格来满足旅游消费者需求。在旅游者重视价值实现、情感体验的今天,旅游企业经营必须转变到关注、关心旅游消费者情感的角度上来,因此注定要在营销渠道上以终端建设为中心,把更多的营销工作通过渠道终端放在加强与旅游者的沟通、探究旅游消费者的内在需求、强化消费者情境体验、方便消费者购买等上面来,深度挖掘市场的变化趋势并达到吸引最终旅游消费者的目的。

(三)旅游产品营销渠道向联合化方向发展

由于传统的旅游市场营销渠道的组成成员较为独立,成员为了获得自身利益最大化,有时会牺牲整个渠道或旅游生产企业的利益,导致彼此之间相互冲突,整体利益减少,最终结果将会使整体利益以及自身利益共同丧失。近年来许多国家出现了营销渠道的联合趋势,主要包括纵向联合和横向联合两种形式。我国近年来在大城市、大企业也出现了不少这样的联合营销。

1.营销渠道的纵向联合

营销渠道的纵向联合又称为垂直营销渠道系统,是指由旅游生产企业、旅游批发商、旅游零售商组成的统一体,渠道成员间的关系从交易型向伙伴型转变。在这一联合体中,一般有一个渠道成员(通常是旅游企业)拥有其他成员的所有权,或有其他足够的实力使别的渠道成员愿意合作。纵向联合的特点是联合各方采用一定的方法和手段实行专业化管理,集中计划,统一行动,协调发展,以提高这个联合体的共同利益为目标。营销渠道的纵向联合又可分为两种,即契约型的产销联合和紧密型的产销一体化联合。

2.营销渠道的横向联合

营销渠道的横向联合又称为水平联合营销系统,是指由两个以上的旅游生产企业联合起来,共同开发旅游营销渠道。这种形式可以解决单个旅游企业营销资金、人员短缺的问题,很好地集中各联合旅游企业的力量,发挥群体作用,实行优势互补,共担风险,更好地开展旅游产品的销售活动,获取最佳效益。这种新型的旅游营销渠道模式还有助于树立旅游企业的集体形象,加强其在旅游市场中的影响力。

(四)网络营销日渐风靡

随着信息技术的发展,网络营销(network marketing)对旅游企业、旅游中间商、旅游消费者产生了巨大的影响。通过互联网开展旅游网络营销,可以全面展示旅游企业的特色,例如,旅游企业建立自己的网站,旅游消费者浏览网站,通过生动的图片、文字、视频等多媒体方式可以使旅游者全面地获得旅游产品特色方面的感性认识;网络营销有效地提高了跨区域信息交流的效率。旅游消费者与旅游企业或旅游中间商有时并不在同一区域,但各方通过互联网可以高效、低成本地进行信息交流,大大缩短了交易或办公时间;旅游企业还可通过网络进行直接销售。旅游消费者通过互联网获得旅游目的地、旅游产品、旅游计划安排等相关旅游信息,进而进行在线旅游咨询、旅游预订、旅游产品购买等,从而最大限度地减少营销渠道的中间环节;网络营销也是旅游企业开展网上调查、售后服务、旅游消费者意见征集等工作的重要手段,通过对收集信息的分析和总结,不断提升自身的产品和服务品质。

总而言之,随着经济的发展,可支配收入及空暇时间的增多,旅游市场前景广阔。但同时也对旅游企业的传统营销渠道产生了一定的冲击,提出了新的要求。旅游营销渠道将向扁平化、终端化、联合化、网络化方向发展,旅游企业要抓住机会,把握渠道发展动态,因地制宜,从自身实际情况出发,采取合适的营销渠道策略,从而达到经营的最终目标。

🍁 补充阅读材料

2012—2013 年中国在线旅游预订行业发展报告

2013 年中国在线旅游预订市场发展迅速,行业处于快速成长期,长期发展性强,市场预期乐观。为了进一步挖掘在线旅游预订行业的市场潜力,中国互联网络信息中心(CNNIC)发布了《2012—2013 年中国在线旅游预订行业发展报告》。报告对中国在线旅游预订行业的宏观环境、产业链结构、品牌格局、市场机会等进行了深入的分析,并对整个行业的用户背景和用户行为进行了梳理,最后通过用户分群研究预测了整个行业的市场容量。其中,关于行业的市场驱动力量,本报告作者 CNNIC 分析师陈晶晶的主要观点如下:

在线旅游预订市场存在巨大的成长潜力和空间

当前中国在线旅游预订行业处于快速成长期,长期发展性强,市场预期乐观。CNNIC 最新数据显示,截至 2013 年 6 月,在网上预订过机票、酒店、火车票和旅行行程的网民规模达到 1.33 亿,占网民比例为 22.4%。而 2012 年 12 月底,在网上预订过机票、酒店、火车票和旅行行程的网民规模达到 1.12 亿,占网民比例为 19.8%。半年间,在线旅游预订网民的渗透率增长 2.6%,2100 万人。市场的快速成长以及巨大的潜力空间都成为驱动在线旅游预订市场发展的动力。

国家政策方向为产业塑造了一个良好的宏观环境

国家一直大力支持旅游行业,提出"文化旅游"的理念,并将其写入"国家十二五规划纲要"。2013 年更是在政府会议上强调了这一点。由于网上旅行预订从本质上说,是对传统旅游市场销售渠道的补充,因此我国网上旅游市场的发展必然依托整个旅游产业的发展,依托整个政策环境的支持和引导。国家政策风向的支持为在线旅游预订行业打造了一个良好的产业环境。

社会化媒体交互作用刺激正向消费成为行业催化剂

社会化媒体为在线旅游预订注入新的市场活力,社会化媒体贯穿于旅游在线预订以及旅游行程的始终,进行在线旅游预订之前,在新浪和豆瓣上查找、比较、分享信息的用户分别占

21.9％和11.6％。而19.4％和17.6％的用户在旅行过程中或结束后到新浪微博和腾讯微博分享旅行见闻。社会化媒体的交互作用刺激在线旅游预订用户产生正向消费,成为促进在线旅游预订市场发展的催化剂。

收入水平和旅游预算的提升推动在线旅游预订市场发展

国人的收入水平在稳步提升和旅游预订预算的增加对在线旅游预订市场产生巨大的推动作用。中国城乡居民的收入增速高于GDP增速。2012年CPI上涨2.6％。全年城镇居民人均可支配收入2.46万元,增长12.6％,扣除价格因素,实际增长9.6％。全年农村居民人均纯收入7917元,比上年增长13.5％,扣除价格因素,实际增长10.7％。2013年终端旅游用户群体的比例有所增长,在线旅游预订5000－3万元区间预算有所增加。

移动智能终端的发展拓展在线旅游预订渠道,交互应用促进消费

线上预订用户中,有过手机预订经历的用户占20.3％。安装了在线旅游预订APP的人绝大多数都在使用该APP。手机在人们旅行过程中作用贯穿全程。不仅仅是旅游过程中与亲人朋友联络,对于旅行前目的地等行程信息查询、旅游过程中信息导航(LBS等功能)、旅游过程中分享见闻等智能手机新兴功能,线上预订用户占比分别为60.6％、59.8％和45.3％,多于线下用户。移动智能终端的发展和应用拓展了在线旅游预订渠道,朋友间的交互作用极大地刺激了旅游需求和旅游消费。未来随着智能手机的普及和旅游预订APP的不断完善,线下用户和潜在旅游用户可能直接转化为手机在线旅游预订用户。

(资料来源:中国互联网络信息中心,《2012—2013年中国在线旅游预订行业发展报告》2013.10)

关键术语

旅游产品营销渠道　旅游中间商　旅游批发商　旅游零售商　旅游代理商　网络营销

复习思考题

1. 请解释下列概念:旅游产品营销渠道、直接营销渠道、间接营销渠道、旅游中间商、旅游批发商、旅游零售商、旅游代理商。

2. 试分析各种类型旅游产品营销渠道的优缺点和适用范围。

3. 影响旅游产品营销渠道选择的因素有哪些?

4. 旅游中间商在营销渠道中起着什么作用? 旅游企业如何选择中间商才有利于产品的销售?

5. 旅游企业如何进行产品营销渠道的管理?

6. 简述旅游产品营销渠道冲突的解决方法。

7. 旅游产品营销渠道有哪些发展趋势? 这些发展趋势会给旅游企业带来哪些威胁和机遇?

8. 模拟一家旅游企业,试制定一份营销渠道选择决策报告,分析说明该企业为什么要选择某种营销渠道?

9. 谈谈如何通过QQ群、微信进行网络营销。

案例分析

中国旅游产品在欧洲的营销渠道状况

据《中国旅游报》报道：瑞士一家旅游杂志社的两名记者冒充一对夫妇，对任意选出的苏黎世9家旅行社进行了一次亚洲业务咨询指导水平的测试。他们在各社提出的咨询要求是：夫妇二人想在11月至1月期间，最多用两周时间作首次亚洲旅游。希望提供城市观光、短途环游或打高尔夫球方面的日程安排建议。价格预算限额为每人约3000至3300瑞士法郎。从调查结果看，虽然咨询者的旅游要求在中国都可以满足，然而，9家旅行社中没有一家推荐中国，却大都首先想到了泰国。

这一案例说明：第一，我国旅游促销不力，使得旅游知名度和美誉度不高，没有给人留下深刻的、值得购买的第一印象；第二，我国旅游营销渠道不畅通，当地中间商未能向潜在旅游消费者积极介绍并大力推广我国的旅游景区景点产品。

思考题

请用本章所学理论解释上述现象，并谈谈中国旅游企业应如何进行营销渠道建设以开拓欧洲市场。

第十章

旅游促销策略

学习目标

◆ 掌握旅游促销的概念及旅游促销组合策略的制定
◆ 了解影响旅游促销组合策略的主要因素
◆ 熟悉旅游广告的含义及各类大众媒体的特点
◆ 掌握旅游营业推广的概念、特征与推广方式
◆ 掌握旅游公共关系的概念、类型及策划原则
◆ 熟悉旅游人员推销的特点、作用与过程

引例

荷兰"海平面下的艺术之光"

为更好地推广荷兰深度游产品,继成功推广"探访世界上最美丽的春天"及"海平面下的骑行"大型主题活动后,荷兰旅游局结合恺撒国际旅行社的"缤纷荷兰6日体验之旅"产品,与荷兰5家著名旅游机构一起合作推出"海平面下的艺术之光"网络游戏推广活动,目的在于巩固并提高荷兰旅游行业在中国市场中的知名度,促进更多本地从业者参与荷兰旅游推广活动,同时吸引更多中国旅游者选择荷兰作为他们的旅游目的地。

第一,"海平面下的艺术之光"通过网络游戏的形式将荷兰特色展示给参与游戏的消费者,游戏简单、有趣、轻松,内容活泼、丰富。所有参与者都有机会获得丰富的奖品,数量多多,周周惊喜不断;另外,荷兰旅游局还将在活动最后通过抽奖的方式产生"荷兰双人游大奖",中奖者可以亲身前往荷兰,领略这座海平面下国度的艺术魅力。

第二,将艺术作为主线贯穿整个行程是产品的一大亮点。整个推广活动以参观阿姆斯特丹国立博物馆和凡·高美术馆作为重点,同时穿插乌特勒支音乐盒博物馆以增加产品的多样性及参观情趣,使消费者在花费较少的条件下,尽可能地享受更多精彩。

据统计数据显示,自2005年至2007年,中国游客到荷兰旅游人数每年都以15%的比例增长;2008年"探访世界上最美丽的春天"主题活动期间,旅游人数增长相对于2007年增加了36%,所获得的巨大成功是前所未有的。

（资料来源:http://zhidao.baidu.com/link? url＝R_4OaHmbV7uYVnhu3eOJv3VrjzFLwJI4fe0 _

KH58NJ8n801K49CmnlTOkftDT5UFw—f5kUpGSTyWxD1lEROtOa)

第一节　旅游促销概述

旅游消费是分散的、理性的个人消费方式,开拓国内外旅游市场不可能仅仅建立在零星的消费需求上,必须通过一定的宣传促销方式对个体需求进行刺激。因此,旅游企业应该加大宣传促销,积极培育旅游者的消费意识。

一、旅游促销的概念

旅游促销(tourism promotion),是在旅游产品设计、定价、分销等策略的基础上,包括广告、销售促进、人员推广、公共宣传或公共关系、旅游印刷品等方面策略的组合运用,其目的是促使消费者了解、信赖并购买自己的旅游产品,以达到扩大销售的目的,其实质就是要实现旅游营销者与旅游产品潜在购买者之间的信息沟通。其中广告、人员推销、营业推广和公共关系等四种因素的组合和综合运用就称为促销组合。

二、旅游促销的作用

旅游促销通过促销组合所起到的具体作用如下:

(一)提供旅游信息,沟通供需联系

旅游地或旅游企业在何时、何地和何种条件下,向何种旅游者提供何种旅游产品,是旅游促销活动所要传递的基本信息。潜在旅游者正是通过这些信息,了解、熟悉旅游地或旅游企业的何种旅游产品能够满足其需求,以及在何种条件下才能满足其需求。

(二)突出产品特点,强化竞争优势

相互竞争的同类产品其差别往往不太明显,尤其是作为无形服务的同类旅游产品的差别更不易被旅游消费者所分清。旅游促销恰恰是传播旅游产品市场定位特色的主要手段,它通过对同类旅游产品某些差别信息的强化传递,对不同具体产品(服务)的特色起到聚焦、放大的作用;即使对于没有实际差别的同类旅游产品,也可赋予其不同的形象差别,以使潜在旅游者认识到何种旅游产品更能带给自己实际所需,并由此对某种旅游产品形成购买偏好。

(三)树立良好形象,加强市场地位

由于旅游是一种高层次的消费与审美活动,通过生动而有说服力的旅游促销活动,往往可以塑造友好、热情、安宁、服务周到以及其他人格化的良好旅游服务形象,赢得更多潜在旅游者的厚爱。旅游市场风云多变,一旦出现有碍旅游地或旅游企业发展的因素时,就可以通过一定的宣传促销手段,重塑自身的有利形象,以达到恢复、稳定甚至扩大其市场份额的作用。如我国"千岛湖"事件后,政府所采取的一系列善后和宣传措施,就使得千岛湖的形象更加美好,游人反而成倍增加。

(四)刺激旅游需求,引导旅游消费

旅游产品作为高层次的非一般生活必需品,其消费需求弹性大。通过生动、形象、活泼、

多样的旅游促销手段,可以唤起、强化甚至是创造旅游消费需求。如香港旅游协会印发的一份旅游传单"怎样常游香港"里列出了70多种参观游览项目,一些原本平淡无奇的香港日常生活现象,经归纳渲染后,居然也使人感到有可品味之处。如"慢游旧香港(西区),可以呼吸到奇妙的东方气息","到新界可以看到头戴竹笠"等等。

三、常用的旅游促销方式及其特点

制定旅游企业促销组合策略,既要有科学性,又要讲究艺术性。旅游企业欲求经济而有效的促销组合,首先必须对不同促销方式的运用特点加以了解。

(一)旅游广告

旅游广告是一种高度大众化的信息传递方式,其主要特点是:(1)传播面广而效率高,广告一经发布便能迅速铺开,利于实现快速销售;(2)可反复出现同一信息,利于提高传播对象的知名度;(3)形式多样,表现力强,通过对文字、音响及色彩的艺术化运用,利于树立形象;(4)对于地域广阔而分散的旅游消费者而言,平均广告成本费用较低;(5)说服力较弱,不能因人而异,难以形成即时购买,而且其效果相对比较滞后,不能立竿见影。

(二)旅游营业推广(销售促进)

旅游营业推广是一种短期内刺激销售的活动,如旅游展销会、优惠酬宾活动等等,其主要特点是:(1)吸引力大,能把旅游消费者直接引向产品;(2)刺激性强,激发需求快,能临时改变旅游者的购买习惯;(3)有效期短,如持续长期运用不利于塑造产品形象;(4)组织工作量大,耗费较大,而影响面较窄。

(三)旅游公共关系

旅游公共关系是一种促进与公众良好关系的方式,如新闻报道、公益活动等等,其主要特点是:(1)有第三者说话,可信度高,公众可接受性强;(2)最可能赢得公众对企业的好感;(3)影响面广、影响力大,利于迅速塑造被传播对象的良好形象;(4)活动设计有难度,且组织工作量大;(5)不能直接追求销售效果,运用限制性大。

(四)旅游人员推销

旅游人员推销是一种与旅游消费者面对面促销的方式,主要特点是:(1)个人行动,方式灵活,针对性强;(2)易强化购买动机,及时促成交易;(3)易培养与旅游消费者的感情,建立长期稳定的联系;(4)易收集旅游者对旅游产品(服务)的反馈信息;(5)费时费钱,传播面效率低,往往成为平均代价最高的促销手段。

四、旅游促销组合策略

旅游促销组合(tourism promotion combination)是指旅游企业为了达到最佳的促销效果,而对广告、人员推销、营业推广和公共关系等促销方式进行不同的组合和选择,根据市场的具体特点,制定出有效的促销组合策略。

(一)旅游促销组合制定程序

1.确认目标受众

目标受众是指接受促销信息的人群。在制定促销组合策略时,首先应该考虑促销组合主要针对的人群,以便选择需要传递的信息、确定信息传递的方式以及传递信息量的大小,保证目标受众能及时、准确地收到信息,做出相应的购买决策。

2.制定促销目标

促销目标包括了要解决的问题以及预期旅游者的反应。促销的实质是信息的沟通,但沟通过程并不总能顺利进行,如派不懂业务的推销员往往会导致沟通的失败,因此必须明确促销要解决的关键问题,才能选择合适的促销组合以达到最终的营销目标。

促销要解决的问题主要有:

1)认识上的问题。指由于消费者对旅游产品不了解或接受了错误的信息而产生误解,使双方信息沟通失败。如,一些负面报道影响了消费者对旅游产品的正确认识,旅游企业应通过合适的促销手段解决这些问题。

2)感觉上的问题。指由于旅游消费者对旅游产品的市场形象、价格等不感兴趣或不喜欢所引起的反感。同样的信息对不同的人会产生不同的感觉;同样的信息由于促销的方式不同,会使旅游消费者产生不同的感觉。如,旅游企业为树立形象而发布一些公益广告,有的消费者认为旅游企业关注公众事业,值得肯定;也可能有消费者会认为这是企业在哗众取宠。在进行促销时应关注不同客人的感觉,尽量使产品的市场形象、价格等方面的信息客观、真实。

3)行动上的问题。指旅游消费者对旅游产品已经了解,也不反感,但却没有采取任何购买行为。由于造成不购买行为的因素很多,因此在解决此类问题时应该首先分析原因,再根据不同的原因采取不同的促销策略。

3.确定促销预算

1)量入为出法(支付可能法)。是旅游企业根据特定时期内的收入进行促销预算。一般是根据销售额或者利润的百分比来确定。这种方法的问题在于,导致了促销费用的不确定性,给长期营销规划的制定带来困难。如在资金较少时造成促销效果不好,资金充裕时造成资源的浪费。

2)竞争对抗法。是参照竞争者的促销费用来决定自己的促销预算。这种方法运用原理很简单,但实际上,许多人认为这种方法欠科学,因为没有考虑本企业的具体情况,具有很大的盲目性,而且也很难判断竞争者的预算是否科学、合理。

3)目标达成法。根据旅游企业具体的促销目标和促销方式确定所需的预算。这种方法效果最好,但是制定难度较大。要求旅游企业尽可能详细和功能化地将促销目标描述清楚。完成目标的工作也必须确定下来,然后结算出完成这些工作所需要的成本。

4.选择促销组合

确定促销组合就是要确定各种促销方法的运用程度。不同的促销工具在性质上有很大的差别,因此在设计促销信息时,应充分考虑到促销工具的影响。在某种情况下,各种促销方法是可以互换的,但无论如何,要对它们进行明智的组合。

5.评估和控制促销活动

在促销活动实施过程中,需要不断地评估促销效果,以控制促销活动的重点和方式,保证促销目标的实现。

(二)影响旅游促销组合策略的主要因素

1.产品因素

产品的性质和生命周期不同,购买者的行为动机也存在着较大的差异,所以旅游企业采用的促销组合方式也应该有所不同。如价格昂贵、购买风险较大的旅游产品,旅游购买者往往不满足于一般广告所提供的信息,倾向于理智性购买,希望能得到更为直接可靠的信息来源,此时人员推销、公共关系往往就是重要的促销手段。而对于购买频繁、价值不高以及季节性较强的旅游产品,旅游购买者则倾向于品牌偏好,因而选择广告作为促销手段,其效果就较为突出,如一些民俗节日旅游、餐饮产品等。

在旅游产品生命周期的不同阶段,旅游企业所选择的促销手段也应有所不同。当旅游产品处于引入期,扩大产品的知名度是旅游企业的主要任务,此阶段宜采用广告手段为佳,因为广告宣传的覆盖面最广,有可能在短时期内形成较好的品牌效应;当产品处于成长期,旅游企业要努力扩大产品销量,因而要充分调动各方促销力量的积极性,发挥多种促销手段的作用,除广告外,还可利用公共关系、人员推销等手段,但应少用营业推广;当旅游产品处于成熟期,旅游企业的任务则以巩固产品的市场地位为主,由于广大旅游购买者对旅游产品已有一定的了解,因而可适当减少广告,增强公共关系、营业推广等手段,以保障和增强旅游企业的市场竞争力,运用赠品等促销工具比单纯的广告活动更为有效;当旅游产品处于衰退期,此时在正常情况下旅游企业的营销战略重点已发生转移,对于尚还剩余的产品,一般采用以营业推广为主的促销手段,以谋求迅速销售完产品,回收资金,投入新的旅游产品的生产、经营。

2.推式与拉式策略的选择

按照旅游企业促销力量的方向,可把旅游企业促销策略从总体上分为"推动"与"拉引"两类。推式策略是指利用推销人员与旅游中间商促销将产品推入渠道,此时旅游生产者积极将产品推到批发商手上,批发商又积极地将产品推给零售商,零售商再将产品推向旅游消费者。拉式策略是指旅游企业直接针对最后旅游消费者,花费大量的资金从事广告及消费者促销活动,以增进产品的需求。如果拉式策略实施有效,消费者就会向零售商要求购买该旅游产品,于是拉动了整个渠道系统。因此,采用"推式策略"的旅游企业和产品,往往人员推销的效果和作用最为明显;若采用"拉式策略"时,则广告的效果又更突出些。

3.市场因素

市场因素包括市场的范围、竞争的程度以及供求变化等。不同的市场状况应采用不同的旅游促销组合,对于规模小而相对集中的市场,可采用人员推销和营业推广;如果市场范围大而分散,则可利用广告和公共关系;市场竞争激烈时应该采用多种促销方式组合,竞争缓和时采用广告和人员等方式组合。

4.促销预算因素

在预算较少的情况下很难制定出满意的促销策略,只能采取简单的促销方式。预算充足时,可以有较多的资金进行充分的市场调查,必要时还可以委托专业公司进行,以达到最佳的促销效果。

5.经济前景

旅游企业应随着经济前景的变化,及时改变促销组合。如,在通货膨胀时旅游消费者对价格反应十分敏感,旅游企业应尽可能增加营业推广的比重,减少广告投入;提供信息咨询,指导顾客购买;促销中强调质量价格性能比。

6.旅游企业特征

旅游企业特征是指企业的规模、资金、市场覆盖率,其差别决定了促销组合的差别。如小型饭店往往资金有限,经营目标以接待小型旅游团体为主,则促销组合应以人员推销为主。

第二节　旅游广告

一、旅游广告概述

(一)概念

旅游广告(tourist advertising)是指旅游目的地国家和地区、旅游组织或旅游企业为达到影响消费大众、促进本企业旅游产品销售的目的,通过媒体以公开支付费用的方式向目标市场的公众提供企业及产品相关信息的宣传形式。旅游广告在旅游促销中发挥着主体作用。

旅游广告以其大众化、重复性及表现力强成为一种富有大规模激励作用的信息传播技术,一方面旅游地风貌、旅游服务设施的宜展示性,为旅游广告的表现力发挥提供了有利的基础;另一方面作为不可触摸、试用、测试和直接观赏的无形旅游服务产品,旅游广告利于潜在旅游消费者以旅游广告信息,尤其是旅游手册之类的宣传品来进行选择性购买决策。

(二)旅游广告的类型

1.根据使用媒体的不同划分

旅游广告主要可以分为报刊广告、电波广告(利用广播和电视)、户外广告(利用广告牌、灯箱、条幅等各种室外展示物)、自办宣传品广告(如招贴、地图、手册、音响材料、文化衫等等)。其中旅游宣传品广告,因其具有公关和营业推广的特征,加上其对旅游促销的突出作用,常常被单列于旅游广告之外。

2.按照广告不同的目标划分

可将广告分为告知型、劝导型和提醒型三种类型:

1)告知型(informing)。主要用于旅游产品市场开拓的初始阶段。具体又可分为两类情况:①介绍旅游新产品、新旅游服务项目,如新的旅游线路、新的饭店服务项目的基本内容、价格及可能给旅游者带来的利益等,以触发潜在旅游者的初步需求;②宣传旅游地或旅游企业的市场地位及对旅游者采取的便利性措施,以树立良好的市场形象。

2)劝导型(persuading)。主要用于与同类旅游产品展开竞争的阶段。具体可分为:①进攻型,突出旅游产品的优势特征和利益,激发旅游消费者的选择性需求及购买行为;②防守型,努力改变旅游消费者对旅游产品(服务)的不利印象,抵消或削弱竞争对手的广告影响。

3)提醒型(reminding)。主要用于旅游产品的成熟期,随时提醒旅游消费者保持对本旅游地或旅游企业及其产品(服务)的记忆(尤其在淡季),以获得本企业尽可能高的知名度;适时提醒旅游消费者记住购买的时机,购买的地点,以促使购买者完成购买行为,并刺激老顾客重复消费的欲望。

二、旅游广告的媒体

无论是多么富有创意的旅游广告信息,都必须在恰当的时间准确地传递给目标受众,这样才可能实现广告目标。旅游广告媒体决策就是要寻找以相对最佳的成本效益,达到预期目标的合适途径。

(一)大众传媒的类型

大众媒体,又称大众传媒,是指在一个国家或地区中具有大量受众的传播媒体。大众媒体由专业化的媒介组织运用先进的信息技术和产业化的手段,以社会上一般大众为对象而进行大规模信息生产和传播的活动。

1.电视

电视是现代广告的主角,是现代所有媒体中最家庭化的娱乐媒体。电视广告有其他媒体不可比较的示范效果,常常成为话题的创意作品也肯定被电视广告诱导出来。而且,通过电视的彩色影像,商品的视觉效果加强了,销售效率也会飞速地提高。因此,目前其他传播媒介尚未能够具有电视那样强大的力量来吸引观众并激发其旅游的兴趣。

2.广播

由于电视的出现,广播的地位在逐渐淡化。但是作为个性化的媒体,广播仍然有其自身的特点,它能给予听众其他媒体不能得到的亲近感。广播广告应该强调对特殊阶层的诉求。广播可以面向全国,也可以向特定的地域做广告。

3.报纸

在众多媒体中,报纸是旅游广告利用最多的媒体。报纸是最早使用、最为常规、最及时的"有案可查"的信息传递工具,可信度高,可选性强。从职业和教育程度来看,阅读报纸的阶层可以说是媒体中幅度最广泛的。以不同阶段读者的资料为基础,报纸广告要实施地域性的计划就变得容易了。而且报纸配送地域明确,以定期订阅者为主要对象,可以说报纸是最有计划性的稳定的媒体。在美国约50%—60%的旅游企业首选报纸做广告媒介。

4.杂志

作为广告媒体,杂志的长处在于它是被读者特意选购的。杂志读者的可靠性是使用杂志媒体的优势,阅读杂志的读者已经处在该杂志的影响之下,可以说登载在杂志上的报道和读者之间的关系,比起其他的媒体处在更自然的关系上。阅读自己喜爱的杂志是处于充分接受的状态,因而理性劝导旅游广告也就能起到较好的作用。

5.户外广告

户外广告是指在车站、建筑物、街道两旁以及交通工具等公共场所,设置的招牌、海报、旗帜、路牌等旅游宣传广告。一般适合在特定地区发布。旅游企业在户外广告的设置上比较灵活机动,可以选择适合其宣传的城市,租用最需要的场所,而且可以依据游客客流的变化或景区季节特点及时更换户外广告。对于户外旅游广告应加强其图片和简洁文字的创意设计,着重于交通口岸和要道,景区、景点及饭店所在地的户外广告媒体利用。

6.直邮广告

直邮广告即以邮政部门为媒体寄发散布的旅游广告。通常包括商业信函、旅游宣传小册子、明信片、贺年卡、挂历、新闻简报等。以往由于有些营销主体对直接邮寄这种促销方式运用不当,结果给这种促销方式留下了很坏的名声,如有些地方,直接邮寄被人们称为"垃圾邮件",人们一看到这种类型的邮件,就把它直接扔进了垃圾箱。实际上,如果使用方法得当,利用直接邮寄来进行促销可以取得很好的促销效果。直邮广告在我国旅游广告中运用还不多,而在西方较常见,美国有不少旅行商采用这种方式做广告。

7.网络广告

信息技术的发展引发了传播媒体的巨大变化,这使得旅游广告宣传面临着新的机遇和挑战。网络广告,是广告业中新兴的一种广告媒体形式。旅游企业可通过两种主要方式做广告:一是建立自己的网址;二是向某个网上的出版商购买一个广告空间。例如中国旅游家协会在网上开设了专门的网站,将我国载入《世界遗产名录》的景点特点如万里长城、北京故宫、苏州园林、庐山等文化和自然遗产作了详尽介绍,其广告效果不言而喻。

(二)大众传媒的特点

各类媒体都有其适应性和局限性,主要大众传媒的旅游广告利用特点如表10-1所示:

表 10-1　主要广告媒体及其优缺点

广告媒体	优点	缺点
电视	视听并存,图文并茂,富有感染力;传播范围广、速度快、效率高	费用高、时间短;干扰较大;观众选择性差;设计制作难度较大。
广播	信息传播及时、灵活;传播面广;广告费用较低;地区和人口选择性强。	缺乏视觉吸引力,表达不直观听众记忆起来相对较难。
报纸	传播面广、可信度高、可选择性较强;费用较低;读者可反复查阅;基于读者情况的地理细分明确。	内容较杂,易分散读者的注意力;彩色版面少,表现力较弱;浏览性读者多,不易被人记住。
杂志	印刷精美,可图文并茂,适于形象广告;阅读率高,保存期长;易于被传阅;地区和人口选择性强。	发行周期长,发行量较少,价格偏高。
户外广告	灵活、醒目、展示时间长、成本低。	广告信息接收对象选择性差;内容局限性大。
直邮广告	目标顾客针对性强、十分灵活,受时空条件限制最少。	人员、时间、经济投入相对较高,使用不当可能会引起收件人反感。
网络广告	交互性、广泛性、针对性、易于统一性、全新的体验、用户多是学生和受过教育的人,平均收入高。	受众范围尚有一定的局限性、价格较高。

(三)旅游广告媒体类型选择

旅游企业在选择媒体类型时,主要基于五个方面因素的考虑:

1.目标顾客的媒体视听习惯

如高层商务旅游者与普通观光旅游者对不同媒体类型的偏好程度就不一样。

2.旅游产品的特点

如一般的风景旅游点宜选择杂志彩页和电视做广告,但江南古镇类旅游景区适宜以黑白两色进行宣传。

3.营销主体自身的特点

如酒店的星级和规模,往往决定了它对于广告媒体的选择,五星级大酒店绝对不宜在街头小报上做广告。

4.广告信息的特点

如时效性很强的旅游销售广告就比较适合以报纸为媒体,而绝不适合以杂志为媒体。

5.成本

电视是最昂贵的媒体,而报纸则较便宜。这也是导致旅游宣传品广告远多于电视广告的重要原因之一。

三、旅游广告的决策与管理

旅游企业在实施旅游广告进行促销时,必须进行精心的策划,才能发挥旅游广告的作用。一般来说,旅游企业需要明确以下问题:做广告的目的是什么? 要花多少钱? 需要传递什么信息? 使用何种媒体? 效果如何?

(一)旅游广告目标

旅游广告目标是决定整个广告成功与否的关键,既是整个广告活动的方向,又是衡量广告效果的重要依据。旅游营销主体通常确定的广告促销目标有这样几种:(1)树立一种观念,如,"生态"、"休闲"、"刺激"等;(2)树立组织的形象,如"绿色"、"热情"等;(3)树立产品形象,如"物美价廉"等;(4)提高销售额;(5)提高市场份额;(6)推销新产品。

(二)旅游广告预算

预算是旅游企业投入广告活动的费用计划,它规定了计划期从事广告活动所需的经费总额和使用范围。广告预算过多会造成浪费,但过少也会影响广告宣传效果。旅游广告预算主要包括:市场调研费、广告设计费、广告制作费、广告媒体租金(媒介发布费用,主要是购买媒体的时间、空间,用于刊播、发布广告的费用)、广告机构办公费及人员工资、广告公司代理费等项目。其中媒体租金通常要占到70%—90%。常用的广告预算方法有:

1.销售比例法

销售比例法是按照过去和本年度计划的销售额以一定的百分比进行预算。其公式为:

广告预算=(计划年度销售额+上年度销售额)/2 ×广告费占份额的百分比

2.销售单位法

销售单位法是以每件旅游产品或每条旅游路线来分摊广告费。如旅游推销人员到日本促销我国五条旅游路线,上年推销四条路线投入 200 万日元,则今年的广告预算的计算方法为:

广告预算＝上年广告费/上年推销路线数×计划年推销路线数＝200 万日元/4×5＝250 万日元

3.竞争对等法

竞争对等法是参照竞争对手的广告费来决定本企业的广告预算,以保持在广告宣传中处于平等或优势地位。应用这种方法进行预算,要考虑旅游企业间的实力、信誉、产品数量与质量的差别,不宜盲目攀比。

4.能力支付法(量力而行法)

能力支付法是根据旅游企业的财务能力来决定广告预算,又称为随机分摊法。旅游企业有多少财力就做相应财力的广告,它适用于小企业和临时的广告开支。

(三)旅游广告设计

首先,要对信息进行筛选,找出最具吸引力的、能刺激旅游者的信息,作为广告的主要内容;其次,内容设计要注意真实,有针对性,构思和设计要有吸引力;制作和表达方式要有思想性。

广告主题的构思设计应把握两点:首先必须有创意(独创性)、能引人注意,避免片面强调艺术形式上的创意。其次必须便于记忆,主题词应简洁明快,使人容易记忆,比如旅游业中广告做得比较成功的海南,其主题"椰风海韵醉游人"深入人心。

补充阅读材料

美国一家伯格维里联号快餐馆,利用闭着眼睛、戴着耳机打瞌睡的时任美国总统里根的照片(里根出席波恩的一次会议时拍的照片)作噱头,为其营养早餐做广告:"一个人没吃早餐,通常一眼就可以看出"。引起公众不满。

(四)媒体决策

媒体决策就是选择负载广告信息的广告媒介,寻找将广告内容有效介绍给既定目标市场的最有效的方式。媒介决策包含的内容:决定广告的触及面、触及频率及影响,选择媒介类型,选择具体的媒介工具以及安排传播时间。

(五)旅游广告效果评估

旅游广告效果评估是指运用科学的方法来评定旅游广告发布后所产生的实际效益,包括经济效益、社会效益和心理效益。经济效益是指旅游旅行活动促进旅游产品销售额和利润的增加程度;社会效益指旅游广告对旅游者的教育作用的大小;心理效益是指旅游广告在旅游者心理上的反应程度。

由于广告效果的形成具有非常复杂的原因,广告效果的产生也不是立竿见影的,可能会随着时间的推移、广告的反复发布,才能使旅游者逐渐了解并产生一定的购买行为,使得广告的效果具有时间推移性和积累效果性。其评估方法有:

1.根据广告的成本效率进行评估

旅游广告费用投入高不一定能使销售额的增加程度高,而费用少也并不意味着销售额的增加程度就低,因此可以用单位广告费用引起的销售额的增加量来判断费用的投入是否经济合理。即:广告成本效率越高,表明广告费用的投入越合理,产生的效益越高;反之则需对旅游广告费用投入进行重新安排。

单位成本效率＝旅游广告引起的销售额的增加量／广告费用

2.根据旅游广告接触程度进行评估

主要是通过市场抽样调查的方法,统计有关旅游广告的阅读或视听人数,以此确定广告的覆盖范围。适用于对旅游企业开拓市场时所达到的市场认知程度的评估。其公式如下:

阅读率＝阅读过旅游广告的人数/阅读该媒体的总人数×100％

视听率＝旅游广告节目的视听人数/视听总人数×100％

常用视听率来对电视广告的效果进行评估,用阅读率来评估报纸广告的效果。

3.直接请旅游者和专家进行评分

主要是选出具有代表性的旅游消费者和专家组成评审组,观看各种旅游广告,以此来测定对旅游广告的记忆程度、理解程度以及旅游广告的吸引力、影响力等。这种评估一般在广告发布之前进行。

补充阅读材料

迪斯尼的广告营销策略

在早期,迪斯尼乐园广告最多使用的是从直升机拍摄的公园全景,但效果平平。后来,迪斯尼接受广告顾问的建议,在新推出的平面广告上着重使用这样的近景画面——外婆、妈妈和女儿每个人戴着一顶王冠游览迪斯尼乐园,广告带来的游客数量明显地提升了。新一轮电视广告中,迪斯尼乐园也开始更多地表现游客体验迪斯尼的场景,并伴有画外音——"这里是一片神奇的土地,任何事情都可能发生——茶杯会跳舞,大象会飞……"

一个广告视角的变化就带来了成功。由此我们知道,对于主题公园,一览无余的全息视角往往难以激发旅游者的兴趣和共鸣。好的广告应该更加强调游玩者的个人视角,他们的体验和观感,清楚地阐述主题公园所能提供的假日体验。

迪斯尼乐园每次行动前都进行广告调查与小规模的广告试点,一旦确定效果不菲,必花大笔钱进行电视、广播、报纸、橱窗等全方位的广告轰炸。在20世纪90年代的广告试点中迪斯尼乐园发现,每花费100万美元就会增加15.4万名游客游览迪斯尼乐园;平均6.5美元可增加一位游客,而这位游客将花费18美元买门票,另花15到20美元买食品和纪念品。为此,迪斯尼乐园在电视、广播和报纸上花掉了1000万广告费宣传乐园中的米老鼠、唐老鸭世界,换来5540万美元的收入。当然,这些传统媒体上的广告并非迪斯尼最值得称道的经验。

迪斯尼把更多的事物看作成广告媒介——麦当劳、可口可乐、大众汽车,以及网络游戏。迪斯尼在全球范围内与麦当劳和可口可乐联合宣传,以同意麦当劳餐馆画有卡通人物杰希卡和罗杰招牌的代价使麦当劳答应投入1500万美元为迪斯尼做广告,可谓不花钱尽得利。随后,又以为可口可乐做广告的条件获得2000万美元赞助,而在可口可乐广告中迪斯尼文化同样得到宣传。又如迪斯尼投资5.1亿美元的"制片之旅——迪斯尼·米高梅制片厂主题游乐园",与大众汽车公司结成了广告伙伴。迪斯尼同意大众汽车把其新生产的雪佛莱轿车放在新建的主题乐园展销;新乐园也在大众的汽车广告中被不断提到,结果大众付出了50万广告费,而迪斯尼在这个免费宣传中获利数百万。

迪斯尼公园与游乐场部总裁杰·拉苏罗说:"比起让孩子们专注于长度仅30秒的电视广

告,不如让他们去玩可以沉迷其中少到数分钟,多到数小时的广告游戏。"

迪斯尼是最早一批将网络游戏看作"第四媒体"的人。为了吸引更多的儿童以及未成年人关注其 50 周年庆典,迪斯尼打算采用目前媒体产业中最热门,也是最受争议的方式:"广告游戏"(Advergaming)。作为长达 18 个月的全球庆典活动的一部分,迪斯尼推出了一款全交互式的多人游戏《虚拟魔法王国》。内容是通过网络连接,用户可在迪斯尼全球的 5 家"迪斯尼世界"以及 11 家"迪斯尼主题公园"里进行虚拟浏览。"访问者"将会玩到根据如"鬼屋"、"丛林探险"等真实景点设计的免费游戏。玩家间可以互相交谈,创造属于自己的角色。另外游戏中获得的虚拟点数可以换取如 T 恤衫等现实乐园里存在的礼物。

这款网络游戏的受众是 8 到 12 岁的儿童和青少年,游戏的目标是:"让孩子们在周年庆典期间,不断催促父母们带自己去迪斯尼乐园游玩"。对此,广告评论机构"美国数字民主中心"(Center for Digital Democracy)指责说,这种"数字式广告"是在混淆游戏内容与商业宣传之间的界线,而且在玩家玩游戏时不断进行信息轰炸。迪斯尼则在新闻发布会上称,"现在 10 岁乃至更小的孩子们是伴随着网络长大的,我们希望迪斯尼成为孩子们网上的家"。

(资料来源:http://doc.mbalib.com/view/4c2506b9e4e7f8e5eee29472ad542b6b.html)

第三节　旅游营业推广

一、旅游营业推广的概念和作用

(一)旅游营业推广的概念

旅游营业推广(tourism sales promotion)是指旅游企业在某一特定时期与空间范围内,为了使旅游者尽快购买或大量购买旅游产品及服务而进行的一系列短期的、鼓励性的、非连续性的、灵活的促销措施和手段。从这一定义中不难看出,旅游营业推广强调的是在特定的时间、空间范围内,采用一系列的促销工具,对需求方的刺激与激励,其直接的效果是使旅游者产生立即购买或大量购买的行为。因此从长期来看,旅游营业推广虽然并不一定能促使销售有很大改观,但在短时间内,它往往比广告更有效地促进销售的增长。

(二)旅游营业推广的特征

1.旅游营业推广的非常规性

典型的旅游营业推广不像广告、人员推销和公共关系那样作为一种常规性的旅游促销活动出现,而是用于短期和额外的旅游促销工作,其着眼点在于解决一些更为具体的促销问题,承担短时间内具有特定目的和任务的促销工作,以促使旅游产品购买者和消费者产生购买或消费行为,因此旅游营业推广通常是针对旅游广告、人员推销的一种补充措施,以非常规性和非周期性的使用形式而出现。

2.旅游营业推广的灵活多样性

旅游营业推广方式多种多样,能从不同的角度吸引有不同要求的旅游产品购买者和消费者。例如,以赠送纪念品、旅游当地特产、风情画册、各种价格折扣、消费信用、特殊服务等方式针对旅游者的营业推广;以批量折扣、现金折扣、特许经营、业务会议、联营促销等方式针对旅游中间商的营业推广;以红利提成、推销竞赛、特别推荐会等方式针对推销人员的营业推广;以租赁促销、类别旅游折扣、订货会等方式针对旅游生产经营者的营业推广。上述各类营业推广方式均有其自身的长处和特点,旅游企业可以根据经营的旅游产品特征,以及面临的不同市场营销环境加以科学的选择和有机的组合运用。

3.旅游营业推广的强刺激性

旅游营业推广是为寻求销售额的立即反应而设计的,并且常常在限定时间内进行,其追求目标就是在使用营业推广手段之后,能达成即时销售,使本企业的旅游产品在特定的时间和地点与其他产品有所区别,增加实质价值。

4.旅游营业推广的短程高效性

旅游营业推广不是战略性的营销工具,而是一种战术性营销手段。它注意的是实际的行为,在限定的时间和空间范围内,要求旅游消费者或旅游经销商亲自参与,行为导向的目标是即时销售,通过激励、刺激,成为金钱,或为商品,或为一项附加的服务,构成旅游消费者购买行为的直接诱因,因而短程效益明显。

旅游营业推广的上述特征,体现了旅游营业推广手段的明显优势,有利于促进旅游产品的短期销售,激励更多的旅游消费需求和开拓旅游市场。

(三)旅游营业推广的作用

旅游营业推广以其特有的优势和不可替代的作用,成为众多旅游企业经营者乐于选用的重要促销手段。

1.可以有效地加速新的旅游产品进入旅游市场的进程

新开发出来的旅游产品,在投入旅游市场的初期,绝大多数的旅游者或目标消费者对其还没有足够的认识和了解,因此也不可能对该旅游产品表现出积极的反应和强烈的购买兴趣,而通过一些必要的促销措施,则可以在短期内迅速地为旅游新产品开辟道路。实践证明,免费旅游、特价优惠旅游、新旧产品搭配出售以及退款优待等营业推广方式,对在短期内把旅游新产品打入现有市场是行之有效的措施。

2.可以有效地抵御和击败竞争者的营业推广促销活动

有效地抵御和参与竞争是旅游企业求生存、谋发展的必由之路。当竞争对手大规模地发起营业推广促销活动时,企业若不及时采取有效的促销措施,常常会大面积地损失已享有的市场份额。因此,营业推广是旅游市场竞争中抗击竞争对手的有效武器。例如可以采用免费赠品、折扣优惠、服务促销、联合促销等方式来增强旅游企业经营的同类旅游产品对旅游者的吸引力,以稳定和扩大自己的消费购买群体,抵御竞争者的侵蚀。

3.有利于增加旅游产品的消费,提高销售额,并带动关联产品的销售

旅游企业运用营业推广促销手段,既可以向经销商提供交易折让,通过购买馈赠、交易补贴、批量折扣、经销竞赛等方式来劝诱中间商更多地购买,并同企业保持稳定、良好的购销关系,促使其制定有利于自身的经营决策;又可以向旅游消费者提供刺激与激励,如用类别顾客折扣、旅游者竞赛与抽奖等方式来指明旅游产品新的利益,提高旅游者对该产品的注意与兴趣,从而增加对旅游产品的消费,提高整体产品的销售额。例如美国田纳西州诺威勒斯凯悦摄政饭店,为汽车协会每一个成员的家庭旅游提供价格为 25 美元的低价客房,吸引家庭旅游者,除一张双人床之外,还有儿童帆布床,并且房间里的住宿客人数量不受限制。尽管 25 美元一夜的家庭旅游房价是普通双人房价的一半,但提供的服务是相同的,因此效果极佳,在推出这项销售促进手段的第一个月,吸引家庭旅游项目就为饭店售出 100 间客房,第二个月销售出 200 余间客房,使得客房利用率迅速上升,并且食品、饮料等关联产品的收入也有较快的增长。

当然旅游营业推广的作用也是有局限性的,它通常并不能建立顾客对旅游企业产品的信任和忠诚,也不能拯救一个即将被市场淘汰的产品,更不可能改变一个市场定位不当的产品命运。

二、旅游营业推广方式

(一)针对旅游者的营业推广

1.免费营业推广

免费营业推广是指旅游者免费获得赠给的某种特定物品或利益。在提供短程激励的营业推广领域里,免费赠送这类营业推广活动的刺激和吸引强度最大,旅游消费者也最乐于接受。旅游企业采用的主要工具一般有赠品、免费纪念品和赠品印花三种。比如香港迪斯尼乐园开业的造势推广活动中,赠品的细节让人印象深刻。2005 年 6 月,迪斯尼免费招待 2000 名迪斯尼工程师及家属,向每个人赠送一只工程师造型、脚底印有纪念日期的限量版米奇老鼠。2005 年 8 月,地铁迪斯尼线通车后,纪念车票亲子套装的购买者可获赠一部仿迪斯尼线列车的模型。这些赠品的巧妙发放既培养了游客的好感,又极大地传播了迪斯尼文化。

补充阅读材料

喜来登国际俱乐部

1986 年 6 月,喜来登饭店联号首次在全世界范围内推出一项优惠常客的活动——喜来登国际俱乐部。加入俱乐部成为正式成员的,根据其在喜来登饭店的花费赚得一定的分,而这些分可以用来在喜来登联号饭店中度假,或换成自己需要的商品。俱乐部成员还可以享受到各种优待,如自动提高住房等级,延长离店结账时间到下午 4 点和快速结账。

(资料来源:http://www.360doc.com/content/12/0829/20/259463_233067005.shtml)

2.优惠营业推广

优惠营业推广是让旅游消费者或经销商可以用低于正常水平的价格,消费购买特定的旅游产品或获得利益。其核心是推广者让利,接受者省钱。优惠营业推广工具十分广泛,重点是运用折扣衍生出的多种推广工具,例如折价券、礼品券、折扣优惠、退款优惠等。

3.有奖销售

主要是通过特定方式,以特定奖品为诱惑,鼓励顾客积极参与、购买。如当顾客消费达到一定水平时,有机会参加抽奖,赢取奖品。在进行有奖销售时,需要注意奖品应对顾客有足够的吸引力,并且应考虑中奖范围,保证及时兑奖。

补充阅读材料

雅高酒店推出有奖社会媒体营销活动

为提高在北美地区的品牌知名度,雅高酒店(Accor Hotels)举办了名为"环游世界照片发现"(Around the World Photo Hunt)的游戏活动。大奖是双人欧洲十二日游,目的地包括巴黎、柏林和巴塞罗那。

全美航空(US Airways)和欧洲铁路公司(Rail Europe)作为本次活动的联合赞助商,与雅高酒店共同推出了这份欧洲双人十二日游大奖。大奖含来回机票、头等舱火车票、雅高酒店豪华住宿以及每天的早餐。其他奖品还包括 SoBed™ 打包产品、数码相机、平面电视机和 DVD 家庭影院等。

这个在线游戏在 2010 年 6 月 24 日到 7 月 23 日期间进行。玩家需要从两张十分相似的雅高各地酒店的照片中找出不同点。最快找出不同点的玩家可以获得积分,并进入下一轮游戏。每一轮游戏都会展示某家雅高品牌酒店的主要特色,让玩家可以体验到高雅酒店品牌在全球的广泛性和多样性。玩家可在 Facebook 和 Twitter 上分享他们的成绩,并挑战好友的积分。

(资料来源:http://www.traveldaily.cn/article/41968.html)

4.组合营业推广

组合营业推广是一种综合的促销手段。包括旅游企业或相关企业的联合促销,以旅游者满意为目的的服务促销,营业推广与广告、公关、事件等配合促销,它是免费、优惠、竞赛、抽奖等各类促销工具的综合应用与组合搭配。包括:

1)联合推广。如:举办旅游年就是世界各国普遍采用的行之有效的联合促销方法之一,2011 年 10 月,中华人民共和国国务院总理温家宝与俄罗斯联邦政府总理普京在北京签署的《中俄总理第十六次定期会晤联合公报》中指出:"双方将积极协助 2012 年在中国成功举办'俄罗斯旅游年',2013 年在俄罗斯成功举办'中国旅游年'"。

2)服务推广。如通过售前服务、订购服务、代办服务、咨询服务、售后跟踪服务等多种服务形式,提高旅游企业的声誉,增加旅游产品的知名度和信任度,促成旅游企业市场渗透的顺利实现和更好地完善、更新旅游产品。

3)包价旅游。作为最有效的旅游特殊促销方法,是各类营业推广工具的集成使用。包价旅游形式繁多,常用的有:会议组合包价旅游、商务组合包价旅游、周末组合包价旅游、节假日组合包价旅游、目的地组合包价旅游、特别主题组合包价旅游等多种形式。

(二)针对旅游中间商的营业推广

1.销售折扣

主要是对长期合作或销售业绩较好的旅游中间商给予一定的折扣,包括批量折扣、现金折扣和季节折扣等。销售折扣既有利于加强与中间商的长期合作,同时也可以鼓励旅游中间商扩大销售,提高积极性。

2.资金奖励

为鼓励中间商经营本旅游企业的产品,旅游企业可采用资金奖励或补贴等形式,包括销售补贴、广告补贴、降价补贴等。如可以请中间商进行免费奖励旅游(日本有些企业给国外最好的代理商以免费旅游日本的奖励),一方面使中间商更加了解企业和产品,促进销售,另一方面也可以加强双方的沟通。

3.产品订货会议

即在每年的旺季到来之前,邀请所有旅游中间商参加的产品订货会议。在会议期间,旅游企业可以发布新产品信息,也可以就销售中的问题与中间商进行沟通,促使中间商在短期内集中购买。

(三)针对销售人员的营业推广

1.销售红利

规定专业旅游销售人员的销售指标,对在一定时间内超额完成指标的销售人员按一定比例提成,使其获得一定的红利,以鼓励旅游销售人员积极推销产品。

2.推销竞赛

即在所有销售人员中进行销售竞赛,对推销产品出色或者销售额领先的推销员给予奖励,用以激发销售人员的积极性,扩大旅游产品的销售。

三、旅游营业推广的实施过程

在运用旅游营业推广的过程中,必须首先策划旅游营业推广方案,然后加以实施和控制,最后对活动的效果进行评估。

(一)旅游营业推广方案的策划

1.确立旅游营业推广目标

确定旅游营业推广目标就是要回答"向谁推广"和"推广什么"两个问题。因此,营业推广的具体目标一定要根据目标市场类型的变化而变化,针对不同类型的目标市场,拟订不同的旅游营业推广特定目标。例如,针对旅游消费者而言,目标可以确定为鼓励老顾客经常和重复购买旅游产品,劝诱新的旅游者试用等;针对旅游中间商而言,目标可以确定为促使中间商持续地经营本企业的旅游产品和服务,提高购买水平和增加短期销售额等;针对旅游推销人员而言,目标可以确定为鼓励推销人员大力推销旅游新产品和服务,刺激非季节性销售和寻找更多的潜在旅游者等。

2.选择旅游营业推广方式

旅游营业推广目标一旦确定,就需要选择实现目标的手段和措施。旅游营业推广的方式是多种多样的,每种方式都有其各自的特点和适用范围。一般来说,一种营业推广方式可以实现一个目标,也可以实现多个目标。同样,一个营业推广目标可以由一种推广方式实现,也可以由多种推广方式优化组合实现。

3.制定旅游营业推广方案

一般来说,制定一个完整的营业推广促销方案要考虑如下几个方面的内容:

1)确定刺激的规模。营业推广的实质表现为对旅游消费者、中间商和推销人员的让利。旅游企业制定具体的推广方案时首先要决定刺激的规模,即准备拿出多少费用来进行刺激。

2)选择营业推广对象。旅游企业可以面向目标市场的每个人施以刺激,也可以选择某些群体施以刺激。这种促销主要目标范围控制的大小,直接影响到最终的促销效果。

3)决定营业推广媒介。旅游企业必须明确通过什么途径向推广对象传递信息,如广告、直邮、新闻稿、广告传单等等。各种推广途径所需费用不等,信息传达范围不同,这就需要旅游企业权衡利弊,从费用与效益之比中,选择最有效的推广途径。

4)选择营业推广时机。若推广期过短,由于短时间内无法实现重复购买,甚至许多潜在消费购买者还没有购买,使很多应获取的利益不能实现;但如果推广期过长,又会引起开支过大、降低刺激购买的力度,给旅游消费者造成长期降价的假象,无法促使他们立即购买。

5)营业推广预算分配。旅游营业推广是一项较大的支出,事先必须进行筹划预算。拟定推广预算通常有两种方法,一种是由营销人员根据全年营业推广活动的内容、方式、选择的推广途径及相应的成本费用来确定预算;还有一种是根据以往营业推广费用占促销费用的百分比来确定营业推广的预算总额。

(二)旅游营业推广方案的实施与控制

在旅游营业推广方案的实施与控制中,要留心注意和检测市场的反应,并及时进行必要的促销范围、强度、频度和重点的调整,保持对促销方案实施的良好控制。因此,旅游企业要尽可能地进行周密的策划和组织,估计到实施中产生一切问题的可能,并预先做好解决所有突发性事件的准备与安排。

(三)旅游营业推广效果评估

旅游营业推广活动完成后,对其效果进行评估,这是检验推广促销活动是否达到预期目标以及促销花费是否合算的唯一途径。

评估效果,既包括短期效果,也包括长期效果。但在很多情况下,长期效果的衡量,只能采用定性或定量预测的方法来判断估计,而且结果也较粗略。因此,多数侧重于短期效果的评估。推广效果评估方法很多,最普遍采用的一种方法是把推广之前、推广期间和推广之后的销售情况进行比较,结合市场份额的变化,分析促销的效果。具体方法有三种:

1.顾客调查法

通过对推广活动开展期间的旅游者消费行为进行观察、记录,对比推广活动前后有关数据,分析推广活动对旅游者消费习惯的改变程度;直接对顾客提出问题,了解、分析旅游者参与推广活动的动机、意见、建议、评价等,从而全面评估营业推广活动对旅游者的影响。

2.销售额对比法

在其他条件不变的情况下,对比活动前后销售额的变化量,考虑推广成本的支出,可获得营业推广的净收益,以此评价推广活动的效果。如,某旅游企业产品在营业推广之前的市场份额为6%,营业推广期间为10%,营业推广一结束马上降为5%,过了一段时间又回升到7%。这些数据表明,该营业推广方案在实施期间吸引了一批新的顾客,并促使原有的顾客增加了购买量。营业推广结束后马上降为5%,说明顾客尚未用完前一段多购的产品。回升到7%,说明这项营业推广方案终于使一批新顾客成为老顾客。如果过一段时间市场份额不是7%而仍是6%,那就说明这项营业推广方案只是改变了需求的时间,并未增加该产品和服务的实际需求量。

3.实验法

在进行全面的营业推广活动之前,可以选择一个有代表性的地区或顾客范围,进行小规模的实施,通过改变推广规模、水平、期限、时机等因素,考量具体效果。当效果良好时,可在大范围内开展。

<h1 style="text-align:center">第四节　旅游公共关系</h1>

一、旅游公共关系的概念和作用

(一)旅游公共关系的概念与特征

公共关系作为一个重要的营销工具,正在当今全球的营销实践中进入一个爆炸性的发展阶段。越来越多的企业意识到大众化营销不再能满足它们的一些特殊沟通需要;广告的成本在持续上升,同时能接触到的听众、观众却不断减少。广告问题的激增和混乱降低了每个广告的单体影响力;销售促进的成本也随渠道中间商要求更低价格和更高佣金而大幅上升;人员推销的花费也非常可观。在这种情况下,公共关系可谓是一个成本效益比相对较高的促销工具。同时,对于各种公共关系活动和技巧的富有创造性的利用,为企业提供了一条将自己企业和产品同竞争者区分开来的有效途径。公共关系是以公众为对象,以沟通为手段,以互惠为原则,以促进与不同公众的良好关系,树立本组织的良好形象为目标。

旅游公共关系(tourism public relations)是指为了建立和维持旅游企业与公众之间的良好关系,以沟通、传播为主要手段而进行的一系列建立、维护、改善旅游企业和产品形象的活动。旅游作为一种高层次的消费活动和审美活动,使得旅游业很容易因此成为一个国家或一个地区的"形象"产业,而备受异地和本地公众的关注。同时,旅游产品的综合性与整体性,使得其"生产"需要全社会各方配合。由此决定了旅游公共关系对旅游业发展的重要意义。

需要指出的是,这里的公众不仅包括顾客这一个群体,而且指对组织和企业达到目标的能力具有实际或潜在兴趣或影响力的任何群体。如股东、供应商、分销渠道、行业组织、旅游刊物作者等。

旅游公共关系的主要特征包括:

1)通过第三者发布信息,可信度高,往往有一定情节或趣味性,可接受性强。

2)有效的公关活动有利于赢得公众对旅游企业的好感,建立企业与社会公众的良好关系,对于企业的发展也是十分有利的。

3)活动设计的难度较大,需要充分利用一些机会,并把握好时机。

4)公关活动的影响很大,有利于迅速树立被传播对象的良好形象。

5)公关活动不追求直接的销售效果,其运用受外部条件的限制较多。

(二)旅游公共关系的作用

1.塑造旅游企业形象,促进旅游产品销售

有效的旅游公共关系活动可以影响很大范围的不同群体,有利于提高旅游企业在公众中的知名度和美誉度,塑造良好的企业形象,而良好的公众形象必然会带来旅游产品销售量的提高。

2.激发公众对旅游企业和产品的兴趣

旅游公共关系可以远远低于广告的代价对公众心理产生较强的影响,激发公众的兴趣,并且它所带来的可信度要比广告高得多。

3.创造有利于旅游产品销售的内外部环境

旅游企业不断强化与各种公众的联系和沟通,在平等互惠的原则下,开展一系列公关活动,与股东、员工、顾客、竞争者、合作者、政府、新闻界等内外部公众建立并保持融洽的关系,争取公众的支持和理解,消除对旅游企业和产品不利的影响,为旅游产品的销售创造良好的内外部环境。

4.协调旅游企业的营销决策

旅游公共关系通过传播的手段,实现旅游企业和公众之间的双向沟通,既能及时将旅游企业的有关营销决策公布于众,促进公众对企业的了解和支持,又能及时收集公众信息,反馈信息,提出营销忠告和建议,以便及时调整旅游企业的营销决策。

二、旅游公共关系的种类

鉴于公关宣传无需向媒体付费,旅游企业不需要支付高额广告费用,更重要的是公众认为新闻可靠性高于广告的心理倾向性,如在本地报纸上由食品专栏编辑编写的关于餐厅的稿件要比饭店营销者自己写的广告影响大得多,因此策划良好的公关营销往往"一本万利"。这也是近几年中旅游业多采用此种方式的原因之一,同时也使得能帮助旅游企业达到上述效果的公关营销手段与工具日益受到世人瞩目。

(一)宣传型公共关系

利用各种传播媒体和手段,向社会公众宣传展示自己的发展成就与公益形象,以形成有利于本旅游企业发展的社会印象与舆论环境的活动模式。这类旅游公共关系活动能够及时通过媒体进行正面宣传,主导性、时效性强,影响面宽,推广旅游地、旅游企业及其旅游产品的形象快。

虽然旅游目的地或企业形象是一幅多层次的画面,不单单取决于公关工作,但有效的公共宣传却能给公众留下难以忘怀的印象。由于公众一般倾向于认为新闻报道更具客观公正的色彩,而广告传达的信息可信度较低,因此,如果能撰写或创作出一些有吸引力的信息而使各种媒介竞相采用,则它所产生的价值就可能与花费上百万的广告相匹敌,而且无需为占用新闻媒体的篇幅和时间付费。因此,旅游企业或组织应争取一切机会和新闻界建立并加强联系,及时将具有报道价值的信息提供给有关新闻媒介。

旅游公共人员通常运用两种方法来选择公共宣传的内容。一是寻找新闻,在旅游产品或与产品相关的方面寻找具有新闻价值的素材。对于旅游业来说,要寻找旅游者所关心的焦点问题,如旅游地的社会治安、风土人情、重大节日庆典以及体育比赛、航线与航空公司的情况、旅游地的天气与旅客情况、膳宿设施特色等等。旅游企业能够提供给新闻界的素材十分广泛,如名人下榻某饭店,航空公司被授予服务质量奖,旅行社经营管理中的突出成就和经验等等。对于一些旅游企业来说,还具有独特的公共方面的优势。比如饭店是社会活动的汇集点,一些重大的活动包括国际性会议,大公司的公共活动如新闻发布会、展销会等往往选择在饭店内举行,这些活动是新闻媒介追逐关注的热点。若饭店能够积极争取,配合新闻媒体,无疑能成为饭店"借船出海"进行公共宣传的最好时机。第二种方法是创造新闻。例如利用各种活动,诸如企业周年庆典、展览会、艺术表演、美食节等,邀请名人光临,举办讨论会,召开新闻发布会与记者招待会。创造新闻需要有独特的创意和高超的技巧,否则会流于平淡,达不到预期的效果。

旅游企业还可以利用年报、旅游宣传册、邮政卡片、视听工具(如唱片、幻灯)以及企业内部新闻杂志等大众传播工具进行宣传。由于各种类型出版物有自身的特点,时效性不同,因此企业在选择手段时要结合自己的优势特点,以达到高效、低成本的目的。宣传册由于针对性强、信息量多而为很多旅游企业采用,它还可以用来宣传企业宗旨。如麦当劳曾经刊行一系列小册子来讨论配餐的营养以及公司对环保工作的努力与成效,借以赢得公众好感。

补充阅读材料

"蓝宝石公主号"邮轮抵达上海 会移动豪华酒店

"凡是陆上五星级酒店有的豪华玩意,船上几乎全有,他们没有的,我们也有。"这并非痴人呓语,这是蓝宝石公主号的"金字招牌"。据了解,船上不仅拥有船上水疗按摩中心、主题餐厅、综合娱乐会所、酒廊等各种游乐设施,客人们还可自由选择诸如 SPA(水疗)等多样个性化的服务。船上的表演舞台也是世界邮轮规模最大的一个歌舞演出场所,每晚都有免费的歌曲演唱、魔术杂技等精彩节目。

目前很多新闻媒体都在积极宣传该顶级邮轮,使得浙江省中旅于 2014 年 7 月 12 日出发的冲绳—济州 6 日豪华邮轮得到了很多人的关注,并争先买单。

(资料来源:http://www.jxgdw.com/news/gnxw/2005-04-06/3000038823.html)

(二)交际型公共关系

交际型公共关系是要通过人与人之间的直接交往接触,进行联络感情、协调关系和化解矛盾的活动,以达到为本组织建立良好人际关系的目的。通过这类活动非常有助于包括旅游消费者在内的各类公众对本旅游企业的了解和信赖,对于增强旅游消费者的购买决心和扩大旅游企业的业务具有显著作用。据统计,旅游业中有一半以上的消费者是通过朋友、熟人介绍而来的,由此决定了加强这类公关活动对旅游促销的重要意义。特别是旅游产品处于引入期时,旅游者在是否购买的决策上受相关群体的影响比较大。每个相关群体中都有一个或几个倡导者,如旅游专家,这些成员在某一领域的意见影响着大部分群体成员。由于他们威信高、信息占有量大,因此他们常常极大地冲击或支持营销人员的宣传促销,对追随者的购买决策产生重大影响。在此,旅游营销人员首先应主攻倡导者,与其联络感情,建立良好的人际关系,重视专家意见,尽力联络倡导者去影响众多旅游消费者,为专家免费提供旅游产品,在广告中多展示其意见。

(三)服务型公共关系

以为公众提供热情、周到和方便的服务,赢得公众的好感,从而提高旅游企业形象为目的的一种公关活动模式。在为旅游消费者服务中充分为消费者着想,由此既能在不显露商业痕迹的直接服务中起到即时刺激旅游消费的作用,又能在先期旅游者的口碑效应中达到扩大旅游销售的目的。

补充阅读材料

麦当劳的服务型公共关系——方便上帝就是方便自己

北京的麦当劳食品有限公司在北京发售门票网点的调查后知晓,北京有 600 多万人使用月票乘公交车,而发售月票的网点只有 88 处,乘客深感不便。于是他们便"拾遗补阙",推出一项新举措,在所属 57 家麦当劳餐厅内代售公交门票为广大乘客创造便利条件。此举一出就吸了众多食客络绎而来,市民对此举交口称赞,麦当劳树立了良好的社会形象。每当高考前夕,在麦当劳宽敞明亮的餐厅里就坐着不少拿书本只要一杯饮料就待上好几个小时的学生,面对此景,麦当劳不但不赶他们走,反而特意为这些学子延长营业时间。这些让顾客着实感受到方便的行为和麦当劳方便快捷的快餐形象达成了一致,使麦当劳形象进一步深入人心。从公关角度来看,确实不失为一个好的公关策略。

(资料来源:http://wenku.baidu.com/link? url=ythzbPNuVqfpU7Tbp_notlleSgpyVTg9VgS6jRsmWn6Vr2awB2wVHUmis1R—SxZqGpH9k8CuvMnoZbjzgfjOEirr_pVZDsxL8C6ll0FLwO)

(四)社会型公共关系

社会型公共关系是指利用各种具有社会性、文化性的赞助或公益活动来开展公共关系,目的是塑造组织的文化形象、社区公民形象,提高组织的社会知名度和信誉度。比如 2011年,中国旅游协会发起了"资助百名贫困学生'读万卷书、行万里路'游学活动"旅游公益行动。中国国际旅行社总社有限公司、中青旅控股股份有限公司、中国港中旅集团公司、携程旅行网、金陵饭店股份有限公司等 5 家旅游企业积极响应行动计划,并制订详细的行动方案,选择了共约百名贫困学生为资助对象,利用暑期和节假日,组织开展革命传统和爱国主义教育、现代化体验、励志课堂、赠书活动、团队互动等寓学于游的游学活动,帮助贫困学生走出家乡,开阔眼界,增长见识,树立远大理想。通过这一活动,提升了旅游企业的公众形象。

(五)征询型公共关系

征询型公共关系主要是通过采集公众信息、舆论调查、民意测验等方式,为旅游企业的营销管理提供客观的依据,以不断完善旅游企业公众形象的公关活动模式。通过对信息的分析和汇总,了解公众的真实想法,以改进营销工作,更好地为社会公众和顾客服务;同时传递旅游企业的信息,加强公众对企业的了解。

需要指出的是,根据组织与环境的适应态势关系,公共关系活动还可分为建设型、维系型、防御型、矫正型和进攻型等五种。基于旅游市场的巨大潜力和风云变化,从旅游促销的角度特别重视矫正型和进攻型的旅游公关活动。例如,1986 年著名旅游国墨西哥发生大地震,使其旅游业遭到空前的损失。危机之中,墨西哥政府出巨资请美国公共关系专家策划了真实的墨西哥形象全球推广活动。一是通过电视新闻媒体如实报道了地震损失,使外国游客了解到倒塌的房屋多为民宅,而豪华饭店并无多大损失;二是出巨资到美、日等发达国家,邀请文艺、体育和政界名人到墨西哥旅游,然后将录像拿到世界各地播放,用名人效应解除了旅游者的顾虑。墨西哥的旅游业因此在一个多月后又兴旺起来,游客人数竟然很快地超过了地震前。这正是矫正型旅游公关活动的效用。

三、旅游公共关系策划的原则

旅游公关策划原则是指旅游企业在公共关系策划过程中，必须遵循的指导原理和行为准则。它是公关策划活动客观规律的理性表现，也是公关策划实践经验的概括和总结。

(一)实事求是原则

实事求是是公关策划的一条基本准则。旅游公关策划必须建立在对事实的真实把握基础上，以诚恳的态度向公众如实传递信息，并根据实事的变化来不断调整策划的策略和时机等。同时，旅游公关活动涉及的不可控因素很多，任何人都难以全面把握，留有余地才可进退自如。因此，旅游公共关系工作必须说真话、办实事、惠于公众、诚实守信，以事实为依据，所说与事实相吻合，内容与形式、真实性与艺术性相吻合，这样才能赢得社会公众的信赖。

(二)尊重公众原则

尊重公众是策划的基础，牢记公众第一，以公众的需求为需求，是策划者的追求。公众利益优先是公关策划的基本指导思想，必须将公众利益放在首位，为公众利益着想，才能得到大众的好评，才能获得更大、更长远的利益。尊重公众原则并不是要旅游企业完全牺牲自身利益，而是要求企业在考虑自身利益与公众利益的关系时，把公众利益放在首位，在旅游公关策划时要正确把握公众心理，按公众的心理活动规律，因势利导。

(三)创新求异原则

创新求异原则是指旅游公关策划必须打破传统、刻意求新、别出心裁，使公关活动生动有趣，从而给公众留下深刻而美好的印象。创新与求异是密切结合的，推出与众不同的策划方案，是旅游企业占领市场的捷径。旅游企业在管理中应不断推出多种多样的策划方案，以适应日新月异的市场，满足公众的需求。创新求异原则有以下几个：

1. 曲折性

一个好的策划，不应该只是"一锤子买卖"，而应该有很强的发展性，能够不断"产生"出新的事件和新的角度，紧紧围绕主题层层推进，以"组合拳"的方式进行"轰炸"，从而更好地达到策划目标。

2. 求优性

求优即是依据整体的目标要求去寻找个体与局部的优化。旅游公关策划谋略的制定，应从旅游企业的整体，或某一项目的完整过程出发，去解决局部的、个别的问题。策划谋略往往需要高瞻远瞩，注意整体的规划和系统或系列的设计，但更多的情况下，要解决的又是有特殊意义的、局部的、个别的问题。这就是整体为"势"，局部为"子"，重"势"谋"子"则大者和顺，小者优化，即全局和谐通畅。旅游公关策划应注重多层次、多角度、多侧面且尽量优化，力求以较少投入，换取较大的效果。因此，旅游公关策划谋略，包括从理想目标、方针策略、主题、模式的框定到由虚到实，从书面文字的抽象蓝图到切切实实的实施推进以及各种措施、办法与条件的保证，各种因素和各种功能，需要相互作用、取长补短、凝聚合力，进而达到最优的效果。

3. 时机性

时机性是指在旅游公关策划中必须重视推出的时机。时间变化，社会的大背景就会发生变化,公众的关注点也将发生变化。同样一个事件放在不同的时间——也就是不同的社会大背景下发生,会产生不同的效应。对于某个具体的事件来说,只有在符合其"发生"的社会大背景存在的那个时间段推出才能产生效果。当这个时间段已经过去,整个社会的关注点已经转移时,如果你再来推出这一"过时"的策划,就没有多大意义了。策划有个基本的要求,就是要有足够的敏感性,以选择最佳的、能产生最大效应的实施时机。善于探究事物的深层,挖掘机会和把握机会,是旅游公关策划者走向成功的一大秘诀。

(四)系统整合原则

系统整合原则是指从系统的整体与部分之间的相互依存、相互制约的关系中,揭示系统的特征及其运动规律,实现整体最优。在公关策划中,应将公关活动作为一个系统工程来认识,按照系统的观点和方法予以谋划统筹。以较少的公关费用,取得更佳的公关效果,达到旅游企业的公关目标。

四、旅游公关策划的程序

当旅游企业发生了一些具体问题,或发展过程中需要抓住时机开展活动时,就进入了公关策划的开始阶段,在这一阶段中,可能要解决现存的问题,也可能要通过公关活动达成目标。一般而言,发现问题或形成由头是公关策划工作的开始。对于问题的发生,我们可以循着以下思路进行思考。

(一)分析公共关系现状

应做好以下三项工作:审核已收集的公关资料,分析公关现状;明确旅游公共关系存在的主要问题及原因;了解旅游企业形象的选择和规划。

(二)确定公共关系目标

旅游公关目标分成以下几类:全新塑造目标;形象矫正目标;形象优化目标;问题解决与危机公关。

(三)选择和分析目标公众

利用合适的工具把相关信息传播给目标受众,对于旅游公共关系的成功非常关键。公关活动者应非常仔细地识别他们希望影响到的群体,然后研究这一群体,找出该群体所关注的问题,形成相关的主题,并使得这一主题对于目标受众来说是自然和符合逻辑的。

(四)制定公关行动方案

主要涉及以下四个基本问题:做些什么? 怎么做? 谁来做? 什么时候做? 第一个问题提出了明确旅游公关活动项目的要求;第二个问题提出了明确公关活动策略的要求;第三个问题提出了明确公关活动主体的要求;第四个问题提出了明确公关活动时机的要求。尤其要注意:公关时机选择;重视细节;策动传播;选好公关模式等。

(五)编制公关预算

主要分两类:一是基本费用,主要包括人工、办公经费、器材费等;二是活动费用,包括招待费、庆典活动、广告、交际应酬等。

第五节　旅游人员推销

旅游人员推销(tourism personal selling)是旅游企业所有促销手段中唯一利用人员所进行的最直接的促销活动,是旅游促销活动的重要组成部分。旅游人员推销是最古老的一种传统促销方式,同时也是现代旅游企业的一种重要促销手段。

一、旅游人员推销的概念及作用

(一)旅游人员推销的概念

旅游人员推销是指旅游企业通过销售人员与一个或一个以上可能成为旅游购买者的人交谈,作口头陈述,以推销旅游产品,促进和扩大销售。旅游人员推销可以是面对面交谈,也可以通过电话、信函交流。

(二)旅游人员推销的特点

1.灵活性

在推销过程中,买卖双方当面洽谈,旅游推销人员可以掌握旅游消费者的购买动机,有针对性地介绍旅游产品的特点和功能,抓住有利时机促成交易;可以根据旅游消费者的态度和表情,针对性地采取必要的行动,满足他们的需求;还可以及时发现问题,进行解释,解除旅游消费者顾虑,使之产生信任感。

2.选择性和针对性

在每次推销之前,可以选好具有购买可能的旅游消费者进行推销,并针对性地对目标对象作一番研究,拟订具体的推销方案和策略,以提高推销成功率。

3.具有公共关系作用

旅游人员推销可以使销售过程具有浓厚的人情味,人与人的接触必然要比人与物的接触更具有人情味,而人情味往往是与顾客建立稳定关系的一种强有力的润滑剂,它在销售过程中能起到"四两拨千斤"的作用。推销人员与旅游消费者的感情增进有利于推销工作的开展,实际上起到了公共关系的作用。

(三)旅游人员推销的作用

1.传递信息

旅游推销人员直接与客源市场的中间商或旅游消费者进行交流,与潜在游客面对面地交谈,详细介绍旅游企业的产品和服务,回答询问,所传递的信息更易被旅游购买者所接受,可以有效提升信息传递的有效性。

2.销售旅游产品

在客源市场,旅游推销人员往往被看作是旅游企业的代表。推销人员不仅仅要将旅游产品卖给消费者,而且有责任解释一切,包括介绍旅游产品、本旅游企业的政策等。旅游推销人员不仅要完成一定量的旅游产品销售,而且要将旅游企业的营销目标落到实处。

3.获取市场信息

在旅游企业里,旅游推销人员又常被看作是顾客的代言人。他们最了解顾客喜不喜欢自家的产品、原因何在。旅游推销人员很可能第一个知道市场上又多了一家竞争对手,竞争对手有什么新产品、新战略等。这些信息反馈回来,对旅游企业制定调整营销战略、实施计划、实行控制十分有益。

4.提供服务

旅游推销人员要免费向现实与潜在旅游者提供各种服务,包括回答咨询、给予技术协作、提供售后服务等。在一定的权限范围内处理一些技术问题,如旅行线路的交通、项目、食宿安排等。

5.开拓市场

旅游推销人员除联系原有旅游消费者之外,还要寻找新的旅游消费者,不断扩大市场面。

6.协调工作

在推销工作中,旅游推销人员要帮助旅游消费者排忧解难,协调供需双方利益。

二、旅游人员推销的方式

旅游人员推销属于直接促销,主要包括以下方式:

(一)专业人员推销

专业人员推销即旅游企业指派专职推销人员携带旅游产品或服务的说明书、宣传材料及相关材料走访客户进行推销的方式。这是一种古老的、存在时间最长的推销形式。特别适用于旅游推销员在不太熟悉或完全不熟悉推销对象的情况下,即时开展推销工作。这种方式的特点主要体现在,旅游推销人员主动向顾客靠拢,推销员同顾客之间的感情联系尤为重要,并要求推销人员既要有百折不挠的毅力,还要掌握寻找推销对象,把握恰当的推销时机,学会交谈艺术等推销技巧。专业人员推销的主要目标是旅游中间商和团体购买者。一般地,专业人员推销有以下两种方式:

1.上门推销

上门推销是指旅游推销人员直接走访客户、进行推销的方式。在推销过程中,销售人员借助于旅游产品的相关资料,向旅游消费者直接宣传旅游企业和产品的特点,并能根据消费者的反应,随时了解他们的具体要求,不断调整销售策略,恰当地选择时机,达成交易。这种方式往往需要经过多次的上门拜访、不断地了解消费者,与消费者沟通,并与他们建立长期的感情联系,因此要求旅游推销人员有良好的沟通能力和说服能力,并掌握推销的技巧。

2.电话推销

电话推销是指旅游推销人员通过电话与客户沟通、推销旅游产品的方式。由于推销人员和客户之间是通过电话联系,推销人员只能通过客户的语言、语调、语速等方面来判断客户的反应,而不能直接观察到客户的表情和行为,因此,增加了销售的难度。

(二)营业推销

营业推销是指旅游产品或服务的各个环节的从业人员,在接待旅游消费购买者的过程中销售自身产品的推销方式。从广义上讲,在吃、住、行、游、购、娱六个方面从事接待服务的所有人员都是推销员,他们与顾客直接接触,以谈话方式及行为方式向顾客介绍和展示产品与服务,回答询问,完成交易,担负着同专职推销员一样的职能。只不过形式独特,顾客主动向从业人员靠拢,从业人员依靠良好的销售环境和接待技巧,完成推销,满足顾客需求。

(三)会议推销

会议推销是旅游企业利用各种会议介绍和宣传本企业的旅游产品或服务,开展推销活动的方式。例如订货会、交易会、洽谈会、交流会、展销会、推销会、新闻发布会等。会议推销也是较为常见的人员推销形式。这种方式突出的特点是群体集中,接触面广,省时省钱,成交量大,而且推销人员不必以推销员的身份出现在顾客面前,旅游购买者的心理负担小,推销阻力也相应减弱,但对顾客产生的影响力却很大。

除以上介绍的三种基本推销形式外,还有小组推销、书面推销、导购推销等多种人员推销形式。

三、旅游人员推销的过程

常见的推销过程模式有很多种,这里主要介绍程序化模式。程序化模式又称公式化模式。它是一种已经被大多数旅游推销人员所接受的、比较流行的、具有代表性的推销过程模式。它将推销过程划分为七个阶段。

(一)寻找顾客

每一个旅游推销人员在开始从事推销工作之前,应该首先学会寻找和发现顾客,这些顾客包括现在和潜在的旅游消费者。

首先要圈定可能的顾客范围,可从旅游企业的信息库中找到现有顾客的基本资料,并根据现有顾客资料进行分析,总结出购买本旅游企业产品的顾客特点、需求类型、地理分布、获得信息的渠道、需求弹性、购买行为等,在市场上圈定一个与现有顾客某方面相似的顾客范围;也可以分析现有旅游产品新的效用,确定对新效用可能感兴趣的顾客特点,以此来圈定顾客范围。

其次要对顾客进行分类,将圈定在范围内的顾客按照不同的指标进行分类,如购买方式、顾客类型、收入水平等,并对不同的顾客进行详细的分析。

最后列出有效的顾客名单,人员推销要与顾客直接见面,因此,了解顾客名单、加强对顾客的了解是成功的基础。列出顾客名单可以通过很多方式,如向现有的客户询问潜在客户的名单;通过旅游供应商、旅游中间商及无竞争关系的其他旅游企业的推销员寻找客户名单;利用电话簿、行业团体、工商名录提供的电话号码进行查询;利用一切可以利用的社会关系等。

(二)接近前准备

旅游推销人员在推销之前,必须进行充分的准备。包括:尽可能地了解目标顾客的情况和要求,确立具体的工作目标、选择接近的方式,拟定推销时间和线路安排,预测推销中可能产生的一切问题,准备好推销材料,如景区景点及设施的图片、照片、模型、说明材料、价目表、包价旅游产品介绍材料等。在准备就绪后,推销人员需要与准顾客进行事先约见,用电话、信函等形式向访问对象讲明访问的事由、时间、地点等约见内容。

(三)接洽面谈

旅游推销人员经过充分准备和约见,就要与目标顾客进行接洽。访问顾客过程往往是短暂的,在这极短的时间里,推销人员要依靠自己的才智,根据掌握的顾客材料和访问时的实际情况,灵活运用各种接近技巧引起顾客对所推销旅游产品的注意,引发和维持他们对访问的兴趣,达到销售产品的最终目的。应注意:

1.注重第一印象

旅游推销人员如能在顾客面前建立良好的第一印象,将非常有利于后续工作的开展。

2.适时进入洽谈

如果是老客户,寒暄后立即进入正题。如是新客户,应该注意把握洽谈的气氛,先就客户感兴趣的问题与客户进行沟通,如讲述一些客户关心的新闻、赠送纪念品或者提出一些有关旅游的问题等,营造一个轻松、愉快的气氛,在双方放松的情况下,适时地进入洽谈。

3.介绍产品,引起客户兴趣

在介绍旅游产品时要有的放矢,在客户感兴趣的地方要加大推销的力度,激发购买欲望,对其他方面只需要解释清楚有关问题。一般来说,推销面谈需要推销人员利用各种面谈方法和技巧,向旅游购买者传递旅游企业及产品信息,展示顾客利益,消除顾客疑虑,让顾客认识并喜欢所推销的旅游产品,进而产生强烈的购买欲望。另外,介绍旅游产品过程中应注意语言的运用,给客户说话的机会,必要时需要给客户以思考的时间。

(四)处理异议

面谈过程中,旅游消费者往往会提出各种各样的购买异议,诸如:需求异议、价格异议、产品异议、服务异议、购买时间异议、竞争者异议、对旅游推销人员及其所代表的旅游企业的异议等,这些异议都是消费者的必然反应,它贯穿于整个推销过程之中,销售人员只有针对不同类型的顾客异议,采用不同的策略、方法和技巧,有效地加以处理与转化,才能最终说服顾客,促成交易。

首先,应该表明态度,即对客户提出的异议表示理解,决不能限制或阻止。如果异议是属于旅游产品本身的缺陷或是旅游企业的原因所造成,应及时向客户道歉并感谢客户提出的意见,表示将尽快反映问题。

其次,应采取一定的策略。当异议确实无法当场解决时,可以向客户承诺解决的时间,为下次的推销预约时间;或者巧妙地转移话题,淡化客户的注意力。如果能够当场解决,可运用一些谈判技巧,如引导客户的思路慢慢地与自己的想法一致起来,利用以前客户的实例说明,利用旅游产品的其他优势来弥补等。

(五)建议成交

成交是面谈的继续,也是整个旅游推销工作的最终目标。一个优秀的推销员,要密切注意成交信号,善于培养正确的成交态度,消除成交的心理障碍,谨慎对待顾客的否定回答,把握最后的成交机会,灵活机动,采取有效的措施和技术,帮助旅游消费者做出最后选择,促成交易,并完成成交手续。

抓住购买信号就是把握了成交的时机。如顾客不断地询问有关价格的优惠条件,表明顾客正在考虑支付能力及由此带来的利益;要求详细说明旅游线路的具体安排及相应的服务,表明顾客已经在考虑是否购买;对竞争者的旅游产品表示不满或对上次的购买经历有怨言,说明希望能从本旅游企业获得更好的产品;推销人员对一些关键问题进行了详细的解释以后,客户有一段时间的沉默,表明客户在权衡等。

把握合适的成交时机后,旅游推销人员可以立即建议购买,引导顾客发出订单。可以运用一些策略,让顾客自觉情愿地说出购买旅游产品的愿望,如当顾客还在迟疑时,应站在顾客的立场分析购买的好处,帮助顾客下决心购买;顾客对价格很敏感时,要以果断又无奈的语气告诉顾客最低的报价,以争得顾客的同情,促成交易等。

(六)后续工作

要让顾客满意,并使他们继续购买,后续工作是必不可少的。达成交易后,旅游推销人员就应着手履约的各项具体工作,做好服务,妥善处理可能出现的问题。着眼于旅游企业的长远利益,与顾客保持和建立良好的关系,树立旅游消费者对旅游产品的安全感和信任感,促使他们连续、重复购买,利用顾客的间接宣传和辐射性传导,争取更多的新顾客。

四、旅游人员推销的原则

在应用人员推销形式进行旅游产品促销中,要取得推销的成功,一般应遵循以下原则。

(一)互惠互利原则

互惠互利原则是良好交易气氛形成的重要条件,通过交易双方都能获得利益和好处,这是赢得回头客、获得竞争地位的重要筹码。旅游推销人员要用能给旅游消费者带来的利益说服顾客,找出双方利益分配的最佳点,绝不做只对一方有利的交易。

(二)推销使用价值观念原则

使用价值观念,就是旅游消费购买者对旅游产品有用性的认识。这一原则要求旅游推销人员在推销旅游产品时,利用或改变旅游消费者原有的观念体系,想方设法使他们形成对旅游产品使用价值的正确认识,以达到说服顾客购买旅游产品的目的。

(三)人际关系原则

旅游推销人员推销旅游产品时,必须建立真诚、坦白、富于感情的和谐的人际关系。因为和谐的人际关系容易形成相互信任,使彼此理解。旅游推销人员要树立人际关系开路的理念,努力使自己成为一个受欢迎的人。

(四)尊重顾客原则

就是要敬重顾客的人格,重视他们的利益。其实质是对旅游消费者价值的承认,包括顾客的人格、身体、地位、能力、权力、兴趣、成就等。旅游推销人员尊重顾客,可以消除他们的疑虑,优化交易气氛。

五、旅游人员推销的管理

(一)旅游人员推销的组织

旅游人员推销采取何种组织结构,直接影响到旅游企业的营销效果。

1.区域性组织结构

区域性组织结构是指旅游企业将目标市场按地理因素划分为若干个不同的销售区域,

每个旅游推销人员负责一个区域的全部销售业务。该结构有利于调动销售人员的积极性，便于销售人员与客户建立长期的关系；同时，由于销售区域固定，可以减少交通费用的支出，节约了销售成本。

2.产品式组织结构

产品式组织结构是指旅游企业根据旅游产品的特点将其分成若干类，或者按不同旅游线路的组合分成若干类，一个或多个推销人员为一组，对其中的一种或几种旅游产品进行推销的组织结构。如旅游饭店可以将产品分为客房、餐饮、娱乐等几大类进行销售。这种组织结构适用于产品类型较多的旅游企业。

3.顾客式组织结构

顾客式组织结构是指旅游企业将目标市场按照顾客的属性进行分类，不同的销售人员针对不同类型的顾客进行销售的组织结构。如可以根据购买目的将顾客分为商务旅游者、休闲观光旅游者、会议旅游者、度假旅游者等；也可以按顾客的年龄、职业等属性进行分类。这种组织结构的好处是旅游推销人员可以深入了解和掌握所接触的顾客的需求状况及需要解决的问题。

(二)推销人员的管理与控制

1.制定严格的招聘标准

一个理想的旅游推销人员应该具有强烈的敬业精神和进取心、充沛的精力、良好的道德品质、敏锐的观察力、良好的沟通能力、丰富的业务知识等。

2.组织旅游企业的相关培训

每个旅游企业的产品和业务都会有自己的特点，对推销人员培训的目的主要在于使他们尽快地了解、熟悉旅游产品；学会适用于本旅游企业的推销技巧；掌握旅游企业交易的各项程序，如合同的签订、订单的填写、有关的银行业务等。

3.建立合理的报酬制度

建立合理的报酬制度有助于激发旅游推销人员的积极性和工作热情，促使其积极地开展业务。可采取支付一定的固定工资来保证稳定的收入；同时，根据其销售业绩给予一定比例的销售提成，以激发其工作热情。

4.进行业绩评估

如在相同条件下，对比旅游推销人员的销售业绩进行评估；查看旅游推销人员的推销报告，根据客户的意见和反映，评估推销人员；评估旅游推销人员对市场、客户、竞争对手等信息的掌握情况等。

5.加强对推销人员的激励管理

一般可采取分红、带薪假期、奖励旅游、晋升职务等方式对旅游推销人员进行有效的激励。

关键术语

旅游促销　　旅游促销组合　　旅游广告　　旅游营业推广　　旅游公共关系　　旅游人员推销

复习思考题

1. 请解释下列概念:旅游促销、旅游广告、旅游营业推广、旅游公共关系、旅游人员推销。

2. "推式"和"拉式"策略各自的应用特点如何? 推拉策略的选择使用受哪些因素影响?

3. 比较几种常用广告媒体的优缺点? 如何对旅游广告信息进行评估选择?

4. 旅游营业推广具有哪些特征和作用?

5. 谈谈旅游产品处于不同生命周期阶段时旅游促销组合策略的运用?

6. 旅游公共关系的含义和促销作用是什么? 旅游公共关系的种类有哪些?

7. 在传媒技术如此发达的今天,有人说人员推销将退出历史舞台,你同意吗?

案例分析

北京长城饭店的公关之道

北京长城饭店是中国第一家合资的五星级饭店。这家饭店开业后很快就蜚声中外,到底为什么呢? 还是来让我们看看它的公关绝技吧。

1. 重视公关

长城饭店在成立之际就设立了公关部,不仅如此,还注重从业人员的素质,招收和培训了一批高质量的公关人员,制定了一套公关活动计划和准则,把公关贯穿于饭店的各个环节。

2. 细微之处显真情

公关不只是公关部的事情,企业的形象必须依靠全员来塑造维护。公关部露西·布朗小姐,她为提高饭店的知名度,可谓绞尽脑汁。一次,有位服务员在打扫房间时,发现客人的床头摊放着一本书,她没有挪动书的位置,也没有信手把书合上。而是细心地在书摊开的地方夹进了一张小纸条,以起书签作用。客人对服务员细致的服务倍加称赞,并将此事告诉了同来的几十名同事,告诉了她所认识的所有朋友。露西小姐抓住这件小事,告诉大家:这就是公关活动! 公关需要从细微处做起,所有饭店工作人员都应通过自己的一举一动体现公关意识,从各个方面树立完美的形象。

3. 利用名人效应

1984年初,当获悉美国总统里根访华的消息后,长城饭店的经理和公关人员立即意识到:这是一个难得的机会! 美国总统如能光临长城饭店,将给"长城"带来极大的声誉,对饭店前途产生极大影响! 经过努力,他们终于争取到里根在长城饭店举行答谢宴会,有400多位海外记者前来采访。长城饭店努力提供优质服务,使记者们对饭店产生极好的印象。美国三大广播公司(CBS,NBC,ABC)为了及时发稿,都在长城饭店选定了自己的播视地点。1984年4月28日,来自世界各地的500多名记者聚集在长城饭店,向世界各地发出了里根总统答谢宴会的消息。发表在世界各地的报纸、电视台的消息中,无一不提到长城饭店。

4. 选准关键人物

里根在哪里举行宴会,他们认为,美国驻华大使馆在这件事上无疑有极大的发言权,于是他们就邀请大使馆官员到饭店做客。

5. 借请教之名获知顾客真正的需求

当时饭店还未全部竣工,服务设施不尽完善。公关部人员克服种种困难,夜以继日地做了大量准备。他们拟定了周密的计划,并全力付诸实施。不厌其烦地带领美国驻华使馆的工作人员参观饭店,介绍设施与服务,听取他们对饭店设施、饮食、服务等方面的意见,并且抓紧时间一一改进。当大使馆官员对饮食和服务都表示满意之时,饭店再提出承办里根总统答谢宴会的要求,终于得到大使馆的支持,争取到了里根总统在"长城"饭店举办宴会的机会。

6. 软广告

如果专门去各种媒体打广告宣传自己,提高自己的知名度,显然昂贵的广告费酒店是难以支付的,况且有卖瓜之嫌。像里根这样重量级的人物访华,本身具有新闻价值,有报道的必要。能够吸引媒体的眼球。所以,他们在同饭店谈判费用时,饭店提出:只要在播映时说明是在长城饭店举行的,现场进行的转播费用可以从优。这样等于是在所有的转播媒体上免费打了广告,媒体还要给饭店倒贴转播费用。

7. 融洽和媒体的关系

当今社会,媒体被称为"第四力量",也就是行政、司法、立法之外的力量,真正的"无冕之王"。他们牢牢把握住话语权,牵引着公众的视线、控制公众的舆论。可以说良好的媒体关系是公关成功的一半。长城饭店在接待外国记者的过程中,长城饭店为他们提供材料和通讯设施,协助其采访,做到有求必应。长城饭店原来有个"商旅酒廊",这个地方比较隐蔽,上座率不高。后来,公关部为加强同外国记者的联系,活跃他们的生活,也为了提高利用率,便改办为"外国记者俱乐部",收到一举多得的效益。

8. 激起公众的好奇心

正是由于这次现场转播的电视报道,以及全世界各大通讯社、报纸的报道,使世界的电视观众和报纸读者在注意里根访华这个大事件的同时,也了解了北京长城饭店豪华的设施和一流的服务。于是,长城饭店在全世界声名大振。许多外国人产生了好奇心:"长城"饭店到底是怎样的饭店?为什么美国总统选择在这里举行宴会?后来,许多外国来宾一下飞机,就想到"长城"住宿,长城饭店的生意格外兴隆。据统计,长城饭店开业的头两年,70%以上的客人来自美国,这不能不归功于那次组织极好的公关活动。目前为止,这家饭店已接待过37位国家元首和政府首脑。他们选择在长城饭店举行答谢宴会和记者招待会似乎已惯例。间接地树立长城的高品位形象。

9. 独具特色的专题活动

长城饭店为了改变长城饭店是专为洋人住的地方这一印象,举办集体婚礼,每个普通市民都可以报名参加。这条广告在北京日报登出后,来电话者登门询问者众多。当95对新婚夫妇和1500名亲友携手进入长城饭店。中央电视台和北京电视台转播了这一盛况,让长城饭店再次火了一把。

另一次成功的活动是招待记者游览慕田峪长城。为了缓解八达岭长城过于拥挤之苦,北京市修整了慕田峪长城,当慕田峪长城刚刚修复,准备开放之际,长城饭店不失时机地向长城管理处提出:举办一次招待外国记者的活动,由长城饭店负担一切费用。这个要求对慕田峪长城管理处来说,是求之不得的,双方当然也很容易达成协议。记者游长城那天,长城饭店在慕田峪长城脚下准备了一批小毛驴,除供愿意骑的记者之外,主要用于驮饮料和食品。当记者们陆续来到山顶之际,主人从毛驴背上取下法国香槟酒,在长城上打开,供记者饮用。长城、毛驴、香槟、洋人,记者们觉得这个镜头对比太鲜明了,连呼"Wonderful"!纷纷举起相机。照片发回编辑部,也使编辑们甚为动心。于是,第二天世界各地的许多报纸几乎都登出了慕田峪长城的照片。这一家以长城命名的饭店也随之名声大振。

除上述公关活动外,他们还经常派人出国举行厨师表演,宣传中国的食品,制作录像、幻灯片,并广泛收集世界各地饭店的信息为领导者作决策提供依据。

（资料来源：http://www.doc88.com/p—447501062642.html）

思考题

请用旅游促销理论分析该案例。

第十一章

旅游市场营销管理

学习目标

◆ 了解旅游市场营销管理的过程
◆ 熟悉旅游市场营销计划的含义、类型与内容
◆ 掌握旅游市场营销计划的实施步骤及控制方式
◆ 掌握旅游市场营销组织的概念、旅游市场营销组织的形式

引例

环球泛太平洋饭店的营销战略

(一)饭店现状

位于泰国曼谷的环球泛太平洋饭店集团是环球饭店旅游集团的分公司,地处曼谷商业旅游地区之一的中心地带一座20层综合型大厦。该饭店旅游集团总部设在多伦多市,是加拿大最大的一家独资企业,经营业务遍布加拿大、美国、古巴和泰国等国。环球泛太平洋饭店集团自己定位于一家提供四星级以上住宿、五星级服务的宾馆。在销售与营销部经理卡林汗眼中,这座饭店如果在北美地区或欧洲早就晋升为五星级饭店了。但是由于曼谷地区市场竞争异常激烈,消费者的期望也很高,饭店降低半档的定位也是十分必要的。

饭店主要迎合两种类型截然不同的消费者:国际商务人员和寻欢作乐的游客。环球泛太平洋饭店集团约60%的年利润收入来自客房服务以及如洗衣、商务服务等相关项目。其余的40%则来源于酒水饮料、食品等服务项目。客房服务项目的综合销售比率如下:

商务客人:	55%—60%
游客及广告会议:	25%—30%
航空公司员工:	15%

近年来,由于曼谷地区旅游业的迅速发展,许多新建饭店陆续开业。据统计,将来几年这一发展势头还将持续下去。因此,这给饭店带来了极强的挑战。目前,环球泛太平洋饭店集团一位重要客户——某国际航空公司——很可能停止续签与饭店的订房合同,因此饭店客房上房率会很快出现较大的下跌,这无疑更使饭店经营雪上加霜。

(二)饭店旅客情况介绍

环球泛太平洋饭店一直致力于吸引商务旅客的入住率,因为这一类型消费群体的利润产出要高于其他类型的消费群体,这类房客更乐意使用饭店其他服务设施——餐厅、洗衣房、电话电传等。大约95%的商务旅客都在曼谷当地预订房间。当地订房比海外预定要便宜一些。

休闲旅游类房客可分为两大类:单身游客和团体游客。这两类游客服务的利润产出低于商务旅客。由于饭店周边各类饭馆、饮食店星罗棋布,他们使用饭店内设餐厅在中午和晚间用餐可能性要小得多。这一状况迫使环球泛太平洋饭店集团必须注意吸引曼谷地区当地居民来饭店餐厅用餐。

日本商务游客类旅游者占环球泛太平洋饭店经营业务项目中一个不小的份额,饭店因此特别注意吸纳这一类型的房客。在过去的数年中,日本人一直是泰国数量最大的外国投资者,这一趋势将在未来持续下去。环球泛太平洋饭店商务旅客服务中,日本游客占该饭店经营利润额的30%、旅游住客服务利润额的40%左右。

对于各个饭店来说,争取航空公司机组人员的订房合同具有极大的竞争性。这些订房合同有助于各家饭店实现自己的上房率指标。各个航空公司选择长期包订饭店合同的关键因素主要有客房价格、饭店安全程度和卫生条件。

(三)饭店的营销机遇

在考虑一种确保充分发挥饭店在区域市场中作用的市场营销战略计划时,卡林汗先生发现实现饭店更高上房率和客房平均利润率的目标可以有多个市场营销创新选择方案。

首先,可以考虑组织、运用下属营销人员在饭店所在区域市场中实行闪电式大规模促销活动,提高人们对环球泛太平洋饭店价值的认同以及饭店服务项目的知名度。每位营销人员已经居于市场中的特定位置,在各自负责的商务区间树立了良好的形象。这一市场目前拥有16栋办公楼,每栋20层。这类促销活动需要注意一些细节,进行客户开发活动必须采用适当的方式,不能让泰籍营销人员感到不适。与亚洲其他地方一样,在泰国从事经营活动关键在于在企业与消费者群体之间建立良好的个人关系。卡林汗先生认为他的营销人员擅长于为现有客户服务,但在同其他潜在客户交往时就显得比较勉强。

其次,卡林汗先生考虑必须让饭店营销人员在曼谷地区周边两个较大的卫星城市去开发新的商务客源。这两个卫星城市分别位于环球泛太平洋饭店以东20公里处和30公里处,是几个新近获得较大发展的实业集团公司总部所在地,还有规模不小的外贸开发特区。这两个新兴城市目前缺乏四星级以上的饭店。卡林汗先生的这一举措就是针对这一地区为数不少的全球知名企业集团驻当地人员的具体需求而决定的。当地这些外资企业集团中有不少属于日本人开的企业。卡林汗先生注意到日本人习惯在一些娱乐性强的环境氛围中谈生意、做买卖。因此,他肯定日本商务人员乐意在环球泛太平洋饭店所在区域的宾馆饭店里从事业务活动。另外在曼谷以北30公里和50公里还有两个小型城镇,它们均可为环球泛太平洋饭店提供新的商务客源。

卡林汗先生考虑的另一个选择方案是将饭店客源新目标对准旅游业中的经纪人,特别是当地的旅游经纪人。人们往往将旅游经纪人和旅游团经纪人相混淆,其实他们是海外一些度假公司驻当地办事处代表。旅游经纪人由于控制着当地一些相关旅游市场,往往被视为是带团旅游团体的关键环节。同时,他们也以自己的信誉对外提供海外旅游导游担保。卡林汗先生认为与这些旅游经纪人保护良好的关系,休闲娱乐业的现状将会得到根本性的改善。

环球泛太平洋饭店与目前这家航空公司客户之间进行的磋商,形势对该饭店极为不利,迫使环球泛太平洋饭店与其他航空公司加强联系,以便在该航空公司不续订房协议时,保证饭店的上房率不受大的影响。卡林汗先生已经与其他几条国际航线就相关业务方面的合作问题进行过磋商,已经有一家航空公司有需求意向。

此外,环球泛太平洋饭店还存在其他选择方案。曼谷作为全球各国外交使馆最集中的地区之一,拥有约50多个国家的驻泰使馆和领事馆,其中一半左右距环球泛太平洋饭店的路程在3公里以内。此外,曼谷作为泰国的首都,从各个省府来曼谷的各级政府官员络绎不绝。而且国家政府机关在萨丽凯特女王会议中心召开的各种会议数量也很多。

环球泛太平洋饭店周边有众多的饭店,形成了激烈的市场竞争环境。但饭店前三年的经营可以说是业绩辉煌,十分成功。卡林汗先生在对饭店区域市场将存在更为激烈的竞争有了充分的了解后,目前必须决定如何通过营销创新推动环球泛太平洋饭店的继续成功。

(资料来源:http://wenwen.sogou.com/z/q199530039.htm)

第一节 旅游市场营销管理过程

旅游企业的市场营销活动涉及许多复杂、多变的因素,如果营销人员仅凭经验,主观地进行营销活动,必然会出现漏洞或失误。这就要求旅游企业的市场营销活动应该采取全过程的管理方式,进行精心的组织、协调和控制,把市场营销中的主要活动纳入科学的管理轨道,从而使旅游企业获得良好的社会效益和经济效益。一般来说,旅游市场营销管理过程包括以下五个步骤:分析旅游市场营销机会;研究和选择目标市场;制定营销战略与策略;制定营销计划;实施和控制营销计划。其过程见图11-1。

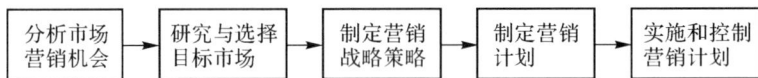

分析市场营销机会 → 研究与选择目标市场 → 制定营销战略策略 → 制定营销计划 → 实施和控制营销计划

图11-1 旅游企业市场营销管理过程示意图

一、分析旅游市场营销机会

旅游消费需求的广延性与旅游产品供应的狭隘性并存,是旅游市场营销存在的基础。旅游企业要实现经营目标,就必须随时关注、识别、利用市场营销机会,通过满足消费者的需求,达到谋求长期、稳定的发展目的。

旅游市场营销机会是指市场上客观存在未被满足或未被充分满足的旅游需求,旅游企业凭借自身竞争优势能够满足这些需求并使企业获得成功。由于需求总是随着客观环境的变化而发生改变,所以客观上总是存在着市场机会。分析市场营销机会是旅游企业营销活动的基本任务,旅游企业的全部营销活动都是围绕利用市场营销机会而展开的。

旅游企业可以通过对旅游市场环境、旅游消费者行为、旅游市场竞争者等方面的信息资料收集和整理,来分析、判断旅游市场营销机会。

二、研究与选择旅游目标市场

随着经济社会的发展,旅游者的旅游需求也不断提高,旅游企业只有把满足游客的需求放在首位,根据企业所拥有的技术、资源和管理能力,选择对自己最为有利的一个或几个细分市场作为目标市场,开展一系列针对性的营销活动,才能不断发展壮大。研究、选择旅游目标市场的过程分为4个步骤:测量和预测市场需求;进行市场细分;在市场细分的基础上选择目标市场;实行市场定位。

市场定位也就是对产品进行竞争性定位,尤其是在竞争加剧时,正确的市场定位不仅能使旅游企业的产品在游客心目中占领一个与众不同、有吸引力的位置,而且能扬长避短,在竞争中处于有利的地位。

三、制定旅游市场营销战略

制定旅游市场营销战略应综合考虑旅游市场营销组合、营销资源配置和市场营销费用预算等因素,才能做到针对性。

首先,旅游市场营销组合是旅游企业可以控制的因素,主要包括产品、价格、渠道和促销等方面,制定营销战略时要把这些因素合成为最佳组合状态,保证营销活动的整体性和相互协调、相互配合,形成较强的营销合力。同时,面对复杂多变的环境,旅游企业要围绕营销目标,灵活地调整营销组合和各个因素,以适应环境的变化。其次,旅游企业的营销战略必须建立在一定的企业资源基础之上,尤其要与市场营销的费用预算相适应,旅游企业必须进行资源分配规划。由于资源的局限性,旅游市场营销要充分、有效地利用资源。再次,旅游企业的营销活动要有一定的费用作支撑,否则就难以达到预期目标。旅游市场营销的总费用预算要充分考虑企业以往的做法、竞争者情况、企业要占领的新市场以及计划中拟采用的营销策略等各方面因素,在此基础上做出营销预算。在实际操作中,一般按旅游产品预计销售额的比例来进行计算和测定。

四、制定旅游营销计划

为使营销战略得以落实,营销部门还必须制定旅游营销计划,包括产品管理与产品发展计划、价格管理和定价计划、销售渠道管理和分销计划、促销管理和促销计划等方面。营销计划是营销管理过程中最重要的一项内容,常以计划书的形式提交给主管领导。规范化的计划书主要包括以下内容:企业任务、态势分析、营销目标、市场营销策略、市场研究、行动方案、预算、反馈和控制措施等。

五、实施和控制营销计划

实施与控制营销计划,确保营销活动有组织地进行。影响旅游市场的因素复杂多变,因而在实施营销计划的过程中会出现很多意外情况,旅游企业必须不断做出调控,并对计划进行必要的修正,确保营销目标的实现。同时要积累经验,为以后的营销计划提供参考依据。

第二节 旅游市场营销计划的管理

一、旅游市场营销计划的含义

旅游市场营销计划(tourism marketing plan)是对旅游目的地或旅游企业市场营销活动

方案的具体描述,即通过对目前市场发展态势及自身地位和实力的分析,确定今后发展目标,营销战略和行动方案的过程。反映这些既定目标、战略计划和行动方案的书面文件,便是该目的地或旅游企业的市场营销计划书(marketing plan statement)。旅游市场营销计划为旅游企业实现其总体目标规定了具体的逻辑步骤,因而在旅游企业经营活动中作用日显突出。

一个旅游企业的规模越大,它所涉及的产品和目标市场越多,其有效、系统地开展市场营销工作的重要性也就越大。尤其在旅游行业,影响市场需求的因素多、波动性大,旅游企业更应做好科学、系统的营销计划,从而在动态的环境中保持正确的经营方向。

二、旅游市场营销计划的类型

(一)按照对象划分

按照不同的对象,旅游市场营销计划可以分为以下几种类型:

1.产品计划

产品计划即单个旅游产品的计划。如度假饭店关于某个娱乐项目的计划,邮轮公司关于某条航线的计划。

2.产品线计划

产品线计划即关于一类旅游产品、产品线的营销计划。如酒店娱乐项目营销计划。

3.新产品计划

新产品计划即在现有旅游产品线上增加新产品项目,进行开发和推广活动的市场营销计划。

4.细分市场计划

细分市场计划即面向特定细分市场旅游消费者的营销计划。如航空公司针对高级商务经理的营销计划、旅游景区针对学生旅游者的推广计划。

5.区域市场计划

区域市场计划即面向不同国家、地区、城市等的旅游市场营销计划。如旅行社的农村地区市场营销计划。

6.业务单位计划

业务单位计划即旅游企业的某个业务单位的营销计划。如某旅行社集团的商务考察专项旅游营销计划。

7.企业整体营销计划

企业整体营销计划即在旅游企业总体战略计划的指导下,对各业务发展、各细分市场、各项旅游产品开发进行通盘考虑的营销计划。既要兼顾每个业务单位的计划制定与执行问题,又要兼顾各业务单位的协调和配合问题。

(二)按照计划执行期划分

由于计划执行期长短不同,计划目标内容也有所差异。

1.长期战略性营销计划

长期战略性营销计划是一种长远性规划,通常时间跨度为3~5年甚至更长的时间。对于旅游企业来说,同旅游企业总体经营规划或某个旅游目的地旅游企业总体发展规划相对应。对于旅游目的地来说,战略性营销计划与该目的地长期旅游发展规范密切相关。在进行战略性营销计划的时候,主要考虑以下问题:旅游企业(或旅游目的地)现阶段的营销状况如何;未来的发展目标如何;既定发展目标如何实现。

对于以现代市场营销为导向的旅游企业来说,战略性营销计划是企业总体经营规划中最重要的组成部分,这主要是因为市场营销计划在很大程度上决定着企业未来的营业收入。战略层次上的营销计划着眼于长远性的营销决策,它所反映的是未来的发展蓝图,从这个意义上来说,战略性营销计划具有主动性和超前性,同时,也是针对市场供求发展所做出的一种策略性谋划。战略性营销计划的内容主要包括战略目标、形象定位、营销预算及营销战略等四个方面。

2.短期战略性营销计划

短期战略性营销计划也称营销行动计划,是指旅游企业在实施特定的营销战略时,所明确的短期行为和实施细则,它使得战略营销计划得以展开并变得可操作化。市场营销工作的大量实践活动往往都是在短期内发生的,属于战术性范围。

战术性的决策与战略性决策的主要区别在于:复杂性较低,但结构性更强;时间跨度通常较短;所要求的资源投入较少;营销活动的实施和调整更加频繁。战略性营销计划着重于目标市场的确定、旅游消费者的调研、旅游产品的定位及在此基础上的中长期发展策略,而战术性营销计划涉及短期内的产品开发、价格制定、渠道选择、促销等营销战术的具体制定。战术性营销计划常以年度计划的形式表现,有的时候执行期甚至只有短短的几个月。一个有效的战术性营销计划一般包含具体任务、时间框架、资源分配、评价与监控制等要素。

三、旅游市场营销计划的内容

制定旅游市场营销计划,并没有固定的模式,营销计划的内容与结构也不尽相同,即使是同一旅游企业不同业务部门、不同时期的营销计划也存在差异。当然,一份完整的营销计划,其结构与内容上也存在一定的规律性。一般来说,营销计划主要回答旅游企业经营中的三个基本问题,也就是:我们现在哪里?我们想到哪里去?我们怎样到那里。旅游营销计划的主要内容与步骤见图11-2。

(一)确定企业任务

制定营销计划的第一步就是确定旅游企业的任务是什么,旅游企业的任务决定了企业的发展方向。包括:旅游企业是做什么的? 旅游企业应该做什么? 旅游企业的愿景是什么? 目标市场旅游消费者是哪些人? 旅游消费者预想的价值是什么等?

(二)态势分析

制定营销计划的第二步是态势分析,主要包括以下内容:背景情况,即对旅游企业经营的内部环境进行分析,包括收支情况、利润、市场占有率、顾客群、成本、供应商、分销商等;宏观环境分析,是影响旅游企业营销活动的强制性因素,主要包括人口统计因素、经济因素、政治法律因素、科学技术因素、自然环境因素、社会文化因素;竞争对手分析,即分析有哪些竞争对手,他们的长处和薄弱之处在哪里;旅游企业的优势和劣势分析,每个旅游企业都要定期评价自己的优势与劣势,主要包括:位置、有形设施、形象、声誉、财务结构、人力资源等;机会和威胁分析,有效地捕捉和利用市场机会,灵活地回避或应对市场中的威胁,是旅游企业营销成功的关键。旅游企业要密切关注营销环境变化带来的市场机会,并结合企业自身的资源和能力,及时将市场机会转化为旅游企业发展机会,就能不断地开拓市场,扩大销售。

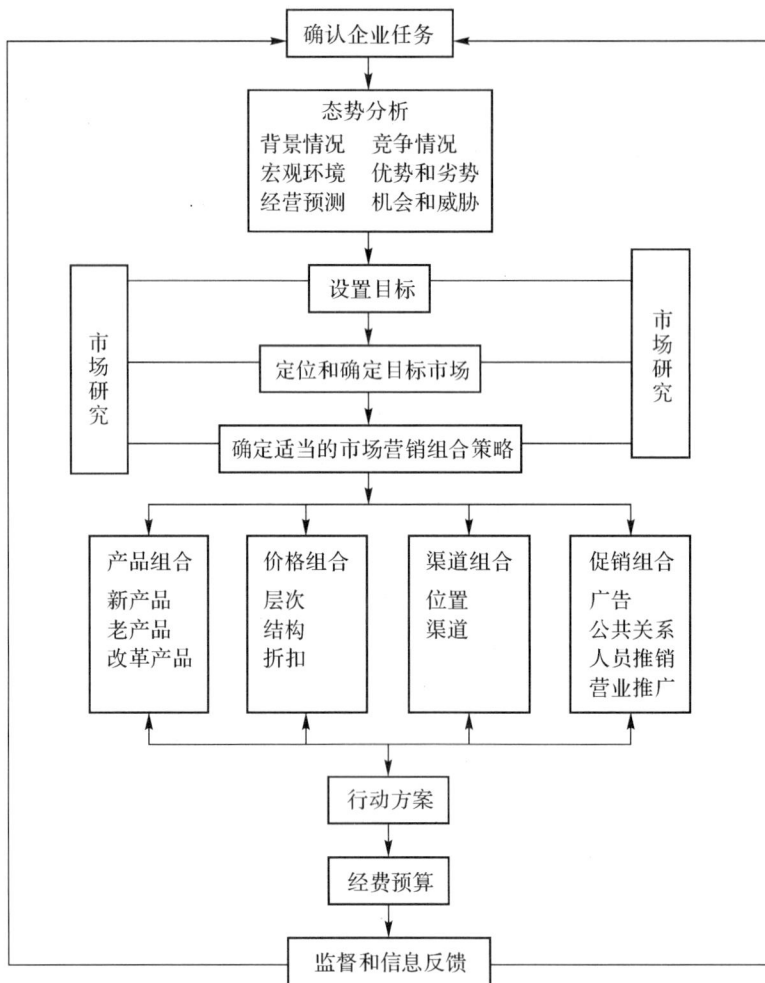

图 11-2　旅游市场营销计划的主要内容与步骤

(三)设置目标

在对旅游企业市场营销现状分析及预测未来营销机会和威胁的基础上,就可以设置企业的营销目标,这是旅游市场营销计划的核心内容,一般要确定以下两类目标:一是财务目标,主要确定企业的长期投资收益率、销售额、利润额等;二是市场营销目标,财务目标必须转化为一定的营销目标才能最终得以实现,主要包括市场占有率、分销网覆盖面、价格水平等。

补充阅读材料

市场营销目标的具体内容

目标项目	具体内容说明
1.目标利润	通过营销计划所要实现的利润额
2.市场占有率	市场占有率提升百分比
3.市场增长率	市场增长率提升百分比
4.销售额或销售量和增长率	销售额增长幅度
5.销售价格	销售定价
6.质量水平与投诉	产品质量与投诉率
7.产品体系构成	哪些产品同时进行营销计划
8.营销渠道	可以通过哪些渠道,可以扩大哪些渠道
9.促销活动	如何展开促销
10.品牌	知名度、美誉度提高程度
11.与竞争对手的差距	能在多大程度上缩小与竞争对手的差距

(四)制定市场营销策略

提出具体的市场营销策略,并把这些策略缩写成文字方案,关系到旅游企业应采取何种具体措施来实现企业的目标。市场营销策略由目标市场选择、旅游产品定位、确定适当的市场营销组合等三方面组成。一家旅游企业不可能满足所有旅游消费者的不同需求,因此必须在市场细分的基础上,对本企业的目标市场进行选择,进而最大限度地满足所选择的旅游者的需要;产品定位是旅游企业谋略在旅游消费者心目中树立旅游产品的某种可识别的特殊形象。因此,旅游企业必须制定能够创造和保持理想的形象和等级的策略。在目标市场选择、旅游产品正确定位的基础上,旅游企业需要制定针对每个目标细分市场的不同的市场营销组合策略,包括产品、价格、渠道和促销等方面,以便将合适的产品销售给相应的旅游消费群体。

(五)市场营销研究

市场营销研究贯穿于营销计划制定的全过程。市场营销研究既需要对内的研究,也需要对外的研究:收集和分析内部资料说明旅游企业处于哪个阶段,提示企业的长处和短处;而外部资料提供企业的外部环境信息,有利于企业把握未来发展的方向。其中,对旅游消费者的研究显得至关重要,市场营销研究提示现实和潜在旅游者对旅游企业的印象和看法,以及他们所需要的产品和服务组合。

(六)行动方案

在明确旅游市场营销计划内容之后,旅游企业还必须制定详细的行动方案,具体内容主要有:要做什么?由谁负责?什么时候完成?成本费用多少等?

(七)预算

市场营销预算基本就是计划中的盈亏说明,也就是收支说明。计划中的支出部分表明执行计划所需要花费的开支,计划中的收入部分表明整个计划可以实现的总收入。预算一且被旅游企业高层所批准,就成了执行计划的指导原则之一。

(八)反馈和控制系统

最后是跟踪计划的进展过程,这是提供继续执行计划和完成计划的依据。反馈和控制系统的内容包括:销售量和收入分析、市场占有率分析、市场营销费用分析以及对旅游者态度及满意度的调查等。反馈和控制系统用来判断营销目标是否达到,同时为未来的策略制定提供指导原则。

四、旅游市场营销计划的实施

为了达到既定的营销目标,旅游企业必须有效地调动企业的全部资源,将旅游市场营销计划中制定的策略与措施转化为具体的行动。营销计划提出旅游企业"应该做什么"和"为什么要这样做",计划的实施才是解决旅游企业市场营销"怎样做"的问题,真正将市场营销活动落到实处。

市场营销计划实施是一个艰巨而复杂的过程。美国的一项研究表明,90%被调查的计划人员认为,他们制定的战略和战术之所以没有成功,是因为没有得到有效的实施。旅游市场营销计划要有效实施,需要旅游企业各个职能部门的参与和支持,需要旅游企业全体员工的共同努力才能完成。实施市场营销计划一般要经过以下步骤。

(一)制定详细的行动方案

为了有效地实施市场营销计划,必须制定详细的行动方案。这个方案应该明确市场营销计划实施的关键性步骤和任务,并将执行这些任务的责任落实到个人或小组。另外,还应制定具体的时间表,明确任务的完成时间。

(二)建立有效的营销组织机构

旅游企业的营销组织机构在市场营销计划实施过程中产生决定性的作用,通过建立合理的组织机构,不但能够在旅游企业内部建立起良好的信息沟通渠道,而且能够进行合理分工,明确各部门和人员的责任与权力,协调企业内部的各项决策和行动。具有不同战略的旅游企业,需要建立不同的营销组织结构。也就是说,组织机构必须同旅游企业总体战略相一致,必须同企业本身的特点和环境相适应。另外,市场营销组织机构是旅游企业内部的正式组织,非正式组织也客观存在于企业内部,因此在发挥正式组织作用的同时,还要重视非正式组织的作用,使两者紧密结合,提高旅游企业员工对营销计划和营销战略的共同认识,促进旅游市场营销计划的顺利实施。

(三)设计科学合理的决策与激励机制

为成功实施旅游市场营销计划,旅游企业还必须设计科学合理的决策和激励机制。决策与激励机制必须明确一系列相关程序与标准,从而保证营销组织机构能够按照计划正常运作,如果制度不合理则会直接影响市场营销计划的实施效果。这些程序和标准包括决策程序、信息收集与传递的途径、预算执行方法、员工招聘与培训、职员业绩评价方法、薪酬支付方式、职务晋升制度等相关问题。

如何有效激励员工也是旅游企业领导需要慎重考虑的一个问题。合理的激励制度能够让员工的努力方向与旅游企业的战略目标相一致,使营销计划成功得以实施,而不合理的制度将直接影响员工的工作积极性,诱导员工行为偏离旅游企业预定的目标和方向。

(四)塑造旅游企业文化与管理风格

旅游企业文化是指一个旅游企业内部全体人员共同持有和遵循的价值标准、基本信念和行为准则。企业文化对企业经营思想和领导风格,对职工的工作态度和作风,均起着决定性的作用。成功的旅游企业文化对外可以树立企业的良好公众形象,对内会形成一定的凝聚力。优秀的旅游企业文化不仅能使员工产生使命感和责任感,而且能激励员工努力工作,使员工对未来充满憧憬,把旅游企业看成是自己利益的共同体和归属。

与旅游企业文化相关联的,是企业的管理风格。管理风格是指管理者受其组织文化及管理哲学影响所表现出来的风格和行为模式。在企业实际经营中,主要有四种类型的管理风格:一是指令型,即由管理者定义角色,指定下属或团队做什么事,在何处做,做到什么程度。该风格强调规则,目标清楚,指令明确。二是教练型,该风格在具有指令型特征的同时,管理者与下属之间采取双向或多向的沟通、倾听、辅导、澄清和激励等措施进行交流互动。该风格强调与人沟通、建立关系并且通过正面激励方式来促成合作。三是团队型,指管理者与下属共同决策,管理者给下属以大致说明,并与下属一同展开工作,注意倾听下属的意见与感受,激励下属积极参与公司工作。该风格强调他人参与,乐意倾听,寻求一致。四是授权型,指管理者在充分相信下属的前提下,给予下属以充分的授权。该风格坚持高标准实现目标,基于数据和逻辑形成见解并自我负责。上述四种管理风格各有利弊,旅游企业应采用最适合自身发展的管理风格,具体需要什么样的管理风格取决于企业的营销战略、面临的营销环境、组织结构以及人员素质等。

(五)开发旅游人力资源

旅游市场营销计划和战略最终是由企业内部的工作人员来执行的,同时,营销计划的实施在不同程度上涉及旅游企业的所有员工。因此,人力资源的开发至关重要。旅游企业人力资源开发中涉及的主要内容包括:招聘、考核、选拔、培训、安置和激励等方面。旅游企业不但要通过招聘、选拔、培训等选用最适合、最优秀的人才,还要注意将适当的工作分配给适当的人,做到人尽其才。同时,为了激励员工的积极性,必须建立完善的薪资、福利和奖惩制度。此外,旅游企业还必须决定行政管理人员、业务管理人员和一线员工之间的比例。许多美国企业已经削减了公司一级的行政管理人员,目的是减少管理费用和提高工作效率。

应当指出的是,不同的旅游营销计划和战略需要由不同性格特点和能力的人才来实施。例如,"拓展型"战略要求具有创新和冒险精神的、有魄力的人员去完成。"维持型"战略要求管理人员具备组织和管理方面的才能。而"紧缩型"战略则需要寻找精打细算的管理者来执行。

五、旅游市场营销计划的控制

旅游市场营销计划的控制是保证营销计划成功实施的关键,它是对市场营销计划实施过程的控制与管理。因为旅游市场营销计划在实施过程中,面临的环境因素会发生变化,而营销人员在执行计划时,也难免会发生一些意外的情况。因此,旅游企业应该行使控制职能以确保市场营销计划的顺利完成。一般来说,旅游市场营销计划的控制方式有以下三种。

(一)年度计划控制

年度计划控制是指在年度计划中分阶段确定计划目标,以此作为控制标准,对照检查执行结果。首先,旅游企业高层管理者把年度计划按市场变化趋势分解为季度和月份的目标;其次,把季度和月份的计划进一步分解到企业内部各业务部门,并落实相应的责任人;再次,对季度和月份中各部门及个人落实的营销责任和目标,提出和采取相应的保障措施;最后,在计划实施过程中对营销业绩与计划的偏离情况做出分析和判断,并调整实施方法、修正目标本身,尽可能弥补营销目标与计划实际执行结果的差距。年度计划控制主要可以通过销售分析、市场占有率分析、年度营销费用——销售额比率分析、旅游者态度追踪等措施来执行。

销售差异分析是指旅游企业管理人员衡量销售目标与实际销售额的差异情况,并分析存在差异的原因。该方式一般不能反映旅游企业在行业中的竞争地位。

为了与竞争对手的实力进行对比,可以用市场份额和相对市场占有率指标来衡量旅游企业在行业中的竞争地位。市场份额是指一定时期内,企业的旅游产品在市场的销售量占同类产品销售量的比重,所占比重越大,说明该旅游企业的竞争力越强。相对市场占有率是指旅游企业的销售额与本目标市场上的最大竞争者的销售额之比,若该比值超过100%,说明该旅游企业在行业中处于领导者地位。

旅游企业的市场营销管理人员,还必须对市场营销费用——销售额比率进行动态的分析和监控,使变动幅度维持在合理范围之内。在旅游企业的总体财务框架内应当对这一比率进行全面分析,通过财务分析来寻找提高利润的途径。

旅游者态度追踪是一种对旅游市场营销计划的实施情况进行定性分析和描述的方法。为了解旅游消费者、中间商以及其他市场营销系统参与者对旅游企业的满意度和忠诚度,旅游企业应建立相应的追踪机制以尽早发现旅游消费者对本企业及产品的态度变化,以便及时采取相应行动。旅游企业可以通过建立典型旅游者调查访问制度、随机旅游者调查制度及旅游者投诉制度等来跟踪旅游者态度的变化。

(二)获利性控制

获利性控制是指旅游企业对其产品和服务在不同地区、不同市场,通过不同分销渠道销售的实际获利能力进行测算。获利性控制可以帮助旅游企业的管理人员确定哪些旅游产品或市场应扩大,哪些应该缩减以至于放弃。

下面以某度假村为例,简要分析其经营的康乐产品的获利能力,见表11-1。

表11-1　某度假酒店康乐产品获利能力情况表(单位:万元)

	KTV	酒吧	咖啡厅	棋牌室	音乐厅	剧院	水上游乐中心
销售收入	100	110	70	90	120	60	105
生产成本	50	45	25	40	70	25	50
营销费用	10	15	7	8	15	8	6
净利润	40	60	38	42	35	27	49
销售利润率	40%	54.5%	54.3%	46.7%	29.2%	45%	46.7%

从上表可以看出,该度假酒店的康乐产品在不同程度上都获得了成功,其中酒吧和咖啡厅的获得能力最强,分别达到了54.5%与54.3%。只有音乐厅没有达到销售利润率不低于30%的要求。因此,必须对音乐厅的营销情况进行调研分析,查找原因,提出相应的调整策略。

(三)营销战略控制

战略控制是旅游市场营销计划实施过程中的高层次控制方式,主要对旅游企业的市场营销环境、营销目标、营销战略、营销组织、营销方法和人员、程序等方面进行系统、全面的客观评价,检查、分析旅游企业市场营销中存在的机遇和问题,从而为改进和完善旅游市场营销活动提供战略性的决策依据。由于旅游市场营销环境随时都可能发生变化,因而营销战略控制是一项经常性的工作。

第三节　旅游市场营销组织

旅游市场营销活动是通过一定的组织机构来实现的。制定和实施旅游市场营销战略,必须要有合理、完善的营销组织作保证。

一、旅游市场营销组织的概念

旅游市场营销组织(tourism marketing organization)是指旅游企业或旅游目的地为了实现营销目标和任务,通过职能分配和人员分工,授予相关人员相应的权利与职责,承担企业或目的地营销职能的组织机构。如旅游企业设立的营销部、市场推广部,国家旅游局的市场司,各地旅游行政管理机构中的市场开发处等。

旅游企业或目的地面临的内外部环境不同,营销目标和任务也不尽相同,因而各个旅游企业或旅游目的地的营销组织职能结构也有所不同。面向多个目标市场,经营多种旅游产品的大中型旅游企业,组织安排营销任务和开展营销工作所需处理的问题较多,需要设立专门的营销机构。面对剧烈竞争的旅游市场,小型旅游企业与大型旅游企业一样,也要重视营销工作,只不过企业规模较小,营销工作可由其他部门完成,不设立专门的营销机构,但这并不意味着这些小型旅游企业没有必要开展营销工作。

二、旅游市场营销组织的任务

一家旅游企业能否在合适的时间、合适的地点,以合适的价格向合适的旅游消费者推出合适的产品,以及这些产品能否令旅游者满意,仅靠一个部门是不可能完成的,从某种意义上讲,很多部门的活动都带有营销活动的色彩。因此,作为旅游企业与市场之间的桥梁,旅游市场营销组织的根本任务在于,围绕满足旅游消费者的需要,指导和协调旅游企业的经营活动,以保证企业经营目标的顺利实现。而国家或地方旅游行政组织中的市场营销部门,作为目的地旅游供给与客源地市场需求之间的沟通渠道,其主要工作准则是:根据市场需求的发展,指导目的地的旅游供给,并将旅游目的地的产品信息有效地传递给旅游市场,以促使更多的旅游者来访。当然,旅游企业营销部门的工作与国家或地方旅游行政组织中营销部门的工作不尽相同,在市场需求指导和协调旅游供给活动方面,两者在形式上和程度上则存在差异。旅游企业营销部门围绕满足旅游消费者需要,对企业内有关部门经营活动的指导和协调不仅是直接的,而且对此负有直接的责任,而国家或地方旅游行政组织中的市场营销部门,对目的地旅游供给的指导和协调一般只是间接的引导,因而对此一般不负直接责任。

无论对于旅游企业还是旅游目的地来说,市场营销的实施都涉及管理性工作和执行性工作。就市场营销部门直接承担并为之负责的具体任务而言，大致可分为三个领域，即计划与管理性任务、执行性任务和协调性任务。

(一)计划与管理性任务

计划与管理性任务，主要包括以下几方面：

1)市场调研。包括组织调研项目、收集市场信息以及分析调查结果。具体的市场调研工作可由市场营销部门自己承担，也可委托外部有关的专业机构进行。

2)市场预测。包括确定预测目标、收集有关资料、选择某种定性或定量的预测方法或模型对营销环境、市场需求等进行预测，并对预测结果进行分析和修正。

3)编制市场营销计划。包括选择目标市场、制定营销战略和策略及设计营销组合方案。

4)策划产品的沟通与宣传。包括确定信息沟通的对象和目标，设计促销信息，选择信息沟通渠道，进行促销预算，决定沟通与促销组合，衡量沟通与促销效果等。

5)策划产品的营销渠道。包括营销渠道的类型、如何选择中间商、中间商管理等。

6)计划和编制营销预算。指在旅游市场调研、预测的基础上，利用合适的预算方法，测算出在确保目标利润的前提下计划期的营销费用和收支状况。

7)评价和控制营销结果。指根据所制定的计划目标，对计划期内每一项计划措施的执行状况进行评价，及时发现问题并采取措施进行纠正。计划期结束后，通过总体工作评价来总结经验教训，为以后的计划工作积累经验。

(二)执行性任务

执行性任务主要包括以下四项工作：出席业务洽谈和交易会；开展针对旅游中间商的推销性外联工作；定期访问已建立业务合作关系的旅游中间商与团体购买者；开展广告、公共关系等沟通与促销活动。

(三)协调性任务

协调性任务主要是同营业部门、财务部门、人事部门以及其他部门及相关企业的管理人员进行联络，就有可能影响营销效率和效果的有关问题进行沟通、说服和协商，以保证旅游产品的推出时间、质量和价格与沟通促销不出现矛盾。另外，对旅游消费者在信息反馈中提出的问题，营销部门也有责任通知各有关部门，以便及时采取纠正措施。

三、旅游市场营销组织的演变过程

旅游企业的市场营销组织是随其经营思想的演变、发展和企业的成长逐步形成的。大致经历了简单的推销部门、兼有附属职能的推销部门、独立的市场营销部门和现代市场营销部门等四个阶段。

(一)简单的推销部门

在这一阶段，由于旅游企业以生产观念指导自己的经营活动，企业的目标计划、产品价格主要由生产和财务部门确定，推销部门的职能仅是销售生产出来的产品，对旅游产品种类、数量、规格等问题，几乎无发言权。甚至在有的旅游企业中，推销部门只是从属于企业供销部门下的职能小组，没有享有应有的独立地位。这一阶段推销部门的结构如图 11-3 所示。

```
        推销负责人
    ┌───────────┴───────────┐
  推销员                 其他人员
```

图 11-3　简单的推销部门结构示意图

(二)兼有附属职能的推销部门

随着市场竞争日益激烈以及市场营销观念的发展,旅游企业为实现营销目标需经常性地进行市场调研、广告宣传、为旅游消费者服务以及其他促销活动,因此在此阶段,推销负责人除管理推销员外,还要针对逐渐演化的旅游市场和多种促销职能,设置营销主管去负责相关的职能,如计划、控制、广告、市场调研等。这一阶段的营销组织结构如图 11-4 所示。

```
          推销负责人
    ┌────────┴────────┐
  推销员        营销主管和其他营销人员
```

图 11-4　兼有附属职能的推销部门结构示意图

(三)独立的市场营销部门

随着旅游企业规模和经营范围的进一步扩大,除推销外,广告、产品等其他市场营销职能的作用显得越来越重要,市场营销部门独立存在的必要性日益体现出来,推销和市场营销成为平行的职能部门。这一阶段的营销组织结构如图 11-5 所示。

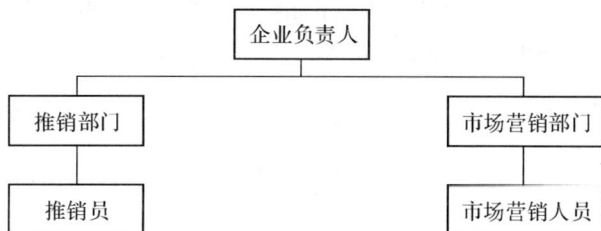

```
            企业负责人
    ┌───────────┴───────────┐
  推销部门                市场营销部门
    │                        │
  推销员                 市场营销人员
```

图 11-5　独立的营销部门结构示意图

(四)现代市场营销部门

由于推销部门与市场营销部门在旅游企业中并列经营,两者的矛盾和冲突常有显现,推销部门往往追求短期目标,而营销部门关心的是长期目标,实际上两个部门的工作都是旅游企业营销工作的有机组成部分。随着市场营销观念的进一步发展,市场导向成为旅游企业的经营指导思想,旅游企业营销活动成为一个系统,推销部门被取消,归属于营销部门,现代营销部门的结构形式初步显露。这种营销组织更好地贯彻了“以消费者为中心”的经营思想,除不断加强和改善旅游市场营销部门的组织机构外,还要创造一定条件,统管旅游企业的全面市场营销工作,以适应现代市场发展的需求。这一阶段的营销组织结构如图 11-6 所示。

图 11-6　现代市场营销部门结构示意图

四、旅游市场营销部门的组织形式

现代旅游市场营销部门的组织形式是依据"以旅游消费者为中心"的经营思想而设计的。不论组织形式怎样,所有的旅游市场营销组织都必须与营销活动的各个领域——职能、地域、产品和市场相适应,据此旅游市场营销组织的形式有以下几种。

(一)职能型组织形式

职能型组织形式是适应不同的旅游市场营销活动功能而建立的相应组织形式。这种形式较为常见,是在营销副总裁(或副总经理)的统一领导下,协调各职能部门的工作。它的主要优点是简便易行,各职能部门专业分工明确,能够发挥营销人员的专业才能,便于集中管理、统一指挥,有利于管理者指挥和控制营销活动。其不足之处在于各职能部门缺乏横向联系,难以做到整体上的配合,因为没有人对某种旅游产品或某个旅游细分市场完全负责,不受职能性专业人员欢迎的旅游产品常被漏掉;每个职能部门都强调自己的重要性、争取更多的预算和地位,不利于旅游企业内部的协调;同时因营销人员职责明确、任务具体,并要对其业务成果负责,因此,不利于充分调动营销者的主动性和创造性,不利于经营创新。它的组织形式如图 11-7 所示。

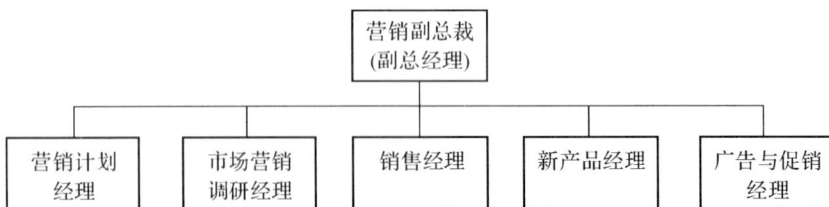

图 11-7　职能型组织形式示意图

(二)地区型组织形式

旅游企业的市场营销活动通常是跨地区的,因而旅游企业常按地理区域安排自己的市场营销组织,从较大区域依次到较小地区设置,依据一定的管理幅度确定营销人员数量,形成一个严密的网络。该机构设置包括:1 名负责所有销售业务的销售经理,若干名区域销售经理、地区销售经理、分区销售经理和销售代表。这种形式适合销售地域较广、营销人员任务复杂、营销人员对旅游企业的营销目标影响较大的情况,其组织形式如图 11-8 所示。

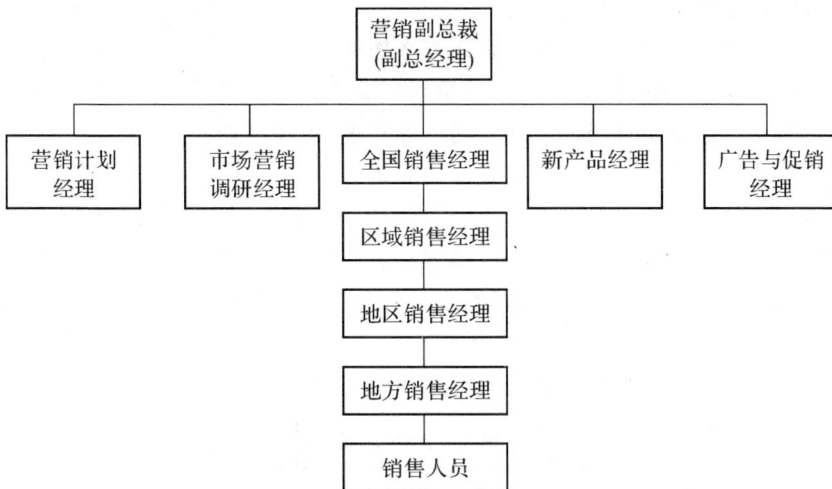

图 11-8　地区型组织形式示意图

(三)产品管理型组织形式

产品管理型组织形式是根据旅游产品或品牌的类别来设置旅游企业的营销组织,即在旅游企业内部建立产品经理组织制度,以协调职能型组织中的部门冲突。在旅游企业所生产的各产品线差异大,产品品种多,以致按职能设置的市场营销组织无法处理的情况下,建立产品经理组织制度是适宜的。其基本做法是,由 1 名产品市场营销经理负责,下设几个产品大类经理,产品大类经理之下再设几个具体产品经理去负责各具体旅游产品。其优点有:具有高度的灵活性;产品经理可协调负责旅游产品的营销组合策略,及时反映旅游产品在市场营销中可能出现的问题,并对市场变化做出积极反应;所有旅游产品均有专人负责,便于全面、针对性地促进旅游产品的销售。其缺点有:因旅游产品销售人员增加,会加大营销费用,在一定程度上提高了销售成本;由于过多强调产品销售的个人负责制,有时会造成推销与广告、促销等职能部门的冲突,导致协调上的困难。其组织形式如图 11-9 所示。

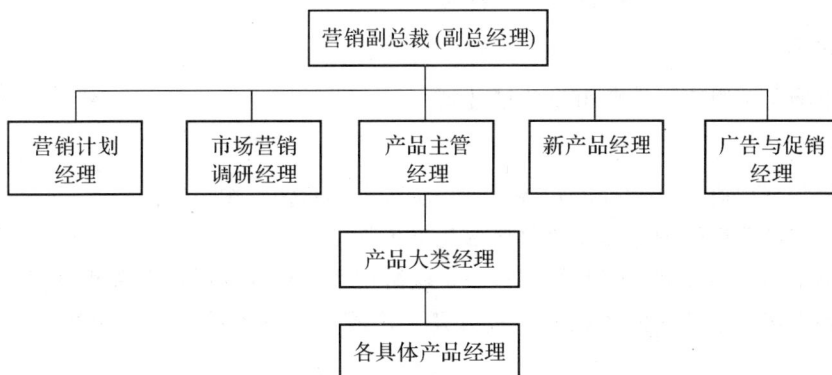

图 11-9　产品管理型组织形式示意图

(四)市场管理型组织形式

根据旅游消费者的不同来设置旅游企业的营销组织。这种组织形式与产品管理型组织形式相似,只是由面对不同类型的产品改为面对不同类型的市场。当旅游企业面临如下情况时,建立市场管理型组织是较为合适的:拥有单一的产品线;市场各种各样,即不同偏好的消费群体;不同的营销渠道。许多旅游企业都在按照市场系统安排其市场营销机构,使市场成为旅游企业各部门为之服务的中心。该组织形式由旅游企业负责人统一领导,协调各职能部门的活动,一名市场主管经理管理几名市场经理,市场经理开展工作所需要的职能性服务由其他职能性组织提供并保证,市场经理的职责是负责制定所辖市场的长期计划和年度计划,分析市场动向及旅游企业应该为市场提供什么新产品等。他们的工作成绩常用市场占有率的增加情况来判断,而不是看其市场现有盈利情况。其优点在于,旅游企业的市场营销活动是按照满足各类不同旅游消费者的需求来组织和安排的,这更能体现"以消费者为中心"的经营理念,有利于旅游企业加强销售和市场开拓。其缺点是,存在权责不清和多头领导的矛盾,这和产品型组织类似。其组织形式如图 11-10 所示。

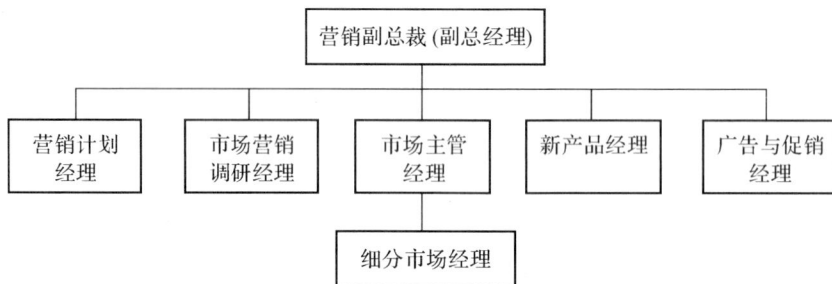

图 11-10　市场管理型组织形式示意图

除上述四类旅游市场营销组织之外,一些旅游企业还采用矩阵型市场营销组织形式,该形式综合产品和市场两方面的因素来设置旅游企业的营销组织,既有产品经理,又有市场经理,其中产品经理负责产品的销售和计划,为产品寻找广泛的销售对象;而市场经理则负责开发现有和潜在的市场。这种形式一般在旅游企业经营多种旅游产品,并面向多个不同目标市场的情况下采用。该形式的优点是兼顾了产品与市场两方面的因素,能在更大程度上满足旅游消费者的需求。该形式的主要缺点是管理费用高,而且由于权力和责任界限较模糊,若协调不好,极有可能产生内部矛盾冲突。

关键术语

旅游市场营销组织　旅游市场营销计划

复习思考题

1.请解释下列概念:旅游市场营销计划、旅游市场营销组织。

2.旅游市场营销管理过程一般包括哪几个步骤?

3.旅游市场营销计划有哪些类型?一份旅游市场营销计划应包含哪些内容?

4.旅游市场营销计划的实施要经过哪几个步骤?旅游市场营销计划的控制有哪几种方式?

5.简述旅游市场营销组织的演变过程。

6.旅游市场营销部门的组织形式有哪些?其优缺点如何?

7.考察三家以上旅游企业,他们是否有营销部门?营销部门采取的是何种组织形式?该组织形式有何优劣势?

8.实地调研一家旅游企业,并为该旅游企业制定一份营销计划书。

参考文献

[1] 马勇,毕斗斗. 旅游市场营销学[M].汕头:汕头大学出版社,2003.

[2] 马勇,王春雷. 旅游市场营销管理[M].广州:广东旅游出版社,2002.

[3] 赵西萍,黄越,张宸璐. 旅游市场营销学[M].北京:高等教育出版社,2011.

[4] 苟自钧. 旅游市场营销学[M].郑州:郑州大学出版社,2002.

[5] 张学梅,廖涛. 旅游市场营销[M].北京:北京大学出版社,2011.

[6] 詹姆斯·伯克,巴里·雷斯尼克.旅游产品的营销与推销[M].叶敏等,译. 北京:电子工业出版社,2004.

[7] 约翰·斯沃布鲁克,苏珊·霍纳. 旅游消费者行为学[M].俞慧君,张鸥等,译. 北京:电子工业出版社,2004.

[8] 史锦华,安贺新,韩玉芬. 旅游市场营销学[M].北京:清华大学出版社,2011.

[9] 王晨光. 旅游营销管理[M].北京:经济科学出版社,2004.

[10] 菲利普·科特勒,约翰·布朗,詹姆斯·麦肯斯. 旅游市场营销[M].谢彦军译. 北京:旅游教育出版社,2002.

[11] 菲利普·科特勒.营销管理:分析、执行、计划和控制(第10版)(中译本).上海:上海人民出版社,2001.

[12] 王穗萍. 餐馆员工心理行为分析[M].广州:广州出版社,2004.

[13] 吴金林,李丹. 旅游市场营销[M].北京:高等教育出版社,2010.

[14] 于由. 旅游市场营销学[M].杭州:浙江大学出版社,2005.

[15] 李胜,王玉华. 现代市场营销学:理论与实战模拟[M].北京:中国铁道出版社,2013.

[16] 唐·约翰逊. 旅游业市场营销[M].张凌云,马晓秋,译. 北京:电子工业出版社,2004.

[17] 史丹利·伯克. 旅游市场营销实论[M].李天元、李曼,译. 天津:南开大学出版社,2007.

[18] 小卡尔·麦克丹尼尔,罗杰·盖茨. 当代市场调研[M].范秀成等,译. 北京:机械工业出版社,2000.

[19] 谷慧敏. 旅游市场营销学[M].北京:旅游教育出版社,2002.

[20] 李天元. 旅游市场营销纲要[M].北京:中国旅游出版社,2009.

[21] 刘德光. 旅游市场营销[M].北京:旅游教育出版社,2006.

[22] 谢彦君等. 旅游营销学[M].北京:中国旅游出版社,2008.

[23] 章彩烈. 中国建筑特色旅游[M].北京:对外经济贸易大学出版社,1997.

[24] John Swarbrooke, Susan Horner. Consumer Behavior in Tourism.[M]. Elsevier Ltd. 2007.

［25］蒲实,尹奇凤. 我国旅游网络营销发展现状及对策分析［J］.旅游纵览. 2013(3)：147－148.

［26］范向丽,郑向敏. 女性旅游者研究综述［J］.旅游学刊,2007,22(3):76－83.

［27］戴昀弟,张秋红,杨海斌. 旅游产品营销渠道的冲突与解决方法.［J］.商场现代化,2007(11):214－215.

［28］吴蜀楠. 旅游营销渠道策略的选择［J］.企业改革与管理,2012(5):77－78.

［29］方 强. 企业营销渠道发展新趋势探析［J］.网络财富,2009(8):52－53.

［30］叶心宇.浅谈管理者的管理风格［J］.河南科技,2007(5):10－11.

［31］梁娟. 营销的市场细分与定位——美国西南航空公司经营策略个案分析［J］.市场周刊:财经论坛,2004(4)

［32］路大鹏.蜜月旅游产品的互联网营销策略研究［D］.山东大学硕士学位论文,2012.

［33］Cooper,C. , ＆ Hall, M. (2012). Contemporary tourism systems. In *Contemporary Tourism*：*An International Approach* (2nd ed.). Woodeaton, Oxford：Goodfellow Publishers Limited.

［34］Ventriglia,B. , ＆ Rios-Morales, R. (2013). The shift toward sustainability in the travel trade industry. In *Sustainability in Tourism*：*A Multidisciplinary Approach*, by Ian Jenkins, ＆ Roland Schroder(eds.). Springer Gabler.

［35］Saarinen, J. (2006). Traditions of sustainability in tourism studies. *Annals of Tourism Research*, 33(4), 1121-1140.

［36］Buhalis,D. , ＆ Law, R. (2008). Progress in information technology and tourism management：20 years on and 10 years after the Internet － The state of eTourism Research. *Tourism Management*, 29(4), 609-23.

［37］Yeoman, I. , Hsu,C. , Smith, K. , ＆ Watson, S. (2011). Tourism and Demography：An Overview. In *Tourism and Demography* by Ian Yeoman, Cathy Hsu, Karen Smith, and Sandra Watson(eds.). Woodeaton, Oxford：Goodfellow Publishers Limited.

［38］Glover, P. , ＆ Prideaux,B. (2009). Implications of population ageing for the development of tourism products and destinations. *Journal of Vacation Marketing*, 15 (1), 25-37.

［39］Darcy, S. (2010). A Whole-of-Life Approach to Tourism：The case for accessible tourism experiences. Journal of Hospitality and Tourism Management.

［40］Laing, J. , ＆ Frost, W. (2010). How green was my festival：Exploring challenges and opportunities associated with staging green events. International Journal of Hospitality *Management*, 29, 261-267.

［41］Leo Jago,Larry Dwyer, Geoffrey Lipman, Daneel van Lill, Shaun Vorster. (2010). Optimising the potential of mega-events：an overview. International Journal of Event and Festival Management. Vol. 1,No. 3, pp. 220-237.

［42］Buhalis,D. , ＆ Law, R. (2008). Progress in information technology and tourism management：20 years on and 10 years after the Internet － The state of eTourism Research. *Tourism Management*, 29(4), 609-623.

[43] Xiang, Z. , & Gretzel, U. (2010). Role of social media in online travel information search. *Tourism Management*, 31(2), 179-188.

[44] Alvarez, M. M. , Smith, R. D. , & Chanda R. (2013). The impact of medical tourism in low-and middle-income countries. In *Medical Tourism and Transnational Health Care*, by Botterill, David Pennings, Guido Mainil, Thomas(eds.). Basingstoke, GBR: Palgrave Macmillan.

[45] Hall, C. M. (2011). Health and medical tourism: A kill or cure for global public health? Tourism Review, 66(1/2), 4-15.

[46] Gossling, S. , Scott, D. , Hall, C. M. , Ceron, JP. , & Dubois, G. (2012). Consumer behavior and demand response of tourists to climate change. Annals of Tourism Research, 39(1), 36-58.

[47] Amelung, B. , Nicholls, S. , & Viner, D. (2007). Implications of global climate change for tourism flows and seasonality. *Journal of Travel Research*, 45, 285-296.

[48] Hall, C. M. (2005). The future of tourism studies. *Tourism: Rethinking the Social Science of Mobility* (pp. 347-356). Harlow, UK: Prentice Hall.

[49] Dwyer, L. , Edwards, D. , Mistilits, N. , Roman, C. , & Scott N. (20). Destination and enterprise management for a tourism future.

参考网站

［1］http：//www. chinapr. com. cn 中国公关网

［2］http：//www. cthy. com 中国旅游信息网

［3］http：//www. chinese-tour. net 中国旅游网

［4］http：//www. ctnews. com. cn 中国旅游报

［5］http：//www. carnoc. com 民航资源网

［6］http：//www. aatrip. com 中国旅游营销网

［7］http：//www. ceconline. com 世界经理人网

［8］http：//www. people. com. cn/bjly 北京旅游信息网

［9］www. hainan. gov. cn 海南省人民政府官方网

［10］http：//www. people. com. cn/人民网

［11］http：//www. cnnic. net. cn/中国互联网络信息中心

［12］http：//www. tourzj. gov. cn/浙江旅游网